Rainer Riesner

Essener und Urgemeinde in Jerusalem

Rainer Riesner

Essener und Urgemeinde in Jerusalem

Neue Funde und Quellen

BRUNNEN

VERLAG GIESSEN·BASEL

Biblische Archäologie und Zeitgeschichte, Band 6,
herausgegeben von Rainer Riesner und Carsten Peter Thiede

Die Deutsche Bibliothek – CIP-Einheitsaufnahme
Riesner, Rainer: Essener und Urgemeinde in Jerusalem :
neue Funde und Quellen / Rainer Riesner. - 2., erw. Aufl. -
Giessen ; Basel : Brunnen-Verl., 1998
(Biblische Archäologie und Zeitgeschichte ; Bd. 6)
1. Aufl.: Aufstieg und Niedergang der römischen Welt.
Teil 2. Bd. 26. Teilbd. 2
ISBN 3-7655-9806-2

2., erweiterte Auflage 1998
© 1998 Brunnen Verlag Gießen
Der Hauptteil erschien 1995 in dem Werk
„Aufstieg und Niedergang der Römischen Welt" (ANRW),
bei Walter de Gruyter, Berlin / New York,
Teil II: Principat, Band 26,2 (S. 1775-1922)
Umschlagfoto: Rainer Riesner
Umschlaggestaltung: Ralf Simon
Satz: Brunnen DTP
Herstellung: Hubert & Co., Göttingen
ISBN 3-7655-9806-2

Inhalt

Vorwort VII

I. Einführung 1

II. Das Jerusalemer Essenerviertel 2
1. Die Essener und Jerusalem 2
2. Das „Tor der Essener" 14
3. Das Bethso-Gelände 30
4. Ein Netz von Ritualbädern 47
5. Die Verstecke der Kupferrolle 41
6. Motive für die Wahl des Südwesthügels 46
7. Archäologische und literarische Einwände 49

III. Die Urgemeinde auf dem Südwesthügel 55
1. Die spätrömische Siedlungslücke 55
2. Ein spätrömischer Langbau 58
3. Das erste Zentrum der Urgemeinde 63
4. Die Tradition des Abendmahlssaales 78
5. Abendmahlssaal und Sitz der Urgemeinde 83

IV. Essenerviertel und Urgemeinde 84
1. Essenische Konvertiten in Jerusalem? 84
2. Die christliche Zionstradition 90
3. Urkirchliche Lebensordnungen 99
4. Liturgische Gebräuche 104
5. Jesus und die Essener 112

V. Zusammenfassung 114

VI. Nachtrag: Neue Funde und Quellen 117
1. Die Essener und Qumran 117
2. Die Essener und Jerusalem 125

V

INHALT

3. Essener und Urchristen   132

4. Urgemeinde und Essenerviertel auf dem Zionsberg   138

Bibliographie   144

Literaturnachtrag   173

Tafeln   182

Verzeichnis der Abbildungen

Register

1. Stellenregister   199

2. Namen- und Sachregister   206

3. Autorenregister   211

Vorwort

Vor genau fünfzig Jahren verbreitete sich wie ein Lauffeuer die Nachricht um die Welt, daß Beduinen am Toten Meer jüdische Handschriften aus biblischer Zeit entdeckt hatten (The Times 12. April 1948). Schon einen Monat vorher gratulierte William F. Albright seinem jungen Kollegen John C. Trever von der American School of Oriental Research in Ost-Jerusalem zum „größten Handschriftenfund der modernen Zeit". Die Qumran-Schriften erwiesen sich in der Tat als echt und von unschätzbarer Wichtigkeit für die Erforschung des alttestamentlichen Bibeltextes und des Judentums der hellenistisch-römischen Zeit. Aber bald wurde klar, daß auch neues Licht auf Jesus und das Urchristentum fallen würde. Schon in der Erstausgabe der sogenannten „Gemeinderegel" (1QS) aus Höhle I notierte William H. Brownlee Parallelen zum Neuen Testament (M. Burrows – J.C. Trever – W.H. Brownlee, The Dead Sea Scrolls of St. Mark´s Monastery II/2: Plates and Transcriptions of the Manual of Discipline, New Haven 1951). Brownlee stand dem amerikanischen Evangelikalismus nahe. Schon allein sein Beispiel zeigt, daß von allem Anfang an neben jüdischen, agnostischen und theologisch liberal eingestellten Forschern auch konservative Christen ihren Anteil an der Erforschung der Qumran-Schriften hatten. Es zeugt von mangelnder Aufklärung, wenn noch 1998 millionenfach der Satz publiziert werden kann: „Parallelen zum Neuen Testament verschweigen die [Text]Ausgaben gern" (Der Spiegel 2/1998, 132).

Auch der bibellesenden Gemeinde wurde die mögliche Bedeutung der Qumran-Schriften für das Verständnis des Neuen Testaments keineswegs böswillig vorenthalten. Beweis dafür ist ein weitverbreitetes evangelisches Bibellexikon, das der frühere Dozent am Missions- und Predigerseminar St. Chrischona Fritz Rienecker herausgegeben hatte. Nachdem im Blick auf das Verhältnis von Urchristentum und Qumran-Schriften zuerst „tiefgreifende Unterschiede ... besonders in der Stellung zum Gesetz" festgestellt wurden, hieß es dort auch: „Andererseits aber werden in den Psalmen (Hodajot) aus Qumran durchaus neutestamentliche Wahrheiten ausgesprochen: die radikale Sündenverderbtheit des Menschen und die Vergeblichkeit guter Werke, die von Gott geschenkte Gerechtigkeit, Vergebung und Reinigung durch den Heiligen Geist; ja man weiß sogar um das Beten im Geist als Voraussetzung der Erhörung ... Eine Verbindung mit den jüdischen Kreisen, die auf den Heiland Gottes warteten (Lk 1; 2,27-38), erscheint daher nicht ausgeschlossen" (Lexikon zur Bibel, Wuppertal 1960, 545f).

Ganz ähnlich konnte man zur selben Zeit in einer für katholische Christen bestimmten Veröffentlichung lesen: „Vielleicht sind die Anhänger der Qumran gemeinde so wie die Essener im Neuen Testament zusammengefaßt unter jener Gruppe, die bezeichnet wird als die, die ‚auf das Reich Gottes warteten' (vgl. Mk 15,43; Lk 23,51; 2,25; 2,38)" (R. Meyer – J. Reuß, Die Qumran-Funde und die Bibel, Regensburg 1959, 130). Nur ein Jahr nach dem Bekanntwerden des Handschriftenfundes hatte der damalige Rektor des Päpstlichen Bibelinstituts in Rom, Augustin Bea, die Ansicht vertreten, daß wir in Qumran einer Strömung des Judentums begegnen, die den Anfängen des Urchristentums besonders nahestand (De antiquis manuscriptis hebraicis prope Mare Mortuum inventis, VD 28, 1950, 354-361). Bea wurde später als Kardinal für seinen großen Einsatz im evangelisch-katholischen Gespräch berühmt. Seine ökumenische Weite zeigte er schon als Exeget. Bea schloß sich den protestantischen Forschern Harald Riesenfeld und Birger Gerhardsson an, die im zeitgenössischen jüdischen Überlieferungswesen eine entscheidende Voraussetzung für die verläßliche Weitergabe der Jesus-Überlieferung sahen (Die Geschichtlichkeit der Evangelien, Paderborn 1967, 62). Der Einfluß von Beas Überzeugungen zeigt sich bis hinein in die Erklärung der Päpstlichen Bibelkommission von 1964 über die historische Zuverlässigkeit der Evangelien (Instructio de historica evangeliorum veritate, Abschn. 2).

Über das Ausmaß der Parallelen zwischen dem Neuen Testament und den Qumran-Schriften kann man unterschiedlicher Meinung sein, daß es solche Parallelen gibt, ist unbestreitbar. Auffällig ist auch, daß man noch in christlichen Schriften aus nachneutestamentlicher Zeit wie dem Ersten Clemens-Brief, den Oden Salomos oder den Pseudo-Klementinen essenische Sprachmuster und theologische Vorstellungen findet. Schon früh haben Forscher wie Oscar Cullmann (Ebioniten, RGG^3 II, 1958, 297f) und Karl-Georg Kuhn (Essener, aaO. 701-703) die Ansicht vertreten, daß sich nach der Katastrophe von 70 n. Chr. viele Essener den christlichen Gemeinden angeschlossen hätten. Es ist aber die Frage, ob es zu solchen Konversionen nicht schon in viel früherer Zeit gekommen ist.

Dank der liebenswürdigen Südtiroler Hartnäckigkeit von Bargil Pixner OSB, Dozent für Biblische Archäologie und Topographie an der Theologischen Fakultät der Dormitio-Abtei, wurde im Jahr 1977 auf dem Zionsberg in Jerusalem jenes Tor wieder freigelegt, das der jüdische Historiker Flavius Josephus das „Tor der Essener" (Bell V 145) nennt. In der wissenschaftlichen Diskussion festigt sich die Einsicht, daß dieses Tor zu einem Viertel der jüdischen Sondergemeinschaft auf dem Südwesthügel der Altstadt von Jerusalem führte. Als erster hat offenbar der große Joseph Barber Lightfoot in seinem berühmten Exkurs über die Essener in den antiken Quellen diese Überzeugung vertreten (St. Paul's Epistles to the Colossians and Philemon, London 1875, 94, Anm. 2). So unterschiedliche Forscher wie Adolf Hilgenfeld, Frédéric Godet, Emil Schürer und Marie-Josèphe Lagrange sind ihm darin gefolgt (s.u. S. 27). In letzter Zeit haben sich u.a. der jüdische Urchristentumsexperte David Flusser (Das Abenteuer vom Qumran, Winterthur 1994, 23) und der Qumran-Spezialist Émile Puech (MBib 107, 1997, 55) für ein essenisches Viertel auf dem Zionsberg ausgesprochen. Nicht weit vom Essenertor liegt der traditionelle Abendmahlssaal. Kein Geringerer als der evangelische Neutestamentler und Patristiker Theodor Zahn hat die Überlieferung verteidigt, nach der sich in dieser Gegend das erste Zentrum der Urgemeinde, das sogenannte „Obergemach" (Apg 1,13), befand (Die Dormitio Sanctae Virginis und das Haus des Johannes Markus, Leipzig 1899). Den Fragen nach dem gemeinsamen Wohnort von zwei jüdisch-messianischen Gruppen und nach ihren möglichen Beziehungen geht diese Untersuchung nach.

Der Südwesthügel ist nicht nur einer der schönsten Teile der Altstadt von Jerusalem, sondern auch von größter Bedeutung für die alte und neue Geschichte der Heiligen Stadt. Da dieser Hügel spätestens seit der ersten Hälfte des 2. Jahrhunderts den Namen „Zion" trug, hielt man ihn bis zum Beginn unseres Jahrhunderts für den Ort der alttestamentlichen Davidsstadt. Erst Ausgrabungen auf dem Südosthügel lieferten den unumstößlichen Beweis, daß sich die älteste jebusitische und israelitische Stadt dort befand. Auch diese Wanderung eines Ortsnamens führt mitten hinein in ein spannendes Kapitel jüdisch-christlicher Geschichte. Heute liegt der Zionsberg außerhalb der türkischen Stadtmauer des 16. Jahrhunderts. Man erreicht den Hügel durch das Zionstor, das noch die Narben von Einschüssen aus dem israelischen Unabhängigkeitskrieg von 1948 trägt. Als erstes stößt man auf die Bauruine einer großen armenischen Kirche, die nach einer späten Tradition am Ort des Hohepriesterlichen Palastes steht. Ein aussichtsreicherer Kandidat ist allerdings die Kirche St. Peter in Gallicantu, die weiter unten am Ostabhang des Zion liegt, wo eine antike Stufenstraße vom Teich Siloah heraufführt.

Beherrscht wird der Südwesthügel von der Kuppel und dem weißen Kirchturm der Dormitio-Abtei, deren Gelände Kaiser Wilhelm II. vom türkischen Sultan für die deutschen Katholiken erwarb (O. Kohler, „Sancta Sion". Zwischen christlicher Zionssehnsucht und kaiserlicher Orientpolitik. Diss. Tübingen 1998). Erbaut wurde die mächtige Anlage von dem Architekten Theodor Sandel, einem Mitglied der aus dem württembergischen Pietismus herausgewachsenen Templer-Gemeinschaft. In unmittelbarer Nähe befindet sich der gotische Abendmahlssaal. In seinem unteren Stockwerk verehren Muslime, orthodoxe Juden, aber auch manche unkritische christliche Pilger das angebliche Grab des Königs David. Nach wie vor gibt dieses verwinkelte Gebäude, dessen älteste Bestandteile wohl bis in die herodianische Zeit zurückreichen, viele Rätsel auf. Auf der westlichen Linie der neutestamentlichen Stadtmauer, die den Zionsberg zum Hinnomtal hin abschloß, liegen die festungsartigen Bauten eines griechischorthodoxen Priesterseminars und der Gobat-School. Sie trägt ihren Namen nach Samuel Gobat (1799-1879), der aus der schweizerischen Erweckungsbewegung stammte und zweiter Bischof des preußisch-englischen Bistums von Jerusalem wurde. Erster Bischof war der jüdische Anglikaner Solomon Alexander. Die „Christ Church", unweit des Jaffa-Tores, zeugt von diesem faszinierenden Abschnitt nahöstlicher Kirchengeschichte. Inzwischen wird der Anteil, den pietistische Gruppen im 19. Jahrhundert an der Entwicklung Jerusalems hatten, in Israel immer mehr anerkannt (A. Carmel, Christen als Pioniere im Heiligen Land, Basel 1981).

Geprägt wird der Zionsberg heute vor allem auch durch seine Friedhöfe. Zwischen dem Abendmahlssaal-Komplex und dem Assumptionisten-Kloster St. Peter in Gallicantu erstreckt sich der Franziskaner-Friedhof. Ihn durchzieht nicht nur die neutestamentliche Stadtmauer. Hier ist auch Oskar Schindler aus Zwittau in Ostböhmen begraben, der Retter hunderter von Juden, den erst Hollywood der Vergessenheit entriß. Südlich der Gobat-Schule liegt der alte Protestantische Friedhof. An seinem südlichen Rand wurde das Essenertor ausgegraben. Auf diesem Friedhof sind Bischof Gobat, Johann Ludwig Schneller und der englische Archäologe William Flinders Petrie bestattet, aber auch Conrad Schick (1822-1901) aus Bitz auf der Schwäbischen Alb. Er kam als Absolvent des

Predigerseminars St. Chrischona im Auftrag von Carl Friedrich Spittler in die Heilige Stadt. Nach einigen Jahren seelsorgerlicher und diakonischer Arbeit wurde Schick türkischer Regierungsbaumeister in Jerusalem. In dieser Funktion erbaute er nicht nur das jüdisch-orthodoxe Viertel Mea Schearim, sondern wurde auch zu einem Bahnbrecher der archäologischen Forschung (A. Strobel, Conrad Schick – ein Leben für Jerusalem, Fürth 1988). Von Juden, Muslimen und Christen betrauert, starb Schick in biblischem Alter in der Heiligen Stadt. Viele Grabmäler des alten protestantischen Friedhofes laden zum Nachsinnen ein (A. Strobel, Deine Mauern stehen vor mir allezeit. Bauten und Denkmäler der deutschen Siedlungs- und Forschungsgeschichte im Heiligen Land. Gießen 1998). Einer, der als Sohn schwäbischer Auswanderer im Kaukasus geboren und von der endzeitlichen Erwartung bis nach Jerusalem geführt wurde, hat auf seinen Grabstein 2. Petrus 1,19 schreiben lassen: „Und wir haben desto fester das prophetische Wort, und ihr tut wohl, daß ihr darauf achtet als auf ein Licht, das da scheint an einem dunklen Ort." Diese Inschrift bezeugt eine Kontinuität der Hoffnung auf die endgültige messianische Wende, wie sie auch jene jüdischen Frommen ersehnten, die zur Zeit Jesu hinter dem Essenertor lebten.

Der Hauptteil der vorliegenden Untersuchung wurde in dem von Professor Wolfgang Haase herausgegebenen Band „Aufstieg und Niedergang der Römischen Welt II 26/2" (Berlin – New York 1995, 1775-1922) veröffentlicht. Der Verlag Walter de Gruyter gab freundlicherweise die Abdruckerlaubnis. Das Manuskript lasen im Entstehen Professor Eugen Ruckstuhl (†), Dr. Wolfgang Bittner und mein Schwager Pfarrvikar Christoph Schilling, ein evangelischer Absolvent des Theologischen Studienjahres der Dormitio-Abtei. Der Text wurde mit Ausnahme der ersten Anmerkung und eines Addendum ganz übernommen. Auf Erkenntnisse und Fragen, die sich aus neuen Quellen und Funden ergeben, geht ein ausführlicher Nachtrag (S. 117-143) ein. Bei den Korrekturen und Registern haben mich meine Dresdner Hilfskräfte Debora Szillat und Ingo Kuntzsch unterstützt, bei der Literaturbeschaffung stud. theol. Christian Grewing (Tübingen).

Mit Pater Bargil Pixner OSB und den beiden israelischen Archäologen Doron Chen und Shlomo Margalit konnte ich seit 1979 die Ausgrabungen beim Essenertor ständig vor Ort diskutieren. Dr. Chen und Dr. Michael Chyutin (Tel Aviv) gaben die Erlaubnis, Abbildungen zu übernehmen. Die arabisch-anglikanische Gemeinde in Jerusalem und das evangelikale Jerusalem University College gestatteten mir stets großzügig, das Essenertor auch mit Gruppen zu besuchen. Die Benediktiner-Kommunität auf dem Zion erwies mir oft ihre Gastfreundschaft. Wertvolle Hinweise gaben die Professoren Frédéric Manns und Eugenio Alliata vom Jerusalemer „Studium Biblicum Franciscanum", Boaz Zissu von der Israel Antiquities Authority, Professor Hanan Eshel von der Bar-Ilan-Universität, Dr. Roland Deines vom Deutschen Evangelischen Institut für Altertumswissenschaft des Heiligen Landes sowie Professor James F. Strange von der University of South Florida, der die Ausgrabungen auf den Zionsberg weiterführen soll. Die wissenschaftliche Einführung in die Qumran-Texte verdanke ich Professor Otto Betz. Er gehört zu den Pionieren der deutschen Qumran-Forschung und arbeitete schon zu einer Zeit an den Handschriften, als sie in weiten Kreisen der protestantischen Exegese höchstens als Zeugnis jüdischer

Gesetzlichkeit galten. Unser gemeinsamer Tübinger Lehrer Otto Michel (1903-1993) hat bis zuletzt die Forschungen zum Jerusalemer Essenerviertel mit Interesse und Zustimmung begleitet.

Wenn ich diese Arbeit Professor Oscar Cullmann widme, so hat das wissenschaftliche und persönliche Gründe. Nach schwierigen Erfahrungen erreichte mich zum Osterfest 1994 ein ermutigender Brief aus Basel. Die Widmung soll aber vor allem daran erinnern, daß Oscar Cullmann sehr früh die Bedeutung der Qumran-Funde für die Erforschung des Urchristentums hervorgehoben hat. Es war sicher kein Zufall, daß er in der Festschrift für Rudolf Bultmann einen Aufsatz mit dem Thema veröffentlichte „Die neuentdeckten Qumrantexte und das Judenchristentum der Pseudoklementinen" (Neutestamentliche Studien, hrsg. W. Eltester, Berlin 1954, 35-51; ND in: Vorträge und Aufsätze, Tübingen – Zürich 1968, 241-259). Professor Cullmanns Artikel „The Significance of the Qumran Texts for Research Into the Beginnings of Christianity" (JBL 74, 1955, 213-226) halte ich weiterhin für bahnbrechend. Es gibt davon zwar einen englischen Neudruck (in: K. Stendahl, The Scrolls and the New Testament, New York [2]1992 [1957] 18-32. 241-252), aber leider bis heute keine deutsche Übersetzung. Oscar Cullmann hat mit seiner Lebensarbeit gezeigt, daß strenge historische wie religionsgeschichtliche Forschung und eine Theologie, die Gottes Heilstaten ernst nimmt, sich nicht ausschließen müssen.

Gomaringen, Ostern 1998   R. R.

I. Einführung

Im Jerusalem-Artikel des 'Biblisch-Historischen Handwörterbuchs' schrieb 1964 H. KOSMALA: „Nach dem letzten Mahl ging Jesus nach Gethsemane und wurde von dort zuerst zu Hannas und dann zum Palast des Hohenpriesters Kaiphas gebracht, der sich nach einer Tradition des 4. Jh.s in der Nähe des Hauses der ersten Christengemeinde befunden haben soll. Dies wird jedoch heute selbst von Katholiken nicht mehr aufrechterhalten; denn die Koexistenz der Urgemeinde und des Kaiphas als nächste Nachbarn sei nicht denkbar (KOPP, 405). Auch die große Entfernung seines Palastes vom Tempelgebiet spricht gegen diese Tradition. Dazu lag das von Josephus genannte 'Essenertor' [Bell V 145] ... hier in der Nähe. Es hatte seinen Namen wohl daher bekommen, daß sich in diesem Bezirk Leute essenischer Richtung angesiedelt hatten (anders DALMAN, JG, 86). Die Essener aber waren diejenige Gruppe des Judentums, die den ersten Christen am nächsten stand"[2]. Auch wenn die Lage des Kaiphas-Palastes (Mt 26,58/Mk 14,54/Lk 22,54/Joh 18,15) im Gebiet der armenischen Erlöserkirche aus dem 15. Jahrhundert noch gelegentlich von weniger orientierten Autoren vertreten wird[3], hatte KOSMALA mit seiner Ablehnung dieser späten und sekundären Ortstradition völlig Recht (s. u. S. 1832).

Die Ausführungen von KOSMALA enthalten über die Frage des hohepriesterlichen Palastes hinaus in aller Kürze drei weitere Thesen: 1) Die Lokalisierung des ersten Versammlungsortes der Urgemeinde auf dem heute Zion genannten südwestlichen Altstadthügel von Jerusalem ist zutreffend[4]. 2) Der Name des in der Nähe liegenden 'Essenertors' weist auf eine Gemeinschaftssiedlung dieser jüdischen Sondergruppe in derselben Gegend hin. 3) Zwischen den beiden räumlich benachbarten Gemeinschaften gab es auch religiöse Beziehungen[5]. Während die beiden ersten Annahmen unabhängig voneinander auch

---

[2] Jerusalem, BHH II, Göttingen 1964, 820−850 (846). Die Zitate beziehen sich auf C. KOPP, Die heiligen Stätten der Evangelien, Regensburg ²1964, 405 und G. DALMAN, Jerusalem und sein Gelände, Gütersloh 1930, 86.

[3] So z. B. von W. H. MARE, The Archaeology of the Jerusalem Area, Grand Rapids 1987, 168−171. Die ausführlichste ältere Verteidigung dieser Lokalisierung gab F. M. ABEL, La maison de Caïphe et les sanctuaires de Saint-Pierre, in: L. H. VINCENT−F. M. ABEL, Jérusalem Nouvelle II, Paris 1922, 482−496.

[4] Vgl. weiter H. KOSMALA, BHH II, Göttingen 1964, 845 f. Die Ortsüberlieferung vom Abendmahlssaal an derselben Stelle hielt H. KOSMALA, Der Ort des letzten Mahles Jesu und das heutige Coenaculum, Jud 17 (1971) 43−47, dagegen für sekundär.

[5] Vgl. auch H. KOSMALA, Hebräer − Essener − Christen, Leiden 1959, 52 f. 108.

von vielen Forschern vor KOSMALA vertreten wurden[6], hat er meines Wissens als erster eine direkte Verbindung zwischen ihnen hergestellt und eine Berührung von Essenern und Judenchristen schon bei der Entstehung der Urgemeinde in Jerusalem vermutet[7]. Unabhängig von dieser kurzen Andeutung bei KOSMALA hat B. PIXNER in mehreren Veröffentlichungen dieselben Thesen vertreten[8]. Im folgenden soll geprüft werden, welche archäologischen und historischen Argumente für diese Ansicht vorgebracht werden können.

II. Das Jerusalemer Essenerviertel

1. Die Essener und Jerusalem

a) Die Breite der essenischen Bewegung

Die Vorgeschichte der asidäischen Bewegung (חסידים, 'Ασιδαῖοι), aus welcher die Essener hervorgingen, reicht weit in die persische Zeit zurück[9]. Wesent-

---

[6] Literatur in den Anm. 41 und 269.

[7] In die Nähe dieser Annahme kam S. E. JOHNSON, The Dead Sea Manual of Discipline and the Jerusalem Church of Acts, in: K. STENDAHL, The Scrolls and the New Testamant, New York 1957, 129–142 (142): "*Jerusalem probably contained conventicles of sectaries who were separated geographically from their religious centers. Suppose, for example, that some adherents of the Qumran sect lived there, temporarily or permanently. It would have been difficult for them to carry on all the practices of their agricultural brethren of the Jordan valley. They would no doubt have learned and taught the precepts of their sect and maintained their purity so far as possible. They might have kept the special food laws if their fellows on the farms sent agricultural produce in to them. One can imagine them frequenting the Temple precincts but taking no part in the sacrifices. Members of such groups may from time to time have joined the Christian church, with resultant influence on the life of their new fellowship*". S. auch Anm. 610.

[8] An Essene Quarter on Mount Zion?, in: Studia Hierosolymitana I (FS für B. Bagatti), Jerusalem 1976, 245–285; Sion III, 'Nea Sion'. Topographische und geschichtliche Untersuchung des Sitzes der Urkirche und seiner Bewohner, HlL 111/2–3 (1979) 3–13; Das Essenerquartier in Jerusalem und dessen Einfluß auf die Urkirche, HlL 113/2–3 (1981) 2–14; Der Sitz der Urkirche wird zum neuen Zion. Die bauliche Entwicklung auf dem Südwesthügel Jerusalems bis zum Jahr 415 n. Chr., in: Dormition Abbey Jerusalem (FS für L. Klein), St. Ottilien 1986, 65–76; The History of the "Essene Gate" Area, ZDPV 105 (1989) 96–104; The Apostolic Synagogue on Mount Zion, BARev 17/3 (1990) 16–35.60; Das Essener-Quartier in Jerusalem, in: DERS., Wege des Messias und Stätten der Urkirche, Gießen 1991, (²1994), 180–207; Die apostolische Synagoge auf dem Zion, aaO. 287–326; Essener-Viertel und Urgemeinde, aaO. 327–334; Archäologische Beobachtungen zum Jerusalemer Essener-Viertel und zur Urgemeinde, in: B. MAYER, Christen und Christliches in Qumran?, Regensburg 1992, 89–113.

[9] Vgl. R. RIESNER, Jesus als Lehrer, Tübingen ³1988, 131–133. 168–170; O. BETZ – R. RIESNER, Jesus, Qumran und der Vatikan, Gießen–Freiburg ⁵1994, 171–176. Aufmerksamkeit verdient die Hypothese von B. Z. WACHOLDER, Ezekiel und Ezekielianism as Progenitors of Essenianism, in: D. DIMANT–U. RAPPAPORT, The Dead Sea Scrolls, Leiden 1992, 186–196. S. auch u. S. 1815.

liche Teile der Henoch-Literatur[10] und auch das Jubiläen-Buch[11] existierten schon, als der „Lehrer der Gerechtigkeit" sich nach 152 v. Chr. mit einer Gruppe seiner Anhänger vom übrigen Judentum separierte[12]. Man sollte immer im Bewußtsein behalten, daß die Qumran-Gemeinschaft, die uns durch die reichen Schriftrollenfunde besonders bekannt geworden ist[13], nur einen Ausschnitt aus einem breiteren Strom essenisierender Gruppierungen bildete[14]. Philo von Alexandrien (Omn Prob Lib 75) als älterer und Flavius Josephus (Ant XVIII 20) als jüngerer Zeitgenosse der Apostel geben übereinstimmend die Zahl der Essener (offenbar nur der Männer) mit etwa viertausend an. In Qumran aber konnten nicht mehr als um die hundert Menschen wohnen[15]. Die Mehrzahl der Essener muß also außerhalb dieser Siedlung in der Nordwestecke des Toten Meers gelebt haben.

Philo in seiner ʿApologie für die Judenʾ (Eusebius, Praep Ev VIII 1: οἰκοῦσι δὲ πολλὰς μὲν πόλεις τῆς Ἰουδαίας, πολλὰς δὲ κώμας καὶ μεγάλους καὶ πολυανθρώπους ὁμίλους [GCS 43/1,455])[16] und Josephus (Bell II 124: μία δʾ οὐκ ἔστιν αὐτῶν πόλις, ἀλλʾ ἐν ἑκάστῃ μετοικοῦσιν πολλοί) erwähnen denn auch essenische Gemeinschaftssiedlungen im ganzen heiligen Land. Die Damaskus-Schrift spricht von einer Mehrzahl von „Lagern" (CD 7,6 f.; [9,11]; 12,23, 13,20; 14,3.9, 19,2 [s. u. S. 1809]) und „Städten" (CD 10,21, 11,5 f.; 12,19), in denen Gruppenmitglieder wohnten. Mindestens ein spezifisch qumranischer Text (4Q159) dürfte Niederlassungen über Qumran hinaus vorausset-

10 Vgl. E. ISAAC, in: J. H. CHARLESWORTH, The Old Testament Pseudepigrapha I, New York 1983, 6–8.
11 Vgl. J. C. VANDERKAM, Textual and Historical Studies in the Book of Jubilees, Missoula 1977, 207–285.
12 Vgl. G. JEREMIAS, Der Lehrer der Gerechtigkeit, Göttingen 1963, 36–78; M. HENGEL, Judentum und Hellenismus, Tübingen ³1988, 407–414; H. STEGEMANN, Die Essener, Qumran, Johannes der Täufer und Jesus, Freiburg 1993, 198–227.
13 Der Zusammenhang der Schriftfunde in elf Höhlen bei Qumran mit der Siedlung ist besonders durch N. GOLB bestritten worden (s. Anm. 22), der essenische Charakter der Texte vor allem durch L. H. SCHIFFMAN, der eine sadduzäische Herkunft vertritt. Er hat seine Sicht zusammengefaßt in: The Sadducean Origins of the Dead Sea Scroll Sect, in: H. SHANKS, Understanding the Dead Sea Scrolls, New York 1992, 35–49. 292–294 (293 Anm. 12 weitere Lit. des Verf.). Vgl. dagegen H. STEGEMANN, in: J. TREBOLLE BARRERA – L. VEGAS MONTANER, The Madrid Qumran Congress I, Leiden 1992, 104–107; J. C. VANDERKAM, The People of the Dead Sea Scrolls: Essenes or Sadducees? in: H. SHANKS, Understanding, 50–62. 294–295; O. BETZ–R. RIESNER, Jesus, Qumran und der Vatikan, Gießen–Freiburg ⁵1994, 52–66. 201–202. Völlig abstrus sind Versuche, die Qumran-Gemeinschaft und das Urchristentum zu identifizieren (R. H. EISENMAN, B. E. THIERING). Vgl. O. BETZ R. RIESNER, aaO. 88–138.
14 Diese Breite betonen auf verschiedene Weise H. STEGEMANN, aaO. 206–231 und J. MAIER, Zwischen den Testamenten, Würzburg 1990, 272–283.
15 Nach der Aufnahmekapazität des Speisesaales (Locus 77) kalkuliert H. STEGEMANN (Die Essener, Qumran, Johannes der Täufer und Jesus, Freiburg 1993, 69–71) 50 bis 60, M. BROSHI (The Archeology of Qumran, in: D. DIMANT–U. RAPPAPORT, The Dead Sea Scrolls, Leiden 1992, 103–115 [113 f.]) 120 bis 150 Bewohner von Qumran.
16 In gewissem Gegensatz dazu steht Philo, Omn Prob Lib 76: κωμηδὸν οἰκοῦσι τὰς πόλεις ἐκτρεπόμενοι διὰ τὰς τῶν πολιτευομένων χειροήθεις ἀνομίας...

zen[17]. Die essenisierenden Kreise hatten zwar bestimmte Überzeugungen wie etwa die Einhaltung des alttestamentlich-priesterlichen Sonnenkalenders gemeinsam (s. u. IV 4.c, S. 1886 f.), aber im Blick auf andere Themen wie zum Beispiel Ehe und Ehelosigkeit (vgl. Bell II 160) gab es Unterschiede. Man tut auf jeden Fall gut daran, bei der Frage nach möglichen Beziehungen zwischen Essenismus und Urchristentum die Aufmerksamkeit nicht allein auf die Qumran-Gruppe in der Wüste Juda zu richten[18].

b) Qumran und Jerusalem

Einige wesentliche Fragen der Siedlungsgeschichte von Qumran sind neu in die Diskussion gekommen. Die weitaus meisten Rekonstruktionen gehen aber davon aus, daß Qumran zumindest während des letzten Jahrhunderts seines Bestehens bis zur Zerstörung im Jüdischen Krieg gegen Rom (68 n. Chr.) eine essenische Niederlassung war. Schon Plinius der Ältere beschrieb in seiner vor 79 n. Chr. verfaßten 'Naturalis historia' (NH V 17,4) in derselben Gegend ein Zentrum der Essener[19]. Wohl unabhängig davon erwähnte auch Dio von Prusa, der eine Generation später lebte (ca. 40−[nach]112 n. Chr.), laut Synesius von Cyrene (Dio 3,2) den Hauptsitz der Essener nahe dem Ufer des Toten Meeres[20]. Schließlich zeigt ein Brief aus der Bar-Kochba-Zeit (132−135 n. Chr.), der im Wadi Murabba'at gefunden wurde, daß mit dem Namen מצודת חסידים „Burg der Frommen" (Mur 45,6) die Erinnerung an die ehemalige Essener-Siedlung fortlebte[21]. Qumran als essenische Niederlassung zumindest während des Endstadiums ist denn auch in den letzten Jahren nur durch eine Minderheit von Forschern mit ungenügenden Argumenten bestritten worden[22].

---

17 Vgl. F. D. WEINERT, 4 Q159: Legislation for an Essene Community Outside of Qumran?, JSJ 5 (1974) 179−207.

18 J. MURPHY-O'CONNOR, Qumran and the New Testament, in: E. J. EPP−G. W. McRAE, The New Testament and Its Modern Interpreters, Philadelphia−Atlanta 1989, 55−71 (64) bemerkt: "The evidence available at present tends to show that the Qumranians were the far right wing of a much larger Essene movement ...".

19 Text bei G. VERMES−M. D. GOODMAN, The Essenes According to the Classical Sources, Sheffield 1989, 32 f. Dazu: J. C. VANDERKAM, The Dead Sea Scrolls Today, Grand Rapids 1994, 71−75.

20 Text aaO. 58 f.

21 Vgl. P. BENOIT−J. T. MILIK−R. DE VAUX, Les grottes de Murabba'at (DJD II), Oxford 1961, 163 f.

22 N. GOLB, The Problem of the Origin and Identification of the Dead Sea Scrolls?, PAPS 124 (1980) 1−24; DERS., Who Hid the Dead Sea Scrolls?, BA 48 (1985) 68−82; DERS., Les manuscrits de la Mer Morte, Annales ESC 5/1985, 1133−1149; DERS., The Dead Sea Scrolls, The American Scholar 58 (1989) 177−207; DERS., The Major Anomalies in the Qumran-Sectarian Theory and Their Resolution, The Qumran Chronicle 2/3 (1993) 161−182; DERS., Qumran. Wer schrieb die Schriftrollen vom Toten Meer?, Hamburg 1994. GOLB hält Qumran für eine hasmonäisch-herodianische Festung, in die vor ihrer Zerstörung durch die Römer (68 n. Chr.) Teile verschiedener Bibliotheken verbracht wurden. Die letztere These hatte auch schon K. H. RENGSTORF, Hirbet Qumran und die Bibliothek vom Toten Meer, Stuttgart 1960, vertreten. Kritisch ist anzumerken: 1) Die umfangreichen Ritualbadanlagen sprechen für eine religiöse und gegen eine militärische Siedlung (s. u.

R. DE VAUX, der erste Ausgräber, hatte angenommen, daß Qumran mindestens während der Regierungszeit von Johannes Hyrkanus (135–104 v. Chr.), vielleicht aber auch schon vorher als Essener-Siedlung begründet wurde[23]. Diese Ansicht findet weiterhin Vertreter[24], jedoch in der Regel wird gegenwärtig erst mit einem Siedlungsbeginn um das Jahr 100 v. Chr. gerechnet[25]. Dann hätte der „Lehrer der Gerechtigkeit", wenn man ihn unter Jonathan dem Makkabäer ansetzt, mit dem Aufbau nichts zu tun haben können. Vor allem aber wäre dann Qumran nicht „der Ort seines Exils" (1QpHab 11,2–8) gewesen. Das war allerdings schon immer unwahrscheinlich, weil Qumran weniger als eine Tagesreise von Jerusalem entfernt liegt und sich sozusagen unter den Augen der Hasmonäer befand. Sehr wahrscheinlich ist als Stätte für den Rückzug des „Lehrers der Gerechtigkeit" während der zweiten Hälfte des 2. Jahrhunderts v. Chr. das Ost-Jordan-Land (vgl. CD 7,18–20) anzunehmen[26].

II 4, S. 1811 f.). 2) Die von GOLB mit Recht auf die Zeit vor 70 n. Chr. datierte Kupferrolle (3 Q15) weist gerade auf essenische Herkunft (s. u. II 5, S. 1817–1822). 3) Ein Hauptargument für GOLB ist die von M. HAR-EL, The Route of Salt, Sugar and Balsam Caravans in the Judean Desert, GeoJ 2, 1978, 549–556 schon für die Zeit vor 70 n. Chr. angenommene sogenannte 'Salzstraße', die etwa 2,5 km nordöstlich von Qumran in die dem Toten Meer entlang führende Straße von En-Gedi nach Jericho mündete. Dabei könne es sich nur um eine Straße handeln, die wegen der strategischen Wichtigkeit von Qumran angelegt wurde. Aber die von HAR-EL vorgebrachte archäologische Evidenz (aaO. 552) beweist keineswegs eine ausgebaute Straße schon in römischer Zeit, und der Verlauf spricht gegen eine Stichstraße nach Qumran. 4) Im Gegensatz zur israelitischen Zeit (8./7. Jh v. Chr.), in der Qumran gegen GOLB nicht mit der „Salzstadt" (Jos 15,62), sondern mit Sechacha (Jos 15,61) zu identifizieren ist (s. u. S. 1818), fehlen in der hellenistischen Periode archäologische Hinweise auf eine militärische Nutzung. Nicht beweiskräftig ist die Anlage eines Rückzugsturms (Loci 9 A, 10 A, 28–29) und natürlich auch nicht die Errichtung eines römischen Stützpunkts nach 68 n. Chr. (R. DE VAUX, Archaeology and the Dead Sea Scrolls, Oxford 1973, 41–44). Zur weiteren Kritik an GOLB vgl. E. M. LAPERROUSAZ, Note sur l'origine des manuscrits de la Mer Morte, Annales ESC 6/1987, 1305–1312; F. GARCÍA-MARTÍNEZ–A. S. VAN DER WOUDE, A "Groningen" Hypothesis of Qumran Origins, RQ 14 (1990) 521–541 (526–536); O. BETZ–R. RIESNER, Jesus, Qumran und der Vatikan, Gießen–Freiburg ⁵1994, 69–76. Zur Vereinbarkeit der antiken Essener-Berichte mit den Qumran-Funden vgl. P. R. CALLAWAY, The History of the Qumran Community, Sheffield 1988, 63–88 und T. S. BEALL, Josephus' description of the Essenes illustrated by the Dead Sea Scrolls, Cambridge 1988. Für Qumran als hasmonäisch-herodianische Wintervilla plädieren P. DONCEEL-VOÛTE, 'Coenaculum' – La salle à l'étage du locus 30 à Khirbet Qumran sur la mer Morte, Res Orientales 4 (1993) 61–84; für eine landwirtschaftliche Domäne A. CROWN–L. CANSDALE, Qumran – Was It an Essene Settlement?, BARev 20/5 (1994) 24–35. 73–78 mit ungenügenden archäologischen Argumenten. Vgl. H. STEGEMANN, Die Essener, Qumran, Johannes der Täufer und Jesus, Freiburg 1993, 53–85; J. C. VANDERKAM, The Dead Sea Scrolls Today, Grand Rapids 1994, 24–27 und Nachtrag 1.

²³ Archaeology and the Dead Sea Scrolls, Oxford 1973, 3–5.
²⁴ So F. M. CROSS, Some Notes on a Generation of Qumran Studies, in: J. TREBOLLE BARRERA–L. VEGAS MONTANER, The Madrid Qumran Congress I, Leiden 1992, 1–14 (11); É. PUECH, La croyance des Esséniens en la vie future I, Paris 1992, 14 f.
²⁵ Vgl. M. BROSHI, in: D. DIMANT–U. RAPPAPORT, The Dead Sea Scrolls, Leiden 1992, 105 f.
²⁶ Vgl. S. GORANSON, Sectarianism, Geography, and the Copper Scroll, JJS 43 (1992), 282–287 (286 f.); H. STEGEMANN, Die Essener, Qumran, Johannes der Täufer und Jesus, Freiburg 1993, 207.

Auch unter den Forschern, die den Siedlungsbeginn um 100 v. Chr. ansetzen, gibt es keine Einigkeit über den Anfang der essenischen Präsenz. H. Stegemann etwa sieht in Qumran sogleich eine Essener-Siedlung und weist darauf hin, daß sich offenbar unter Alexander Jannai (vgl. Bell I 78–80) für die Essener die politische Situation verbesserte[27]. J. B. Humbert, der mit der Herausgabe des abschließenden Grabungsberichtes betraut ist, schließt aus zwei architektonisch verschiedenen Bauphasen in der Hasmonäer-Zeit auf einen Wechsel bei der Zweckbestimmung der Siedlung[28]. In der ersten Phase, die mit Ia bei R. de Vaux identisch ist, rechnet Humbert mit einer hasmonäischen Wintervilla, in Ib mit dem Umbau in ein essenisches Zentrum. Dabei interpretiert Humbert, und das ist das Spektakuläre seiner These, eine Reihe von archäologischen Eigenheiten als Anzeichen für einen essenischen Opferkult in Qumran. Argumente für blutige Opfer in Qumran waren bisher allerdings mit Recht auf Ablehnung gestoßen, und mindestens ein Teil der Gegenargumente bleibt auch gegenüber Humbert gültig[29].

Im 1. Jahrhundert v. Chr. gab es nach Meinung der meisten Forscher eine zeitweilige Unterbrechung der Besiedlung in Qumran. R. de Vaux nahm ursprünglich an, daß die Niederlassung schon vor dem großen Erdbeben von 31 v. Chr. (Ant XV 121–147; Bell I 370–380) durch Feuer zerstört worden sei[30]. Später hielt er dagegen die Feuersbrunst für eine Auswirkung des Erdbebens[31]. Doch bleibt es wahrscheinlicher, daß die Zerstörung schon vorher erfolgte, entweder 40/39 v. Chr. durch die Parther (vgl. Ant XIV 364; Bell I 269)[32] oder zwischen 40 und 37 v. Chr. bei den Kämpfen zwischen dem Hasmonäer Antigonos und Herodes dem Großen (vgl. Ant XIV 458; Bell I 300)[33]. Die Wiederbesiedlung Qumrans begann nach Münzfunden offenbar am Anfang der Regierungszeit (4 v. Chr.–6 n. Chr.) des Archelaos (vgl. Mt 2,22) zwischen 4 und 1 v. Chr.[34], dem die Essener kritisch gegenübergestanden zu haben scheinen (vgl.

---

[27] Die Essener, Qumran, Johannes der Täufer und Jesus, Freiburg 1993, 187 f. 215–218.

[28] Khirbet Qumran: un site énigmatique, MBib 86 (1994) 14–21; L'espace sacré à Qumrân. Propositions pour l'archéologie, RB 101 (1994) 161–214.

[29] Die sorgfältige Bestattung von Tierknochen (R. de Vaux, Archaeology and the Dead Sea Scrolls, Oxford 1973, 12–15) erklärt sich eher aus der essenischen Reinheitshalachah (J. M. Baumgarten, in: Studies in Qumran Law, Leiden 1977, 59–61). Der von S. H. Steckoll, The Qumran Sect in Relation to the Temple of Leontopolis, RQ 6 (1967) 55–69 (57) als Altar in Anspruch genommene Steinkubus ist dafür viel zu klein (de Vaux, aaO. 15 f.) und zeigt außerdem keinerlei Brandspuren. Vgl. R. T. Beckwith, The Qumran Calendar and the Sacrifices of the Essenes, RQ 7 (1971) 587–591 (589). Derselbe Einwand gilt gegenüber dem mit Stuck überzogenen Pfeilern (MBib 86, 1994, 20 [Abb. 24]) in Locus 86, den J. B. Humbert für Altäre hält (MBib 86, 1994, 21).

[30] Fouilles au Khirbet Qumrân, RB 61 (1954) 206–236 (235).

[31] Archaeology and the Dead Sea Scrolls, Oxford 1973, 20–23.

[32] Vgl. P. Bar-Adon, Another Settlement of the Judean Desert Sect at ʿEn el Ghuweir on the Shores of the Dead Sea, BASOR 227 (1977) 1–25 (18–20); J. H. Charlesworth, The Origin and Subsequent History of the Authors of the Dead Sea Scrolls, RQ 10 (1980) 213–233 (224–226).

[33] Vgl. B. Pixner, in: Wege des Messias und Stätten der Urkirche, Gießen ²1994, 181 f.

[34] Vgl. R. de Vaux, Archaeology and the Dead Sea Scrolls, Oxford 1973, 33–36.

Bell II 113). Nach dieser archäologischen Rekonstruktion, die allerdings nicht unumstritten ist[35], hätte sich die Siedlungslücke auffälligerweise genau mit der Regierungszeit von Herodes dem Großen (40−4 v. Chr.) gedeckt. Nach J. B. HUMBERT wäre die hasmonäische Nutzung von Qumran entweder durch eine gewaltsame Zerstörung um das Jahr 57 v. Chr. oder durch das Erdbeben von 31 v. Chr. zu Ende gegangen[36]. Der von den Essenern eingerichtete Opferkult sei entweder nach 31 v. Chr. oder noch später (in der Phase IIb von R. DE VAUX) eingestellt worden. Wieder eine andere Rekonstruktion schlagen A. DRORI und Y. MAGEN vor, die sie aufgrund von einigen Stichgrabungen in Qumran im Jahr 1994 entwickelten[37]. Laut den beiden Forschern wäre die

---

[35] D. FLUSSER, Qumran and the Famine during the Reign of Herod, Israel Museum Journal 8 (1987) 7−16 findet vor allem in einem Kommentar zu Psalm 27 (4QpPs[a] 3,2−5) Hinweise darauf, daß Qumran während der Hungersnot 25/24 v. Chr. (vgl. Jos, Ant XV 300 f.) besiedelt gewesen sei. Nun ist bestritten worden, daß man diese Stelle überhaupt auf ein zeitgeschichtliches Ereignis beziehen darf. Vgl. M. HORGAN, Pesharim. Qumran Interpretations of Biblical Books II, Washington 1979, 307. Wenn in Jerusalem eine essenische Niederlassung existierte, dann sticht auch das Argument von FLUSSER nicht, nur bei einer Weiterexistenz von Qumran habe Josephus sinnvoll schreiben können, daß die Essener im Gegensatz zur übrigen Bevölkerung durch die Hungersnot nicht tödlich betroffen waren. Außerdem hing in der Antike das Überleben während einer Hungersnot wesentlich davon ab, ob man (wie die Essener) über genügend finanzielle Mittel verfügte, um in Nicht-Dürregebieten Getreide kaufen zu können. Vgl. R. RIESNER, Die Frühzeit des Apostels Paulus, Tübingen 1994, 112 f. Abgesehen von der Unsicherheit im Verständnis der apokalyptisch verhüllenden Sprache, muß allein die Frage nach der Siedlungslücke Qumrans natürlich in erster Linie archäologisch entschieden werden (Zusammenfassung der Diskussion bei O. KEEL−M. KÜCHLER, Orte und Landschaften der Bibel II, Zürich−Göttingen 1982, 455−471; P. R. CALLAWAY, The History of the Qumran Community, Sheffield 1988, 29−51; J. MURPHY-O'CONNOR, ABD V, 1992, 590−593; M. BROSHI, Die archäologische Erforschung Qumrans, in: J. B. BAUER u. a., Qumran, Graz 1993, 63−72; H. J. FABRY, BiKi 48, 1993, 31−34). Immer wieder wird als gegenläufige Evidenz auf zehn gefundene herodianische Münzen verwiesen. Vgl. E. SCHUERER, The History of the Jewish People II, Edinburgh 1979, 587; FLUSSER, aaO. 9. Man sollte allerdings gleich die Antwort mitzitieren, die R. DE VAUX, Archaeology and the Dead Sea Scrolls, Oxford 1973, 24 auf diese Tatsache gegeben hat: "It is highly improbable that, as has been suggested, some of the settlers would have continued to live at Khirbet Qumran camping in the ruins. They would at least have put the water system in working order, for it was this that made life there possible. There are admittedly the ten coins of Herod, which, as we have seen, are very probably later than the destruction. But they do not prove that there would have been an uninterrupted habitation of the site, for they could have been brought there at the time when it was reoccupied". Auffällig ist schon die im Vergleich zu den aufgefundenen hasmonäischen und prokuratorischen Münzen sehr geringe Zahl. Vollends entwertet wird der Fund herodianischer Münzen durch die stratigraphische Beobachtung eines "mixed level". Vgl. B. PIXNER, in: Wege des Messias und Stätten der Urkirche, Gießen [2]1994, 182 Anm. 5. E. M. LAPERROUSAZ, Qoumrân, Paris 1976, 55 f. 184−188 nimmt an, die Siedlung sei von 67/63 bis 24/23 v. Chr. verlassen gewesen. Zu dieser schon früher geäußerten Ansicht des Autors vgl. kritisch R. DE VAUX, Archaeology, 22 Anm. 1; M. BROSHI, in: D. DIMANT−U. RAPPAPORT, The Dead Sea Scrolls, Leiden 1992, 106.

[36] RB 101 (1994) 209−211.

[37] Vgl. A. RABINOVICH, Operation Scroll, Jerusalem Post (International Edition) 21.5.1994, 9.12.14.

Siedlung nach ihrer Zerstörung in den Wirren um den Machtantritt von Herodes dem Großen um 40 v. Chr. durch diesen jüdischen König den Essenern zum Neuaufbau überlassen worden. DRORI und MAGEN argumentieren vor allem damit, daß sich Essener und Hasmonäer die ganze Zeit unversöhnlich gegenübergestanden hätten, so daß eine Essener-Siedlung so nahe an Jerusalem vor dem Machtwechsel nicht denkbar sei. Doch eine Dauerfeindschaft der beiden Gruppen ist eine durchaus fragliche Annahme[38]. Nach Josephus hat Herodes aufgrund einer in Erfüllung gegangenen Voraussage des essenischen Propheten Manaen (Ant XV 373–378) über seine Thronbesteigung, aber wohl auch aus gemeinsamer Gegnerschaft zu den Hasmonäern, die Essener auffällig favorisiert. Wie erstaunlich weit das Entgegenkommen des Herodes reichte, wird daran deutlich, daß der krankhaft mißtrauische König nur die Essener vom Treueid ausnahm (Ant XV 371). Diese Bevorzugung ließ einige Exegeten sogar vermuten, daß mit den „Herodianern" (Ἡρῳδιανοί) der Evangelien (Mt 22,16/ Mk 12,13; Mk 3,6) eigentlich Essener gemeint seien[39]. Doch ist eher an eine verwandte Gruppe, etwa die Boethusäer, zu denken[40].

Wegen der noch andauernden Diskussion ist Zurückhaltung geboten, wenn es um eine Verbindung des archäologischen Befundes in Qumran mit der Geschichte der Essener geht. Rechnet man mit einer essenischen Besiedlung schon vor 40 v. Chr. und einer Siedlungslücke während der Regierung von Herodes dem Großen, dann ist der Vorschlag zu erwägen, daß sich Essener aus Qumran in dieser für sie politisch so günstigen Zeit wieder in Jerusalem ansiedeln konnten[41]. Falls sich die Hypothese von J. B. HUMBERT je bewahrheiten sollte, dann könnte das Ende eines Opferkultes in Qumran auch mit einer

---

[38] Vgl. H. STEGEMANN, Die Essener, Qumran, Johannes der Täufer und Jesus, Freiburg 1993, 213–227. Eigenartig ist das Argument von Y. MAGEN (nach Jerusalem Post [International Edition] 21.5.1994, 12), Qumran könne wegen der Funde von Tierknochen in Phase Ib noch keine Siedlung der Essener gewesen sein, da diese nach Josephus Vegetarier waren. Hier handelt es sich möglicherweise um ein Mißverständnis von Bell II 143.

[39] So besonders C. DANIEL, Les 'Hérodiens' du Nouveau Testament sont-ils des Esséniens?, RQ 6 (1967) 31–53; aber auch Y. YADIN, The Temple Scroll I, Jerusalem 1983, 138 f. (zusammengefaßt in: DERS., Militante Herodianer aus Qumran, LM 18, 1979, 355–358). Kritisch dazu W. BRAUN, Were the New Testament Herodians Essenes?, RQ 14 (1989) 75–88.

[40] Vgl. H. W. HOEHNER, Herod Antipas, Grand Rapids ²1980, 331–342; R. RIESNER, Herodianer, GBL II, Wuppertal–Gießen ²1990, 566 f. Ein neuveröffentlichter Qumran-Text wie 4Q513 (DJD VII, 287–295) gibt weiteren Anlaß, nach theologischen Übereinstimmungen zwischen Boethusäern und Essenern zu fragen. Vgl. J. M. BAUMGARTEN, Halakhic Polemics in a New Fragment from Qumran Cave 4, in: Biblical Archaeology Today, Jerusalem 1985, 390–400 (396 f.). Die Fragestellung wird durch die in den rabbinischen Quellen weit verbreitete Konfusion zwischen Boethusäern und „Sadduzäern" (בְּנֵי צָדוֹק = Zadokiden = Essener?) zusätzlich erschwert. S. auch u. S. 1787.

[41] So z. B. C. DANIEL, Nouveaux arguments en faveur de l'identification des Hérodiens et des Esséniens, RQ 7 (1970) 397–402 (398); S. SANDMEL, Judaism and Christian Beginnings, New York 1978, 165 f.; E. BAMMEL, Sadduzäer und Sadokiden, EThL 57 (1979) 107–115 (113 f.); J. H. CHARLESWORTH, RQ 10 (1980) 227; B. PIXNER, HlL 113/2–3 (1981) 4.

Rückkehr zum Tempel erklärt werden. Seine eigene Begründung, es sei unter den Essenern ähnlich wie später bei den Christen zu einer rein spirituellen Auffasung des Opferkultes gekommen[42], ist jedenfalls schwerlich überzeugend (s. u. I 1.c).

Bemerkenswert scheint in unserem Zusammenhang die Tatsache, daß sich die essenische Siedlung in Qumran ab der Zeitenwende als wesentlich bescheidener erweist als die erste Siedlungsphase[43]. Könnte es sein, daß die Gruppe, die weiter in der Wüste blieb, radikaler und stärker esoterisch ausgerichtet war als andere Essener, etwa solche, die in Jerusalem blieben? Interessant ist hier die Beobachtung, daß die Bewohner Qumrans in der letzten Periode offenbar keine Verwendung mehr für die aramäischen Stücke des 1. Henoch hatten, wie es die Art ihrer Auffindung nahelegt[44]. Die ältesten Teile dieses apokalyptischen Zyklusses stammen noch aus der Zeit vor der Separation der Essener in der Mitte des 2. Jahrhunderts v. Chr. (s. Anm. 10) und stellen somit keine qumranspezifische Literatur dar. Aber ist es angesichts der oft angenommenen oppositionellen Haltung der Essener gegenüber dem offiziellen Tempelkult überhaupt denkbar, daß auch nur eine Gruppe von ihnen wieder nach Jerusalem zurückkehrte? Hier muß noch einmal die Frage nach dem Verhältnis der Essener zur heiligen Stadt und zum Tempel aufgeworfen werden.

c) Die Essener und der Tempel

Weil die Qumran-Schriften über die Profanierung des Tempels klagen (CD 5,6 f.) und gegen die Jerusalemer Priesterschaft polemisieren (1QpHab 8,8– 13; 9,4; 12,7–9), wurde oft angenommen, daß die Essener entweder in ihren Siedlungen oder überhaupt nicht opferten. Bestätigt sieht man diese Sicht durch eine Aussage des Josephus[45] in 'Antiquitates' XVIII 19:

εἰς δὲ τὸ ἱερὸν ἀναθήματα στέλλοντες θυσίας [οὐκ] ἐπιτελοῦσιν διαφορό-
τητι ἁγνειῶν. ἃς νομίζοιεν, καὶ δι᾽ αὐτὸ εἰργόμενοι τοῦ κοινοῦ τεμενίσμα-
τος ἐφ᾽ αὑτῶν τὰς θυσίας ἐπιτελοῦσιν.

Unbestreitbar ist aufgrund dieser Stelle aber zumindest, daß Josephus insofern eine weiter bestehende positive Verbindung der Essener zum Tempel voraussetzt, als sie Weihegaben dorthin sandten[46]. Außerdem wird gesagt, daß die Essener, wenn auch nach ihrer speziellen Reinheits-Halachah, wirkliche Opfer

---

[42] Nach A. RABINOVICH, Jerusalem Post (International Edition) 21.5.1994, 14.

[43] Vgl. R. DE VAUX, Archaeology and the Dead Sea Scrolls, Oxford 1973, 24–27.

[44] Vgl. J. T. MILIK, The Books of Enoch, Oxford 1976, 59–69.

[45] Eine Zusammenfassung der Diskussion bei T. S. BEALL, Josephus' description of the Essenes illustrated by the Dead Sea Scrolls, Cambridge 1988, 115–119. 164 f.

[46] J. NOLLAND, A Misleading Statement of the Essene Attitude to the Temple, RQ 9 (1977/ 78) 555–562 deutet die Wendung auf die Zahlung der Tempelsteuer. Aber das ist ein völlig ungewöhnlicher Gebrauch von ἀναθήματα, wie schon allein die Parallele in CAp II 48 zeigt. Auch sonst ist die Interpretation der Josephus-Stelle durch NOLLAND sehr problematisch. Vgl. E. RUCKSTUHL, Zur Chronologie der Leidensgeschichte Jesu II, in: DERS., Jesus im Horizont der Evangelien, Stuttgart 1988, 141–184 (157–160).

darbrachten, denn das zweite τὰς θυσίας ἐπιτελοῦσιν kann man nicht spiritualisiert verstehen[47]. Auch eine Aussage von Philo (ἐπειδὴ κἂν τοῖς μάλιστα θεραπευταὶ θεοῦ γεγόνασιν, οὐ ζῷα καταθύοντες, ἀλλ᾽ ἱεροπρεπεῖς τὰς ἑαυτῶν διανοίας κατασκευάζειν ἀξιοῦντες [Omn Prob Lib 75]) dürfte nur besagen, daß der bei den Essenern das Übliche übertreffende Gottesdienst in der Heiligung ihres Lebens bestand[48]. Vor allem aufgrund neuer Textevidenz (4QS^d) ist es kaum noch möglich, „das Opfer der Lippen" (1QS 9,3−5) als Ablösung des Brandopfers von Fleisch und Fett zu verstehen[49]. Drei Stellen der Damaskus-Schrift (CD 3,18−4,4; 6,11−14; 11,17−22) implizieren vielmehr ein grundsätzlich positives Verhältnis zum Opfer im Tempel[50].

Problematisch ist bei Josephus nicht die Tatsache essenischer Opfer, sondern aufgrund der textkritisch unsicheren Verneinung der ersten Opferaussage nur der Ort des Vollzugs. Weil die Verneinung sich in keiner griechischen Josephus-Handschrift findet, sondern nur in der nicht sicher datierbaren Epitome und in der lateinischen Übersetzung, wurde das οὐκ in die Textausgaben von B. NIESE[51], L. H. FELDMAN[52] und G. VERMES[53] nicht aufgenommen. Dann kann man Josephus durchaus so verstehen, daß die Essener in einem vom allgemeinen Zugang abgegrenzten Teil des Tempelbezirks ihre Opfer darbrachten[54]. Auch an einer Stelle der Mischna (Schek 5,6) hat man eine Anspielung auf solch einen Bezirk finden wollen[55]. H. STEGEMANN hält zumindest für möglich, die

---

[47] Vgl. J. STRUGNELL, Flavius Josephus and the Essenes: *Antiquities* XVIII.18−22, JBL 77 (1958) 106−115 (113 f. Anm. 33).

[48] Vgl. R. MARCUS, Pharisees, Essenes and Gnostics, JBL 73 (1954) 157−161 (158); T. S. BEALL, Josephus' description of the Essenes, Cambridge 1988, 118.

[49] Vgl. J. CARMIGNAC, L'utilité ou inutilité des sacrifices sanglants dans la 'Règle de la communauté' de Qumrân, RB 63 (1956) 524−532.

[50] Vgl. E. LOHSE, Die Texte aus Qumran, Darmstadt ²1971, 290 Anm. 74; J. M. BAUMGARTEN, The Essenes and the Temple − A Reappraisal, in: DERS., Studies in Qumran Law, Leiden 1977, 57−74 (68−71); T. S. BEALL, Josephus' description of the Essenes, Cambridge 1988, 116 f.

[51] Flavii Josephi opera IV, Berlin 1890, 143.

[52] Josephus IX: Jewish Antiquities, Books XVIII−XIX, London 1965, 16 f.

[53] G. VERMES−M. D. GOODMAN, The Essenes According to the Classical Sources, Sheffield 1989, 54.

[54] Vgl. M. J. LAGRANGE, Le Judaïsme avant Jésus-Christ, Paris ²1931, 316−319; J. M. BAUMGARTEN, in: Studies in Qumran Law, Leiden 1977, 62−67; M. BLACK, The Scrolls and Christian Origins, Chico ²1983, 39−42; E. RUCKSTUHL, in: Jesus im Horizont der Evangelien, Stuttgart 1988, 157−164.

[55] Wie vor ihm schon J. B. LIGHTFOOT, St Paul's Epistles to the Colossians and Philemon, London 1875, 349 f. sah M. J. LAGRANGE, Le Judaïsme avant Jésus Christ, Paris ²1931, 318 f. in לשכת חשאים, der „Halle der Schweigenden" (Schek 5,6), einen Hinweis auf diesen besonderen essenischen Bezirk im Tempel. Ἐσσαῖοι betrachtete er als eine Transkription von חשאין, das s. E. auf die von Josephus hervorgehobene Schweigsamkeit der Essener (Bell II 130.133 [vgl. 1QS 7,9−10.14 f.]) hindeute. Nach vorherrschender Meinung handelt es sich nur um einen Aufbewahrungsraum für Opfergaben (H. L. STRACK−P. BILLERBECK, Kommentar zum Neuen Testament aus Talmud und Midrasch II, München 1924, 44 f.). Immerhin ist auffällig, daß in diesem Zusammenhang die Existenz von zwei Hallen (שׁתי לשכות) erwähnt wird. Die Mischna selbst erklärt den Namen etwas gezwungen damit, daß hier „Sünden fürchtende" (ירא חטא) „im Geheimen" (בחשאי) einlegten und ebenso „im Ge-

Essener hätten „Opfer, die terminlich nicht an den Kultkalender gebunden waren – also beispielsweise Opfer bei Geburt eines Kindes, bei der Einlösung von Gelübden oder aus anderen persönlichen Anlässen –, ganz oder teilweise auch weiterhin im Jerusalemer Tempel dargebracht"[56]. Außer der umstrittenen archäologischen Evidenz für die Opferung von Tieren in Qumran findet man nirgends in den essenischen Schriften einen Hinweis, daß ein anderer Ort als Jerusalem Stätte des legitimen Opfers (Dtn 12; 2 Kön 22) sein könnte. Die Tempelrolle erwartete für die Zukunft den Bau nur eines idealen Tempels, und der würde selbstverständlich in der heiligen Stadt stehen[57]. Jerusalem war und blieb das „heilige Lager, der Ort, den er unter allen Stämmen Israels erwählt hat, das erste der Kriegslager Israels" (ישראל] שבטי מכל בו שבחר המקום היא הקדש המחנה היא ירושלים). So heißt es schon in einem Brief (4QMMT B 60–62), den vermutlich der „Lehrer der Gerechtigkeit" an den damals amtierenden hasmonäischen Hohenpriester geschrieben hat[58].

J. M. BAUMGARTEN erklärt die gewisse Spannung zwischen Tempelpolemik und Tempelsehnsucht bei den Essenern daraus, daß sie in ihrer Frühzeit durch die Hasmonäer an der Verbindung zum Tempel gehindert wurden, zur Erreichung ihrer Ziele aber auf günstigere politische Umstände warteten[59]. Diese ergaben sich durch die Machtergreifung von Herodes dem Großen, der den Alexandriner Simon, Sohn des Boethos, zum neuen Hohenpriester einsetzte

---

heimen" Arme aus besseren Familien ihre Unterstützung abholten. Zu möglichen Hinweisen auf Essener in der rabbinischen Literatur: Z. FRANKEL, Die Essäer nach talmudischen Quellen, MGWJ 2 (1853) 30–73; J. HAMBURGER, Essäer, in: Real-Enzyklopädie für Bibel und Talmud II, Strelitz 1883, 172–178; A. NEHER, Échos de la Secte de Qumrân dans la littérature Talmudique, in: Les manuscrits de la Mer Morte, Paris 1957, 45–60; J. D. AMUSIN, Spuren antiqumranischer Polemik in der talmudischen Tradition, in: H. BARDTKE, Qumran-Probleme, Berlin/Ost 1963, 5–28; H. BARDTKE, Zur Nachgeschichte der Qumrangemeinde, ThV VII, Berlin/Ost 1976, 11–40 (29–31); M. BROSHI, Anti-Qumranic Polemics in the Talmud, in: J. TREBOLLE BARRERA–L. VEGAS MONTANER, The Madrid Qumran Congress II, Leiden 1992, 589–600; M. PETIT, Les Esséens de Philon d'Alexandrie et les Esséniens, in: D. DIMANT–U. RAPPAPORT, The Dead Sea Scrolls, Leiden 1992, 139–155 (143–153).

56 Die Essener, Qumran, Johannes der Täufer und Jesus, Freiburg 1993, 244. Gleich im Anschluß heißt es: „Einige Befunde in den Qumran-Texten können jedenfalls in diesem Sinne interpretiert werden". Leider folgen keine weiteren Ausführungen oder wenigstens Belegstellen, auch nicht bei H. STEGEMANN, The Qumran Essenes – Local Members of the Main Jewish Union in Late Second Temple Times, in: J. TREBOLLE BARRERA–L. VEGAS MONTANER, The Madrid Qumran Congress II, Leiden 1992, 83–166 (122–126). Bei der Darstellung Jesu im Tempel umfaßt die Reinigung nicht bloß die Mutter, sondern auch den Neugeborenen (Lk 2,22). Dies ist von Lev 12 nicht erfordert, könnte aber in einem neu veröffentlichten Qumran-Text vorausgesetzt sein. Vgl. J. M. BAUMGARTEN, Purification after Childbirth and the Sacred Garden in 4Q265 and Jubilees, in: G. J. BROOKE, New Qumran Texts and Studies, Leiden 1994, 3–10 (5 f.).

57 Vgl. J. L. WENTLING, Unravelling the Relationship between 11QT, the Eschatological Temple, and the Qumran Community, RQ 14 (1989) 61–73.

58 Vgl. auch E. QIMRON, in: M. SHARON, The Holy Land in History and Thought, Leiden 1988, 12. S. jetzt auch DJD X, 52.

59 In: Studies in Qumran Law, Leiden 1977, 73 f.

11

(Ant XV 320). Das geschah um 24 v. Chr., also nicht lange vor dem Beginn des Tempelumbaus seit 20/19 v. Chr.[60]. Simon amtierte fast während der ganzen Regierungszeit des Herodes und stammte aus einer Familie, deren Ansichten zum Beispiel über Kalenderfragen häufig essenischen Anschauungen entgegenkamen[61]. Es wäre also denkbar, daß die Essener in dieser Zeit einen eigenen abgegrenzten Bezirk im Tempelgelände erhielten, womit etwa G. STEMBERGER als Möglichkeit rechnet[62]. Wir hören einerseits in der rabbinischen Literatur von Kalenderstreitigkeiten am Tempel[63], andererseits vergleichen Qumran-Texte aus der herodianischen Epoche (über den Dienst der priesterlichen Wochenabteilungen) die Zeitansätze des essenischen Sonnenkalenders mit denen des (amtlichen) jüdischen Mondkalenders[64]. Nach H. STEGEMANN zeigen jene Texte „deutlich das bleibende Interesse der Essener an diesen alten Dienstplänen. Sie waren offenbar dazu bereit, sich wieder am Opferkult in Jerusalem zu beteiligen"[65]. Eine provozierende These hat in jüngerer Zeit M. DELCOR vorgelegt[66]. Aus architektonischen Übereinstimmungen zwischen dem Entwurf der Tempelrolle (11QMiqd 30–46) und dem herodianischen Bauwerk[67] schließt er, daß diese Qumran-Schrift eine Quelle für den Bauplan des (dritten) herodianischen Tempels war. In diese Richtung könnte auch weisen, daß am Jerusalemer Tempel und in Qumran offensichtlich dieselben Maßeinheiten Verwendung fanden[68]. Nach Josephus wurden die inneren Teile des Heiligtums von Tausenden von Priestern erbaut (Ant XV 390.420 f.). Sie trugen „priesterliche Gewänder" (ἱερατικαὶ στολαί), und das erinnert an die Linnenkleider der Essener (Bell II 123.131.137; vgl. 1QM 7,9 f.). DELCOR nimmt deshalb wie vor ihm schon C. DANIEL[69] an, daß es sich um Essener handelte. Die Abfassungszeit der Tem-

---

[60] Vgl. E. SCHUERER, The history of the Jewish people in the age of Jesus Christ II, Edinburgh 1979, 229.

[61] Zu den Erwähnungen in der rabbinischen Literatur vgl. H. L. STRACK–P. BILLERBECK, Kommentar zum Neuen Testament aus Talmud und Midrasch IV/2, München 1924, 1219.

[62] Pharisäer, Sadduzäer, Essener, Stuttgart 1991, 124–128.

[63] Vgl. E. RUCKSTUHL, Die Chronologie des Letzten Mahles Jesu, Einsiedeln 1963, 90; DERS., in: Jesus im Horizont der Evangelien, Stuttgart 1988, 163 f. Zu ARN B 10 und A 5 vgl. G. STEMBERGER, aaO. 62–64. 127 f.

[64] Es handelt sich um bisher von J. T. MILIK (Ten Years of Discovery, London 1959, 107–109) noch nicht veröffentlichte Kalenderfragmente aus der 4. Höhle (4QMischmarot = 4Q320–330). Vgl. G. VERMES, in: E. SCHUERER, The history of the Jewish people in the age of Jesus Christ III/1, Edinburgh 1986, 466 f. Es existiert jetzt eine inoffizielle Edition (eine Computer-Rekonstruktion nach einer vorhandenen Konkordanz der Funde aus 4Q) von B. Z. WACHOLDER–M. G. ABEGG, A Preliminary Edition of the Unpublished Dead Sea Scrolls I, Washington 1991, 60–95.

[65] Die Essener, Qumran, Johannes der Täufer und Jesus, Freiburg 1993, 144.

[66] Is the Temple Scroll a Source of the Herodian Temple?, in: G. J. BROOKE, Temple Scroll Studies, Sheffield 1989, 67–90.

[67] Vgl. auch J. MAIER, The Architectural History of the Temple in Jerusalem in the Light of the Temple Scroll, in: G. J. BROOKE, Temple Scroll Studies, 23–62.

[68] Vgl. D. CHEN, Cubit of the Temple – Cubit of Qumran, in: Proceedings of the Tenth World Congress of Jewish Studies B II, Jerusalem 1990, 9–14.

[69] RQ 7 (1969/71) 399.

pelrolle ist höchst umstritten[70], die Ansätze variieren zwischen dem 4.[71] und dem 1. Jahrhundert v. Chr.[72], wobei wohl die meisten Forscher das 2. Jahrhundert v. Chr. bevorzugen[73]. Die ältere der beiden Abschrifen der Tempelrolle (11QMiqd[b]) stammt aus der Mitte des 1. Jahrhunderts v. Chr.[74]. Sollte die Annahme von M. DELCOR zutreffen, könnte das ein Grund sein, die Abfassung der Tempelrolle mit den politischen Umwälzungen am Beginn der herodianischen Regierungszeit zu verbinden. Jedenfalls fällt auf, daß auch das zweite vollständigere Exemplar entweder am Ende des 1. vor- oder am Beginn des 1. nachchristlichen Jahrhunderts, also in frühherodianischer Zeit, geschrieben wurde[75]. Offenbar gab es damals einen besonderen Bedarf für diese Schrift, der mit der Annahme von DELCOR erklärt werden könnte[76]. Auffällig ist auch, daß es etwa in der Mitte des 1. Jahrhunderts v. Chr. anscheinend einen größeren Zustrom neuer levitischer Mitglieder zur Qumran-Gruppe gab[77].

Jerusalem (1QM 12,12–15; 11QPs[a] 12,1–15; 1Q32; 2Q24) und die Wiederaufnahme des Tempelkults (11QMiqd) blieben immer das Ziel der essenischen Zukunftshoffnung. Selbst in hasmonäischer Zeit begegnen uns einzelne Essener in Jerusalem wie zum Beispiel ein Seher namens Judas mit seinen Schülern zur Zeit von Aristobul I (Bell I 78–80) und später dann während der Jugend von Herodes dem Großen der Prophet Manaen (Ant XV 373). Wie sehr auch die Qumran-Essener nach der heiligen Stadt ausgerichtet waren, zeigt die Orientierung einer großen Ritualbad-Anlage (s. u. S. 1815 f.) und vor allem ihres Hauptversammlungsraums[78] nach Jerusalem[79]. Die zeitliche Kongruenz der wahrscheinlichen Siedlungslücke in Qumran mit der für die Essener politisch günstigen Situation während der Regierungszeit von Herodes dem Großen läßt die Niederlassung einer Gruppe der Sondergemeinschaft in der heiligen Stadt möglich erscheinen. Auch hätte die Einsetzung eines nichthasmonäischen Hohe-

---

[70] Vgl. G. J. BROOKE, Introduction, zu: DERS., Temple Scroll Studies, Sheffield 1989, 13–19 (14 f.).

[71] Vgl. H. STEGEMANN, The Literary Composition of the Temple Scroll and its Status at Qumran, in: G. J. BROOKE, Temple Scroll Studies, 123–148.

[72] Vgl. B. THIERING, The Date of Composition of the Temple Scroll, in: G. J. BROOKE, Temple Scroll Studies, 99–120.

[73] Vgl. besonders M. HENGEL–J. H. CHARLESWORTH–D. MENDELS, The Polemical Character of 'On Kingship' in the Temple Scroll: An Attempt at Dating 11QTemple, JJS 27 (1986) 28–38.

[74] Vgl. H. STEGEMANN, in: Temple Scroll Studies, Sheffield 1989, 125 f. Es ist heute fast einstimmiger Konsens, daß drei Textfragmente aus dem 2. Jh. v. Chr. (Rockefeller 43.366) nicht von einem zweiten Exemplar der Tempelrolle stammen.

[75] Vgl. Y. YADIN, The Temple Scroll I, Jerusalem 1983, 18.

[76] Schon E. RUCKSTUHL, SNTU 11 (1986) 114 f. verband die Abschrift der Tempelrolle mit der Absicht der Essener, Einfluß auf den Tempelbau zu gewinnen.

[77] Das schließt G. J. BROOKE, Levi and the Levites in the Dead Sea Scrolls and in the New Testament, in: Z. J. KAPERA, Mogilany 1989 I, Krakau 1993, 105–129 (108 f.) u. a. aus der Position der Leviten in der vor allem durch 4QM[c] repräsentierten Endredaktion der Kriegsrolle (vgl. 4QM[c] 9–10 mit 1QM 7,12–14).

[78] Locus 77 (R. DE VAUX, Archaeology and the Dead Sea Scrolls, Oxford 1973, Pl. XXIX).

[79] Vgl. R. RIESNER, Jesus als Lehrer, Tübingen [3]1988, 135.

priesters mit teilweise verwandten rituellen Anschauungen Gelegenheit geboten, wieder am Tempel Fuß zu fassen, und offenbar setzt Josephus zu seiner Zeit eine wie immer geartete Teilnahme von Essenern am Jerusalemer Kult voraus. Über diese Möglichkeiten hinaus gibt es archäologische und literarische Indizien für die Existenz eines Essener-Viertels in Jerusalem seit Herodes dem Großen.

2. Das „Tor der Essener"

a) Die Lage nach Josephus

Im fünften Buch des 'Jüdischen Krieges' gibt der Historiker seine berühmte Beschreibung der drei Mauern Jerusalems vor der Zerstörung im Jahr 70 n. Chr. (Bell V 142–148). Im Zusammenhang mit dem Verlauf der ältesten („ersten") Mauer erwähnt Josephus auch zwei topographische Einzelheiten, die für unsere Fragestellung bedeutsam sind:

„(142) Von den drei Mauern war die älteste wegen der Schluchten und des darüber aufragenden Hügels, auf dem sie erbaut war, nur schwer zu überwinden. (143) Denn abgesehen von ihrer günstigen Lage war sie auch stark befestigt, weil David und Salomo wie auch ihre Nachfolger auf dem Königsthron ihren ganzen Ehrgeiz in die Fortführung dieses Werks gesetzt hatten. (144) Diese Mauer begann im Norden beim Hippikus genannten Turm und erstreckte sich bis zum Xystos, dann traf sie auf das Rathaus und endete an der westlichen Säulenhalle des Tempels. (145) Auf der anderen Seite, gegen Westen gerichtet, begann sie vom selben Punkt, führte an einem Bethso genannten Landstück vorbei zum Tor der Essener (διὰ δὲ τοῦ Βηθσὼ καλουμένου χώρου κατατεῖνον ἐπὶ τὴν Ἐσσηνῶν πύλην), bog dann nach Süden gewandt um und verlief jenseits der Siloah-Quelle. Von dort wieder bog sie nach Osten gerichtet beim Salomons-Teich um und erstreckte sich dann bis zu einem gewissen Ophel genannten Landstück, um schließlich auf die östliche Säulenhalle des Tempels zu treffen. (146) Die zweite Mauer begann bei einem Tor, das in der ersten Mauer lag und Gennath genannt wurde. Indem sie lediglich den Nordteil der Stadt umgab, führte sie bis zur Antonia. (147) Für die dritte Mauer bildete wieder der Turm Hippikus den Ausgangspunkt. Von ihm erstreckte sie sich nach Norden bis zum Turm Psephinus, zog dann den Grabdenkmälern der Helena gegenüber – sie war Königin von Adiabene und Tochter des Königs Izates – an den Königshöhlen vorbei und bog um einen Eckturm beim sogenannten Walkergrab herum und traf dann auf die alte Mauer, wo sie an der sogenannten Kidron-Schlucht endete. (148) Mit dieser Mauer hatte Agrippa [I] den neuerbauten Stadtteil umgeben ..." (Bell V 142–148)[80].

---

[80] Der ganze griechische Text der Stadtbeschreibung lautet: Τῶν δὲ τριῶν τειχῶν τὸ μὲν ἀρχαῖον διά τε τὰς φάραγγας καὶ τὸν ὑπὲρ τούτων λόφον, ἐφ᾽ οὗ κατεσκεύαστο, δυσάλωτον ἦν· πρὸς δὲ τῷ πλεονεκτήματι τοῦ τόπου καὶ καρτερῶς ἐδεδόμητο, Δαυίδου τε καὶ Σολομῶνος, ἔτι δὲ τῶν μεταξὺ τούτων βασιλέων φιλοτιμηθέντων περὶ τὸ ἔργον. ἀρχόμε-

Es handelt sich um die einzige bisher bekannte Erwähnung des „Tores der Essener" in einer historischen Quelle. Aber schon allein mit den Angaben des Josephus kann man dieses Tor recht genau lokalisieren. Der jüdische Geschichtsschreiber nennt als Orientierungshilfen vor allem den Beginn und das Ende bzw. die Wendepunkte der Mauern. Das Essenertor muß dort gelegen haben, wo die „erste Mauer" zwischen dem Hippikus-Turm (im Gebiet der heutigen Zitadelle) und dem Siloah-Ausfluß (an der Einmündung des Tyropöon-Tales in das Hinnom-Tal) ihren Verlauf aus einer Nord-Süd- in eine West-Ost-Richtung änderte (Abb. 1). Das weist allgemein auf den Südwesthügel der neutestamentlichen Stadt.

Etwas schwerer zu beantworten ist die Frage, ob das „Bethso genannte Landstück" zwischen Hippikus und Essenertor oder in unmittelbarer Nähe dieses Tors lag. Für die erste Möglichkeit[81] könnte sprechen, daß Josephus bei seiner Beschreibung der „dritten Mauer" zwischen deren beiden Mauereckpunkten zwei Toponyme nennt:

„[vom] Psephinus-Turm zog sie dann den Grabdenkmälern der Helena gegenüber ... an den Königshöhlen vorbei und bog um einen Eckturm beim sogenannten Walkergrab herum" (Bell V 147).

Aber da die „dritte Mauer" mit der sogenannten Mayer-Sukenik-Linie zu identifizieren ist[82], handelt es sich hier um das längste überhaupt von Josephus beschriebene Mauerstück. Der Westteil der „ersten Mauer" ist hingegen nicht länger als ihre Süd- und Ostteile, in deren Mitte Josephus keine weiteren Orientierungspunkte angibt. Bei Anfangs- und Endpunkten nennt der Historiker immer nur eine Ortsangabe, bei Wendepunkten mit Ausnahme des Psephinus-Turms dagegen zwei oder drei, die soweit bekannt immer nahe beieinander liegen: 1) Xystos, Rathaus, Westliche Säulenhalle des Tempels; 2) Siloah-Quelle

---

νον δὲ κατὰ βορρᾶν ἀπὸ τοῦ Ἱππικοῦ καλουμένου πύργου καὶ διατεῖνον ἐπὶ τὸν ξυστόν, ἔπειτα τῇ βουλῇ συνάπτον ἐπὶ τὴν ἑσπέριον τοῦ ἱεροῦ στοὰν ἀπηρτίζετο. κατὰ θάτερα δὲ πρὸς δύσιν, ἀπὸ ταὐτοῦ μὲν ἀρχόμενον, διὰ δὲ τοῦ Βηθσὼ καλουμένου χώρου κατατεῖνον ἐπὶ τὴν Ἐσσηνῶν πύλην, κἄπειτα πρὸς νότον ὑπὲρ τὴν Σιλωὰν ἐπιστρέφον πηγήν, ἔνθεν τε πάλιν ἐκκλῖνον πρὸς ἀνατολὴν ἐπὶ τὴν Σολομῶνος κολυμβήθραν καὶ διῆκον μέχρι χώρου τινός, ὃν καλοῦσιν Ὀφλάς, τῇ πρὸς ἀνατολὴν στοᾷ τοῦ ἱεροῦ συνῆπτε. τὸ δὲ δεύτερον τὴν μὲν ἀρχὴν ἀπὸ πύλης εἶχεν, ἣν Γεννὰθ ἐκάλουν τοῦ πρώτου τείχους οὖσαν, κυκλούμενον δὲ τὸ προσάρκτιον κλίμα μόνον ἀνῄει μέχρι τῆς Ἀντωνίας. τῷ τρίτῳ δ' ἀρχὴ ἦν ὁ Ἱππικὸς πύργος, ὅθεν μέχρι τοῦ βορείου κλίματος κατατεῖνον ἐπὶ τὸν Ψήφινον πύργον, ἔπειτα καθῆκον ἀντικρὺ τῶν Ἑλένης μνημείων, Ἀδιαβηνὴ βασιλὶς ἦν αὕτη Ἰζάτου βασιλέως θυγάτηρ, καὶ διὰ σπηλαίων βασιλικῶν μηκυνόμενον ἐκάμπτετο μὲν γωνιαίῳ πύργῳ κατὰ τὸ τοῦ Γναψέως προσαγορευόμενον μνῆμα, τῷ δ' ἀρχαίῳ περιβόλῳ συνάπτον εἰς τὴν Κεδρῶνα καλουμένην φάραγγα κατέληγεν. τοῦτο τῇ προσκτισθείσῃ πόλει πε ριέθηκεν Ἀγρίππας ... (O. MICHEL–O. BAUERNFEIND, Flavius Josephus: De Bello Judaico II/1, München 1963, 130.132).

[81] So z. B. K. BIEBERSTEIN, Karte: Jerusalem im 1. Jh. v.–1. Jh. n. Chr., TRE XVI, Berlin–New York 1987, nach 608.

[82] Vgl. G. SCHMITT, Die Dritte Mauer Jerusalems, ZDPV 97 (1981) 153–170; H. SHANKS, The Jerusalem Wall That Shouldn't Be There, BARev 13/3 (1987) 46–57; J. J. PRICE, Jerusalem under Siege, Leiden 1992, 290–292.

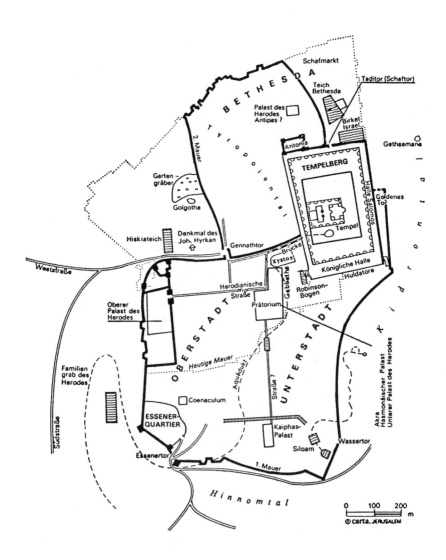

Abb. 1. Jerusalem zur Zeit Jesu

und Salomons-Teich[83]; 3) Ophel und Östliche Säulenhalle des Tempels; 4) Eckturm beim Walkergrab. Es ist also nicht ausgeschlossen, sondern sogar wahrscheinlicher, daß der Ort „Bethso" einen zweiten Orientierungspunkt für den Umschwung der „ersten Mauer" aus der Nord-Süd- in die West-Ost-Richtung nennt und deshalb in großer Nähe zum Essenertor lag. Das Bethso-Gelände befand sich nach Analogie der „Königshöhlen", die wohl mit der prächtigen vorexilischen Nekropole auf dem Gelände der dominikanischen École Biblique zu identifizieren sind[84], offenbar außerhalb der Mauer. Die Präposition διά ist in beiden Fällen am besten mit „an... vorbei" zu übersetzen[85].

b) Alte und moderne Lokalisierungen[86]

Schon bevor F. J. BLISS und A. C. DICKIE in den Jahren 1894/95 die ersten Ausgrabungen auf dem Jerusalemer Westhügel durchführten, suchten Forscher wie J. N. SEPP[87] und C. R. CONDER[88] das Essenertor an der südwestlichsten Ecke des Zionsberges auf dem Gelände der anglikanischen Gobat-Schule, die heute das American Institute for Holyland Studies beherbergt. CONDER schloß aus dem Verlauf eines durch künstliche Bearbeitung entstandenen Felskliffs (Abb. 2), daß sich die Südwestecke der alten Stadtmauer in dieser Gegend befunden haben müsse[89]. Als F. J. BLISS 1894 südöstlich der Gobat-Schule (Abb. 3, Feld IV) ein Tor mit mehreren übereinander liegenden Schwellen fand[90], identifizierte er es zuerst mit dem Essenertor des Josephus und im Anschluß an die Meinung von E. ROBINSON[91] auch mit dem alttestamentlichen Mist-Tor (Neh 2,13; 3,12 f.; 12,31). Im abschließenden Grabungsbericht änderte BLISS dann allerdings seine Meinung und schrieb, wenn auch nur sehr vorsichtig, das Tor in allen seinen Phasen der byzantinischen Zeit zu[92]. Immerhin ließ er die Möglichkeit offen, das byzantinische Tor könne an derselben Stelle wie das Essenertor errichtet worden sein[93]. Nach einem Hinweis von C. W. WILSON war BLISS aber auch bereit, das Essenertor etwa 40 m weiter nordwestlich (bei Turm 2 [Abb. 3]) in einem nach Westen führenden Graben zu suchen[94], wo schon CONDER ein Tor vermutet hatte[95].

---

[83] Vgl. D. ADAN, The 'Fountain of Siloam' and 'Solomon's Pool' in First Century Jerusalem, IEJ 29 (1979) 92–100.

[84] Vgl. A. KLONER, The 'Third Wall' in Jerusalem and the 'Cave of the Kings', Levant 18 (1986) 121–129.

[85] Vgl. G. SCHMITT, ZDPV 97 (1981) 167.

[86] Vgl. R. RIESNER, Josephus' "Gate of the Essenes" in Modern Discussion, ZDPV 105 (1989) 105–109.

[87] Jerusalem und das Heilige Land I, Schaffhausen ²1873, 221.

[88] A Handbook on the Bible, London 1879, 348 und Plan nach 334.

[89] The Rock Scarp of Zion, PEFQS 1875, 81–89 (86).

[90] Third Report on the Excavations at Jerusalem, PEFQS 1895, 9–25 (12).

[91] Biblical Researches in Palestine, Mount Sinai and Arabia Petraea I, London 1841, 473 f.

[92] Excavations at Jerusalem: 1895–1897, London 1898, 16–20.

[93] AaO. 332.

[94] AaO. 8 Anm. 1.

[95] PEFQS 1875, 86.

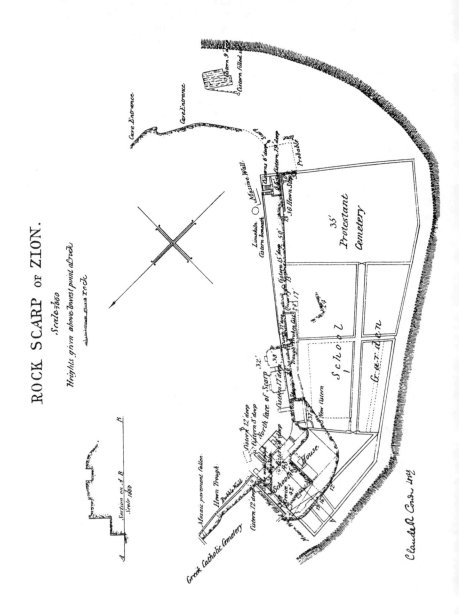

Abb. 2. Das Felskliff des südwestlichen Stadthügels von Jerusalem

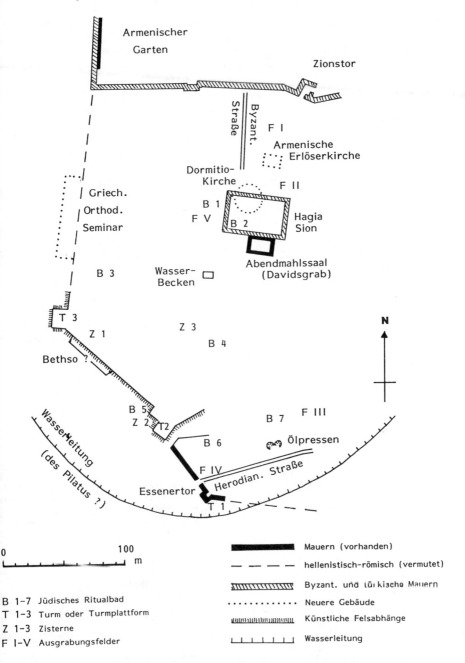

Abb. 3. Übersichtsplan des Jerusalemer Essenerviertels

Unter den berühmten Topographen Jerusalems dachte L. H. Vincent bei der Lokalisierung des Essenertors generell an den Westhügel[96], während G. Dalman weiterhin zu einer Gleichsetzung mit dem von Bliss aufgefundenen Tor neigte[97]. Diese Meinung teilte auch J. Simons, der jedoch im alttestamentlichen „Tal-Tor" (Neh 2,13.15 vgl. 2 Chr 26,9) den Vorgängerbau des Essenertors sah[98]. Obwohl diese Identifizierung ebenfalls problematisch ist[99], hatte Simons jedoch darin Recht, daß nach der Beschreibung des Nehemia-Buchs das Mist-Tor in der äußersten Südost-Ecke der Stadt gelegen haben muß[100]. Weil er wie Robinson für Mist-Tor und Essenertor denselben Standort annahm, verlegte deshalb M. Avi-Yonah in völligem Widerspruch zur Beschreibung des Josephus das Essenertor in die Gegend des Siloah-Teichs[101]. Diese Ansetzung wird heute offenbar nur noch von M. Har-El ohne Eingehen auf die entscheidenden Gegenargumente vertreten[102].

Während Y. Yadin ursprünglich das Essenertor bei dem von Bliss ausgegrabenen Tor angenommen hatte[103], änderte auch er später seine Meinung. In einem erst posthum erschienenen Werk identifizierte er das Essenertor mit einem Tor in der Mitte der „ersten Mauer"[104]. Offensichtlich geht es um ein Tor, von dem M. Broshi bei der Südwestecke der heutigen Stadtmauer aus der Türkenzeit (Beginn des 16. Jahrhunderts) spärliche Reste fand[105]. Sie erlauben allerdings nur schwer eine genauere Datierung. Vielleicht handelt es sich um einen primitiven Durchlaß zum Lager der *legio X Fretensis* in der spätrömischen Colonia Aelia Capitolina[106]. Yadin deutete seinen Meinungswechsel nur in einem knappen Satz an, ohne nähere Gründe zu nennen. Vermutlich führte auch seine problematische Lokalisierung des Bethso-Geländes (s. u. II 3.a, S. 1806 f.) zur Änderung seiner früheren Ansicht. Leider konnte Yadin nicht mehr seine Absicht verwirklichen, die neuen Ausgrabungen beim von Bliss aufgefundenen Tor zu besuchen[107], so daß uns sein Urteil darüber unbekannt bleibt. Auch Yadins Relokalisierung des Essenertors in der Mitte der West-

---

[96] Jérusalem de l'Ancien Testament (mit M. A. Stève) I, Paris 1954, 65.

[97] Jerusalem und sein Gelände, Gütersloh 1930, 86 f.

[98] Jerusalem in the Old Testament, Leiden 1952, 279 f.

[99] Fast übereinstimmend (eine Ausnahme E. M. Laperrousaz, Quelques remarques sur le tracé de l'enceinte de la ville et du Temple de Jérusalem à l'époque Perse, Syr 47, 1990, 609–631) nimmt man heute an, daß Nehemias Jerusalem nur den Osthügel umfaßte. Zur Lage des Tal-Tors vgl. E. Otto, Jerusalem – die Geschichte der Heiligen Stadt, Stuttgart 1980, 105.

[100] Jerusalem in the Old Testament, Leiden 1952, 123 f.

[101] Archaeology and the Topography [Neuhebräisch], in: Sefer Yerushalayim I, Jerusalem 1956, 305–319 (307).

[102] Wasser und der Tempel in Jerusalem, Ariel 70 (1988) 71–88 (80.85).

[103] The Gate of the Essenes and the Temple Scroll, in: Y. Yadin, Jerusalem Revealed, Jerusalem 1976, 90 f. (vorher Neuhebräisch in: Qadmoniot 5, 1972, 129 f.); The Temple Scroll I, Jerusalem 1983, 301–304.

[104] The Temple Scroll – The Hidden Law of the Dead Sea Sect, London 1985, 180–182.

[105] Along Jerusalem's Walls, BA 40 (1977) 11–17 (12).

[106] Vgl. B. Pixner, The History of the "Essene Gate" Area, ZDPV 105 (1989) 96–104 (99).

[107] AaO. 99 Anm. 15.

mauer widerspricht Josephus, der das Tor (Bell V 145), wie wir gesehen haben, klar am Eckpunkt von West- und Südmauer angesetzt hat[108].

c) Zur Siedlungsgeschichte des Westhügels

Die Entscheidung über die genaue Lokalisierung des Essenertors wurde durch die Diskussion über den Verlauf der antiken Mauern auf dem westlichen Altstadthügel erschwert[109]. 1967 veröffentlichte Frau K. M. KENYON die vorläufigen Ergebnisse ihrer Ausgrabungen in Jerusalem. Sie schloß aus einigen Stichgrabungen am damals jordanischen Ostabhang des Zionsbergs, daß der Südwesthügel erst unter Agrippa I (41−44 n. Chr.) ständig besiedelt sowie mit einer Mauer umgeben wurde und somit zur Zeit Jesu noch außerhalb der Stadt lag[110]. Frau KENYON widersprach 1974 energisch A. STROBEL, der gestützt auf die Grabungsergebnisse von BLISS und die Beschreibung des Josephus annahm, daß der Verlauf der hasmonäischen Mauer (2./1. Jahrhundert v. Chr.) im Westen in etwa mit dem der heutigen Altstadtmauer, im Süden aber mit der von BLISS gefundenen Mauer identisch gewesen sei[111]. Für die unterste Schwelle des ausgegrabenen Tors schloß STROBEL aufgrund der verwandten römischen Maßeinheiten auf eine Datierung in die Zeit vor 70 n. Chr.[112]. Im selben Jahr 1967, als Frau KENYON ihre spektakulären Thesen veröffentlichte, kam es auch zum Sechs-Tage-Krieg zwischen Israel und seinen arabischen Nachbarn. Nach der Wiedervereinigung Jerusalems wurden auf dem Zionsberg, den bisher die Waffenstillstandslinie durchschnitten hatte, Ausgrabungen in größerem Maßstab möglich. Wenig nördlich der Dormitio-Abtei auf dem Gelände der armenischen Erlöserkirche (Abb. 3, Feld I) legte M. BROSHI 1971/72 luxuriöse Wohngebäude aus der Zeit von Herodes dem Großem (37−4 v. Chr.) frei, die teilweise bis zum Ansatz des ersten Stockwerks erhalten waren[113]. Leider ist diese Grabung inzwischen wieder stark überwachsen. Auch eine kleine Sondierung von 1980 im Franziskaner-Kloster nördlich des traditionellen Abendmahlssaals (Abb. 3, Feld II) erbrachte Siedlungsspuren aus neutestamentlicher Zeit[114].

Während Frau KENYON ihre Ansicht über den Verlauf der hasmonäischen und herodianischen Mauern auf dem Westhügel revidierte[115], blieb sie bis zuletzt bei der Überzeugung, daß die vorexilische Stadtmauer nirgends bis zum

---

[108] Eher eine Kuriosität ist die Lokalisierung des Essenertors im Tempelbereich durch M. BLACK, The Scrolls and Christian Origins, Chico ²1983, 40.

[109] Zur Geschichte der Ausgrabungen vgl. A. D. TUSHINGHAM, Revealing Biblical Jerusalem: From Charles Warren to Kathleen Kenyon, in: Biblical Archaeology Today, Jerusalem 1985, 440−450.

[110] Jerusalem, London 1967, 155−162. Ein erster Hinweis bei K. M. KENYON, Excavations in Jerusalem, 1961, PEQ 94 (1962) 72−89 (84 f.).

[111] Die Südmauer Jerusalems zur Zeit Jesu (Jos Bell 5,142 ff.), in: O. BETZ−K. HAACKER−M. HENGEL, Josephus-Studien (FS für O. Michel), Göttingen 1974, 344−361.

[112] AaO. 356−358.

[113] Excavations in the House of Caiaphas, in: Y. YADIN, Jerusalem Revealed, Jerusalem 1976, 57−60; Excavations on Mount Zion, IEJ 26 (1976) 81−88.

[114] Vgl. B. BAGATTI−E. ALLIATA, Ritrovamenti archeologici sul Sion, LA 31 (1981) 249−256.

[115] Digging Up Jerusalem, London 1974, 199−203.

Abhang des Hinnom-Tals reichte[116]. Dieselbe Ansicht wird weiterhin von ihrem Mitarbeiter A. D. TUSHINGHAM vertreten[117], dessen Grabungsergebnisse im archäologisch völlig gestörten Gelände des „Armenischen Gartens" zur Begründung einer solchen These aber nicht ausreichen[118]. Nach dem Fund einer vorexilischen Mauer im Gebiet des Oberen Herodes-Palastes (Zitadelle)[119] und nach den neuen Ausgrabungen am Rand des Protestantischen Friedhofs (Abb. 3, Feld IV), über die noch berichtet werden soll (s. u. II 2.d, S. 1798–1803), ist ein Verlauf der vorexilischen Mauer in etwa auf dem Zug der Hasmonäer-Mauer noch wahrscheinlicher geworden[120]. Das würde auch verständlich machen, warum Josephus den Beginn dieser „ersten Mauer" David und seinen Nachkommen zuschreiben konnte (Bell V 142 f.). Da sich der jüdische Historiker über die Baumaßnahmen der Hasmonäer als durchaus informiert zeigt (Bell V 139), wäre es höchst erstaunlich, wenn er eine zur Gänze hasmonäische Mauer für vorexilisch gehalten hätte. Verständlicher wäre dagegen die anachronistische Zuschreibung einer spät vorexilischen Mauer an David und Salomo. Daß es schon in alttestamentlicher Zeit zu einer Ausdehnung der Stadt auf den Westhügel und dabei zu einer Vervierfachung ihrer Fläche kam, hing offenbar damit zusammen, daß König Hiskia (727–698 v. Chr.) nach dem Fall von Samaria (vgl. 2 Kön 17,5 f.) hier Flüchtlinge aus dem Nordreich Israel ansiedelte[121].

d) Die Wiederausgrabung des Tores

Eine zuverlässige Datierung des von F. J. BLISS gefundenen Tors war nur durch eine erneute archäologische Untersuchung unter Zuhilfenahme moderner Datierungsmethoden möglich. Die englische Grabung war teilweise offen liegengelassen worden, und schon BLISS äußerte im abschließenden Grabungsbericht die Befürchtung, daß die schönen Schwellensteine bald Verwendung beim Bau arabischer Privathäuser finden würden[122]. Dennoch machte sich B. PIXNER an die Wiederausgrabung des Tors, das er aufgrund der noch vorhandenen Pläne auf Anhieb richtig in einer kaum merkbaren Geländevertiefung lokalisierte[123].

[116] The Bible and Recent Archaeology, London 1978, 79 f. (posthum [dtsch. Übers.: Die Bibel im Licht der Archäologie, Düsseldorf 1980, 82 f.]).
[117] Excavations in Jerusalem 1961–1967 I, Toronto 1985, 13 f. 23–27. Vgl. auch A. D. TUSHINGHAM, The Western Hill of Jerusalem under the Monarchy, ZDPV 95 (1979) 39–55.
[118] Vgl. S. GIBSON, The 1961–67 Excavations in the Armenian Garden, Jerusalem, PEQ 119 (1987) 81–96.
[119] Vgl. H. GEVA, Excavations in the Citadel of Jerusalem, 1979–1980, IEJ 33 (1983) 55–67 (56–58).
[120] Vgl. auch weiter M. AVI-YONAH, Jerusalem in the Second Temple Period, EAEHL II, Jerusalem 1976, 599–610 (599–603); H. GEVA, The Western Boundary of Jerusalem at the End of the Monarchy, IEJ 29 (1979) 84–91; in: DERS., The New Encyclopedia of Archaeological Excavations in the Holy Land II, New York 1993, 724.
[121] Vgl. M. BROSHI, The growth of Jerusalem in the reigns of Hezekia and Manasseh, IEJ 24 (1974) 21–26.
[122] Excavations at Jerusalem, London 1898, 345.
[123] Ein Foto des Geländes vor Beginn der Wiederausgrabung bei R. M. MACKOWSKI, Jerusalem – City of Jesus, Grand Rapids 1980, 62.

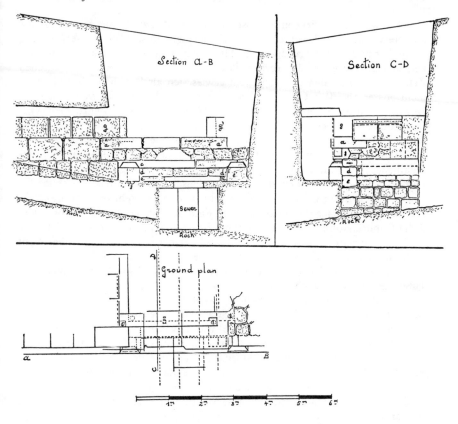

Abb. 4. Das Essenertor nach der Ausgrabung von F. J. BLISS

Im Sommer 1977 wurde die Toranlage, wie ein Vergleich mit den alten Plänen (Abb. 4) zeigt[124], unversehrt wieder freigelegt[125]. Zwischen 1979 und 1985 grub B. PIXNER zusammen mit dem Archäologen S. MARGALIT und dem Architekten D. CHEN über BLISS hinaus im Bereich um und unter dem Tor aus. Nach kurzen Notizen[126] erschien 1989 ein vorläufiger Grabungsbericht[127].

---

[124] Gezeichnet von dem deutschen Architekten T. SANDEL (in: F. J. BLISS, PEFQS 1895, 10 und DERS., Excavations at Jerusalem, London 1898, nach 16).

[125] Vgl. B. PIXNER, Das Essenerquartier in Jerusalem und dessen Einfluß auf die Urkirche, HlL 113/2−3 (1981) 3−14 (5−7).

[126] B. PIXNER−D. CHEN−S. MARGALIT, Har Ziyon [Neuhebräisch], Hadashot Arkheologiyot 72 (1979) 28 f.; 77 (1981) 26 f.; DIES., Mt. Zion, ESI I, Jerusalem 1983, 57.

[127] B. PIXNER−D. CHEN−S. MARGALIT, Mount Zion: The "Gate of the Essenes" Re-excavated, ZDPV 105 (1989) 85−95 und Tafeln 8−16.

Die wichtigsten Ergebnisse lassen sich, wie folgt, zusammenfassen: 1) Eine erneute Vermessung der untersten Torschwelle wies tatsächlich die Verwendung römischer und nicht byzantinischer Maßeinheiten nach. Die Keramik unter den beiden Flankensteinen des Tores gehörte der hellenistisch-frühherodianischen Zeit an, die unter den Pflasterplatten erwies sich als herodianisch und damit nicht später als 70 n. Chr. Es scheint, als sei das Pflaster der vom Tor nach Nordosten in die Stadt führenden Straße (Abb. 2) später als der Torbau, vielleicht durch Herodes Agrippa II (50–100 n. Chr.), noch einmal erneuert worden (vgl. Ant XX 222). Aufgrund der aufgefundenen Architekturteile war es D. CHEN möglich, zum ersten Mal von einem Stadttor Jerusalems in neutestamentlicher Zeit eine Rekonstruktionszeichnung anzufertigen (Abb. 5). 2) Die mittlere Schwelle zusammen mit der Anschlagschwelle, die BLISS fälschlich für eine eigene Schwelle gehalten hatte[128], gehörte zu einem sehr primitiven Durchlaß. Er läßt sich nach der aufgefundenen Keramik vorsichtig in die Epoche von Aelia Capitolina (nach 135, vor 350 n. Chr.) datieren. 3) Die oberste Schwelle gehörte zu einem byzantinischen Tor, das Teil einer schwachen, offenbar nicht zu Verteidigungszwecken aufgeführten Mauer des 5. Jahrhunderts war. Im Gegensatz zu den beiden früheren Toren passierten das byzantinische nicht nur Fußgänger, sondern auch Wagen[129].

Auch für die Umgebung des Tores ergaben sich einige interessante Ergebnisse: 4) Die durch das Tor führende Straße und der zuerst unter, dann neben ihr verlaufende Abwasserkanal (Abb. 6) waren während aller drei Perioden des Tors in Verwendung. Nach dem Urteil von B. MAZAR dürfte die handwerkliche Ausführung des Kanals auf eine Anlegung unter Herodes dem Großen hinweisen[130]. 5) Die Nahtstellen zwischen der untersten Toranlage und der Stadtmauer zeigen durch ihr Stückwerk, daß das herodianische Tor erst nachträglich in die schon bestehende hasmonäische Stadtmauer eingebaut wurde (Abb. 5). Tor und Mauer sind nach der Zerstörung Jerusalems im Jahre 70 n. Chr. geschleift worden (vgl. Bell VII 1–3). 6) Unter der Hasmonäer-Mauer befindet sich eine in etwas anderer Richtung verlaufende Mauer, die der vorexilischen Zeit angehört[131]. Eine Besiedlung des Südwesthügels schon in der Eisenzeit

---

128 Excavations at Jerusalem, London 1898, 16–19.

129 Die byzantinische Straße führte in nordwestlicher Richtung den Abhang des Hinnom-Tals hinab und mündete in die Straße nach Bethlehem ein, deren Reste im Bereich der schottisch-reformierten Andreas-Kirche nachgewiesen werden konnten. Vgl. G. BARKAY, St. Andrew's Church, Jerusalem IEJ 26 (1976) 57 f.

130 ZDPV 105 (1989) 87.

131 Eine erste Nachricht über den Befund bei S. MARGALIT, Letter to the Editor, Qadmoniot 18 (1985) 121. Offiziell wurde der Fund bei einer Pressekonferenz am 25. Oktober 1988 bekanntgegeben (A. RABINOVICH, New Jerusalem archaeological find vindicates maximalists, Jerusalem Post 26.10.1988, 10). Vgl. auch E. M. LAPERROUSAZ, Encore du nouveau sur les murailles antiques de Jérusalem, RÉJ 146 (1987) 205–224 (207 f.); R. RIESNER, Eine vorexilische Mauer auf dem Zionsberg, BiKi 44 (1989) 34–36. Ein vorläufiger Grabungsbericht jetzt durch D. CHEN–S. MARGALIT–B. PIXNER, שרידי ביצורים משלהי תקופת בית ראשון מחזח ל״שער האיסיים״ בהר ציון, Qadmoniot 26 (1993) 33–37; DIES., Mount Zion: Discovery of Iron Age Fortifications Below The Gate of the Essenes, in: H. GEVA, Ancient

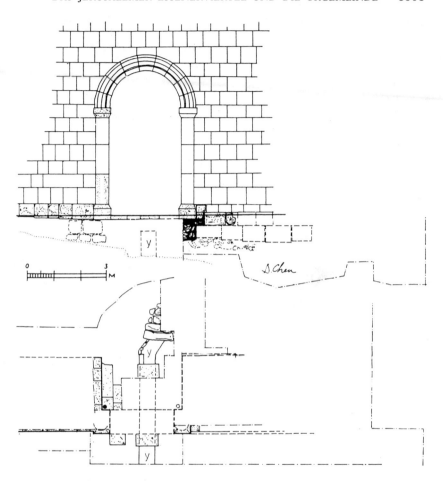

Abb. 5. Das herodianische Tor der Essener

ist durch die Grabungen von M. Broshi auf dem benachbarten Gebiet des armenischen Friedhofs (Abb. 3, Feld I) nachgewiesen[132], so daß auch von hier aus die Errichtung einer vorexilischen Mauer verständlich ist. 7) Am Beginn des 7. Jahrhunderts n. Chr., wahrscheinlich im Zusammenhang mit moslemischen Überfällen von Bethlehem her, wurde das byzantinische Tor blockiert. Am Ende der Ummajjaden-Zeit (8. Jahrhundert n. Chr.) hat man schließlich diesen gan-

Jerusalem Revealed, Jerusalem 1994, 76–81. Vgl. auch B. Pixner, Die Entdeckung eisenzeitlicher Mauern auf dem Zionsberg, in: Wege des Messias und Stätten der Urkirche, Gießen ²1994, 397–401.
[132] In: Y. Yadin, Jerusalem Revealed, Jerusalem 1976, 57.

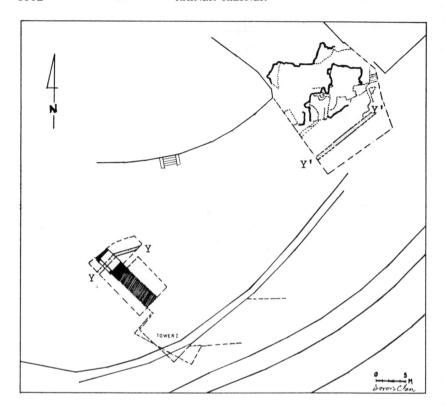

Abb. 6. Ausgrabungen beim Essenertor

zen Mauerzug aufgegeben und in etwa auf die Linie der heutigen Türkenmauer zurückgenommen.

In unmittelbarer Nähe der Südwestecke der „ersten Mauer", also genau da, wo man nach Josephus (Bell V 145) das „Essenertor" erwarten sollte, befinden sich bis heute Reste eines Tores aus herodianischer Zeit. Die von den meisten modernen Forschern[133] auch schon vorher angenommene Identifizierung

---

[133] Nur einige Beispiele: O. MICHEL–O. BAUERNFEIND, Flavius Josephus: De Bello Judaico II/1, München 1963, 246 Anm. 41; E. OTTO, Jerusalem – die Geschichte der heiligen Stadt, Stuttgart 1980, 125; W. S. LASOR, Jerusalem, in: G. W. BROMILEY, The International Standard Bible Encyclopaedia II, Grand Rapids 1982, 998–1032 (1024); S. MARGALIT, in: J. MONSON, Studienatlas zur Bibel. Neuhausen–Stuttgart 1983, Plan 14-2; Z. U. MAOZ, On the Hasmonean and Herodian Town-plan of Jerusalem [Neuhebräisch], in: Sefer Nahman Avigad, Jerusalem 1985, 46–57 (47); K. BIEBERSTEIN, Karte: Jerusalem im 1. Jh. v.–1. Jh n. Chr., TRE XVI, Berlin–New York 1987, nach 608; J. MCRAY, Archaeology of the New Testament, Grand Rapids 1991, 189 f.; R. RIESNER, Essene Gate, ABD II, New York 1992, 618–619; H. GEVA, in: The New Encyclopedia of Archaeological Excavations in

des Essenertors mit dem von BLISS entdeckten Tor muß nach den neuen archäologischen Erkenntnissen als gesichert gelten. Die ursprüngliche Ansicht von BLISS, dessen Arbeitsweise für seine Zeit meisterhaft war, ist damit nachträglich rehabilitiert.

e) Der Name des Tores

Schon J. B. LIGHTFOOT[134], A. HILGENFELD[135] und F. GODET[136] hatten angenommen, daß der Name „Essenertor" auf ein essenisches Viertel in Jerusalem hindeutet, und kein Geringerer als E. SCHÜRER schrieb: „Sicher gab es Essener auch in Jerusalem, wo sie mehrfach in der Geschichte auftreten ... und ein Tor nach ihnen genannt wurde ..., vermutlich deshalb, weil in seiner Nähe sich das Ordenshaus der Essener befand"[137]. M. J. LAGRANGE[138] und L. H. VINCENT[139] schlossen sich dieser Ansicht an, der auch viele moderne Forscher folgen[140]. In der Tat stellt es ein durchaus belegtes Phänomen der Topographie Jerusalems dar, ein Tor nach der Bevölkerungsgruppe zu nennen, die dahinter wohnt. In der Kreuzfahrer-Zeit gab es auf dem Zionsberg ein Pisa-Tor, das nach einer Ansiedlung von ehemaligen Bewohnern dieser italienischen Stadt so hieß[141]. Bis 1967 wurde das Altstadttor in der Nähe der 'Klagemauer' von den einheimischen Arabern Bab el-Môgharbe genannt, weil es zum Viertel der Maghrebiner führte, das hier unter Saladin nach 1187 gegründet worden war[142]. Nach

the Holy Land II, New York 1993, 718. Wie wenig orientiert manchmal selbst wissenschaftliche Autoren sind, die über die Essener schreiben, zeigt folgende Bemerkung bei A. H. JONES, Essenes − The Elect of Israel and the Priests of Artemis, Lanham 1985, 20: *"At one place in his 'Jewish War', Josephus makes a reference to the 'gate of the Essenes' in Jerusalem, a gate which has never been unearthed nor identified ..."*.

[134] St Paul's Epistles to the Colossians and Philemon, London 1875, 94 Anm. 2.

[135] Die Essäer, ZWTh 3 (1882) 257−292 (288).

[136] The First Indications of Gnosticism in Asia Minor, Exp III/4 (1886) 161−184 (168).

[137] Geschichte des Jüdischen Volkes im Zeitalter Jesu Christi II, Leipzig ⁴1907, 657 f. Anm. 5. Aufgenommen in die Neubearbeitung E. SCHUERER, The history of the Jewish people in the age of Jesus Christ II. A new English edition (G. VERMES−F. MILLAR−M. BLACK), Edinburgh 1979, 563 Anm. 5.

[138] Le Judaïsme avant Jésus-Christ, Paris ²1931, 317.

[139] Jérusalem de l'Ancien Testament (mit M. A. STÈVE), I, Paris 1954, 65. Vgl. auch aaO. 69−71.

[140] Außer den in Anm. 41 genannten Autoren u. a. G. MOLIN, Die Söhne des Lichtes, Wien 1954, 210; P. SEIDENSTICKER, Die Gemeinschaftsform der religiösen Gruppen des Spätjudentums und der Urkirche, SBFLA 9 (1958/59) 94−108 (129 f.); M. MCNAMARA, Were the Magi Essenes?, IER 100 (1968) 305−328 (311 Anm. 19); H. J. KLAUCK, Hausgemeinde und Hauskirche im frühen Christentum, Stuttgart 1981, 94; Y. YADIN, in: Jerusalem Revealed, Jerusalem 1976, 90 f.; M. PHILONENKO, Introduction générale, in; A. DUPONT-SOMMER−M. PHILONENKO, La Bible. Écrits intertestamentaires, Paris 1987, XI−CCLIX (LXXXIII); E. RUCKSTUHL, in: Jesus im Horizont der Evangelien, Stuttgart 1988, 165; H. STEGEMANN, Die Essener, Qumran, Johannes der Täufer und Jesus, Freiburg 1993, 224.

[141] Vgl. M. AVI-YONAH, A History of the Holy Land, London 1969, 230 f.

[142] Vgl. F. M.ABEL−L. H. VINCENT, Jérusalem Nouvelle III, Paris 1926, 988 f. Der Name des Tores (mogharbe „Westen" = Maghreb) ist schon durch Johannes Poloner (1422) und

der Aufhebung dieses Viertels beginnt sich der Name mehr und mehr (zugunsten von 'Dung-Gate') zu verlieren[143]. Das Südtor der Stadt (heute Zionstor) wurde in arabischer Zeit von manchen „Tor des Judenviertels" genannt, weil es den direktesten Weg in dieses Wohngebiet h i n e i n ermöglichte[144]. Auch sonst sind während der verschiedenen Phasen der Geschichte Jerusalems Tornamen belegt, die sich auf Gegebenheiten i n n e r h a l b der Stadtmauern beziehen[145].

Einige Forscher glauben, der Name „Tor der Essener" sei entstanden, weil hier die Essener die Stadt verließen, um zu ihren Siedlungen am Toten Meer zu gelangen[146]. Selbst dann wäre die Bezeichnung ein Hinweis auf eine dauernde Anwesenheit von Mitgliedern der Sondergemeinschaft in der heiligen Stadt. Wie anders sollte man sonst eine so häufige Benutzung dieses Ausgangs durch sie erklären, welche die Benennung „Essenertor" nach sich zog? Jerusalem war zur Zeit von Herodes dem Großen eine Stadt mit an die 40 000 Einwohnern[147], während eine essenische Ansiedlung kaum nach Hunderten gezählt haben dürfte. Sollte also der Name „Essenertor" wirklich schon allein dadurch zu erklären sein, daß neben Tausenden anderer auch einige Essener dieses Tor benutzten? Y. YADIN bemerkte dagegen mit Recht: *"The Essene Gate, mentioned only in Josephus and nowhere else, must have been unlike any of the other, well-known gates in the city-wall"*[148].

Da die Essener unbedingt jede kultische Verunreinigung vermeiden wollten, hatte schon G. DALMAN unter Hinweis auf den vorchristlichen Aristeas-

Francesco Suriano (1485) bezeugt, aufgrund eines phonetischen Mißverständnisses galt es damals den Pilgern als das „Nadelöhr" von Matthäus 19,24 (aaO. 984). Michel Nau (1679) sagt ausdrücklich: «Bab el Megarebé, *c'est-à-dire la porte de ceux d'Occident*» (aaO. 1006). Auch das südlichste Westtor zum Tempelplatz wurde von manchen *bab el-Mogharbe* (von anderen *en-Nabi* oder *al-Burak*) genannt (L. H. VINCENT, Jérusalem antique, Paris 1912, Pl. III). Folgende Bedeutungen dafür wären möglich: 1) (unwahrscheinlich) einfach West-Tor (des Tempelplatzes); 2) Zugang i n s (ummauerte) Maghrebiner-Viertel a u s dem *haram*; 3) Tor der Maghrebiner i n den *haram*, das zu einer *dschami'i el-Mogharbe* genannten Templer-Halle (vgl. F. M. ABEL–L. H. VINCENT, Jérusalem Nouvelle III, Paris 1926, 989) h i n e i nführte.

[143] Zuletzt bewohnten das Viertel vor allem Araber, die im 19. Jahrhundert als Anhänger von Abd el-Khader aus Nordafrika nach Jerusalem gekommen waren. Vgl. E. HOADE, Guide to the Holy Land, Jerusalem [10]1979, 282.

[144] Neben dem arabischen Geographen Mudschir ed-Din steht Johannes Poloner (1422), der von der *porta plateae Judaeorum* sprach (F. M. ABEL–L. H. VINCENT, Jérusalem Nouvelle III, Paris 1926, 984 Anm. 7).

[145] Gegen J. MURPHY-O'CONNOR, CBQ 43 (1981) 651 und B. SCHWANK, Gab es zur Zeit der öffentlichen Tätigkeit Jesu Qumran-Essener in Jerusalem?, in: B. MAYER, Christen und Christliches in Qumran?, Regensburg 1992, 115–130 (116.121) vgl. R. RIESNER, Das Jerusalemer Essenerviertel – Antwort auf einige Einwände, in: Z. J. KAPERA, Intertestamental Essays, Krakau 1992, 179–186 (180 f.).

[146] So z. B. G. DALMAN, Jerusalem und sein Gelände, Gütersloh 1930, 86 f.; M. AVI-YONAH, in: Sefer Yerushalayim I, Jerusalem 1956, 307; E. OTTO, Jerusalem – die Geschichte der Heiligen Stadt, Stuttgart 1980, 125.

[147] Vgl. M. BROSHI, La population de l'ancienne Jérusalem, RB 88 (1975) 5–14.

[148] The Temple Scroll, London 1985, 181.

Brief (§ 106)[149] angenommen, daß „sie eine besondere Pforte und ihren eigenen Gehsteig"[150] besaßen. Das Essenertor war aller Wahrscheinlichkeit nach jener Stadtausgang, den sie wegen ihrer strikten Reinheitsgesetzgebung ausschließlich benutzten. Diese strenge Halachah machte es weiter notwendig, daß ihr Viertel diesem Tor möglichst nahe lag, so daß sie keine weiteren Wege durch andere möglicherweise 'unreine' Wohngebiete zurücklegen mußten. Die Anlage einer Gemeinschaftsniederlassung irgendwo in der Mitte der Stadt ist deshalb recht unwahrscheinlich, wenn man an die Aussage des Philo über die Furcht der Essener vor zu engem Kontakt mit anderen Stadtbewohnern denkt (Omn Prob Lib 76 [s. Anm. 16]). Nach Josephus (Bell II 124) führte diese Berührungsangst dazu, daß die Essener in den Orten „wie Fremde lebten" (μετοικοῦσιν)[151]. Für eine isolierte Siedlung eigneten sich am besten Ecken der Stadtmauer, in deren Nähe keine belebten Tore lagen. Wie sehr die Südwestecke des heutigen Zionsberges für die Anlage einer essenischen Siedlung geeignet war, betonte schon L. H. VINCENT: «*L'extrémité de la ville Haute et les premières pentes supérieu-res de la colline surplombant le ravin du* Rabâby *semblent fort appropriées pour l'habitat de la secte*»[152].

Die nachträgliche Anlage eines offenbar nur für Fußgänger bestimmten Tores an einer durch den Steilabfall des Hinnom-Tals äußerst verkehrsungünstigen Stelle verlangt nach einer einleuchtenden Erklärung. Einen wichtigen Hinweis gibt die Bauzeit des Tores während der Regierung von Herodes dem Großen. In einer interessanten Untersuchung über die Rolle der Religion bei den Baumaßnahmen des Herodes betont P. RICHARDSON, daß der Herrscher auf die jüdische Frömmigkeit zumindest im heiligen Land große Rücksicht nahm[153]. Es hatte sich uns als sehr wahrscheinlich erwiesen, daß die Herrschaft von

---

[149] Εἰσὶ δὲ καὶ διαβάθραι πρὸς τὰς διόδους. Οἱ μὲν γὰρ μετέωροι τὴν ὁδείαν, οἱ δ᾽ ὑπ᾽ αὐτὰς ποιοῦνται, καὶ μάλιστα διεστηκότες τῆς ὁδείας, διὰ τοὺς ἐν ταῖς ἁγνείαις ὄντας, ὅπως μηδενὸς θιγγάνωσιν ὧν οὐ δέον ἐστὶν (PELLETIER, SC 89, 156).

[150] Jerusalem und sein Gelände, Gütersloh 1930, 87. Vgl. auch G. DALMAN, Orte und Wege Jesu, Gütersloh ³1924, 99. Unter Hinweis auf Hippolyt, Ref 9.26 (§ 152 [ADAM, KlT 182,48]) schrieb C. DANIEL, RQ 7 (1970) 398 über das Essenertor: «*Peut-être cette porte était-elle appelée ainsi parce qu'elle menait à la résidence des Esséniens à Jérusalem; peut-être aussi n'était-elle pas ornée de statues, d'images ou de signes de la puissance romaine, parce que les Esséniens ne voulaient pas entrer dans une ville en passant par des portes ornées de statues*».

[151] Vgl. A. PELLETIER, Guerre des Juifs II, Paris 1980, 206.

[152] Jérusalem de l'Ancien Testament (mit M. A. STÈVE) I, Paris 1954, 65.

[153] Law and piety in Herod's architecture, StR 15 (1986) 347−360 (360): "*Especially the physical architectural evidence requires a more nuanced view of Herod. His attitude to Torah, while no doubt equivocal, is not destructive, his sense of piety, while not entirely Jewish, is much larger, and his intentions should be more generously stated ... Herod's buildings show a complex form of piety − but a piety whose objects go beyond what is acceptable in Judaism − and a concern for Torah that attempts to work within its limitations as he understood them*". Zur Rolle des Tempelneubaus innerhalb der herodianischen Königsideologie vgl. W. HORBURY, Herod's Temple and Herod's Days, in: DERS., Templum Amicitiae (FS für E. Bammel), Sheffield 1991, 103−149.

Herodes dem Großen zu einer Rückkehr von Essenern nach Jerusalem führte.
Wenn der ihnen gewogene König eigens für sie ein Tor errichten ließ, um ihnen
direkten Zugang zu einer neuausgebauten Gemeinschaftssiedlung zu verschaf-
fen, dann erklärt das aufs Beste den Namen „Essenertor" (πύλη τῶν Ἐσσηνῶν),
der offenbar nie eine Konkurrenzbezeichnung neben sich hatte.

3. Das Bethso-Gelände

a) Lage nordwestlich der Stadt?

Wie wir gesehen haben, erwähnt Josephus bei seiner Beschreibung der
Westmauer des neutestamentlichen Jerusalem auch ein Landstück (χῶρος)
namens Βηθσώ (Bell V 145). Diese griechische Form ist aufgrund der lateinischen Überlieferung (Betiso) der Variante Βησοῦ vorzuziehen[154]. Schon Pioniere der Palästinaforschung wie E. ROBINSON[155], F. SPIESS[156] oder Rabbi J.
SCHWARZ[157] und später dann auch G. DALMAN[158] haben die Ansicht vertreten, daß der griechische Ausdruck die Transliteration eines aramäisch/hebräi-
schen בֵּית צוֹאָה sei und eine Latrinenanlage meine[159]. 1972 veröffentlichte Y.
YADIN einen Aufsatz mit dem Hinweis, daß sich zu der von Josephus gemachten Ortsangabe Bethso in der 1967 durch YADIN sichergestellten Tempelrolle eine Parallele finde. Die entsprechende Stelle (11QMiqd 46,13−16)
lautet:

13   ועשיתה להמה מקום יד חוץ מן העיר אשר יהיו יוצאים שמה

14   לחוץ לצפון המערב לעיר בתים ומקורים ובורות בתוכמה
ולוא
15   אשר תהיה הצואה יורדת אל תוכמה תהיה נראה לכול רחוק

16   מן העיר שלושת אלפים אמה

---

[154] Vgl. O. MICHEL−O. BAUERNFEIND, Flavius Josephus: De Bello Judaico II/1, München
1963, 128 Anm. 70; A. SCHALIT, Namenwörterbuch zu Josephus, Leiden 1968, 27.
[155] Palästina und die südlich angrenzenden Länder II, Halle 1841, 117 f. Anm. 4.
[156] Das Jerusalem des Josephus, Leipzig 1881, 14.
[157] Das heilige Land nach seiner ehemaligen und jetzigen geographischen Beschaffenheit (Bearb. I. SCHWARZ), Frankfurt/Main 1852 (im hebräischen Original: Tevu῾ot ha-῾Arez, Jerusalem 1845, 334). Zum Autor vgl. Y. BEN-ARIEH, The Rediscovery of the Holy Land in
the Nineteenth Century, Jerusalem ²1983, 104−107.
[158] Jerusalem und sein Gelände, Gütersloh 1930, 86.
[159] Andere Deutungen, wie z. B. בֵּית סְאָה „ein Stück Feld, wo ein Seah Getreide gesät werden
kann" (S. KLEIN, Hebräische Ortsnamen bei Josephus, MGWJ 59, 1915, 156−169 [168]),
sind nicht überzeugend. Vgl. dagegen L. H. VINCENT, Jérusalem de l'Ancien Testament
(mit M. A. STÈVE) I, Paris 1954, 64 f. Zur Wiedergabe von צ durch Σ bei Josephus vgl. בֵּית
צוּר / Βηθσούρ (A. SCHALIT, Namenwörterbuch zu Josephus, Leiden 1968, 27). Für die
Bedeutung „Latrine" zuletzt auch R. M. MACKOWSKI, Some "New" Place Names in Herodian Jerusalem, BZ 29 (1985) 262−266 (263); G. STEMBERGER, Pharisäer, Sadduzäer, Essener, Stuttgart 1991, 124.

Dazu gibt YADIN die folgende Übersetzung:

"*And you shall make them a place for a 'hand', outside the city, to which they shall go out, to the northwest of the city – roofed houses with pits within them, into which the excrement will descend, [so that] it will [not] be visible at any distance from the city, three thousand cubits*" [160].

YADIN versteht also die dreitausend Ellen als Mindestabstand der Latrinen zur heiligen Stadt und müßte die Einrichtung folglich ca. 1,3 km nordwestlich des antiken Jerusalem suchen. Das würde etwa in die Gegend der Knesset führen und nicht bloß rund 200 m nordwestlich der Zitadelle, wie es ein der ersten Veröffentlichung von YADIN beigegebener Plan zeigt [161]. Dann ist es aber unmöglich, mit YADIN [162] den von Josephus genannten Ort Bethso (Bell V 145), der ja südlich der Zitadelle lag (s. o. S. 1790 f.), und die Einrichtung der Tempelrolle zu identifizieren [163]. Auch ist nicht recht einzusehen, wie YADIN schreiben kann, daß bei seiner Lokalisierung Essenertor und Bethso "*close to each other*" gelegen hätten [164]. Selbst nach seiner (problematischen) Nordverschiebung des Essenertors (Abb. 7) trennt das Tor und YADINs (falsch angesetzten) Bethso noch eine Distanz von mehr als 0,5 km.

b) Lokalisierung auf dem Südwesthügel

B. PIXNER hat ein anderes Verständnis für die Anordnung der Tempelrolle vorgeschlagen: "*The distance prescribed both in the 'Temple Scroll' and in the 'War Scroll' was not to mean the area beyond which, but rather the area within which the latrines had to be placed. The text of the 'Temple Scroll' makes such an interpretation quite acceptable, but even the 'War Scroll' text can be read as follows: 'A large space should be left between their camps for (instead of 'to') the place of the hand of about 2,000 cubits* [1QM 7,7]" [165] Für 11QMiqdasch 46,13 f. kommt PIXNER deshalb zu der Interpretation: "*After leaving the City the direction to be taken is indicated: to the northwest in relation to the city* (לצפון המערב לעיר). *The proposition* ל *in* לחוץ *and* לצפין *seems to indicate the movement both out of the city and to the northwest, while the* batim *had to be put up* חוץ מן העיר. *This matches as closely as possible the topographical situation around the Gate of the Essenes ... An Essene leaving the city through this gate and wishing to proceed to the Bethso would turn to the northwest* (לצפון המערב) *follow the path between wall and scarp and reach his destination*

---

[160] The Temple Scroll I, Jerusalem 1983, 199 f.
[161] The Gate of the Essenes and the Temple Scroll, in: Y. YADIN, Jerusalem Revealed, Jerusalem 1976, 90 f. S. u. S. 1808.
[162] So auch ausführlicher in: The Temple Scroll I, Jerusalem 1983, 301–304 sowie in seiner letzten Veröffentlichung: The Temple Scroll, London 1985, 180–182.
[163] So mit Recht J. A. EMERTON, A Consideration of Two Recent Theories about Bethso in Josephus' Description of Jerusalem and a Passage in the Temple Scroll, in: W. CLASSEN, Text and Context (FS für F. C. Fensham), Sheffield 1988, 93–104 (100 f.).
[164] The Temple Scroll, London 1985, 180.
[165] An Essene Quarter on Mount Zion?, in: FS für B. Bagatti, Jerusalem 1976, 257.

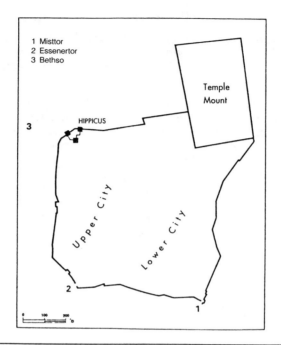

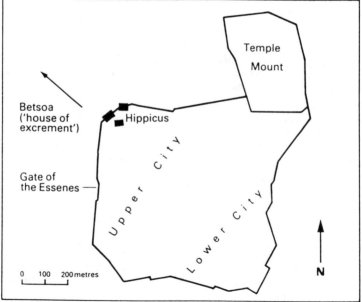

Abb. 7. Verschiedene Lokalisierungen des Essenertors durch Y. Yadin

somewhere south or north of the present Bishop Gobat School, which stands on the site of a once very imposing tower [Abb. 3, Turm 3] *of the Hasmonean Wall*"[166]. Die Übersetzung PIXNERS von 1QMilchamah 7,7 (למקום באמה כאלפים היד בין כול המחניהמה) ist philologisch möglich[167]. Sachlich aber scheint sie schwer nachvollziehbar. Warum muß eine Mindestdistanz zwischen den Lagern bestehen, wenn Latrinen angelegt werden sollen? Y. YADIN dürfte recht haben, daß es aufgrund von Josua 3,4, wo von einem Abstand der Israeliten zur Bundeslade von 2000 Ellen die Rede ist, um die Entfernung zwischen dem Ort der Unreinheit und dem eschatologischen „Kriegslager" als Ort der Gegenwart Gottes (1QM 7,6) geht[168]. Nach Analogie der Auffassungen mancher Rabbinen über die Grenzen der Levitenstädte in Numeri 35,4 f. wäre verständlich, warum der Mindestabstand angesichts der noch größeren Heiligkeit Jerusalems in der Tempelrolle auf 3000 Ellen ausgedehnt wurde[169]. So erscheint auch die Auffassung von 11QMiqdasch 46,13 f. durch PIXNER als das ursprüngliche Verständnis der Stelle schwierig, obwohl seine Übersetzung wiederum philologisch möglich ist.

c) Josephus und die Tempelrolle

Muß man also mit J. A. EMERTON[170] jede Verbindung zwischen der Ortsangabe des Josephus und der Vorschrift der Tempelrolle aufgeben? Für eine Beziehung zueinander sprechen aber doch weiterhin mehrere Gründe: 1) Zum Toponym Βηθσώ des Josephus (Bell V 145) mit seiner wahrscheinlichsten Bedeutung בֵּית צוֹאָה gibt es bisher nur in der Tempelrolle eine wirkliche sprachliche Parallele. Der entsprechende rabbinische Ausdruck lautete dagegen בֵּית [הַ]כְּסֵא (Tam 1,1; Sanh 17 b; Schab 25 b u. ö.). 2) Beide Ausdrücke, bei Josephus wie in der Tempelrolle, meinen Örtlichkeiten in der unmittelbaren Nähe Jerusalems. Sogar die gemachten Richtungsangaben stimmen zumindest teilweise überein, Nordwesten (Tempelrolle) bzw. Westen (Josephus) der heiligen Stadt. 3) Der jüdische Historiker nennt den Ort Bethso in räumlicher Nähe zum Essenertor, die sprachliche Parallele findet sich in einer essenischen Schrift. 4) Es ist kaum glaubhaft, daß Josephus als Orientierungspunkt bei seiner Beschreibung der Westmauer irgendeine der (doch wohl zahlreichen) öffentlichen Latrinen gewählt hätte. Es muß sich um eine singuläre oder doch sehr auffällige Einrich-

---

[166] In: FS für B. Bagatti, Jerusalem 1976, 256. Ursprünglich hatte B. PIXNER, aaO. 259–266 im Anschluß an J. T. MILIK, Le Rouleau de Cuivre de Qumrân (3Q15), RB 56 (1959) 321–357 (353) angenommen, das Toponym הסוא in der Kupferrolle (3Q15 8,10.14) sei mit dem Βηθσώ des Josephus (Bell V 145) identisch. Später hat er diese Ansicht in Übereinstimmung mit Y. YADIN, The Temple Scroll I, Jerusalem 1983, 302 f. geändert (RQ 11, 1983, 351). Das übersieht J. A. EMERTON, in: FS für F. C. Fensham, Sheffield 1988, 98 bei seiner Kritik.

[167] Vgl. M. BURROWS, More Light on the Dead Sea Scrolls, New York 1958, 395.

[168] The Scroll of the War of the Sons of Light Against the Sons of Darkness, Oxford 1962, 72 f.; The Temple Scroll I, Jerusalem 1983, 298.

[169] Vgl. Y. YADIN, The Temple Scroll I, 299–301.

[170] In: FS für F. C. Fensham, Sheffield 1988, 101.

tung gehandelt haben. Im Fall einer spezifisch essenischen Anlage wäre das zur Genüge erklärt.

J. MURPHY-O'CONNOR hat gegen eine Verbindung von 11QMiqdasch 46,13—16 mit der Lokalisierung eines Jerusalemer Essenerviertels eingewandt, daß es sich bei den Angaben der Tempelrolle nicht um eine Beschreibung des realen Jerusalems der Zeitenwende handele[171]. Nun gibt es genügend Beispiele in der jüdisch-christlichen Religionsgeschichte, daß eschatologische oder utopische Vorstellungen sehr konkret materialisiert wurden (s. u. IV 2, S. 1871—1875). Wenn M. DELCOR mit seiner Verbindung zwischen herodianischem Tempelbau und Tempelrolle Recht hätte und diese Schrift vielleicht doch erst um die Mitte des 1. Jahrhunderts v. Chr. entstanden wäre (s. o. S. 1788 f.), dann blieben auch sehr konkrete Beziehungen zwischen der eschatologischen heiligen Stadt der Tempelrolle und dem irdischen Jerusalem von Herodes dem Großen bedenkenswert. Überlegungen in dieser Richtung lassen sich auch durch andere Beobachtungen unterstützen. G. J. BROOKE hat in jüngerer Zeit die Frage gestellt, ob die Nischen im Umkleideraum eines Ritualbades auf Masada sowie die Abmessungen eines weiteren Bades auf dieser Festung von Herodes dem Großen mit Bestimmungen der Tempelrolle (11QMiqd 32—33) zusammenhängen[172]. Eine Wasseranlage der qumranischen Zweigsiedlung ʿAin Feschcha bringt BROOKE mit den Verordnungen der Tempelrolle über das Waschen der priesterlichen Kleider zusammen und schließt: "*It might be that the installation at Ain Feshkha simply represents an interest in the washing of clothes associated with a particular group of people who returned to Qumran in Period II* [nach 4 v. Chr.], *perhaps Levites unemployed after working on the reconstruction of the Temple begun by Herod the Great* [vgl. Ant XV 390; XX 216—223]. *Such would fit with the proposed date* [Mitte des 1. Jh. v. Chr.] *of the manuscript of 11QT*"[173].

Wenn sich die Essener am Beginn der Regierungszeit von Herodes dem Großen in Jerusalem ansiedelten, kamen sie nicht in die himmlische, sondern in eine durchaus irdische Stadt. Ihre Gemeinschaft bestand auch nicht nur aus den von der Kriegsrolle geforderten jungen, makellosen Kriegern für den Endkampf (1QM 6,14 ff.). Das vielleicht ursprünglich gemeinte Verständnis der Vorschrift von 11QMiqdasch 46,13—16 war bei der Anlage einer konkreten Gemeinschaftssiedlung in Jerusalem kaum durchzuhalten[174]. Könnten die Essener bei der Umsetzung ihres eschatologischen Entwurfs in die Praxis die Anordnung ähnlich gedeutet haben wie B. PIXNER? Als H. MAUDSLEY 1874 das Felskliff freilegte, auf dem die hasmonäische Südwestmauer errichtet war, fand er südöstlich der heutigen Gobat-Schule, wo Forscher wie H. CLEMENTZ[175] und

---

[171] CBQ 43 (1981) 651 (in einer Rezension von R. M. MACKOWSKI, Jerusalem — the City of Jesus, Grand Rapids 1980).

[172] The Temple Scroll and the Archaeology of Qumran, ʿAin Feshkha and Masada, RQ 13 (1988) 225—237 (229 f.).

[173] AaO. 230 f. (231).

[174] Das sieht auf seine Weise auch J. A. EMERTON, in: FS für F. C. Fensham, Sheffield 1988, 101.

[175] Vgl. die Karte von F. SPIESS, in: H. CLEMENTZ, Flavius Josephus. Geschichte des Jüdischen Krieges, Köln o. J. (1900), nach 695.

G. DALMAN[176] den Bethso des Josephus (Bell V 145) lokalisieren, *extra muros* in den Felsen gehauene kanalähnliche Installationen (Abb. 2). Der englische Offizier und verdiente Topograph C. R. CONDER deutete sie als die Überreste von Stallungen[177]. Oder könnte es sich dabei um die Rinnen (בורות) der Tempelrolle-Latrinen (11QMiqd 46,14) handeln? Im Felsen befinden sich darüber auch Einkerbungen, die der Anbringung von Dächern gedient haben könnten. Die Installationen verlaufen (mit dem Felskliff) in nordwestlicher Richtung. Nach rabbinischen Regeln zu schließen[178], konnte die nordwestliche Ausrichtung einer Toilettenanlage in Jerusalem als besonders respektvoll gegenüber dem Heiligtum gelten[179]. Bemerkenswert ist in diesem Zusammenhang, daß ein großes Ritualbad in Qumran (s. u. S. 1815 f.) am äußersten Nordwestrand der Siedlung liegt.

Die vorausgehenden Überlegungen müssen für den Augenblick in wichtigen Teilen hypothetisch bleiben, zeigen aber, daß eine Verbindung zwischen dem Bethso des Josephus (Bell V 145) und der Vorschrift von 11QMiqdasch 46,13−16 nach wie vor erwägenswert bleibt. J. MILGROM könnte doch Recht behalten, wenn er kurz nach Veröffentlichung der Tempelrolle, aber noch vor den neuen archäologischen Erkenntnissen zum Essenertor schrieb: "*The topographic name* bethso *near the Essene Gate (J. W. 5,144 f.) may be a Greek transliteration of Hebrew* beth so'ah, 'toilet', *and its proximity to the Essene Gate may locate the latter in the western section of the first wall; it was probably a small gate or wicket used exclusively by the Essenes to reach their toilets*"[180]. Wenn die topographische Situation wie oben zu erklären ist, könnte auch der Grund deutlich werden, warum Josephus gerade diese beiden Orte bei seiner Beschreibung der Westmauer nennt. Diese Mauer wechselt nämlich nicht (wie die meisten anderen Mauern) abrupt ihre Richtung, sondern zuerst beim Felsockel eines ehemals mächtigen Turms (Abb. 3, Turm 3), auf dem ein Hauptgebäude der Gobat-Schule (Bethso?) steht, aus einem Verlauf von Nord-Süd in die Richtung nach Südwesten und dann erst im Turm 1 beim Essenertor in die West-Richtung (Abb. 3).

4. Ein Netz von Ritualbädern

a) Bäder innerhalb der Mauer

Die Ausgrabungen der letzten Jahre machen immer deutlicher, welch große Bedeutung rituelle Waschungen in neutestamentlicher Zeit für alle frommen

---

[176] Vgl. die Karte von W. GOERING, in: G. DALMAN, Jerusalem und sein Gelände, Gütersloh 1930, nach 390.

[177] The Rock Scarp of Zion, PEFQS 1875, 81−89 (84 und Plan nach 82).

[178] Vgl. Y. YADIN, The Temple Scroll I, Jerusalem 1983, 296−298.

[179] Nach Rabbi Eliezer geht die Sonne im Nordwesten unter (BB 25 a−b). War das sozusagen auch die negative Gegenrichtung zum für die Essener religiös so bedeutsamen Sonnenaufgang (Bell II 128)? Nach Josephus „hüllen (die Essener) ihren Mantel um sich, um die Strahlen Gottes [vgl. 1QH 4,5 f.] nicht zu beleidigen, und verrichten so ihre Notdurft" (Bell II 148).

[180] The Temple Scroll, BA 41 (1978) 105−120 (117).

Juden besaßen[181]. Ritualbäder (מקְוָאוֹת) wurden in großer Zahl unter anderem im herodianischen Jericho[182] und vor allem auch in Jerusalem gefunden[183]. Qumran besaß ein ausgeklügeltes, auf die besonderen Bedürfnisse der Bewohner abgestimmtes System von Reinigungsbädern[184]. So wenig man aus dem Vorhandensein von Ritualbädern auf essenische Besiedlung schließen kann, so sehr würde doch das Fehlen solcher Anlagen eine Präsenz von Essenern unmöglich machen. Das Gelände zwischen dem Essenertor und der Dormitio-Abtei weist nun eine große Dichte von Ritualbädern auf. Innerhalb der alten Stadtmauer findet man auf einem nicht allzu großen Areal mindestens sechs *mikwa'ot*. Ein Ritualbad (B¹) wurde in jüngerer Zeit (1983/84) vor dem Eingang der Abtei (Abb. 3, Feld V) entdeckt[185], ein weiteres (B⁷) 1985 auf dem Gelände (Abb. 3, Feld III) des ehemaligen Nigrizia-Hauses[186]. Eine *mikweh* (B²) hatte man schon am Beginn des Jahrhunderts beim Bau der Abtei (Abb. 8) gefunden[187], zwei weitere Bäder liegen in der Nordwestecke (Abb. 3)[188] (B³) bzw. Südostecke[189] (B⁴) des sogenannten „Griechischen Gartens". Die umfassendste dieser Anlagen (B⁵), die heute von einem häßlichen Zementdach geschützt ist (Abb. 9), wurde in byzantinischer Zeit entweder zu einer Eremitage oder in eine unterirdische Taufkapelle umgestaltet[190]. Bei einer später als Ölpresse verwendeten Installation (Reservoir mit Stufen) im Südteil von Feld III in der Nähe

---

[181] Der Fund eines vorexilischen Ritualbads auf Tell Masos (F. CRÜSEMANN, Ein israelitisches Ritualbad aus vorexilischer Zeit, ZDPV 94, 1978, 68−75) spricht gegen eine völlige Diskontinuität von biblischen und späteren halachischen Bestimmungen, wie sie J. NEUSNER, A History of the Mishnaic Law of Purities XIII/XIV, Leiden 1976, 200−204 für die Waschungen annimmt.

[182] Vgl. E. NETZER, Ancient Ritual Baths (*miqvaot*) in Jericho, in: L. I. LEVINE, The Jerusalem Cathedra II, Jerusalem−Detroit 1982, 106−119.

[183] Vgl. N. AVIGAD, Discovering Jerusalem, Nashville 1983, 139−143. Weitere Lit. bei R. DEINES, Jüdische Steingefäße und pharisäische Frömmigkeit, Tübingen 1993, 4 f. Anm. 2.

[184] Vgl. A. STROBEL, Die Wasseranlagen von *Hirbet Qumran*, ZDPV 88 (1972) 55−86; B. G. WOOD, To Dip or Sprinkle? The Qumran Cisterns in Perspective, BASOR 256 (1984) 45−60; W. S. LASOR, Discovering What Jewish Miqva'ot Can Tell Us About Christian Baptism, BARev 13/1 (1987) 52−59 (55−57).

[185] Vgl. E. EISENBERG, Church of the Dormition, ESI III, Jerusalem 1985, 47; B. PIXNER, Maria auf dem Zion, in: Wege des Messias und Stätten der Urkirche, Gießen ²1994, 348−357 (349 f.); DERS., Archäologische Beobachtungen zum Jerusalemer Essener-Viertel und zur Urgemeinde, in: B. MAYER, Christen und Christliches in Qumran?, Regensburg 1992, 89−113 (108 f.).

[186] Vgl. S. MARGALIT−B. PIXNER, Mt. Zion, ESI IV, Jerusalem 1986, 56 f.

[187] Vgl. H. RENARD, Die Marienkirchen auf dem Berg Sion in ihrem Zusammenhang mit dem Abendmahlssaale, HlL 44 (1900) 3−23 (16.18).

[188] Vgl. B. PIXNER, An Essene Quarter on Mount Zion?, in: FS für B. Bagatti, Jerusalem 1976, 271−273.

[189] Vgl. F. J. BLISS, Second Report on the Excavations at Jerusalem, PEFQS 1894, 243−261 (255 f.).

[190] Vgl. F. M. ABEL, Petites découvertes au Quartier du Cénacle à Jérusalem, RB 8 (1911) 119−125 (122−124).

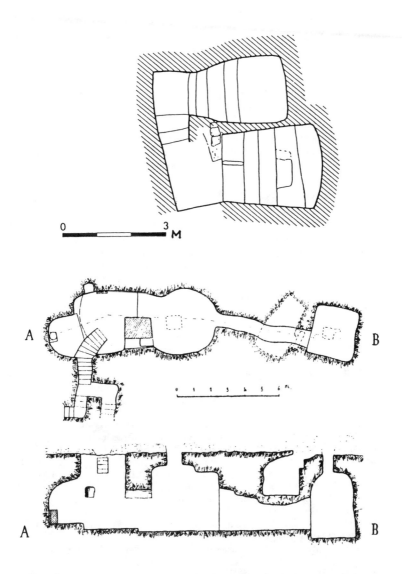

Abb. 9. Doppeltes Ritualbad außerhalb der Stadtmauer und großes Ritualbad im Griechischen Garten

37

der herodianischen Pflasterstraße (Abb. 3 und 6) wäre eine ursprüngliche Bestimmung als Ritualbad zumindest möglich[191].

b) Ein Doppelbad außerhalb der Mauer (Abb. 9)

Auf dem Weg vom Essenertor zum möglichen Bethso (Abb. 3) im Gelände der Gobat-Schule trifft man auf ein Doppelbad (B⁶), das in das Felskliff gehauen ist, das früher die Mauer trug[192]. Für ein Bad außerhalb der Stadtmauer gibt es in Jerusalem bisher nur unsichere Evidenz in der Gegend des Oberen Herodes-Palasts (Zitadelle)[193]. Akzeptiert man die Lokalisierung DALMANS für den Bethso (s. o. S. 1811), dann muß auch das Doppelbad den Mitgliedern der Essener-Siedlung zu rituellen Waschungen gedient haben. Tatsächlich war ihnen eine solche Reinigung nach Benutzung der Latrinen vorgeschrieben (vgl. Bell II 149). Die rechte Kammer des Doppelbades weist noch einen deutlich sichtbaren Trennhöcker auf. Nach einem apokryphen Evangelien-Fragment (POxy 840) zu schließen[194], diente er dazu, die Stufen des Ein- und Ausstiegs zu trennen. Dabei ging es entweder um eine Reinheits-Halacha oder wie beim Tempelbesuch (vgl. Mid 2,2) darum, nicht denselben Ein- und Ausgang zu benutzen[195]. Der Einwand, in Qumran gebe es bei Ritualbädern keine Trennhöcker und also seien die Mikwen auf dem Zionsberg keinesfalls essenisch[196], trifft nicht zu. Auch in Qumran sind bei Bädern Trennhöcker erhalten, im berühmten großen, durch eine Felsspaltung zerstörten Becken[197] sogar drei[198]. Eine Stelle der Gemeinderegel (1QS 3,9–11) und eine weitere in der Tempelrolle (11Miqd 45,3 f.) könnten sich auf den getrennten Ein- und Ausstieg bei Ritualbädern beziehen[199]. Beim Jerusalemer Bad außerhalb der Mauer wie beim großen Ritualbad

---

[191] Persönlich mitgeteilte Vermutung von SHLOMO MARGALIT. Vgl. S. MARGALIT–B. PIXNER, Mt. Zion, ESI II, Jerusalem 1984, 57.

[192] Vgl. B. PIXNER, An Essene Quarter on Mount Zion?, in: FS für B. Bagatti, Jerusalem 1976, 269–271; R. REICH, Mishna, Sheqalim 8,2, and the Archaeological Evidence [Neuhebräisch], in: A. OPPENHEIMER u. a., Jerusalem in the Second Temple Period, Jerusalem 1980, 225–256 (239 f.).

[193] Vgl. H. GEVA, Excavations in the Citadel of Jerusalem, 1979–1980, IEJ 23 (1983) 55–67 (61 f.). Josephus, Bell II 112 f. (vgl. Ant XVII 345–348) setzt offenbar Essener am Hof des Archelaos voraus. Vgl. M. MCNAMARA, Were the Magi Essenes?, IER 110, 1968, 305–328 (308 f.). Mit dem Manaen von Apg 13,1 kennen wir vermutlich einen Essener im Dienst des Königs Herodes Antipas (s. Anm. 454). Diente die mögliche *mikweh* außerhalb des Herodes-Palastes solchen Frommen?

[194] Text in: W. SCHNEEMELCHER (Hrsg.), Neutestamentliche Apokryphen in deutscher Übesetzung I: Evangelien, Tübingen ⁵1987, 82.

[195] Vgl. D. M. FRIEDMAN, The Divisions of Stairs in Ritual Baths, BARev 13/3 (1987) 12 f.

[196] J. MURPHY-O'CONNOR, CBQ 54 (1981) 651.

[197] Locus 48/49 (R. DE VAUX, Archaeology and the Dead Sea Scrolls, Oxford 1973, Plate XVI).

[198] Vgl. B. G. WOOD, BASOR 256 (1984) 50; R. REICH, More on Miqva'ot, BARev 13/4 (1987) 59 f.

[199] Vgl. G. J. BROOKE, The Temple Scroll and the Archaeology of Qumran, 'Ain Feshkha and Masada, RQ 13 (1988) 225–237 (231–233).

mitten in Qumran ist jeweils der äußerste linke Zugang durch ausgehauenen Felsen bzw. durch Mauerwerk halb blockiert. Wie die Kriegsrolle (1QM) zeigt (s. o. S. 1809), betrachteten sich die Essener als das endzeitliche Heeresaufgebot Gottes und wandten deshalb die alttestamentlichen Bestimmungen über die Lager im Heiligen Krieg auf ihre Siedlungen an. Neben diesem eschatologischen Bewußtsein könnte dazu auch die Überzeugung beigetragen haben, in der Tradition der Rechabiter zu stehen. Auf ein solches Selbstverständnis deuten talmudische[200] und christliche[201] Nachrichten hin[202]. Es ist nicht einmal völlig auszuschließen, daß von den Rechabitern der Zeit Jeremias (Jer 35,12−19) über Malkija Ben-Rechab in der persischen Epoche (Neh 3,14) tatsächlich Verbindungen zu nachexilischen, chassidischen Gruppen reichten[203]. Ihre Gemeinschaftssiedlungen nannten die Essener nach dem Kriegslager im Deuteronomium (Dtn 2,14 f.; 23,10−15) מַחֲנוֹת, wie die Kriegsrolle (1QM 3,5 f. u. ö.) und die Damaskus-Schrift (CD 7,6 u. ö.) übereinstimmend bezeugen[204]. Die deuteronomische Lagerordnung bestimmte, daß ein Krieger nach nächtlicher Verunreinigung den ganzen Tag außerhalb des Lagers bleiben mußte und erst abends nach einer Waschung wieder zurückkehren durfte (Dtn 23,11 f.). Für die Befolgung dieser Vorschrift konnte das Doppelbad außerhalb der Mauer ebenfalls dienen. Auch in Qumran gibt es außerhalb der Siedlung (im Nordwesten) eine große Badeanlage[205], die sogar nach Jerusalem

---

[200] Der Essener Rabbi Jose Ben Chalaphta als Nachkomme der Rechabiter (Schab 118 a; j Ta'an 4,2 [68a]; GenR 98). Vgl. weiter N. I. WEINSTEIN, Beiträge zur Geschichte der Essäer, Wien 1892, 12−21; H. J. SCHOEPS, Theologie und Geschichte des Judenchristentums, Tübingen 1949, 247−255.

[201] Nilus von Ankyra, Tractatus de monastica exercitatione 3 (ADAM, KlT 182,57); Suda E 3123 (KlT 182,59). Nach dem judenchristlichen Kirchengeschichtsschreiber Hegesipp (um 180 n. Chr.) ergriff ein „Priester aus der Familie Rechab" beim Martyrium des Jakobus für den „Herrenbruder" Partei (HE II 23,17 f.). Zu bedenken wäre in diesem Zusammenhang auch die Schrift 'Geschichte der Rechabiter', die neben christlichen Teilen auch einen jüdischen Kern enthält (Kapp. 3−15 a), der ursprünglich in einer semitischen Sprache abgefaßt war. Vgl. J. H. CHARLESWORTH, The Pseudepigrapha in Modern Research, Chico ²1981, 223−228; DERS., Greek, Persian, Roman, Syrian and Egyptian Influences in Early Jewish Theology: A Study of the History of the Rechabites, in: A. CAQUOT u. a., Hellenistica et Judaica (Gedenkschrift für V. Nikiprowetzky), Leuven−Paris 1986, 219−244. Das Apokryphon weist bemerkenswerte Parallelen zu den Qumran-Schriften auf. Vgl. J. C. PICARD, L'Histoire des Bienheureux du Temps de Jérémie en la Narration de Zosime, in: M. PHILONENKO, Pseudépigraphes de l'Ancien Testament et manuscrits de la Mer Morte, Paris 1967, 27−43.

[202] Vgl. A. STROBEL, ZDPV 88 (1972) 81. 84 f.

[203] Vgl H. KRAFT, Die Entstehung des Christentums, Darmstadt 1981, 7 f.; S. SAFRAI, The Sons of Yehonadav ben Rekhav and the Essenes, Bar Ilan Journal 16/17 (1978) 37−58. Diese Ansicht wurde früher vor allem von A. HILGENFELD, Die Essäer, ZWTh 3 (1882) 257−292 vertreten. Vgl. S. WAGNER, Die Essener in der wissenschaftlichen Diskussion, Berlin/Ost 1960, 70 f. Mit einer zumindest ideellen Neuaufnahme rechabitischer Tradition rechnete R. DE VAUX, Das Alte Testament u. seine Lebensordnungen I, Freiburg 1960, 37.

[204] Vgl. K. G. KUHN, Konkordanz zu den Qumrantexten, Göttingen 1960, 119 f.

[205] Locus 138 (R. DE VAUX, Archaeology and the Dead Sea Scrolls, Oxford 1973, 9 und Plate XXXIX). Das Bad befindet sich wirklich außerhalb der eigentlichen Umfassungsmauer

ausgerichtet zu sein scheint[206]. Der sich an die Waschungsvorschriften anschließende Text in Deuteronomium 23,13−15 enthält Bestimmungen über die Anlage von Latrinen außerhalb des Lagers, die Ausgangspunkt für die entsprechenden Vorschriften der Kriegsrolle (1QM 7,6 f.) und der Tempelrolle (11QMiqd 46,13−16) wurden (s. o. S. 1806 f.). Das Doppelbad außerhalb der Mauer kann auch noch ein weiteres Indiz für die Lokalisierung eines Essenerquartiers unmittelbar hinter der Stadtmauer liefern. Die Wasserzuleitung erfolgte nämlich aus Zisternen (Abb. 3, Z^1), die nicht weit von der Gobat-Schule innerhalb der Mauern liegen. Nach der Gemeinderegel von Qumran durften nicht einmal die Novizen das rituelle Badewasser der Vollmitglieder berühren (1QS 5,13), eine Bestimmung, die auch Josephus kannte (Bell II 138.150). Vorausgesetzt das Doppelbad war essenisch, dann können die Bewohner der Häuser, zu denen die Zisternen gehörten, nur Essener gewesen sein[207]. Da nach der Damaskus-Schrift in Jerusalem grundsätzlich kein Beischlaf erlaubt war (CD 12,1 f.), dürften die Jerusalemer Gemeinschaft zölibatäre Männer gebildet haben[208]. Dafür spricht auch die Tatsache, daß sich unter den entsprechenden Verordnungen der Tempelrolle (11QMiqd 46,13−51,10) keine Bestimmungen über Reinigungsorte für Frauen im Bereich der heiligen Stadt finden[209]. Es könnte sogar sein, daß gerade die besondere Heiligkeit Jerusalems bei jener essenischen Gruppe (dem חיד ?), die sich als spiritueller Tempel ansah, zu lebenslanger Ehelosigkeit führte[210] − außerhalb und natürlich erst recht innerhalb der heiligen Stadt.

---

der Siedlung und ist nur durch viel kleinere und schwächere Mauern mit ihr verbunden. Vgl. B. PIXNER, Archäologische Beobachtungen zum Jerusalemer Essener-Viertel und zur Urgemeinde, in: B. MAYER, Christen und Christliches in Qumran?, Regensburg 1992, 89− 113 (102).

[206] Vgl. A. STROBEL, ZDPV 88 (1972) 57 f. 70.

[207] Vgl. B. PIXNER, Das Essenerquartier in Jerusalem und dessen Einfluß auf die Urkirche, HlL 113/2−3 (1981) 3−14 (8).

[208] Gegen die Aussagen des Philo (Apol 14 [bei Eusebius, Praep Ev VIII 6]), Plinius des Älteren (NH V 17,4) und des Josephus (Bell II 120) bestreitet u. a. H. STEGEMANN, Die Essener, Qumran, Johannes der Täufer und Jesus, Freiburg 1993, 267−274, daß Ehelosigkeit im Essenismus eine größere Bedeutung besessen hätte. Aber für die zölibatäre Gruppe als Kern der essenischen Bewegung spricht, daß die Vorschriften der Gemeinderegel (1QS) ausschließlich für Männer gelten. CD 6,11−7,6 dürfte sich auf ehelose Essener beziehen. Vgl. J. M. BAUMGARTEN, The Qumran-Essene Restraints on Marriage, in: L. H. SCHIFFMAN, Archaeology and History of the Dead Sea Scrolls, Sheffield 1990, 13−24 (18−20).

[209] Vgl. J. MILGROM, Studies in the Temple Scroll, JBL 97 (1978) 501−523 (517); Y. YADIN, The Temple Scroll I, Jerusalem 1983, 288 f.

[210] Vgl. E. QIMRON, Davies' *Damascus Covenant*, JQR 77 (1986) 84−87 (86 f.); DERS., Celibacy in the Dead Sea Scrolls and the Two Kinds of Sectarians, in: J. TREBOLLE BARRERA − L. VEGAS MONTANER, The Madrid Qumran Congress I, Leiden 1992, 287−294. Abgesehen vom besonderen Charakter Jerusalems ist es ein interessantes Problem, ob es neben zölibatären männlichen auch ehelose weibliche Essener gab. Die Frage ist keineswegs abwegig, sondern bedarf weiterer Erforschung. Vgl. L. B. ELDER, Female Ascetics Among Essenes, Qumran Chronicle 3/1−3 (1993) 85 f. Wichtig ist hier besonders der Text 4Q502 (s. u. S. 1880). Solche essenischen Asketinnen hätten aber ebenso wie die Frauen verheirateter Essener (E. QIMRON, aaO. 292) außerhalb von Jerusalem wohnen müssen.

5. Die Verstecke der Kupferrolle (3Q15)

a) Die Herkunft des Dokuments

Einen der rätselhaftesten Funde aus Qumran stellt die sogenannte Kupferrolle (3Q15) dar, die 1952 in der 3. Höhle (3Q) entdeckt wurde. Nach der Auffindung hat man eine heftige Kontroverse über dieses Verzeichnis von 64 Schatzverstecken ausgetragen[211], die sich im heiligen Land verteilt befinden sollen. Der Herausgeber der offiziellen Textausgabe, J. T. MILIK, urteilte, daß es sich nicht um ein genuines Qumran-Dokument handele, sondern um eine Sammlung legendärer folkloristischer Traditionen aus der spätrömischen Zeit[212]. Der paläographische Befund sprach allerdings schon immer stark für eine Datierung vor 70 n. Chr.[213]. Auch die Abfassung in einem der Mischna verwandten Hebräisch[214] anstelle des sonst üblichen archaisierenden Bibel-Hebräisch ist bei einem nicht religiösen Qumran-Text nicht besonders erstaunlich. In Höhle 4 wurden Schriften gefunden, die in einer vergleichbaren Sprache abgefaßt waren[215]. Auch ein in mehreren Abschriften (4Q394–399) erhaltener halachischer Brief (4QMMT), der möglicherweise vom Gründer der Sondergruppe selbst stammt, vermag dieses Urteil zu unterstützen[216]. Manche orthographischen Eigenheiten der Kupferrolle könnten sich auch daraus erklären, daß der Verfertiger des Dokuments trotz ungenügender Schreibkenntnisse wegen seiner Fähigkeiten als Graveur herangezogen wurde[217]. Die Benennung von Wasseranlagen nach Salomo muß entgegen dem Urteil von MILIK[218] keineswegs an einer echten Qumran-Schrift zweifeln lassen[219]. Gegen eine bloße legendarische Kompilation sprechen die Verwendung eines vergleichsweise wertvollen Materials wie Kupferblech und der prosaische Stil der Aufzählung[220]. Er

---

[211] Vgl. H. BARDTKE, Qumran und seine Probleme II, ThR 33 (1968) 185–236 (185–204).

[212] Le Rouleau de Cuivre provenant de la Grotte 3Q (3Q15), in: M. BAILLET–J. T. MILIK–R. DE VAUX, Les 'Petites Grottes' de Qumrân (DJD III), Oxford 1962, 199–302.

[213] Vgl. F. M. CROSS, Excursus on the Palaeographical Dating of the Copper Document, aaO. 217–221.

[214] Vgl. A. WOLTERS, The Copper Scroll and the Vocabulary of Mishnaic Hebrew, RQ 14 (1990) 483–495.

[215] Vgl. D. DIMANT, Qumran Sectarian Literature, in: M. E. STONE, Jewish Writings of the Second Temple Period (CRINT II/2), Assen–Philadelphia 1984, 483–550 (488).

[216] Vgl. E. QIMRON–J. STRUGNELL, An Unpublished Halakhic Letter from Qumran, in: Biblical Archaeology Today, Jerusalem 1985, 400–407 (404–406).

[217] Vgl. Y. THORION, Beiträge zur Erforschung der Sprache der Kupferrolle, RQ 12 (1986) 163–176.

[218] DJD III, 257 f. 277.

[219] Vgl. M. HENGEL, Qumran und der Hellenismus, in: M. DELCOR, Qumrân, Paris–Louvain 1978, 333–372 (337). Wie wenig die Essener Salomo grundsätzlich ablehnten, scheint nun auch 4QMMT zu belegen (vgl. 4QMMT C 18 ff.).

[220] Vgl. G. VERMES, in: E. SCHUERER, The history of the Jewish people in the age of Jesus Christ III/1, Edinburgh 1986, 468. Dasselbe betonte auch schon H. BARDTKE, Die Handschriftenfunde am Toten Meer II, Berlin/Ost ²1961, 180 f.

läßt sich am ehesten dem von wirtschaftlichen Inventarlisten aus der Antike vergleichen[221].

Nachdem es eine längere Zeit um die Kupferrolle still geworden war, hat B. PIXNER 1983 mit einer ausführlichen Studie die Diskussion über sie neu eröffnet[222]. Er weist darauf hin, daß die archäologischen Besonderheiten der Fundhöhle 3Q (Abb. 10) gegen eine Deponierung der Rolle erst nach 68 n. Chr., als die Römer Qumran zerstörten, ins Gewicht fallen[223]. PIXNER nennt auch eine Reihe von weiteren Gründen, warum es sich doch um wirkliche Schätze gehandelt haben dürfte, die wohl von überlebenden Essenern gehoben werden konnten, weil sie ein weiteres Verzeichnis der Verstecke (vgl. 3Q15 12,10−13) besaßen[224]. Abgesehen davon, daß die Zahlenangaben verschlüsselt sein könnten[225], mag die enorme Größe der Schätze damit zusammenhängen, daß die auf persönliches Eigentum verzichtenden Essener sie für den Bau des eschatologischen Heiligtums (11QMiqd) horteten. Versteck Nr. 4 (3Q15 1,9−12) scheint hohepriesterliche Utensilien enthalten zu haben[226], und überhaupt nennt der Text eine Reihe von priesterlichen Gegenständen[227]. Das spricht ebenso für eine genuine Qumran-Schrift wie die besondere Konzentration von Verstecken um eine Örtlichkeit namens Sechachah (3Q15 4,13−5,14 [סככה]), die nach der Ortsliste in Josua 15,61 f. und den modernen archäologischen Erkenntnissen am wahrscheinlichsten mit Chirbet Qumran zu identifizieren ist[228]. Während nach der materialreichen Textedition von MILIK die Mehrzahl

---

[221] A. WOLTERS, Literary Analysis of the Copper Scroll, in: Z. J. KAPERA, Intertestamental Essays, Krakau 1992, 239−252.

[222] Unravelling the Copper Scroll Code: A Study on the Topogoraphy of 3Q 15, RQ 11 (1983) 323−365.

[223] AaO. 334 f. und Plan I (362).

[224] B. PIXNER, Das Essenerquartier in Jerusalem, HlL 113/2−3 (1981) 3−14 (10 f.); DERS., RQ 11 (1983) 345 Anm. 11 verweist auf den jüdischen Priester Jesus, Sohn des Thebuthi, der sich laut Josephus (Bell II 387) 70 n. Chr. von den Römern die Freiheit erkaufte, indem er für sie bei der Tempelmauer verborgene Schätze hob. Nach Hegesipp (Eusebius, HE IV 22,5) war ein gewisser Thebuthi, der ursprünglich einer jüdischen Sekte angehört hatte, bei der Bischofswahl nach dem Martyrium des Herrenbruders Jakobus der Gegenkandidat des Davididen Simeon Bar-Kleopha und anschließend Urheber einer Spaltung innerhalb der Jerusalemer Urgemeinde. Da der Name Thebuthi nur an diesen beiden Stellen belegt ist, handelt es sich nach T. ZAHN, Brüder und Vettern Jesu, in: DERS., Forschungen zur Geschichte des neutestamentlichen Kanons und der altkirchlichen Literatur VI, Leipzig 1900, 225−364 (238) um ein und dieselbe Person. A. HILGENFELD, Die Einleitungsschriften der Pseudo-Clementinen, ZWTh 48 (1905) 21−72 (48) hielt Thebuthi für einen (essenisierenden) Masbothäer. Skeptisch über den Wert der Notiz des Hegesipp urteilt N. HYLDAHL, Hegesipps Hypomnemata, StTh 14 (1960) 70−113 (97).

[225] Auch die Unterscheidung zwischen verschiedenen Gold- und Silberarten kann die Schatzmenge erheblich reduzieren. Vgl. M. WISE, The Dead Sea Scrolls 2, BA 49 (1986) 228−246 (239 Anm. 8).

[226] Vgl. B. PIXNER, RQ 11 (1983) 343.

[227] Vgl. A. WOLTERS, Notes on the Copper Scroll (3Q15), RQ 12 (1987) 589−596; DERS., The Cultic Terminology of the Copper Scroll, Qumran Chronicle 3/1−3 (1993) 74 f.

[228] Vgl. P. BAR-ADON, Un établissement essénien, RB 77 (1970) 398−400 (399 f.); R. DE VAUX, Archaeology and the Dead Sea Scrolls, Oxford 1973, 93; O. KEEL−M. KÜCHLER, Orte und Landschaften der Bibel II: Der Süden, Zürich 1982, 452; É. PUECH, La croyance

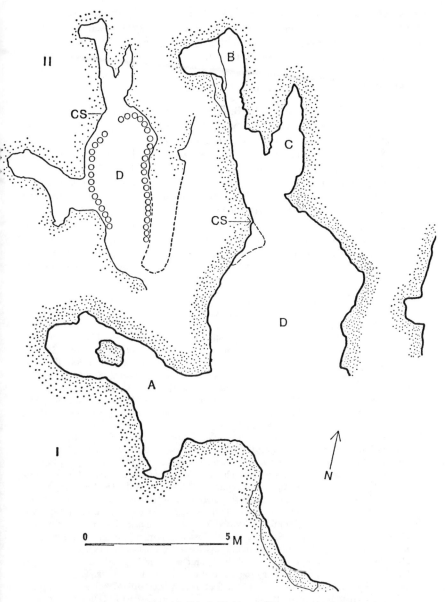

Abb. 10. Die 3. Höhle von Qumran

A Steil ansteigende, enge Seitenhöhle ohne Funde; B–C Zwei Fortsetzungen der nördlichen Seitenhöhle (ca. 0,5 m hoch), wo die Fragmente von Schriftenrollen gefunden wurden; D Die Große Haupthöhle, die heute eingestürzt ist und wo ursprünglich Tonkrüge mit Rollen aufbewahrt waren; CS Fundort der Kupferrolle (3 Q15)

der Forscher seiner These von einer folkloristischen Komposition aus der Bar-Kochba-Zeit zuneigte, gehen die seit der Studie von PIXNER erschienenen Spezialarbeiten eher wieder von einem echten Qumran-Dokument oder doch zumindest von einer Datierung vor 70 n. Chr. aus[229].

b) Die Verstecke in Jerusalem

In seiner Untersuchung schlägt B. PIXNER auch eine zum Teil neue Lokalisierung der 64 in der Kupferrolle aufgeführten Schatzverstecke vor. Nach PIXNER folgt ihre Anordnung einem klaren geographischen Plan. Die Verstecke Nr. 1−18 sucht er in Jerusalem, Nr. 19−34 zwischen Jericho und Qumran, Nr. 35−47 im Gebiet des Jarmuk (3Q15 10,3 f. „großer Fluß" [נחל הגדול]), Nr. 48−60 südlich und östlich von Jerusalem sowie Nr. 61−64 an verschiedenen Stellen im Norden Palästinas. Die Jarmuk-Gegend identifiziert PIXNER mit dem „Land Damaskus" (ארץ דמשק) der Damaskus-Schrift (CD 6,5.19; 7,15.19; 8,21; 19,34; 20,12), die in Fragmenten auch aus Qumran bekannt ist. Tatsächlich spricht weit mehr dafür, daß „Damaskus" keinen Codenamen für den Ort des essenischen Exils (Babylon oder Qumran) darstellt, sondern als wirkliche geographische Bezeichnung (vgl. CD 7,14−19) die syrische Stadt meint[230].

des Esséniens en la vie future I, Paris 1993, 20 f. Anders L. CANSDALE, The Identity of Qumran in the Old Testament Period Re-examined, The Qumran Chronicle 2/2 (1993) 117−125 (Identifizierung mit 'ir ha-melach).

229 Vgl. N. GOLB, Who Hid the Dead Sea Scrolls?, BA 48 (1985) 68−82 (79); Y. THORION, RQ 12 (1986) 175 f.; M. WISE, The Dead Sea Scrolls 1, BA 49 (1986) 140−154 (151 Anm. 7); A. WOLTERS, The Fifth Cache of the Copper Scroll, RQ 13 (1988) 167−176 (168); DERS., Apocalyptic and the Copper Scroll, JNES 49 (1990), 145−154; S. GORANSON, Sectarianism, Geography and the Copper Scroll, JJS 43 (1992) 282−287. Zur Literatur vgl. P. MUCHOWSKI, Bibliography of the Copper Scroll (3Q15), FolOr 26 (1989) 65−71; zur gegenwärtigen Diskussion P. K. MCCARTER, in: H. SHANKS, Understanding the Dead Sea Scrolls, New York 1992, 227−241.

230 Vgl. N. WIEDER, The Judean Scrolls and Karaism, London 1962, 1 f.; S. IWRY, Was there a migration to Damascus?, EI 9 (1969) 80−88; D. DIMANT, in: M. E. STONE, Jewish Writings from the Second Temple Period, Assen−Philadelphia 1984, 494; F. M. STRICKERT, Damascus Document VII,10−20 and Qumran Messianic Expectation, RQ 12 (1986) 327−349 (333−335), P. R. CALLAWAY, Qumran Origins: From the Doresh to the Moreh, RQ 14 (1990) 537−650 (644). Die Ansiedlung von Essenern im „Land Damaskus" hing nach H. BURGMANN, Vorgeschichte und Frühgeschichte der essenischen Gemeinden von Qumrân und Damaskus, Frankfurt 1987, 275−326 mit einem Schisma innerhalb der Gruppe zusammen. Nach H. STEGEMANN, Die Essener, Qumran, Johannes der Täufer und Jesus, Freiburg 1993, 207−209 bestand die „Gemeinde des neuen Bundes von Damaskus" als jüdische Sondergruppe schon vor dem „Lehrer der Gerechtigkeit", der sich vor dem Hasmonäer Jonathan zu ihr zurückzog (s. auch o. S. 1781). D. FLUSSER, The Apocryphal Book of Ascensio Isaiae and the Dead Sea Sect, IEJ 3 (1953) 30−47 nahm an, daß dieses (später christlich bearbeitete) Pseudepigraphon von einem Essener in Damaskus geschrieben wurde. Schon F. A. SCHILLING, Why did Paul go to Damascus?, AThR 16 (1934) 199−205 vermutete, daß in Damaskus durch zahlreiche Konversionen von Essenern eine große christliche Gemeinde entstanden war. Zur Gegend um Damaskus als Sitz essenisierender Ebioniten vgl. H. J. SCHOEPS, Theologie und Geschichte des Judenchristentums, Tübingen 1949, 270−274; E. REPO, Der „Weg" als Selbstbezeichnung des Urchristentums,

Merkwürdig ist allerdings, daß bei der Deutung von Pixner die Aufzählung der Verstecke im Umkreis von Jerusalem durch eine Abschweifung nach Norden unterbrochen wird, so daß auch die Lokalisierung der Verstecke Nr. 35–47 durch J. T. Milik bei Jerusalem und in Süd-Judäa[231] weiter erwogen werden könnte. Jedoch gewinnt die zuerst von B. Pixner vorgeschlagene Lokalisierung von Verstecken im nördlichen Ost-Jordanland zunehmend an Anhängern[232]. Dieses Problem ist im Blick auf die essenische Geschichte wichtig, betrifft aber nicht die uns interessierende Frage, ob Verstecke der Kupferrolle auf eine essenische Gemeinschaftssiedlung in der heiligen Stadt selbst hindeuten könnten.

Außer B. Z. Luria[233] lokalisieren alle Forscher, die umfassendere Interpretationen der Kupferrolle vorgelegt haben, zumindest einen Teil der Verstecke in Jerusalem. Eine Konzentration von Verstecken in der heiligen Stadt läßt sich aber nur erklären, wenn es dort eine essenische Gruppe gab, die über die Plätze wachen konnte. B. Pixner lokalisiert die Verstecke Nr. 1–2 westlich der Stadtmauer im oberen Hinnom-Tal, Nr. 3–17 aber auf dem Südwesthügel und damit im anzunehmenden Gebiet des Essenerviertels. In der Tat gibt es einige verblüffende Übereinstimmungen zwischen der Topographie des Zionsberges und Angaben der Kupferrolle (Abb. 3). Nur einige Beispiele seien genannt. Versteck Nr. 11 erwähnt die ungewöhnliche Anlage einer Zisterne unter der Stadtmauer (3Q15 2,10–12). Unmittelbar südwestlich des Doppelbades findet man eine Zisterne (Z^2) in die Felsböschung eingehauen, auf der ein Turm der Mauer (T^2) stand. Nr. 17 redet von einer Zisterne mit einer Säule darin (3Q15 4,1 f.). Eine solche eigenartig gestaltete Zisterne (Z^3) kann man im Garten der Dormitio-Abtei besichtigen. Westlich davon liegt ein größeres antikes Wasserbecken, von dem Versteck Nr. 12 sprechen könnte (3Q15 2,13–15). Das Jerusalemer *machaneh* scheint auch eine Art von Ghetto-Mauer besessen zu haben, denn bei Nr. 9 wird ein Osttor genannt (3Q15 2,7 f.). Dabei kann es sich nicht um das

Helsinki 1964, 84–129; J. Daniélou, Primitive Christian Symbols, London 1964, 102–123; R. Riesner, Bethany Beyond the Jordan (John 1.28), TyB 38 (1987) 29–63 (54–60) sowie auch B. Z. Luria, L^{e}tol^{e}dot k^{e}hilat jisra'el b^{e}damašek us^{e}bibtah, EI 4 (1956) 111–118. Ein streng geographisches Verständnis des „Land Damaskus" macht die ohnehin unwahrscheinliche Hypothese, Paulus sei in der Nähe von Qumran (= Damaskus) berufen worden (S. Sabugal, La mención neotestamentaria de Damasco, in: M. Delcor, Qumrân, Paris–Louvain 1978, 403–413), vollends überflüssig. Zu den mit Paulus verbundenen Ortstraditionen in der syrischen Hauptstadt vgl. R. Riesner, Die Frühzeit des Apostels Paulus, Tübingen 1994, 76 f., und aaO. 210–213 zur Möglichkeit von Kontakten mit Judenchristen essenischer Herkunft, wie sie schon O. Cullmann, JBL 74 (1955) 220 und J. Daniélou, Les manuscrits de la mer Morte et les origines du christianisme, Paris ²1974, 91–96 angenommen hatten

231 DJD III 266–269. Vgl. auch J. T. Milik, Le Rouleau de Cuivre de Qumrân (3Q 15), RB 56 (1959) 321–357.

232 Die Lokalisierung im Jarmuk-Gebiet akzeptieren A. Wolters, The Last Treasure of the Copper Scroll, JBL 107 (1988) 419–429 (420); F. García-Martínez–A. S. van der Woude, A 'Groningen' Hypothesis of Qumran Origins and Early History, RQ 14 (1990) 521–542 (532 f.); S. Goranson, JJS 43 (1992) 286 f.; É. Puech, La croyance des Esséniens en la vie future I, Paris 1993, 15 Anm. 38.

233 M^{e}gillat han-Nahošet mim-Midbar J^{e}hudah [Neuhebräisch], Jerusalem 1963.

Essenertor handeln, das ja im Südwesten des zu postulierenden Siedlungsgeländes liegt. Bei Ausgrabungen im Zusammenhang mit dem Bau eines neuen Pilgerhauses (Abb. 3, Feld III) fand man nicht nur ein weiteres Stück der vom Essenertor herkommenden herodianischen Pflasterstraße (Abb. 6). Es wurde auch ein heute leider zum größten Teil zerstörter Treppenaufgang freigelegt[234], der in Richtung des östlichen Teils der Gemeinschaftssiedlung führte und mit ihrem Osttor in Verbindung gestanden haben könnte. Einige Angaben der Kupferrolle sprechen also ebenfalls für die Anlage einer essenischen Gemeinschaftssiedlung auf dem Jerusalemer Südwesthügel. Was aber könnten die Gründe dafür gewesen sein, daß die Sondergruppe sich gerade an dieser Stelle der Stadt niederließ?

6. Motive für die Wahl des Südwesthügels

a) Das neue Jerusalem nach Jeremia 31

In Jeremia 31,38−40 wird im Anschluß an die Schilderung des „neuen Bundes" (Jer 31,31−34), als dessen Erfüllung sich die essenische Gemeinschaft verstand (CD 6,19; 8,21; 19,33; 20,12), die eschatologische Ausdehnung Jerusalems beschrieben. Auch wenn die Deutung der einzelnen Toponyme stark umstritten ist, wird auf jeden Fall der Westhügel mit einbezogen, ja man kann sogar mit W. RUDOLPH sagen: „Der Tempelbezirk ist ... ausgespart, und die Weissagung gilt nur der Stadt selbst (vgl. GALLING, ZDPV 1931, 87), die im W[esten] und S[üden] eine starke, im O[sten] eine geringere Ausdehnung erfahren soll"[235]. L. H. VINCENT hat darauf hingewiesen, daß in der Schilderung des Jeremia durch die beiden allerdings bisher nicht näher identifizierbaren Angaben Gareb und Go'a der Südwesthügel offenbar eine besondere Bedeutung erhält[236].

b) Die eschatologische Stadt von 1. Henoch 26

Vielleicht hat Jer 31,38−40 die visionäre Schilderung des endzeitlichen Jerusalem in einem Abschnitt des 1. Henoch-Buchs mitbeeinflußt, der noch auf das 2. Jahrhundert v. Chr. zurückgeht[237]. Der Text (1 Hen 26,1−4) lautet nach der Übersetzung von S. UHLIG:

„(26,1) Von dort ging ich zu der Mitte der Erde [Jerusalem], und ich sah einen gesegneten, fruchtbaren Ort, (wo es Bäume gab) mit treibenden

---

[234] Vgl. B. PIXNER−D. CHEN−S. MARGALIT, ZDPV 105 (1989) 89; B. PIXNER, in: Wege des Messias und Stätten der Urkirche, Gießen ²1994, 205.

[235] Jeremia, Tübingen ³1968, 206.

[236] Jérusalem de l'Ancien Testament (mit M. A. STÈVE) I, Paris 1954, 64. Das Toponym עֵמֶק von Jer 31,40 könnte beim ersten Versteck der Kupferrolle (3Q15 1,1−6) vorkommen. Vgl. B. PIXNER, RQ 11 (1983) 342.

[237] Vgl. L. ROST, Einleitung in die alttestamentlichen Apokryphen und Pseudepigraphen, Heidelberg ²1979, 104.

Zweigen und sie sproßten aus einem abgehauenen Baum. (2) Und dort sah ich einen heiligen Berg, und unterhalb des Berges ein Wasser, östlich davon, und sein Lauf (zog sich) nach Süden hin. (3) Und ich sah in Richtung Osten einen anderen Berg [Ölberg], höher als jener und zwischen ihnen eine Schlucht, tief aber ohne Breite [Kidron-Tal]; auch in ihr floß ein Wasser längs des Berges hin. (4) Und westlich von ihm (war) ein anderer Berg [Dschebel Abu Tor], niedriger als er, ja ohne Höhe, und eine Schlucht [Hinnom-Tal] war unterhalb von ihm zwischen ihnen, und eine andere tiefe und trockene Schlucht (lag) zum Ende dieser drei (Berge) hin [Wadi en-Nar] ..."[238].

Während die in eckigen Klammern stehenden Identifizierungen weitgehend anerkannt sind, gehen die Kommentatoren bei der Deutung des „heiligen Berges" (1 Hen 26,2) getrennte Wege. Die einen sehen in ihm den Tempelberg (bzw. den alttestamentlichen Zion) und halten die Quelle an seinem Osthang entweder für den Gihon oder für die eschatologische Tempelquelle[239]. Da die Lage des Gihon, nach allem was wir wissen, zur Abfassungszeit des Apokryphon wahrscheinlich schon unbekannt war, müßte man allerdings annehmen, daß die Sprache der alttestamentlichen Weissagung (Ez 47,1; vgl. Sach 14,8; Joe 4,18) die geographische Beschreibung undeutlich gemacht hat[240]. Andere Ausleger gehen von den tatsächlichen Gegebenheiten der Topographie Jerusalems aus[241]. Da schon Josephus keine andere „Quelle" im Bereich Jerusalems kannte als den Siloah-Ausfluß[242], identifizieren sie den „heiligen Berg" mit dem Westhügel, also dem heutigen Zion. Dann muß man das Tal seiner Quelle auch nicht mit dem Kidron gleichsetzen, wie es die erste Deutung erfordert, obwohl doch beides unterschieden zu sein scheint (1 Hen 26,2 f.). Der Dschebel Abu Tor wird auch tatsächlich durch das Hinnom-Tal, das zweifelsfrei (1 Hen 27,1—4; vgl. 1 Hen 90,24—26) mit der ersten trockenen Schlucht gemeint ist, vom Südwest- und nicht vom Osthügel getrennt. Wie schwierig die Frage zu entscheiden ist, sieht man an G. DALMAN, der einerseits zur Annahme einer eschatologisch-undeutlichen Beschreibung neigte, dann aber wieder wegen der vor-

---

238 Das Äthiopische Henochbuch, Gütersloh 1984, 562 f. Für die Änderung der Richtung des Stromes in 1 Hen 26,2 von „Süden" in „Norden" gibt E. ISAAC, in: J. H. CHARLESWORTH, The Old Testament Pseudepigraphia II, Garden City 1983, 27 keine textkritische Evidenz.

239 J. T. MILIK, La topographie de Jérusalem vers la fin de l'époque byzantine, MUSJ 37 (1961) 127—189 (137 f.); DERS., The Books of Enoch, Oxford 1976, 36 f.; S. UHLIG, Das Äthiopische Henochbuch, Gütersloh 1984, 562 Anm. 2 d.

240 So P. GRELOT, La géographie mythique d'Hénoch et ses sources orientales, RB 65 (1958) 33—69 (42).

241 G. BEER, in: E. KAUTZSCH, Die Apokryphen und Pseudepigraphen des Alten Testaments II, Darmstadt 1975 (Tübingen 1900) 254 f.; R. H. CHARLES, The Apocrypha and Pseudepigrapha of the Old Testament II, Oxford 1913, 205; P. RIESSLER, Altjüdisches Schrifttum außerhalb der Bibel, Heidelberg ⁴1985 (1928), 1293; B. PIXNER, in: Wege Jesu und Stätten der Urkirche, Gießen 1991, 185 f.

242 Bell II 340; V 140.145.252.410.505; VI 363.401. Vgl. R. RIESNER, Siloah, GBL III, Wuppertal—Gießen ²1990, 1444—1446.

handenen Details doch mit Ortskenntnis rechnete[243]. Die Schwierigkeiten bei
der Lokalisierung des „heiligen Berges" versuchte er so zu lösen, daß er bei der
Ortsangabe für dessen Quelle einen Schreibfehler „Osten" statt „Westen" für
möglich hielt[244], für den es aber keine handschriftliche Evidenz gibt.

c) Religiöse und praktische Gründe

Wenn mit dem „heiligen Berg" von 1 Hen 26,2 der Südwesthügel gemeint
sein sollte, dann besaß er für die essenisierenden Kreise, die hinter der Henoch-
Überlieferung stehen, eine besondere Bedeutung. Der Ort des Gerichtes ist das
Hinnom-Tal[245], und die Gerechten werden offenbar von diesem Hügel aus dem
Urteil über die Gottlosen zusehen (1 Hen 27,1–4). In der Regel wird die Aussage über den abgehauenen Baum als Glosse angesehen, die auf die Zerstörung
Jerusalems im Jahr 70 n. Chr. anspielt[246]. Aber es wäre auch eine Deutung auf
den abgehauenen Wurzelstock Isais (Jes 11,1) möglich, dessen sprossendes Reis
(נֵצֶר) später im Jesaja-Buch als „Sproß der Pflanzung" (נֵצֶר מַטָּעַן) auf das eschatologische Gottesvolk in Jerusalem (Jes 60,21 f.) bezogen ist, das vom endzeitlichen Gesalbten geschaffen wird und die heilige Stadt wiederaufbaut (Jes
61,1–4). Die Essener verstanden sich aber als die endzeitliche Pflanzung Gottes
(1QH 6,15 [נֵצֶר קֹ[ו]דֶשׁ לְמַטַּעַת אֱמֶת]; 8, 10 [נֵצֶר לְמַטַּעַת עוֹלָם]; 8,6 [נֵצֶר לְעוֹפִי מַטַּעַת עוֹלָם]).
Da schon vor 70 n. Chr. der Westhügel als Ort der Davidsstadt galt (s. u.
S. 1867 f.), hätte die Errichtung einer essenischen Siedlungsgemeinschaft auf
ihm eine besondere symbolisch-eschatologische Bedeutung haben können.

Auch praktische Gründe für die Wahl des Südwesthügels als Ort einer
essenischen Siedlungsgemeinschaft lassen sich nennen. Die Grabungen von
M. BROSHI auf dem Gelände des armenischen Friedhofs haben gezeigt, daß in
dieser Gegend nach einer Siedlungslücke während der persischen und frühhelle-
nistischen Zeit erst wieder im 1. Jahrhundert v. Chr. eine Bautätigkeit erfolgte[247]. Es stand also Platz für ein größeres, geschlossenes Siedlungsprojekt
zur Verfügung. Die ersten hellenistischen Bauten auf dem Südwesthügel wurden
offenbar durch das Erdbeben von 31 v. Chr. zerstört. Falls die Ansiedlung der
Essener erst nach diesem Datum erfolgte (s. o. S. 1784 f.), hätte diese Katastrophe zusätzlichen Raum für Baumaßnahmen geschaffen. Es wurde auch schon
darauf hingewiesen, daß die Südwestecke der herodianischen Stadt dem
Wunsch der Essener entgegenkam, ihr *machaneh* aus Furcht vor kultischer Verunreinigung möglichst von anderen Wohngebieten zu isolieren (s. o. S. 1804 f.).

---

[243] Jerusalem und sein Gelände, Gütersloh 1930, 186 f.

[244] AaO. 187 Anm. 2.

[245] Einen Widerhall dieser Vorstellung bedeutet es, wenn Jesus den endzeitlichen Gerichts-
und Strafort mit dem aramäischen Wort גֵּיהִנֹם (gräzisiert zu γέεννα) bezeichnete (Mt 18,9/
Mk 9,43; Mt 10,28/Lk 12,5; Mt 5,22.29.30; 23,15.33). Der Ausdruck findet sich sonst
nur noch und kaum zufällig im judenchristlichen (s. Anm. 317) Jakobus-Brief (Jk 3,6).

[246] Vgl. M. A. KNIBB, The Ethiopic Book of Enoch II, Oxford 1978, 114; S. UHLIG, Das
äthiopische Henochbuch, Gütersloh 1984, 562.

[247] Vgl. M. BROSHI, Excavations in the House of Caiaphas, Mount Zion, in: Y. YADIN, Jerusalem Revealed, Jerusalem 1976, 57–60 (57 f.).

7. Archäologische und literarische Einwände

a) Archäologische Beobachtungen

Wenn M. Broshi in seinem Ausgrabungsgebiet (Abb. 3, Feld I) herodianische Prachtbauten, aber nichts für eine essenische Siedlung Typisches fand, so bedeutet das keinen entscheidenden Einwand[248]. Das von B. Pixner angenommene Gelände des Essenerviertels liegt weiter südlich[249] (Abb. 11), und hier ist ein anderer Charakter der Bauten zu beobachten. Sowohl vor der Dormitio-Abtei (Feld V)[250] (Abb. 12) wie beim ehemaligen Nigrizia-Haus (Feld III)[251] wurden Spuren sehr einfacher Häuser aus der Zeit des Zweiten Tempels gefunden[252]. Auffällig ist, daß die Ritualbäder auf dem angenommenen Gebiet des essenischen Quartiers in der Regel größer sind als im nördlich davon liegenden Gelände. Bei einem der Bäder im 'Griechischen Garten' (B⁵) handelt es sich um die meines Wissens größte Badeinstallation überhaupt, die bisher in Jerusalem gefunden wurde. Die Dimensionen dieser *mikweh* sprechen dafür, daß sie nicht Privatleuten, sondern einer Gemeinschaft diente. Bedeutsam ist weiter die Existenz des Doppelbades außerhalb der Mauer (B⁶), das sich mit essenischer Halachah verbinden läßt (s.o. S. 1814f.). Bemerkenswert scheint auch, was auf dem für das Essenerviertel vorgeschlagenen Gelände bisher n i c h t gefunden wurde. Im Gegensatz zu den luxuriösen Bauten im Jüdischen Viertel der Altstadt[253] entdeckte man keine Hypokausten, gegen deren Einführung die Rabbinen starke rituelle Bedenken hatten[254], die wohl auch von den Essenern geteilt wurden.

Neben den bisher genannten könnte es noch ein weiteres archäologisches Indiz für eine essenische Gemeinschaftssiedlung in Jerusalem geben. Gräber wie in Qumran (Erdbestattungen, ovale Steinkreise, Nord-Süd-Ausrichtung, keine Beigaben) wurden noch an zwei anderen Orten südlich davon gefunden ('En el-Ghuweir und Chiam el-Sagha), die als essenische Zweigsiedlungen in Frage kommen[255]. Gräber desselben Typs kennen wir noch aus Jericho und Ost-Talpiot[256]. Nach der Kupferrolle ist mit essenischen Gruppen in der Gegend von

[248] Gegen B. Schwank, Neue Funde in Nabatäerstädten und ihre Bedeutung für die neutestamentliche Exegese, NTS 29 (1983) 429–435 (432); J. E. Taylor, Christians and the Holy Places, Oxford 1993, 208.

[249] Vgl. auch den Plan von S. Margalit, Jerusalem zur Zeit des Zweiten Tempels, in: J. Monson, Studienatlas zur Bibel, Stuttgart–Neuhausen 1983, Abschn. 14–2.

[250] Vgl. B. Pixner, Maria auf dem Zion, in: Wege des Messias und Stätten der Urkirche, Gießen ²1994, 348–357 (349).

[251] Vgl. S. Margalit–B. Pixner, ESI IV, Jerusalem 1986, 56f.

[252] Vgl. B. Pixner, Archäologische Beobachtungen zum Jerusalemer Essenerviertel und zur Urgemeinde, in: B. Mayer, Christen und Christliches in Qumran?, Regensburg 1992, 89–113 (105–111).

[253] Vgl. N. Avigad, Discovering Jerusalem, Nashville 1983, 142.

[254] Vgl. R. Reich, The Hot Bath-House (*balneum*), the Miqweh and the Jewish Community in the Second Temple Period, JJS 39 (1988) 102–107.

[255] Vgl. H. Eshel–Z. Greenhut, Ḥiam el-Sagha, a Cemetery of the Qumran Type, Judaean Desert, RB 100 (1993) 252–259.

[256] Vgl. aaO. 256.

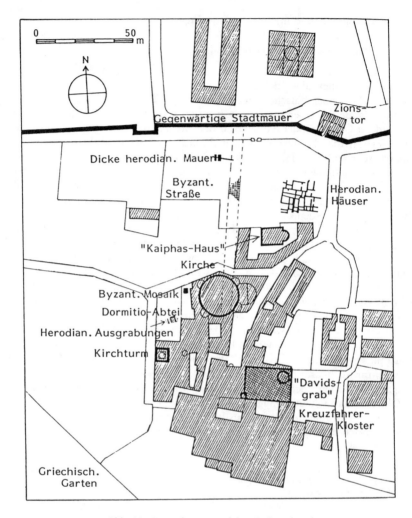

Abb. 11. Ausgrabungen auf dem Südwesthügel

Jericho zu rechnen (s. o. S. 1820). Ost-Talpiot aber liegt nicht allzu weit süd-westlich des Zionsberges in Jerusalem und wäre als Friedhof des dortigen Esse-nerviertels gut vorstellbar. Jedenfalls ist eine Datierung der dortigen einfachen Erdgräber in die Zeit vor 70 n. Chr. sehr wahrscheinlich[257].

---

[257] Vgl. A. KLONER–Y. GAT, Burial Caves in the Region of East Talpiyot [Neuhebräisch], Atiqot 8 (1982) 74–76 (76).

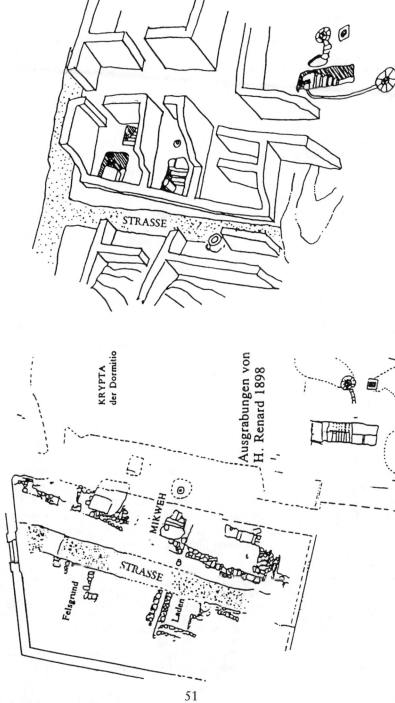

Isometrische Rekonstruktion

STRASSE

Ausgrabung 1983

KRYPTA
der Dormitio

Ausgrabungen von
H. Renard 1898

Felsgrund

MIKWEH

STRASSE

Laden

Abb. 12. Bauten aus neutestamentlicher Zeit auf dem Zionsberg. Grabungsplan und Rekonstruktion

51

b) Schriftliche Zeugnisse

Gegen die Lokalisierung des Jerusalemer Essenerviertels auf dem Südwesthügel hat L. H. FELDMAN zwei eher merkwürdige Einwände vorgebracht: "*No inscription has yet been found in all the excavations in Jerusalem mentioning Essenes; and if, indeed, they were to be found in any numbers in Jerusalem the chances are that they would have played a role, one way or another, during the siege of the city, whereas Josephus mentions them not at all in this connection*"[258]. Wenn man dieser Argumentation folgt, dann könnte man auch die Existenz von Sadduzäern und Pharisäern in Jerusalem bestreiten, denn auch sie werden auf keiner Inschrift genannt. Aber wir besitzen eben aus dem herodianischen Jerusalem überhaupt erstaunlich wenig öffentliche Inschriften. Weder der Name des Pilatus noch der von Herodes dem Großen wird bisher genannt, auch wenn wir jetzt wenigstens ein Fragment kennen, das im Zusammenhang mit dem Tempelbau eine Jahresangabe aus der Regierungszeit dieses jüdischen Königs macht[259]. Am häufigsten sind Ossuar-Inschriften, aber wenn es sich bei der Zweitbestattung um einen ursprünglich pharisäischen Brauch handelt, wie meist angenommen wird[260], dann fallen auch sie als epigraphische Quellen für die Essener aus. In der Tat sprechen die Erdbestattungen in Qumran[261] gegen eine essenische Übernahme dieser Sitte.

Das *argumentum e silentio* ist auf dem Gebiet der antiken Geschichte nur mit größter Vorsicht anzuwenden, aber in diesem von L. H. FELDMAN bemühten Fall scheint es besonders prekär. Das gilt nicht nur für das epigraphische Material, sondern ebenso für das Zeugnis des Josephus. Der jüdische Geschichtsschreiber schweigt schließlich auch über die Essenersiedlung von Qumran und ihre Zerstörung. Immerhin weiß Josephus aber zu berichten, daß Johannes der Essener ('Ιωάννης ὁ Ἐσσαῖος) 66 n. Chr. bei einer öffentlichen Versammlung auf dem Tempelplatz (Bell II 562) zum Oberbefehlshaber über den Bezirk von Thamna eingesetzt wurde (Bell II 567). Man könnte also durchaus fragen: War Johannes ursprünglich ein Mitglied des Jerusalemer Essener-Viertels? Schon während der Regierungszeit des Archelaos (4 v. – 6 n. Chr.) scheint Josephus (Ant XVII 346) die Präsenz von Essenern am Jerusalemer Königshof vorauszusetzen (s. Anm. 193), und die Erwähnung eines „Tores der Essener" (Bell V 145) läßt sich, wie wir gesehen haben, am besten im Zusammenhang mit einer essenischen Gemeinschaftssiedlung erklären (s. o. II 2, S. 1790–1806). Ganz schweigsam ist Josephus also nicht. G. STEMBERGER rechnet sogar damit, daß Josephus seine Kontakte zu Essenern vor allem in Jerusalem hatte[262], und für Philo kann man ähnliches fragen[263]. War das Jerusalemer

[258] Josephus and Modern Scholarship (1937–1980), Berlin–New York 1984, 964.

[259] Vgl. B. ISAAC, A Donation for Herod's Temple in Jerusalem, IEJ 33 (1983) 86–92.

[260] Vgl. P. FIGUERAS, Jewish and Christian Beliefs on Life after Death in the Light of the Ossuary Decoration, Jerusalem 1973.

[261] Vgl. R. DE VAUX, Archaeology and the Dead Sea Scrolls, Oxford 1973, 45–48.

[262] Pharisäer, Sadduzäer, Essener, Stuttgart 1991, 122.

[263] Vgl. M. PETIT, Les Esséens de Philon d'Alexandrie et les Esséniens, in: D. DIMANT–U. RAPPAPORT, The Dead Sea Scrolls, Leiden–Jerusalem 1992, 139–155 (155).

Essener-Viertel für beide eine wesentliche Informationsquelle, dann ließe sich u. a. leichter erklären, warum Philo und Josephus Ehelosigkeit und Gütergemeinschaft so stark in den Vordergrund stellen konnten, die für die zölibatäre Gemeinschaft in der heiligen Stadt besonders charakteristisch waren[264]. Den Hinweisen des Josephus auf die Anwesenheit von Essenern in der heiligen Stadt läßt sich wenigstens noch eine Stelle in den Qumran-Schriften selbst an die Seite stellen. Auch die Kriegsrolle, die um die Zeitenwende entstand[265], scheint auf die Existenz einer essenischen Gemeinschaft in der heiligen Stadt hinzudeuten. Beim Aufmarsch für den eschatologischen Endkampf wird eigens die „Gemeinde von Jerusalem" (עדת ירושלים) genannt (1QM 3,11). Sie ist offenbar nicht erst als endzeitliche Gründung gedacht, sondern bestand bereits, so daß sie ins strategische Kalkül einbezogen werden konnte. Mögliche Hinweise auf eine essenische Präsenz gibt es auch in der rabbinischen Literatur[266]. Es handelt sich um Erwähnungen der „Kammer der Schweigenden" im Tempel (s. o. S. 1786), einer „heiligen Gemeinde" (קהילא קדישא) in Jerusalem[267] und von „lauter Gesinnten" (נקיי הדעת) in der heiligen Stadt[268].

c) Ergebnis

Es wäre wünschenswert, wenn auf dem Jerusalemer Südwesthügel (heutiger Zionsberg) weitere Grabungen unternommen werden könnten, um die These von einem essenischen Quartier in dieser Gegend weiter zu überprüfen. Aber schon jetzt wird man sagen dürfen, daß genügend archäologische Elemente vorhanden sind, die in Verbindung mit den literarischen Zeugnissen die Annahme eines Essenerviertels auf dem südwestlichen Altstadthügel als begründet erscheinen lassen. So hat auch bereits eine größere Anzahl von Forschern diese Ansicht übernommen und sich davon ausgehend Gedanken über ihre Bedeutung für die neutestamentliche Zeitgeschichte gemacht[269]. Besonderes In-

---

[264] R. BERGMEIER, Die Essener-Berichte des Flavius Josephus, Kampen 1993, bestreitet eine direkte Kenntnis des jüdischen Historikers über die Essener und rechnet damit, daß er seine Essenertexte aus mehreren, meist nicht jüdischen Quellen entnahm. Dem Verfasser bleibt u. a. das Essenertor (Bell V 145) ein „historisches Rätsel" (aaO. 56). Die überaus kenntnisreiche, aber rein literarkritisch arbeitende Untersuchung wird in der Tat schon von dieser einen Gegebenheit der Topographie von Jerusalem in Frage gestellt.

[265] Vgl. Y. YADIN, The Scroll of the War of the Sons of Light against the Sons of Darkness, Oxford 1962. Zu früheren Ansätzen vgl. L. ROST, Einleitung in die alttestamentlichen Apokryphen und Pseudepigraphen einschließlich der großen Qumran-Handschriften, Heidelberg ²1979, 132 f.

[266] Die Texte werden diskutiert bei J. HAMBURGER, in: Real-Encyclopädie für Bibel und Talmud II, Strelitz 1883, 173: M. PETIT, Les Esséens de Philon d'Alexandrie et les Esséniens, in: D. DIMANT−U. RAPPAPORT, The Dead Sea Scrolls, Leiden 1992, 138−155 (147−151).

[267] RH 13 b; Ber 9 b; Jom 69 a; Bez 14 b; Tam 27 b; MidrKoh zu 9,9.

[268] Git 9,8; Sanh 23 a. 30 a.

[269] Vgl. Y. ELDAR, An Essene Quarter on Mount Zion?, CNfI 26 (1976) 53 f.; S. GORANSON, On the Hypothesis that Essenes Lived on Mt. Carmel, RQ 9 (1978) 563−567 (564); R. PESCH, Wie Jesus das Abendmahl hielt, Freiburg ³1979, 104; R. M. MACKOWSKI, Jerusalem − City of Jesus, Grand Rapids 1980, 62−66; DERS., Some "New" Place Names in

(Fortsetzung Fußnote 269)

Herodian Jerusalem, BZ 29 (1985) 262–266 (263); G. CORNFELD, The Historical Jesus, New York 1982, 33–38; DERS. (mit B. MAZAR–P. L. MAIER), Josephus: The Jewish War, Grand Rapids 1982, 336–339; O. MICHEL, Das Zeugnis des Neuen Testaments von der Gemeinde, Gießen ²1983, 116; DERS., Der aufsteigende und herabsteigende Gesandte, in: Dienst am Wort, Neukirchen/Vluyn 1986, 249–270 (250.257); F. MANNS, Le prime generazioni cristiane della Palestina ..., in: La Terra Santa, Rom 1983, 70–84 (84); F. HEYER, Kirchengeschichte des Heiligen Landes, Stuttgart 1984, 14 f. 260; A. DEUBLER, Die Kindheitsgeschichte Johannes des Täufers und Jesu bei Matthäus und Lukas, in: M. MÜLLER, Senfkorn, Stuttgart 1985, 255–293 (258–260); J. H. CHARLESWORTH, Research on the Historical Jesus Today, PSB 6 (1985) 98–115 (104); J. A. T. ROBINSON, The Priority of John, London 1985, 64–67; W. BITTNER, Geschichte und Eschatologie im Johannesevangelium, in: H. STADELMANN, Glaube und Geschichte, Wuppertal–Gießen 1986, 154–180 (174 f. 180 Anm. 27); J. CAPPER, „In der Hand des Ananias ...“, RQ 46 12 (1986) 223–236 (235 Anm. 42); O. BETZ, Die Bedeutung der Qumranschriften für die Evangelien des Neuen Testaments, in: Jesus der Messias Israels, Tübingen 1987, 318–332 (332 Anm. 20); DERS., Die Proselytentaufe der Qumrangemeinde und die Taufe im Neuen Testament, in: Jesus, der Herr der Kirche, Tübingen 1990, 21–48 (47); DERS., Kontakte zwischen Christen und Essenern, in: B. MAYER, Christen und Christliches in Qumran?, Regensburg 1992, 157–175; C. P. THIEDE, Die älteste Evangelienhandschrift, Wuppertal ⁴1994, 17. 69 Anm. 23 f.; W. BÜHLMANN, Wie Jesus lebte, Luzern ²1990, 109. 132 Anm. 3; E. E. ELLIS, Tradition in the Pastoral Epistles, in: FS für W. H. Brownlee, Decatur 1987, 237–253 (241 f. Anm. 29); H. BURGMANN, Die essenischen Gemeinden von Qumran und Damaskus, Frankfurt 1988, 435 (hier erscheint B. PIXTER [sic] fälschlich als Franziskaner); DERS., Kontroversen um Qumran, The Qumran Chronicle 1 (1990) 61–65 (64); S. MEDALA, Le camp des esséniens à Jérusalem à la lumière des récentes recherches archéologiques, FolOr 25 (1988) 67–74; E. RUCKSTUHL, in: Jesus im Horizont der Evangelien, Stuttgart 1988, 123–129. 157–176. 393–395; DERS., Zur Frage einer Essenergemeinde in Jerusalem und zum Fundort von 7Q5, in: B. MAYER, Christen und Christliches in Qumran?, 131–137; G. THEISSEN, Lokalkolorit und Zeitgeschichte in den Evangelien, Freiburg/Schweiz–Göttingen 1989, 15 Anm. 29; W. REBELL, Essener, GBL I, Wuppertal–Gießen ²1990, 353 f.; M. HENGEL, Der vorchristliche Paulus, ThBeitr 21 (1990) 174–195 (185 f.); J. MAIER, Zwischen den Testamenten, Würzburg 1990, 275; S. MARGALIT, Jerusalem zur Zeit des Zweiten Tempels, Jahrbuch des Deutschen Evangelischen Instituts für Altertumswissenschaft des Heiligen Landes 2 (1990) 22–50 (37); L. SCHENKE, Die Urgemeinde, Stuttgart 1990, 40.45.93; G. G. REINHOLD, Abriß zum Ursprung und Entfaltung der Essener, Spes Christiana 2 (1991) 37–59 (55 f.); G. STEMBERGER, Pharisäer, Sadduzäer, Essener, Stuttgart 1991, 123 f.; M. DELCOR, A propos de l'emplacement de la porte des Esséniens selon Josèphe et de ses implications historiques, essénienne et chrétienne, in: Z. J. KAPERA, Intertestamental Essays, Krakau 1992, 25–44; J. FINEGAN, The Archeology of the New Testament, Princeton ²1992, 218–220; C. GRAPPE, D'un temple à l'autre, Paris 1992, 62–66; J. J. PRICE, Jerusalem Under Siege, Leiden 1992, 145. Vgl. auch T. G. KIRKASIOS, ΣΤΗ ΧΩΡΑ ΤΗΣ ΒΙΒΛΟΥ ΒΙΒΛΙΚΗ ΑΡΧΑΙΟΛΟΓΙΚΗΣ ΚΑΙ ΤΟΠΟΓΡΑΦΙΑΣ, GregPal 61 (1978) 252–255; D. DIMANT, in: M. E. STONE, Jewish Writings of the Second Temple Period, Assen–Philadelphia 1984, 486; T. S. BEALL, Josephus' Description of the Essenes Illustrated by the Dead Sea Scrolls, Cambridge 1988, 144 Anm. 78 (B. Pinner [sic]), 166 Anm. 1 (irrtümliche Annahme einer Ausgrabung des Essenertors durch J. FLEMING); W. BÖSEN, Der letzte Tag des Jesus von Nazareth, Freiburg 1994, 122–125; M. BOCKMUEHL, ThLZ 119 (1994) 138 f. Die These PIXNERS faßte ohne Namensnennung und nicht ganz zuverlässig zusammen P. LAPIDE, Die Nachbarn der Urgemeinde, LM 17 (1978) 273–275. Kritisch vor allem J. MURPHY-O'CONNOR, CBQ 43 (1981) 651; J. A. EMERTON, A Consideration of Two Recent Theories about Bethso in Josephus' Description of Jerusalem and a Passage in the Temple Scroll, in: FS F. C. Fens-

teresse würde die These vom Essenerviertel verdienen, wenn die altkirchlichen Ortstraditionen vom Abendmahlssaal und dem ersten Versammlungsort der Jerusalemer Urgemeinde auf demselben Südwesthügel glaubwürdig wären. Dann könnte man in der Tat, wie schon H. KOSMALA (s. o. S. 1777 f.), von einer großen räumlichen Nähe von Essenern und Urgemeinde ausgehen und nach Berührungen der beiden Gemeinschaften schon in Jerusalem fragen.

III. Die Urgemeinde auf dem Südwesthügel

1. Die spätrömische Siedlungslücke

Vor der heutigen osmanischen Altstadtmauer auf dem südwestlichen Stadthügel Jerusalems, der mindestens seit dem 2. Jahrhundert n. Chr. Zionsberg heißt (s. u. IV 2, S. 1866–1875), liegt die benediktinische Dormitio-Abtei. Sie wurde in den Jahren 1901 bis 1910 auf einem Grundstück errichtet, das der deutsche Kaiser Wilhelm II. 1898 anläßlich seines berühmten Besuchs im heiligen Land vom türkischen Sultan für die deutschen Katholiken erwarb[270]. Bei den Ausgrabungen, die dem Bau vorausgingen (s. Anm. 187), wurden Reste von zwei früheren Zionskirchen gefunden, von dem Kreuzfahrerbau 'Santa Maria in Monte Sion' (12. Jh.) und von der mächtigen byzantinischen Basilika 'Hagia Sion' (4./5. Jh.). Die Dormitio-Abtei trägt ihren Namen nach einer Tradition, die das Sterbelager (κοίμησις, dormitio) Marias, der Mutter Jesu, auf den Zion verlegt. Die Haltlosigkeit jener Überlieferung und auch anderer christlicher Ortstraditionen wie der vom Abendmahlssaal und vom Pfingstereignis an dieser Stelle[271] schien erwiesen, als Frau K. M. KENYON 1967 ihre Ansicht veröffentlichte, der Südwesthügel sei erst nach 41 n. Chr. unter Agrippa I (vgl. Apg 12,1 ff.) von einer Stadtmauer umgeben worden[272]. Nach dem Neuen

ham, Sheffield 1988, 93–104; B. SCHWANK, Gab es zur Zeit der öffentlichen Tätigkeit Jesu Qumran-Essener in Jerusalem?, in: B. MAYER, Christen und Christliches in Qumran?, Regensburg 1992, 115–130; H. STEGEMANN, Die Essener, Qumran, Johannes der Täufer und Jesus, Freiburg 1993, 224 f.; K. BIEBERSTEIN–H. BLOEDHORN, Jerusalem. Grundzüge der Baugeschichte ... II, Wiesbaden 1994, 118. S. auch Nachtrag 4.

[270] Vgl. O. KOHLER, Sancta Sion. Zur Entstehung von Kirche und Kloster Dormitio Beatae Mariae Virginis auf dem Südwesthügel Jerusalems, Jahrbuch des Deutschen Evangelischen Instituts für Altertumswissenschaft des Heiligen Landes 2 (1990) 99–119. Über den Einfluß von Nationalismus und Konfessionalismus auf die archäologisch-historische Arbeit jener Zeit vgl. A. DESREUMAUX, L'espace de l'archéologie: L'exemple de Sion, in: A. DESREUMAUX–F. SCHMIDT, Moïse Géographe, Paris 1988, 227–250.

[271] Eine Zusammenstellung bei D. BALDI, Enchiridion Locorum Sanctorum, Jerusalem ³1982 [²1955], 471–531. 737–752; B. BAGATTI–E. TESTA, Corpus Scriptorum de Ecclesia Matre IV, Jerusalem 1982, 169–187.

[272] Jerusalem, London 1967, 155–162.

Testament lagen der Abendmahlssaal (Mt 26,28/Mk 14,13.16/Lk 22,10) und der Ort des Pfingstereignisses (Apg 1,12 f. vgl. Apg 2,1 f.) innerhalb der Stadtmauern. Nun hat sich aber das archäologische Urteil von Lady KENYON als unzutreffend erwiesen (s. o. II 2.c, S. 1797 f.), so daß zumindest von daher keine Probleme für die altkirchlichen Ortsüberlieferungen entstehen. Auch eine weitere, immer wieder genannte Schwierigkeit[273] entfällt. Obwohl von manchen immer noch fälschlich eine byzantinische Überlieferung angenommen wird (s. Anm. 3), hat man die Ortstradition vom hohepriesterlichen Palast im Bereich der armenischen Erlöserkirche und damit in unmittelbarer Nähe des traditionellen Abendmahlssaales (Abb. 3) und des Obergemachs der Pfingstgeschichte erst im Mittelalter irrtümlich gebildet[274]. Der Kaiphas-Palast ist nach den frühbyzantinischen Pilgerberichten[275] in der Gegend der Kirche St. Peter in Gallicantu am Ostabhang des Zionsberges zu suchen[276], d. h. in sehr günstiger klimatischer Lage, mit guten Verbindungen zum Tempelareal und genügend weit vom behaupteten Zentrum der Urgemeinde entfernt (Abb. 1).

Neben vielen anderen wichtigen Ergebnissen führten die Grabungen von M. BROSHI (s. Anm. 113) auf dem Gelände des Armenischen Friedhofs für den Westteil des Zionsberges wie auch die Arbeit von N. AVIGAD[277] im Jüdischen Viertel für seinen Ostteil zu einer bemerkenswerten Erkenntnis. Von der Zerstörung der heiligen Stadt unter Titus (70 n. Chr.) bis zum Beginn der großen konstantinischen Bautätigkeit im zweiten Drittel des 4. Jahrhunderts gab es auf dem Südwesthügel eine Siedlungslücke. Das Lager der *legio X Fretensis* befand sich im Gebiet der Zitadelle und des sich östlich anschließenden Armenischen Viertels innerhalb der heutigen Altstadtmauer[278]. Die heidnisch-römische Colonia Aelia Capitolina, die Kaiser Hadrian nach dem gescheiterten Bar-Kochba-Aufstand ab 135 n. Chr. errichten ließ, lag nördlich der jetzigen King-David-Street, die in jenem Ost-West-Quertal verläuft, welches die erste Nordmauer (vgl. Bell V 144) schützte (Abb. 13). Mit diesem archäologischen Befund für den Südwesthügel stimmt die Aussage des Eusebius überein, der zu Beginn des 4. Jahrhunderts den Zionsberg besuchte und dort „römische Männer", wohl Veteranen der in Aelia stationierten Legion, die Felder bestellen sah[279]. Diese

---

[273] Vgl. C. KOPP, Die heiligen Stätten der Evangelien, Regensburg ²1964, 405.

[274] Vgl. B. PIXNER, Noch einmal das Prätorium ZDPV 95 (1979) 56−86 (72−74).

[275] D. BALDI, Enchiridion Locorum Sanctorum [abgekürzt BALDI], Jerusalem ³1982, 562−564. Die von M. BROSHI, Excavations in the House of Caiaphas, in: Y. YADIN, Jerusalem Revealed, Jerusalem 1976, 57−60 (58 f.) auf dem armenischen Gelände gefundenen Reste größerer byzantinischer Gebäude gehören zu Anbauten der südlich gelegenen großen Zionsbasilika.

[276] Vgl. E. POWER, Église Saint-Pierre et Maison de Caïphe, DBS II, Paris 1934, 691−756; R. RIESNER, Palast des Hohenpriesters, GBL III, Wuppertal−Gießen ²1990, 1109 f.; B. PIXNER, Wo lag das Haus des Kaiphas?, in: Wege des Messias und Stätten der Urkirche, Gießen ²1994, 229−241.

[277] Discovering Jerusalem, Nashville 1983, 205−207.

[278] Vgl. H. GEVA, The Camp of the Tenth Legion in Jerusalem, IEJ 34 (1984) 239−254.

[279] Dem Ev VI 13,17 (HEIKEL, GCS 23, 265): καθ᾽ ἡμᾶς αὐτοὺς τὴν πάλαι βοωμένην Σιὼν ζεύγεσι βοῶν ὑπὸ Ῥωμαίων ἀνδρῶν ἀρουμένην ὀφθαλμοῖς παρειλήφαμεν.

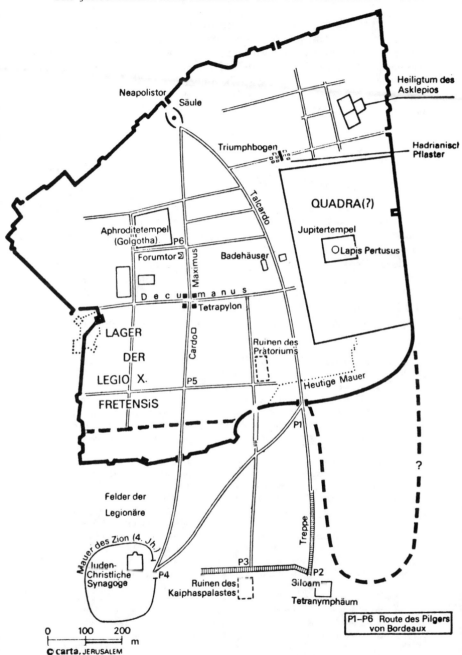

Abb. 13. Stadtplan von Aelia Capitolina

57

Situation spiegelt sich auch in anderen frühbyzantinischen Quellen wider[280]. Sie führte dazu, daß vor dem Mauerbau der Kaiserin Eudokia (442–460 n. Chr.), die im Süden wieder den Mauerverlauf des neutestamentlichen Jerusalem herstellte[281], der Zionsberg als eine von der Stadt Jerusalem (Aelia) unterschiedene Örtlichkeit genannt wird[282]. Ein Zeuge dafür dürfte schon Meliton von Sardes sein, der in der Mitte des 2. Jahrhunderts n. Chr. nach Jerusalem pilgerte (s. u. S. 1845).

2. Ein spätrömischer Langbau

a) Der synagogale Charakter

Hinsichtlich der spätrömischen Siedlungslücke auf dem Zionsberg gibt es nun eine wichtige Ausnahme. Nach einem jordanischen Artillerieüberfall konnte der israelische Archäologe J. PINKERFELD in den Jahren 1949 bis 1951 im sogenannten „Davidsgrab" (David's Tomb) während der notwendig gewordenen Reparaturarbeiten einige Sondierungen durchführen[283]. Dieses angebliche Königsgrab[284] liegt direkt unter dem gotischen Abendmahlssaal (Abb. 14). Die Untersuchung ergab, daß die untersten Steinlagen der Süd-, Ost- und Nordmauer mit einem Steinfußboden der spätrömischen Zeit in Verbindung stehen[285]. Zu einer Datierung des Baus in die vorbyzantinische Zeit paßt

---

[280] Kyrill von Jerusalem, Cat XVI 18 (PG 33,944); Kyrill von Alexandrien, Commentarius in Michaeam Prophetam 36 (Mi 3,10 [PG 71,694]).

[281] Pilger von Piacenza, Itinerarium 25 (GEYER, CSEL 39,176).

[282] Eusebius, Dem Ev I 4 (HEIKEL, GCS 23,20): ἀπὸ 'Ιηρουσαλὴμ καὶ τοῦ ταύτῃ προσπαρακειμένου Σιὼν ὄρους; Optatus von Mileve, De schismate Donatistarum 3,2 (PL 11,994): *in illo monte Sion, quem in Syria Palaestina a muris Hierusalem parvus disterminat rivus.*

[283] "David's Tomb". Notes on the history of the building, Fund for the Exploration of Ancient Synagogues Bulletin 3, Jerusalem 1960, 41–43.

[284] Erst seit dem 10. Jh. (BALDI 495 ff.) sucht man aufgrund einer falschen Auslegung von Apg 2,29 das Davidsgrab, das sich doch auf dem südöstlichen Stadthügel befunden haben muß, auf dem heutigen Zionsberg. Vgl. D. BALDI, La tomba di David e il S. Cenacolo (Studi critico-storici), StFr 10 (1938) 193–233; O. LIMOR, The Origins of a Tradition: King David's Tomb on Mount Zion, Traditio 44 (1988) 453–462 (ohne Kenntnis von BALDI); R. RIESNER, More on King David's Tomb, BARev 9/6 (1983) 20. 80 f.; B. PIXNER, in: Wege des Messias und Stätten der Urkirche, Gießen ²1994, 322–326. Diese späte Legende hat einerseits die Erhaltung des Abendmahlssaals-Gebäudes bewirkt, weil das angebliche Davidsgrab in moslemischer Zeit in eine Moschee umgewandelt wurde. Heute verhindert die falsche Ortstradition Ausgrabungen, da sich das Gebäude jetzt als Synagoge in der Hand sephardischer Chassidim befindet. Gelegentlich wird, wohl mehr aus touristischen Gründen, suggeriert, die Frage nach der Echtheit sei insofern noch offen als auch auf dem Westhügel eine vorexilische Königsnekropole gelegen haben könne (M. ROGOFF, Patchwork of Holiness, Jerusalem Post [International Edition], 18.6.1988, 18).

[285] Im Widerspruch zum posthumen Ausgrabungsbericht setzt dessen Herausgeber M. AVI-YONAH, Editor's Note, Fund for the Exploration of Ancient Synagogues Bulletin 3, Jerusalem 1960, 43 den Bau in die Zeit von Julian Apostata (361–363 n. Chr.) an. Nun nennt ein wahrscheinlich echter Brief des Kyrill von Jerusalem (P. WAINWRIGHT, The Authenti-

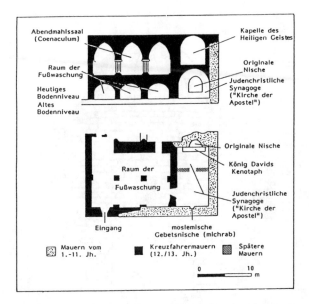

Abb. 14. Querschnitt und Grundriß des Abendmahlssaals

auch, daß es sich bei den Steinen dieser drei Mauern um zweitverwendete Quader (Abb. 15) aus einem herodianischen Gebäude handelt[286]. Der Langbau gleicht in mancher Beziehung Synagogengebäuden der ersten Jahrhunderte[287]. Besonders bemerkenswert ist eine erst 1,92 m über dem Boden ansetzende kleine Apsis[288], vor der heute ein Kenotaph der Kreuzfahrer steht, den orthodoxe Juden, aber auch unkritische christliche Pilger für die Grabstätte Davids

city of the recently discovered Letter attributed to Cyril of Jerusalem, VigChr 40, 1986, 286–293) unter Kaiser Julian für das Jahr 363 n. Chr. in Jerusalem eine jüdische Synagoge (S. P. BROCK, A Letter attributed to Cyril of Jerusalem on the Rebuilding of the Temple, BSOAS 40, 1977, 267–286 [270.275]). Kyrill sagt aber nirgends, daß diese Synagoge eine christliche Stätte verdrängt habe, ein Schweigen, das bei der polemischen Ausrichtung des Schreibens erstaunlich wäre. Vgl. auch W. BAIER, Coenaculum, in: H. HAAG, Bibellexikon, Einsiedeln ³1982 (²1968), 299 f.

[286] Vgl. B. PIXNER, in: Wege des Messias und Stätten der Urkirche, Gießen ²1994, 301–305.
[287] Vgl. B. BAGATTI, The Church from the Circumcision, Jerusalem 1971, 118–121; F. HÜTTENMEISTER–G. REEG, Die antiken Synagogen in Israel I, Wiesbaden 1977, 196. 526; M. J. S. CHIAT, Handbook of Synagogue Architecture, Chico 1982, 203 f.; S. C. MIMOUNI, La synagogue «judéo-chrétienne» de Jérusalem au Mont Sion, POC 40 (1990) 215–234 (226–231). Schon J. PINKERFELD dachte an eine Synagoge.
[288] M. AVI-YONAH, Jerusalem in the Second Temple Period, EAEHL II, Jerusalem 1976, 599–627 (625) vermutete insgesamt drei Apsiden, wie sie in Eschtemoa belegt sind. Doch bleibt das bei der mangelnden Kenntnis der Nordmauer bloße Hypothese.

Abb. 15. Ostmauer des Abendmahlssaals

halten. Diese Apsis erinnert an Torah-Nischen, wie sie in Synagogen aus dem
2./4. Jahrhundert in Dura-Europos am Euphrat[289], in Eschtemoa (Südjudäa)
oder Naveh (Batanäa) gefunden wurden[290]. Eine Art von Nische für die Auf-

---

[289] Vgl. C. H. KRAELING, The Excavations at Dura Europos VIII/1: The Synagogue, New
Haven 1956, 14–16. Eine Aedicula (1,14 m über dem Fußboden) gehörte bereits zur
ersten Bauphase der Synagoge, die noch an das Ende des 2. Jahrhunderts n. Chr. zu datieren sein dürfte. Vgl. L. I. LEVINE, The Synagogue of Dura Europos, in: DERS., Ancient
Synagogues Revealed, Jerusalem 1981, 172–177 (172 f.).

[290] J. WILKINSON, Jerusalem as Jesus Knew it, London 1978, 168–170 und E. OTTO, Jerusalem – die Geschichte der Heiligen Stadt, Stuttgart 1980, 188 weisen die Apsis des 'Davids-
grabs' der byzantinischen Basilika 'Hagia Sion' zu. Ähnlich auch J. E. TAYLOR, A Critical
Investigation of Archaeological Material assigned to Palestinian Jewish-Christians of the
Roman and Byzantine Period, Edinburgh 1989, 298–310; DIES., Christians and the Holy
Places, Oxford 1993, 207–220. Die Behandlung der Fragen durch Frau TAYLOR ist archäologisch und historisch nicht befriedigend. So bezweifelt sie, daß eine Torah-Nische so

nahme der heiligen Schriften dürfte jetzt auch für die Zeit vor 70 n. Chr. durch die Ausgrabungen im gaulanitischen Gamla und bei Schuafat nördlich von Jerusalem belegt sein[291].

b) Die christliche Nutzung

Die Nische im Langbau auf dem Zion ist allerdings nicht nach dem Tempel ausgerichtet, wie immer wieder behauptet wird[292], sondern ihre Fluchtlinie schneidet den nördlich liegenden Golgatha-Felsen. Vielleicht läßt sich diese Orientierung mit einer bisher unverständlichen Notiz des Bischofs Eucherius von Lyon (nach 444 n. Chr.) verbinden[293]. Als den Ort des Pfingstereignisses bezeichnet er auf dem Zion eine Kirche, „die nach der Überlieferung dort von den Aposteln zur Verehrung des Ortes der Auferstehung gegründet wurde (*quae illic fertur ab apostolis fundata pro loci resurrectionis dominicae reverentia*)"[294]. Natürlich hielt Eucherius nicht das Obergemach der Pfingstgeschichte für den Ort der Auferstehung des Herrn, denn gleich darauf bezeichnet er die konstantinische Auferstehungsbasilika als diese Stätte (*Anastasis in loco est resurrectionis*)[295]. Die Ausrichtung des „Davidsgrabes" auf Golgatha weist also auf einen christlichen Bau hin. Diese Interpretation wird durch einige Graffiti unterstützt, die von PINKERFELD im ursprünglichen Putz der alten Mauern gefunden[296] und dann von E. TESTA veröffentlicht und interpretiert wurden[297].

hoch über dem Boden ansetzen könne (aaO. 215). Dabei hatte schon J. PINKERFELD, in: Fund for the Exploration of Ancient Synagogues Bulletin 3 (1960) 43 auf Eschtemoa (2,08 m) und Naveh (2,20m) hingewiesen. Frau TAYLOR begründet nicht, warum sie sich für den Grundplan der Hagia Sion von L. H. VINCENT entscheidet und nicht für den neueren von M. GISLER, Sancta Sion und Dormitio Dominae, HlL 79 (1935) 2–12, der für ihre Ansicht schwierig ist. Vgl. D. BAHAT, Jerusalem – Selected Plans of Historical Sites and Monumental Buildings, Jerusalem 1980, 29–35. Ferner übergeht Frau TAYLOR ohne Diskussion die für die Baugeschichte der Hagia Sion wichtige Einweihungspredigt von Johannes II von Jerusalem im Jahr 394 (s. u. S. 1851). Ähnliche Bedenken gelten gegenüber J. T. SANDERS, Schismatics, Sectarians, Dissidents, Deviants, London 1993, 67–70. Zur Kritik im Einzelnen vgl. R. RIESNER, Abendmahlstradition und Kirchbauten auf dem Sion [im Erscheinen].

[291] Vgl. Z. MAOZ, The Synagogue of Gamla and the Typology of Second-Temple Synagogues, in: L. I. LEVINE, Ancient Synagogues Revealed, Jerusalem 1981, 35–41 (38); A. RABINO-VICH, Oldest Jewish prayer room discovered on Shuafat ridge, Jerusalem Post (International Edition) 17.8.1991, 7.

[292] So etwa J. W. HIRSCHBERG, The Remains of an Ancient Synagogue on Mount Zion, in: Y. YADIN, Jerusalem Revealed, Jerusalem 1976, 116 f.; S. MANN, Mount Zion, CNfI 25 (1976) 190–198 (198).

[293] Vgl. B. PIXNER, in: Wege des Messias und Stätten der Urkirche, Gießen ²1994, 298 f. 312 f. Vorsichtig akzeptiert durch A. STROBEL, Jahrbuch des Deutschen Evangelischen Instituts für Altertumswissenschaft des Heiligen Landes 2 (1990) 119.

[294] Ad Faustum 4,6 (BALDI 479 f.).

[295] Ebd.

[296] Zur Fundgeschichte vgl. B. BAGATTI, The Church from the Circumcision, Jerusalem 1971, 121.

[297] Il Simbolismo dei Giudeo-Cristiani, Jerusalem 1962, 492.

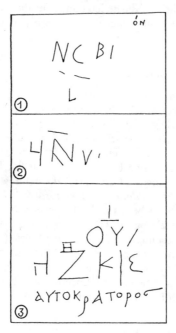

Abb. 16. Graffiti aus dem „Davidsgrab"

Nach TESTA benutzen die Graffiti die judenchristliche Symbolsprache
(Abb. 16). Die längste Inschrift

„O Jesus, Herr des Herrschers, daß ich doch leben möchte!" (ΙΟΥ ΙΗ[-
ΣΟΥΣ] ΖΗ[ΣΟ] ΚΙ[ΡΙ]Ε ΑΥΤΟΚΡΑΤΟΡΟΣ)

spielt möglicherweise auf den messianischen Davidspsalm 110,1 (LXX 109,1:
εἶπεν ὁ κύριος τῷ κυρίῳ μου) an. Auf dem Südwesthügel Jerusalems stand
demnach in der spätrömischen Periode offenbar ein judenchristlicher Synagogalbau, dessen Geschichte und Bedeutung sich durch literarische Zeugnisse weiter erhellen läßt[298].

---

[298] Vgl. auch C. MOMMERT, Die Dormitio und das deutsche Grundstück auf dem Zion, ZDPV
21 (1898) 149–183; T. ZAHN, Die *Dormitio Sanctae Virginis* und das Haus des Johannes
Markus, NKZ 10 (1899) 377–429 (auch separat Leipzig 1899); H. LECLERQ, Cénacle,
DACL II/2, Paris 1910, 3032–3037; F. M. ABEL, La Sainte Sion, in: L. H. VINCENT–
F. M. ABEL, Jerusalem II: Jérusalem Nouvelle II, Paris 1922, 441–472; E. POWER, Cénacle,
DBS I, Paris 1928, 1064–1084; N. ADLER, Das erste christliche Pfingstfest, Paderborn
1938, 126–132; J. T. MILIK, MUSJ 37 (1961) 142–145; C. KOPP, Die heiligen Stätten
der Evangelien, Regensburg ²1964, 378–387; B. BAGATTI, The Church from the Circumcision, Jerusalem 1971, 116–118; F. MANNS, Le prime generazioni cristiane della Palestina
alla luce degli scavi archeologici e delle fonti litterarie, in: La Terra Santa, Rom 1983,
70–84 (78–83); É. PUECH, La synagogue judéo-chrétienne du Mont Sion, MBib 57

3. Das erste Zentrum der Urgemeinde

a) Die neutestamentliche Zeit

Schon für Lukas ist jenes „Obergemach" (ὑπερῷον), in dem sich die Gemeinde nach der Himmelfahrt Jesu ständig aufhielt (οὗ ἦσαν καταμένοντες[299] [Apg 1,13]) und wo nach Lukas auch das Pfingstwunder stattfand (Apg 2,1 f.)[300], eine feste Größe. Er scheint dieses Gebäude als den Prototyp der urkirchlichen Gottesdiensträume darzustellen. Der Ausdruck ὑπερῷον kommt im Neuen Testament ausschließlich in der Apostelgeschichte vor und zwar immer in Zusammenhängen, die auf einen Kultraum weisen. Nach Acta 9,37.39 wurde Tabitha, die Mitglied einer Witwenkommunität in Joppe war[301], in solch einem „Obergemach" aufgebahrt. Apostelgeschichte 20,7 f. schildert einen urchristlichen Sonntagabendgottesdienst in einem „Obergemach" im kleinasiatischen Troas. Der Wir-Bericht merkt ausdrücklich an, daß sich in diesem Raum „viele Lampen befanden" (Apg 20,8). Auch im ʿPetrus-Hausʾ in Kapernaum, das schon während der zweiten Hälfte des 1. Jahrhunderts n. Chr. in eine Hauskirche umgestaltet wurde[302], fand man außergewöhnlich viele Bruchstücke von Öllampen[303], die möglicherweise über den praktischen Zweck hinaus auch eine liturgische Bedeutung besaßen.

Obergemächer hatten bereits im Alten Testament eine gewisse religiöse Bedeutung (2 Kön 4,10 f. [עֲלִיָּה]; Dan 6,11 [עֲלִית]; LXX ὑπερῷον) und wurden vielleicht deshalb später von Schriftgelehrten als Gebets- und Versammlungsorte bevorzugt[304]. Auch zu Synagogen gehörten manchmal besondere Obergemächer (ὑπερῷα), wie eine Synagogeninschrift des 3. Jahrhunderts in Stobi (Dalmatien) zeigt (CIJ I 694 [Z. 30 f.]. Ein Targum aus Qumran zum Buch Tobit (4QTob), das an dieser Stelle mit der Textüberlieferung von Kodex Sinaiticus

---

(1989) 18–19; G. KROLL, Auf den Spuren Jesu, Stuttgart–Leipzig [11]1990, 412–418; S. C. MIMOUNI, La synagogue «judéo-chrétienne» de Jérusalem au Mont Sion, POC 40 (1990) 215–234; B. PIXNER, Die apostolische Synagoge auf dem Zion, in: Wege des Messias und Stätten der Urkirche, Gießen [2]1994, 287–326; J. FINEGAN, The Archaeology of the New Testament, Princeton [2]1992, 236–242; R. RIESNER, Der christliche Zion: vor oder nachkonstantinisch, in: FS für E. Testa, Jerusalem 1993, 85–90; A. STORME, Jérusalem: Le Cénacle, TSF 2/1993, 94–107.

[299] Die periphrastische Konstruktion „beschreibt den ständigen Aufenthalt" (G. SCHNEIDER, Die Apostelgeschichte I, Freiburg 1980, 205 Anm. 62).

[300] R. PESCH, Die Apostelgeschichte I, Zürich–Neukirchen/Vluyn 1986, 102 f. kommentiert Apg 2,1–4: „Vorausgesetzt ist, daß ʿalleʾ (vgl. 4 a) ʿam selben Ortʾ (vgl. zu 1,15) Versammelten nicht nur die zwölf Apostel (vgl. 1,6; 2,14 f.), sondern die in 1,15 erwähnten 120 sind und sich in dem ʿHausʾ (2) befinden, dessen ʿObergemachʾ in 1,13 als Versammlungsraum genannt war". Vgl. auch B. PRETE, Il sommario di Atti 1,13–14 e suo apporto per la conoscenza della Chiesa delle origini, SacrDoctr 18 (1973) 66–124.

[301] Vgl. R. RIESNER, Formen gemeinsamen Lebens im Neuen Testament, Gießen [2]1984, 24 f. Man vgl. auch Philo, Hypothetica (Eusebius, Praep Ev VIII 11,12).

[302] Vgl. S. LOFFREDA, Recovering Capharnaum, Jerusalem 1983, 58–63.

[303] Vgl. V. CORBO, The House of Saint Peter at Capernaum, Jerusalem [2]1972, 44.

[304] Vgl. H. L. STRACK–P. BILLERBECK, Kommentar zum Neuen Testament aus Talmud und Midrasch II, München 1992, 594 f.

(ὑπερῷον) übereinstimmt, gibt einen offenbar auch als übliche Gebetsstätte (vgl. Tob 3,11) gedachten Raum von Tobit 3,10 mit עלית[305] wieder. K. LAKE und H. J. CADBURY dachten beim Obergemach von Apostelgeschichte 1,13 ausdrücklich an eine Art von Synagoge, wenn sie den darauffolgenden Satz 1,14 (οὗτοι πάντες ἦσαν προσκαρτεροῦντες ὁμοθυμαδὸν τῇ προσευχῇ) wiedergaben: "These were all together attending the Place of prayer"[306]. Lukas scheint zumindest die Diaspora-Synagoge in Philippi προσευχή zu nennen (Apg 16,13.16), wobei hier undeutlich bleibt, ob es um ein Gebäude oder nur um eine Gebetsstätte im Freien geht[307]. Bei dem Obergemach in Jerusalem handelt es sich nach Darstellung des *auctor ad Theophilum* jedenfalls um einen außergewöhnlich großen Raum, der über hundert Personen fassen konnte (Apg 1,15). Aber das fordert keineswegs, an eine Halle im Tempel zu denken[308]. Hier gibt Lukas mit der „Halle Salomos" (στοὰ τοῦ Σαλομῶντος) ausdrücklich eine andere Ortsbezeichnung (Apg 3,11; 5,12; vgl. Joh 10,23; Bell V 185)[309].

In Apostelgeschichte 12,12−14 führt der *auctor ad Theophilum* für seine Leser bewußt einen weiteren Versammlungsort der Jerusalemer Urgemeinde ein[310]. Das zeigt nicht nur die relativ genaue Beschreibung des Äußeren, ein Haus mit eigenem Torgebäude (πυλών [Apg 12,13]), sondern auch die ausdrückliche Nennung der Besitzerin, Maria, die Mutter des Johannes, genannt Markus (Apg 12,12). Andere Jerusalemer Gemeindeglieder unter Führung des Herrenbruders Jakobus pflegten sich an einem anderen Ort zu versammeln (Apg 12,17), und dabei kann es sich nach dem bisherigen Gang der Erzählung nur um das „Obergemach" handeln, in dem Lukas die Anwesenheit der Herrenverwandten ausdrücklich festgestellt hatte (Apg 1,13 f.). Erst eine vereinzelte, späte Tradition (um 530 n. Chr.) identifiziert das „Obergemach" mit dem Haus des Johannes Markus[311]. Lukas unterscheidet beides bewußt und trifft

---

[305] K. BEYER, Die aramäischen Texte vom Toten Meer, Göttingen 1984, 299.

[306] The Beginnings of Christianity IV: The Acts of the Apostles, London 1933, 10.

[307] Vgl. F. G. HÜTTENMEISTER, „Synagoge" und „Proseuche" bei Josephus und in anderen antiken Quellen, in: FS für H. Schreckenberg, Göttingen 1993, 163−181 (168 f.).

[308] So B. B. THURSTON, τὸ ὑπερῷον in Acts i,13, ET 80 (1968) 21 f. unter Hinweis auf 1 Chr 28,11.20 LXX. Aber der Einwand von der Größe des benötigten Raumes her ist nicht durchschlagend. Vgl. R. PESCH, Die Apostelgeschichte I, Zürich−Neukirchen/Vluyn 1986, 81 Anm. 20. Möglicherweise von einem „Obergemach" (עליה) im Tempel spricht der Zukunftsentwurf 11QNJ 10,1 f. Vgl. F. GARCÍA MARTÍNEZ, The Last Surviving Columns of 11QNJ, in: FS für A. S. van der Woude, Leiden 1992, 178−192 (183 f.).

[309] Vgl. R. RIESNER, Halle Salomos, GBL II, Wuppertal−Gießen ²1990, 510.

[310] Vgl. F. F. BRUCE, Men and Movements in the Primitive Church, Exeter 1979, 88.

[311] Theodosius, De situ terrae sanctae 7 (GEYER, CSEL 39,141; BALDI 483). Gegen die (wohl auch konfessionell begründete) Annahme dieser Tradition durch T. ZAHN, Die Dormitio Sanctae Virginis und das Haus des Johannes Markus, NKZ 10 (1899) 377−429 (406−409), dem W. RORDORF, ZNW 55 (1964) 113 folgt, vgl. M. J. LAGRANGE, La Dormition de la Sainte Vierge et la Maison de Jean Marc, RB 8 (1899) 589−600; C. KOPP, Die heiligen Stätten der Evangelien, Regensburg ²1964, 382. Unabhängig von ZAHN identizierte F. C. BURKITT, The Last Supper and the Paschal Meal, JTS 17 (1916) 291−297 (296) den Abendmahlssaal und das erste Zentrum der Urgemeinde mit dem Haus der Maria, der Mutter des Johannes Markus, und betrachtete dessen Onkel Barnabas als den eigentlichen Hausherrn. Dagegen wandte Frau M. D. GIBSON, The House in Which the

dadurch in seiner üblichen, urkirchliche Konflikte oftmals nur andeutenden Darstellungsweise[312] eine wichtige Feststellung: Schon vor dem Tod des Agrippa I (44 n. Chr.) war der Herrenbruder Jakobus zum Führer des streng judenchristlichen, vorwiegend Aramäisch sprechenden Teils der Gemeinde ('Εβραῖοι [vgl. Apg 6,1]) geworden. Johannes wird durch seinen Beinamen Markus als griechischsprachig ('Ελληνιστής) charakterisiert und seine Familie durch die Verbindung mit Petrus als für die Heidenmission aufgeschlossen (vgl. Apg 13,5.13; 15,37) dargestellt[313]. Die Angaben des Lukas besitzen deshalb ein besonderes Gewicht, weil er ganz offensichtlich Jerusalem persönlich kannte[314]. Nach dem Wir-Bericht in Apostelgeschichte 21,15–18 hat er mindestens einmal (57 n. Chr.) die heilige Stadt besucht und ist im Zentrum der strengen Judenchristen mit Jakobus zusammengetroffen[315]. Der Gebrauch des bestimmten Artikels beim Jerusalemer Obergemach in Apg 1,13 (τὸ ὑπερῷον) deutet an, daß Lukas die Lage dieses Raumes als feste Ortsüberlieferung vertraut war[316]. Wie der Jakobus-Brief zeigt (Jk 2,2 f.), der wohl doch vor 62 n. Chr. im Umkreis des Herrenbruders entstanden ist[317], besaßen die Judenchristen schon in früher Zeit eigene Synagogen[318].

Last Supper Was Held, JTS 17 (1916) 398 mit Recht ein, daß Apg 12,12 den Namen einer Besitzerin nennt, während Mk 14,14 für den Abendmahlssaal ein Hausherr (οἰκοδεσπότης) vorausgesetzt wird.
312 Vgl. auch F. F. BRUCE, Men and Movements in the Primitive Church, Exeter 1979, 28.
313 Zum Gräkopalästiner Johannes Markus als Verfasser des zweiten Evangeliums vgl. M. HENGEL, Probleme des Markusevangeliums, in: P. STUHLMACHER, Das Evangelium und die Evangelien, Tübingen 1983, 221–265 (242–257), DERS., Entstehungszeit und Situation des Markusevangeliums, in: H. CANCIK, Markus-Philologie, Tübingen 1984, 1–45.
314 Vgl. M. HENGEL, Der Historiker Lukas und die Geographie Palästinas in der Apostelgeschichte, ZDPV 99 (1983) 147–183.
315 Gegen die weitverbreitete Annahme, bei den Wir-Berichten der Apostelgeschichte handele es sich um eine damals übliche literarische Fiktion, vgl. jetzt überzeugend C. J. THORNTON, Der Zeuge des Zeugen, Tübingen 1991, 83–197.
316 F. MUSSNER, Apostelgeschichte, Regensburg ²1988, 18: „Jedenfalls fällt der Artikel vor 'Obergemach' auf, es scheint eine Lokaltradition über den einstweiligen Aufenthaltsort der Apostel vorzuliegen".
317 Vgl. F. MUSSNER, Der Jakobusbrief, Freiburg 1975, 1–8. 237–240; P. STUHLMACHER, in: Das Evangelium von der Versöhnung in Christus, Stuttgart 1979, 30 f.; P. H. DAVIDS, The Epistle of James, Exeter 1982, 2–22; J. H. CHARLESWORTH, The Old Testament Pseudepigrapha and the New Testament, Cambridge 1985, 86; J. B. ADAMSON, James – the Man and His Message, Grand Rapids 1988, 3–52. Die zuletzt genannte, neueste Monographie datiert den Brief vor das Apostelkonzil in die erste Hälfte der vierziger Jahre (aaO. 34), wie es schon G. KITTEL, Der geschichtliche Ort des Jakobusbriefes, ZNW 41 (1942) 71–105 getan hatte. Vgl. jetzt auch G. M. STULAC, James, Downers Grove 1993, 12–17. Für die Frage des Griechischen bei der Abfassung des Briefes ist zu dem schon von vielen vorgelegten Material über die Sprachen Palästinas in neutestamentlicher Zeit (hervorragend zusammengefaßt bei M. HENGEL, The 'Hellenization' of Judaea in the First Century, London–Philadelphia 1989, 7–18) auf folgende interessante Hypothese verwiesen. Nach A. VAN DER KOOIJ, Die Alten Textzeugen des Jesajabuches, Freiburg/Schweiz–Göttingen 1981, 94–97 wurde die interpretierende Handschrift 1QJes^a vom „Lehrer der Gerechtigkeit" geschrieben. Für die Abschwächung der Laryngale schließt sich VAN DER KOOIJ These von E. Y. KUTSCHER an, der griechischen Einfluß annahm. KUTSCHER vermutete als

1842   RAINER RIESNER

b) Zwischen 66 und 135 n. Chr.

Nach einer glaubwürdigen[319], von Eusebius (HE III 5,3) und Epiphanius[320] weitergegebenen Nachricht verließ die judenchristliche Gemeinde Jerusalem in Zusammenhang mit dem Ausbruch des Jüdischen Krieges (66–70
n. Chr.), um in Pella in der Dekapolis Zuflucht zu suchen[321]. Allerdings scheint
die Abwesenheit der Judenchristen nicht länger als sechs bis sieben Jahre gedau-
ert zu haben. Eutychius, Patriarch von Alexandrien in der ersten Hälfte des
10. Jahrhunderts, berichtet aufgrund älterer Quellen[322], daß die Reste der Urgemeinde unter der Leitung des Simeon Bar-Kleopha im vierten Jahr des Vespasian (72/73 n. Chr.) aus dem Ost-Jordanland nach Jerusalem zurückkehrten
und dort eine Kirche erbauten[323]. Diese Überlieferung fügt sich gut in die da-

Schreiber der Rolle einen Angehörigen "of educated, or at any rate, of urban circles" –
"especially likely is Jerusalem and the surrounding area" (The Language and Linguistic
Background of the Isaiah Scroll, Leiden 1974, 60.511).
[318] Vgl. L. ROST, Archäologische Bemerkungen zu einer Stelle des Jakobusbriefes (Jak. 2,2 f.),
PJB 24 (1933) 53–66; W. SCHRAGE, συναγωγή, ThWNT VII, Stuttgart 1964, 798–850
(836); P. MASER, Synagoge und Ekklesia, in: FS für H. Schreckenberg, Göttingen 1993,
270–292 (277–281). Über jüdische und judenchristliche Synagogen in der heiligen Stadt
vor 70 n. Chr. vgl. R. RIESNER, Synagogues in Jerusalem, in: R. J. BAUCKHAM, The Book
of Acts in Its Palestinian Setting, Carlisle–Grand Rapids 1995, 179–211. Die wertvolle
Untersuchung frühchristlicher Hauskirchen von L. M. WHITE, Building God's House in
the Roman World. Baltimore–London 1990, geht merkwürdigerweise weder auf diese
Stelle noch auf die Funde in Kapernaum ein.
[319] Vgl. S. SOWERS, The Circumstances and Recollection of the Pella Flight, ThZ 26 (1970)
305–320; B. C. GRAY, The Movements of the Jerusalem Church During the First Jewish
War, JEH 24 (1973) 1–7; J. J. GUNTHER, The Fate of the Jerusalem Church, ThZ 29
(1973) 81–94; M. SIMON, La migration à Pella, in: DERS., Le christianisme antique en son
contexte religieux, Tübingen 1981, 477–494; R. A. PRITZ, Nazarene Jewish Christianity,
Jerusalem–Leiden 1988, 122–127. Gegen die neuerliche Bestreitung der Pella-Tradition
durch G. LÜDEMANN, Paulus der Heidenapostel II: Antipaulinismus im frühen Christentum, Göttingen 1983, 265–286 vgl. C. KOESTER, The Origin and Significance of the
Flight to Pella Tradition, CBQ 51 (1989) 90–106.
[320] De mensuris et ponderibus (PG 43,261); Pan 29,7,8; 30,2,7 (HOLL, GCS 25/1, 330.335).
[321] Einen interessanten Vergleich führt durch A. FINKEL, The Departures of the Essenes, Christians and R. Yohanan ben Zakkai from Jerusalem, in: FS für R. Mayer, Gerlingen 1986,
29–40.
[322] B. PIXNER, in: Wege des Messias und Stätten der Urkirche, Gießen ²1994, 304 vermutet
als mögliche Quelle den judenchristlichen Geschichtsschreiber Hegesipp (um 180 n. Chr.),
der offenbar über Informationen aus dem Kreis der Herrenverwandten selbst verfügte.
Vgl. B. GUSTAFSSON, Hegesippus' Sources and his Reliability, TU 78, Berlin/Ost 1961,
227–232. M. E. ist der konservativ-kritischen Behandlung des Hegesipp durch T. ZAHN,
Brüder und Vettern Jesu, in: DERS., Forschungen zur Geschichte des neutestamentlichen
Kanons und der altkirchlichen Literatur VI, Leipzig 1900, 225–364 (228–305) immer
noch der Vorzug zu geben gegenüber einer historisch-skeptischen Wertung wie der durch
W. PRATSCHER, Der Herrenbruder Jakobus und die Jakobustradition, Göttingen 1987,
103–107. Nach S. C. MIMOUNI, POC 40 (1990) 223 f. kommt als Quelle vor allem
Eusebius in Betracht, aber bei ihm fehlt die relevante Angabe „im vierten Jahr des Vespasian".
[323] BREYDY, CSCO 472,47: „Als die Christen [= Nasara], die damals vor den Juden zu den
nahen und entfernten Gegenden geflohen waren, hörten, daß Titus die heilige Stadt

66

maligen politischen Umstände ein, denn im selben Jahr war Masada als letztes Widerstandsnest der Zeloten gefallen (Bell VII 219.401.407–409)[324], und die dadurch erfolgte Beruhigung der Situation läßt die Rückkehr verständlich erscheinen.

Die Angaben des alexandrinischen Patriarchen werden durch eine Nachricht des Bischofs Epiphanius von Salamis (315–403) unterstützt. Er verfügte über interessante Informationen aus dem Bereich des Judenchristentums, die er älteren Quellen, darunter auch Hegesipp, verdankt[325]. Epiphanius schreibt über den Besuch von Kaiser Hadrian in Jerusalem im Jahr 130 n. Chr. auf seiner zweiten Erkundungsreise in den Osten[326]:

„Er fand die ganze Stadt zerstört und auch den Tempel des Herrn niedergetreten, ausgenommen einige kleine Behausungen sowie die kleine Kirche Gottes (ἡ τοῦ θεοῦ ἐκκλησία μικρά), die an dem Ort war, wo die Jünger, nach der Himmelfahrt ihres Erlösers vom Ölberg zurückgekehrt, in das Obergemach (ὑπερῷον) hinaufstiegen [Apg 1,13 f.]. Dort auf dem Teil des Zion (Σιών) nämlich war sie erbaut, der von der Zerstörung übrigblieb, auch einige Behausungen auf eben diesem Zion und sieben Synagogen, die auf dem Zion allein wie Hütten gestanden hatten. Von diesen ist eine bis in die Zeit des Bischofs Maximonas und des Kaisers Konstantin übriggeblieben, wie eine Hütte im Weinberg, wie geschrieben steht [Jes 1,8]"[327].

zerstört und die Juden getötet hatte, kehrten sie zu den Ruinen in der heiligen Stadt zurück und bewohnten sie. Sie bauten eine Kirche und setzten sich einen zweiten (= neuen) Bischof ein namens Simeon, Sohn des Cleopas. Dieser (Cleopas) war der Bruder von Joseph, der unsern Herrn Christus aufgezogen hatte. Dies geschah im vierten Jahr der Herrschaft des Uspasian. (Simeon) blieb 26 Jahre und wurde dann getötet". Für den arabischen Text BREYDY, CSCO 241,55 f.

324   Vgl. E. M. SMALLWOOD, The Jews under Roman Rule, Leiden ²1981, 338 f. Anm. 27 u. 32 sowie 546 f.

325   Zur Kenntnis des Hegesipp vgl. T. ZAHN, in: Forschungen zur Geschichte des Kanons VI, Leipzig 1900, 258–270. Das Wissen des Epiphanius über das Judenchristentum dürfte größer sein, als meist angenommen wird. Vgl. G. A. KOCH, A Critical Investigation of Epiphanius' Knowledge of the Ebionites, Pennsylvania 1976; M. BLACK, The Scrolls and Christian Origins, Chico ²1983, 56–74; R. A. PRITZ, Nazarene Jewish Christianity, Jerusalem–Leiden 1988, 29–47. Besonders verdient auch die Verbindung, die Epiphanius zwischen Essenern und Samaritanern herstellt, im Licht der Qumran-Funde neue Aufmerksamkeit. Vgl. J. BOWMAN, Samaritanische Probleme, Stuttgart 1967, 77–96; J. FOSSUM, Jewish Christian Christology and Jewish Mysticism, VigChr 37 (1983) 260–287 (269–272).

326   Zum Datum vgl. E. M. SMALLWOOD, The Jews under Roman Rule, Leiden ²1981, 431 f. Epiphanius bietet zwar ein falsches Jahr (117 n. Chr.), verbindet den Aufenthalt aber korrekt mit der zweiten Provinzialreise (aaO. 432 Anm. 16).

327   De mensuris et ponderibus 14 (PG 43, 260): Καὶ εὗρε τὴν πόλιν πᾶσαν ἠδαφισμένην, καὶ τὸ ἱερὸν τοῦ Θεοῦ καταπεπατημένον, παρεκτὸς ὀλίγων οἰκημάτων καὶ τῆς τοῦ Θεοῦ Ἐκκλησίας μικρᾶς οὔσης, ἔνθα ὑποσρέψαντες οἱ μαθηταί, ὅτε ὁ Σωτὴρ ἀνελήφθη ἀπὸ τοῦ Ἐλαίωνος, ἀνέβησαν εἰς τὸ ὑπερῷον. Ἐκεῖ γὰρ ᾠκοδόμητο, τουτέστιν ἐν τῷ μέρει Σιών, ἥτις ἀπὸ τῆς ἐρημώσεως παρελείφθη, καὶ μέρη οἰκήσεως περὶ αὐτὴν τὴν Σιών, καὶ ἑπτὰ συναγωγαὶ αἳ ἐν τῇ Σιὼν μόναι ἑστήκεσαν, ὡς καλύβαι, ἐξ ὧν μία περιελείφθη ἕως χρόνου Μαξιμωνᾶ τοῦ ἐπισκόπου καὶ Κωνσταντίνου τοῦ βασιλέως, ὡς σκηνὴ ἐν ἀμπελῶνι, κατὰ τὸ γεγραμμένον.

Eine Paralleltradition bei Alexander von Zypern aus der ersten Hälfte des
6. Jahrhunderts[328] stammt wahrscheinlich unabhängig von Epiphanius ebenfalls aus einer älteren Quelle[329].

Für die Kontinuität der Ortstradition zwischen der Zerstörung Jerusalems
durch Titus und der Rückkehr der Judenchristen konnte schon allein ihr dama-
liger Führer Simeon Bar-Kleopha sorgen. Er stammte ebenso wie der Herrenbruder Jakobus, der die Urgemeinde bis zu seinem auch von Josephus berichte-
ten Martyrium im Jahr 62 n. Chr. (Ant XX 199–203) leitete, aus der Familie
Jesu (HE III 11; 22; 32; IV 4; 22). Vermutlich ist Simeon auch mit dem unge-
nannten Begleiter des Kleop(h)as im letzten Kapitel des Lukas-Evangeliums (Lk
24,13.18; vgl. Joh 19,25) gleichzusetzen[330]. Für die Zeit zwischen der Rückkehr aus Pella und dem Ausbruch des Bar-Kochba-Aufstandes (132–135
n. Chr.)[331] spricht Eusebius von einer „sehr großen judenchristlichen Gemeinde" (Dem Ev III 5) in Jerusalem[332]. A. SCHLATTER[333] konnte in einer noch
heute bemerkenswerten Untersuchung viel zur Aufhellung ihrer Geschichte bei-
tragen[334]. Jerusalem besaß in dieser Zeit eine Sukzession von mindestens vier
judenchristlichen „Bischöfen", Jakobus, Simeon Bar-Kleopha, Justus und Juda
Kyriakos (HE IV 4). Mit Ausnahme von Justus wissen wir nicht nur über Jakobus und Simeon, sondern auch bei Juda (s. u. S. 1846 f.), daß sie als Mitglieder
der Familie Jesu galten. A. VON HARNACK nahm an, daß ausschließlich Herrenverwandte die judenchristlichen Bischöfe Jerusalems stellten[335].

c) Die heidenchristliche Ortsüberlieferung

Natürlich erhebt sich die Frage, ob nicht der Bar-Kochba-Aufstand und
der ihm folgende Ausbau der heidnisch-römischen Colonia Aelia Capitolina die
Kontinuität der christlichen Lokaltraditionen in Jerusalem abbrechen ließ. Wie
Eusebius berichtet, gab es schon sehr bald nach der Revolte in Aelia einen
heidenchristlichen Bischof mit Namen Markus (HE IV 6; V 12). Entgegen
anders klingenden Bemerkungen (HE IV 5,2; V 12) deutet Eusebius an einer
Stelle an[336], daß bereits vor 132 n. Chr. auch Heidenchristen in Jerusalem leb-

[328] De inventione sanctae Crucis (PG 87,4041.4044).

[329] Vgl. S. C. MIMOUNI, POC 40 (1990) 222–224.

[330] Vgl. T. ZAHN, Das Evangelium nach Lucas, Leipzig [3/4]1920, 710–713; R. RIESNER, Kleopas, GBL II, Wuppertal–Gießen [2]1990, 794.

[331] Zur Chronologie vgl. P. SCHÄFER, Der Bar Kokhba-Aufstand, Tübingen 1981, 10–28.

[332] καὶ ἡ ἱστορία δὲ κατέχει ὡς καὶ μεγίστη τις ἦν ἐκκλησία Χριστοῦ ἐν τοῖς Ἱεροσολύμοις
ἀπὸ Ἰουδαίων συγκροτουμένη μέχρι τῶν χρόνων τῆς κατ᾽ Ἀδριανὸν πολιορκίας (HEIKEL,
GCS 23,131; KLIJN-REININK 138 f.).

[333] Die Kirche Jerusalems vom Jahre 70–130 (BFChTh II/3), Gütersloh 1898 (fast unverän-
derter ND in: Synagoge und Kirche bis zum Barkochba-Aufstand. Kleinere Schriften 3
[Hrsg. J. JEREMIAS], Stuttgart 1966, 99–172).

[334] Vgl. R. RIESNER, Adolf Schlatter und die Geschichte der Judenchristen Jerusalems, in: K.
BOCKMÜHL, Die Aktualität der Theologie Adolf Schlatters, Gießen 1988, 34–70.

[335] Geschichte der altchristlichen Litteratur bis Eusebius II/1, Leipzig 1897, 220 Anm. 2.

[336] Theophania IV 24 (GRESSMANN, GCS 11/2, 202): „Denn viele Scharen der Juden zumal
ließen sich überzeugen, daß er der Christus Gottes sei, der von den Propheten verkündet

ten[337]. Mitglieder der heidenchristlichen Kirche waren aber durchaus an Orts-überlieferungen interessiert. So kam Alexander, ein Freund des Origenes und später Bischof in Kappadozien, ca. 212 n. Chr. „um des Gebets und der Orts-forschung willen" (εὐχῆς καὶ τῶν τόπων ἱστορίας ἕνεκεν) nach Palästina (HE VI 11,2). Schon Meliton von Sardes hatte um 160 n. Chr. aus ähnlichen Grün-den das heilige Land besucht (HE IV 26,13 f.). Meliton und Alexander waren nicht die einzigen heidenchristlichen Palästina-Pilger der vorkonstantinischen Zeit und gewiß auch nicht die ersten[338]. Wie eine Stelle in der berühmten Pas-sah-Homilie des Meliton zeigt[339], hat man ihn in Jerusalem auf die Lage von Golgatha inmitten der damaligen Stadt hingewiesen[340], und auch dem Zions-berg hat der kleinasiatische Bischof offenbar einen Besuch abgestattet (s. u. S. 1872). J. MURPHY-O'CONNOR betont völlig zu Recht, daß schon allein die heidenchristliche Gemeinde Jerusalems für eine Kontinuität der Lokaltradition über das erste Zentrum der Urgemeinde bürgen konnte[341].

d) Judenchristen in Aelia Capitolina?

In seiner Auslegung des Psalms 59,15 scheint Eusebius vorauszusetzen, daß der Bann Hadrians (HE IV 6,3), der den Juden außer zur Trauer am Tag der Tempelzerstörung (9. Ab) das Betreten Jerusalems bei Todesstrafe unter-sagte, bis zu Konstantin in ununterbrochener Geltung gewesen sei[342]. Aber die Sprache des Kirchenschriftstellers könnte hier stärker theologisch akzentuiert als historisch differenziert sein. Man nimmt heute eher an, daß der Bann schon unter Antoninus Pius (138–161 n. Chr.) gelockert wurde, indem häufigere Pil-gerreisen möglich waren[343]. Spätestens seit den severischen Kaisern (ab 193

wurde, und wurden mit denen, die aus den Heiden an ihn gläubig wurden, zu Einer Kirche vereinigt unter der Hand des Einen Hirten, eben des Logos Gottes. Denn in Jerusalem erstanden sich ablösend aus den Juden fünfzehn Episkopen der dortigen Kirche von Jakobus dem ersten an, und Myriaden Juden zumal und Heiden gab es, die dort zusammen vereinigt waren bis auf die Belagerung in den Tagen Hadrians." (Übers. aus dem Syrischen).

[337] Vgl. auch W. TELFER, Cyril of Jerusalem and Nemesius of Emesa, Philadelphia 1955, 59; R. L. WILKEN, Eusebius and the Christian Holy Land, in: H. W. ATTRIDGE–G. HATA, Eusebius, Christianity and Judaism, Leiden 1992, 736–760 (738).

[338] Vgl. H. WINDISCH, Die ältesten christlichen Palästinapilger, ZDPV 48 (1925) 145–158; E. BURGER, Die Anfänge des Pilgerwesens in Palästina, PJB 27 (1931) 84–111; P. MARA-VAL, Lieux saints et pèlerinages d'Orient, Paris 1985, 25–27; J. WILKINSON, Jerusalem IV, TRE XVI, Göttingen 1987, 617–624 (618 f.).

[339] § 98 (LOHSE, Textus Minores 24,33; PERLER, SC 123,114).

[340] Vgl. A. E. HARVEY, Melito and Jerusalem, JTS 16 (1966) 401–404.

[341] The Cenacle and Community. The Topographical Background of Acts 2:44–45, in: R. J. BAUCKHAM, The Book of Acts in Its Palestinian Setting, Carlisle–Grand Rapids 1995, 303–322.

[342] In Ps 58 [LXX] (PG 23,541).

[343] Vgl. E. M. SMALLWOOD, The Jews under Roman Rule, Leiden ²1981, 478. Von der leider nicht datierten Aufhebung des Beschneidungsverbots durch Antoninus Pius berichtet Mod-estinus, Digesta XLVIII 8,11,1. Vgl. P. SCHÄFER, Der Bar Kokhba-Aufstand, Tübingen 1981, 40; M. SIMON, Verus Israel, Oxford 1986, 104 f.

n. Chr.) muß in Aelia wieder eine jüdische Gemeinde existiert haben, wie von S. Safrai ausgewertete talmudische Angaben zeigen[344]. G. Barkay rechnet für die Zeit von Aelia Capitolina mit der Möglichkeit von jüdischen und judenchristlichen Bestattungen bei Ketef Hinnom, gerade gegenüber dem Zionsberg auf der anderen Seite des Hinnom-Tals[345]. B. Lifshitz nimmt für diese Zeit auch eine judenchristliche Gruppe an[346]. In der Tat könnten Streitigkeiten um die Osterfeier am jüdischen Passahtermin (14. Nisan), die unter dem heidenchristlichen Bischof Narcissus um 196 n. Chr. ausbrachen, auf ein judenchristliches Element in der Jerusalemer Gemeinde hindeuten[347].

Eine Schlüsselstellung bei der Frage einer judenchristlichen Präsenz in der heiligen Stadt nach dem Bar-Kochba-Aufstand nimmt die Gestalt des Judas Cyriacus ein. Er begegnet in einem weitverzweigten Legendenkranz, dessen Bildungsgeschichte und historischer Kern nicht leicht zu ermitteln sind[348]. Meist wird Judas mit dem letzten der judenchristlichen Bischöfe in der Liste des Eusebius (HE IV 5,3) identifiziert. Sein Beiname κυριακός bezeichnet ihn als Herrenverwandten. A. Schlatter nahm die Notiz des Epiphanius[349] ernst, nach der Judas im elften Jahr des Antoninus Pius (148/149 n. Chr.) in Jerusalem den Märtyrertod erlitten hätte[350]. Judas' Tod würde dann ein Zeugnis für das zähe Festhalten der Judenchristen an der heiligen Stadt darstellen.

Nun nennt die Jerusalemer Bischofsliste zwischen Simeon Bar-Kleopha (+ um 100 n. Chr.) und Judas (um die Zeit des Bar-Kochba-Aufstandes), also für eine Periode von weniger als zwanzig Jahren, nicht weniger als zwölf Namen. Eine Erklärung für die zu große Länge der Liste hat jüngst R. van den Broek aus dem apokryphen Brief des Herrenbruders Jakobus an Quadratus erschlossen[351], in dem sich eine teilweise parallele Liste von Mitältesten des Jakobus findet. Die nach dem zweiten Nachfolger des Jakobus, Justus[352], genannten zwölf Judenchristen wären nach der Rekonstruktion von van den

---

[344] The Holy Congregation in Jerusalem, ScrHie XXIII, Jerusalem 1972, 62–78. Zur allgemeinen Situation in Judäa nach dem Bar-Kochba-Aufstand vgl. S. Safrai, CRINT I/1, Assen 1974, 409–412.

[345] Excavations at Ketef Hinnom in Jerusalem, in: H. Geva, Ancient Jerusalem Revealed, Jerusalem 1994, 85–106 (91 f.).

[346] Jérusalem sous la domination romaine, ANRW II/8 (Hrsg. H. Temporini–W. Haase), Berlin– New York 1977, 444–489. M. Ben-Dov, In the Shadow of the Temple, New York 1985, 199 erwägt für ein Grab aus der Zeit von Aelia Capitolina, das in der Nähe des 'Dreifachen Tores' südlich des Tempelplatzes gefunden wurde, eine judenchristliche Herkunft.

[347] Vgl. Epiphanius, Pan 70,10 (Holl, GCS 31,242 f.). Dazu: B. Bagatti, The Church from the Circumcision, Jerusalem 1971, 10.

[348] Immer noch unverzichtbar ist J. Straubinger, Die Kreuzauffindungslegende, Paderborn 1912. Vgl. jetzt auch S. Borgehammar, How the Holy Cross Was Found, Stockholm 1991.

[349] Pan 66,20 (Holl, GCS 37, 47 f.).

[350] Die Kirche Jerusalems vom Jahre 70–130, Gütersloh 1898, 56.

[351] Der Brief des Jakobus an Quadratus und das Problem der judenchristlichen Bischöfe von Jerusalem (Eusebius, HE IV,1–3), in: FS für A. F. J. Klijn, Kampen 1988, 56–65.

[352] Zu ihm vgl. R. Riesner, in: K. Bockmühl, Die Aktualität der Theologie Adolf Schlatters, Gießen 1988, 46–49.

BROEK ein Zwölfergremium von Presbytern gewesen, die den Herrenbruder umgaben. Neben Belegen für die Existenz einer solch archaisch-judenchristlichen Ältestenordnung in anderen Gemeinden verweist VAN DEN BROEK[353] auch auf mögliche essenische Vorbilder (1QS 8,1)[354]. Schon die Quelle vor Eusebius hätte die Presbyterliste fälschlich mit den Namen der monarchischen Bischöfe kombiniert. Das wäre um so eher denkbar, als sowohl die Liste der vier Jerusalemer Bischöfe als auch die Liste des Zwölferkollegiums mit dem Namen Juda geschlossen hätte.

Nach A. SCHLATTER[355] war Juda Kyriakos der Verfasser eines chronographischen Werks, aus dem auch die Nachricht vom angeblichen Adamsgrab auf Golgatha stammt, die schon Julius Africanus (ca. 160−240)[356] und Origenes (+ 253/54)[357] kennen. Diese Grabüberlieferung steht mit einem Legendenkranz in Verbindung, der sich in jüdisch-christlichen Schriften mit essenischer Färbung wie dem Testament Adams, der Adams-Apokalypse, dem Leben Adams und Evas, der syrischen Schatzhöhle oder dem äthiopischen Adam-Buch niedergeschlagen hat[358]. Die Legende vom Adamsgrab steht offenbar mit einer Höhle an der Nordostseite des Golgatha-Felsens[359] in Verbindung, die in der Zeit vor dem Bar-Kochba-Aufstand von Judenchristen kultisch verehrt wurde[360]. Nach SCHLATTER spielte die von Juda verfaßte Schrift auch bei der Wiederauffindung

---

[353] In: FS für A. F. J. Klijn, Kampen 1988, 65 Anm. 30.

[354] Vgl. auch D. FLUSSER, Qumran und die Zwölf, in: Judaism and the Origins of Christianity, Jerusalem 1988, 173−185.

[355] Der Chronograph aus dem zehnten Jahre Antonins, Leipzig 1894, 83‑86.

[356] Fragment aus einer Johannes-Katene (MONTFAUCON, Coll Nova Patr Gr II 105). Vgl. J. JEREMIAS, Golgotha, Leipzig 1926, 34 Anm. 2; K. HOLL, Über Zeit und Herkunft des pseudotertullianischen Gedichts adv. Marcionem, in: DERS., Gesammelte Aufsätze III, Tübingen 1928, 13−53 (36 Anm. 3).

[357] Comm in Mt Fragment 511 II/III (FRÜCHTEL, GCS 41/1, 225 f.). Vgl. G. KRETSCHMAR, Festkalender und Memorialstätten Jerusalems in altkirchlicher Zeit, in: H. BUSSE−G. KRETSCHMAR, Jerusalemer Heiligtumstraditionen in altkirchlicher und frühislamischer Zeit, Wiesbaden 1987, 29−111 (84 f.).

[358] Vgl. P. RIESSLER, Altjüdisches Schrifttum außerhalb der Bibel, Heidelberg 1928, 1311 f.; A. JAUBERT, Le calendrier des Jubilées et les jours liturgiques de la semaine, VT 7 (1957) 35−61 (52−55); B. BAGATTI, in: B. BAGATTI−E. TESTA, Il Golgota e la Croce, Jerusalem 1978, 26−30; G. W. E. NICKELSBURG, Some related Traditions in the Apocalypse of Adam, the Books of Adam and Eve, and in 1 Enoch, in: B. LAYTON, The Rediscovery of Gnosticism II, Leiden 1980, 515−539; S. E. ROBINSON, The Testament of Adam and the Angelic Liturgy, RQ 12 (1985) 105−110.

[359] Zur Echtheit der Grabeskirchen-Tradition vgl. R. RIESNER, Golgota und die Archäologie, BiKi 40 (1985) 21−26; DERS., Golgatha, GBL I, Wuppertal−Gießen ²1990, 480−482; D. BAHAT, Does the Holy Sepulchre Church Mark the Burial of Jesus?, BARev 12/3 (1986) 26−45; F. MANNS, Saint Sépulcre III, DBS XI, Paris 1991, 418−431; J. PATRICH, The Early Church of the Holy Sepulchre in the Light of Excavations and Restoration, in: Y. TSAFRIR, Ancient Churches Revealed, Jerusalem 1993, 101−117 (102−104); und vorsichtig auch G. KRETSCHMAR, in: H. BUSSE−G. KRETSCHMAR, Jerusalemer Heiligtumstraditionen in altkirchlicher und frühislamischer Zeit, Wiesbaden 1987, 29−111.

[360] Vgl. B. BAGATTI, in: B. BAGATTI−E. TESTA, Il Golgota e la Croce, Jerusalem 1978, 26−30; G. KRETSCHMAR, aaO. 84 f.; F. MANNS, aaO. 422−425.

Golgathas und des Grabes Jesu unter Kaiser Konstantin (326 n. Chr.) eine entscheidende Rolle[361]. Danach wären judenchristliche Ortsüberlieferungen in Jerusalem zumindest durch literarische Vermittlung bis in die frühbyzantinische
Zeit bekannt gewesen. Eine andere Rekonstruktion erwägt M. VAN ESBROECK[362], indem er die
lange Bischofsliste bei Eusebius (HE IV 5,3) als Abfolge der judenchristlichen
Gemeindeleiter Jerusalems bis zum Beginn der Herrschaft Konstantins versteht.
Die Erbauer der Grabeskirche hätten damals direkt auf die Ortskenntnisse solcher Judenchristen zurückgreifen können. Eine Beanspruchung davidischer Abstammung durch einen Jerusalemer Judenchristen noch am Anfang des 4. Jahrhunderts scheint dann nicht völlig ausgeschlossen, wenn man die Nachricht
vom Martyrium eines Davidsnachfahren namens Konon aus Nazareth während
der decischen Verfolgung (250 n. Chr.) in Pamphylien ernst nimmt[363]. Falls
sowohl der letzte eigenständige judenchristliche Bischof Jerusalems zur Zeit des
Bar-Kochba-Aufstandes wie der Führer einer judenchristlichen Minderheitsgruppe in frühkonstantinischer Zeit Juda hießen, könnten sich die Überlieferungen auch dadurch so schillernd vermischt haben. Aber es scheint doch sicherer,
Juda Kyriakos in der ersten Hälfte des 2. Jahrhunderts n. Chr. anzusetzen[364].
Die Frage nach der Existenz einer judenchristlichen Minderheitsgruppe in Jerusalem stellt sich aber auch abgesehen von der geschichtlich nicht ganz leicht
greifbaren Gestalt des Juda Kyriakos.

e) Judenchristen im frühbyzantinischen Jerusalem?

Nach dem Zeugnis des Eusebius (s. o. S. 1845) und des Hieronymus[365]
gab es im 4. Jahrhundert n. Chr. keine Juden in der heiligen Stadt. Das spricht
aber nicht notwendigerweise gegen die vorherige Existenz einer jüdischen Gemeinde in Jerusalem. Aus einer Nachricht des Eutychius von Alexandrien[366]
könnte man schließen, daß Kaiser Konstantin die Geltung des hadrianischen
Vertreibungsedikts aus theologischen Gründen (Erfüllung der Weissagungen
Jesu) neu in Kraft setzte[367]. Die Anwesenheit von Juden unter Julian Apostata

---

[361] Die Kirche Jerusalems im Jahre 70–130, Gütersloh 1898, 61 f.
[362] Jean II de Jérusalem et les cultes de S. Étienne, de la Sainte-Sion et de la Croix, AnalBoll
102 (1984) 99–134 (126–133).
[363] PO 21,112 f. Vgl. G. GARITTE, Le Calendrier Palestino-géorgien du Sinaiticus 34, Brüssel
1958, 173. Weitere Literatur zum Konons-Martyrium bei B. BAGATTI, Excavations in Nazareth I, Jerusalem 1969, 16 Anm. 26. Nach Bar Hebraeus, Chron Eccl III 22 f. gab es in
der zweiten Hälfte des 3. Jahrhunderts in Seleukia am Tigris Bischöfe, die aus der Herren-
verwandtschaft stammten und in Antiochien ordiniert worden waren. Auch diese Nachricht ist nicht ohne weiteres zu verwerfen. Vgl. T. ZAHN, in: DERS., Forschungen zur Geschichte des neutestamentlichen Kanons VI, Leipzig 1900, 295 f. Anm. 1.
[364] Zur Frage der judenchristlichen Bischöfe Jerusalems vgl. jetzt auch F. MANNS, La liste des
premiers évêques de Jérusalem, in: FS für E. Testa, Jerusalem 1993, 419–431.
[365] In Soph I 15–16 (CCL 76/1, 673).
[366] Annales I 446 (BREYDY, CSCO, 471).
[367] Vgl. M. AVI-YONAH, Geschichte der Juden im Zeitalter des Talmud, Berlin 1962, 165 f.
Unsicher bleibt die singuläre Nachricht des Johannes Chrysostomus, Adv Jud V 11 (PG

(s. Anm. 285) scheint ein Zwischenspiel geblieben zu sein. G. STEMBERGER rechnet damit, das Aufenthaltsverbot für Juden sei besonders seit der Einweihung der Grabeskirche im Jahr 335 von Konstantin verschärft durchgesetzt worden[368], und diese Annahme läßt sich bestärken. Im Jahr 333 n. Chr. besuchte ein anonymer Pilger aus Bordeaux den Südwesthügel und beschrieb ihn folgendermaßen:

> „Drinnen aber innerhalb der Zionsmauer (*intra murum Sion*) ist die Stätte zu sehen, wo David seinen Palast hatte. Von den sieben Synagogen, die sich hier befanden, ist nur eine übrig geblieben. Die anderen sind umgepflügt und besät, wie der Prophet Jesaja [Jes 1,8 vgl. Mi 3,12] gesagt hat"[369].

Dieselbe Synagoge erwähnte offenbar auch Epiphanius von Salamis bei seiner oben zitierten Beschreibung des Zion (S. 1843). Nach Epiphanius hörte diese Synagoge zur Zeit des Kaisers Konstantin (bis 337 n. Chr.) und des Bischofs Maximonas (ab ca. 335 n. Chr.) zu bestehen auf. T. ZAHN nahm an, daß auf ihrem Gelände die erste Zionskirche erbaut wurde[370], doch ist für sie ein späteres Datum wahrscheinlicher (s. u. III 3.f, S. 1850 f.). Am besten verbindet man die Bemerkung des Epiphanius mit der verschärften Religionspolitik Konstantins und erhält so einen Hinweis auf jüdische Präsenz in der vorausgehenden Zeit.

Nun haben C. MOMMERT[371] und S. KRAUSS[372] angenommen, daß es sich bei dieser übriggebliebenen Synagoge in Wahrheit um eine christliche Kirche gehandelt habe. Eine solche Bezeichnungsweise wäre in der Tat erklärlich, wenn wir es mit einem judenchristlichen Bau zu tun hätten, denn die Judenchristen nannten ihre Versammlungsräume noch lange 'Synagogen'[373]. Aber Epiphanius nennt neben den Synagogen ausdrücklich eine Kirche am Versammlungsort der ersten Christen. Der von Epiphanius genannte Kirchbau aus der Zeit vor Bar Kochba könnte auch mit dem Gebäude identisch sein, das der Pilger von Bordeaux den „Palast Davids" nennt (s. u. S. 1871).

48.900) über einen Angriff der Juden auf Jerusalem. Insgesamt war die Gesetzgebung des Konstantin weniger judenfeindlich, als oft angenommen wird. Vgl. G. STEMBERGER, Juden und Christen im Heiligen Land, München 1987, 45–48.

[368] AaO. 43.

[369] Itinerarium Burdigalense 16 (GEYER, CSEL 39,22): *In eadem ascenditur Sion et paret, ubi fuit domus Caifae sacerdotis, et columna adhuc ibi est, in qua Christum flagellis cecidei unt. Intus autem intra murum Sion paret locus, ubi palatium habuit David. Et septem synagogae, quae illic fuerunt, una tantum remansit, reliquae autem arantur et seminantur, sicut Isaias propheta dixit.*

[370] NKZ 10 (1899) 385–393.

[371] Der Teich Bethesda zu Jerusalem und das Jerusalem des Pilgers von Bordeaux, Leipzig 1907, 62.

[372] Synagogale Altertümer, Wien 1922, 12 Anm. 4.

[373] Vgl. Epiphanius, Pan 30,18,2 (HOLL, GCS 25/1,357; KLIJN–REININK 186). Vgl. auch C. MOHRMANN, Les dénominations de l'église en tant qu'édifice en Grec et en Latin au cours des premiers siècles chrétiens, RevSR 36 (1962) 155–174.

Dieser anonyme Pilger war nach H. Donner selbst judenchristlicher Abstammung, da er sich in Jerusalem auffallend für jüdische Gedenkorte interessierte, während er manche christlichen Memorialstätten ausließ[374]. Trifft diese Annahme zu, dann hätten Judenchristen zumindest als Pilger die Verbindung zur heiligen Stadt aufrechterhalten. Offenbar war selbst Juden im 4. Jahrhundert über den Tag der Tempeltrauer am 9. Ab hinaus wenigstens die Wallfahrt nach Jerusalem erlaubt[375].

Gesondert ist die Frage zu bedenken, ob auch Judenchristen von einem Niederlassungsverbot Konstantins in Jerusalem betroffen waren. Neben anderen möglichen Hinweisen auf eine judenchristliche Präsenz in der heiligen Stadt[376] ist vor allem das Zeugnis von zwei Briefen des Gregor von Nyssa hervorzuheben, der Jerusalem um 379 besuchte[377]. Dort traf er Gläubige, die aus Furcht vor Verunreinigung den Kontakt mit ihm verweigerten[378] und drei Auferstehungen sowie die Wiederaufrichtung des Tempels mit blutigen Opfern erwarteten[379]. Dabei kann es sich eigentlich nur um Judenchristen gehandelt haben[380]. Für die Existenz einer judenchristlichen Gruppe vor dieser Zeit auf dem Zionsberg spricht auch die merkwürdige Tatsache, daß dort weder unter Konstantin noch unter seinen unmittelbaren Nachfolgern eine Kirche errichtet wurde, obwohl der Ort damals schon als Schauplatz des Pfingstwunders und von Erscheinungen des Auferstandenen galt (s. u. S. 1857). Verschiedene Andeutungen weisen darauf hin, daß diese Zurückhaltung damit zusammenhing, daß sich das alte Zionsheiligtum in judenchristlicher Hand befand (s. u. S. 1854–1859).

f) Die byzantinische Zions-Basilika

Die erste byzantinische Zionskirche wurde erst unter Kaiser Theodosius I (379–395) und Bischof Johannes II (387–419) errichtet[381]. Aus neuedierten georgischen Handschriften schließt M. van Esbroeck, daß Johannes bei dieser

---

[374] Pilgerfahrt ins Heilige Land, Stuttgart 1979, 41 f. Bestritten von G. Stemberger, Juden und Christen im Heiligen Land, München 1987, 78–84.

[375] Zu ExR 2,2; CantR 7,2; Pes R. Kahana 49 b vgl. M. Avi-Yonah, Die Geschichte der Juden im Zeitalter des Talmud, Berlin 1962, 166.

[376] Vgl. B. Bagatti, The Church from the Circumcision, Jerusalem 1971, 9–14.

[377] Zum Datum vgl. G. Pasquali, Gregorii Nysseni Opera VIII/2, Leiden ²1959, 19.

[378] Ep 3,10 (Maraval, SC 363,132): Πόρρω ἀπ᾽ ἐμοῦ. μὴ ἐγγίσῃς μοι, ὅτι καθαρός εἰμι.

[379] Ep 3,24 (SC 363,143 f.).

[380] Vgl. I. Grego, San Grigorio di Nissa pellegrino in Terra Santa, Sal 38 (1976) 109–125; Ders., I Giudeo-Cristiani nel IV secolo, Jerusalem 1982, 113–132. Anders P. Maraval, La lettre 3 de Grégoire de Nysse dans les débats christologiques, RSR 61 (1987) 74–89 (86 Anm. 49); Ders., Grégoire de Nysse: Lettres, Paris 1990, 144 f. Anm. 1. Doch vgl. auch F. García Martínez, Les limites de la communauté: pureté et impureté à Qumrân et dans le Nouveau Testament, in: T. Baarda u. a., FS für A. F. J. Klijn, Kampen 1988, 111–122 (111 f.).

[381] Vgl. B. Pixner, in: Ders., Wege des Messias und Stätten der Urkirche, Gießen ²1994, 316–318.

Gelegenheit die Eingliederung der judenchristlichen Minderheit gelang[382]. Während Gregor von Nyssa bei seinem Besuch auf dem Zion diese Kirche noch nicht vorfand[383], war sie zur Zeit der Pilgerin Egeria noch neu[384]. Wenn die Pilgerin bei der Schilderung der Jerusalemer Liturgie davon berichtet, daß die Predigt auch ins Syrische übersetzt werden mußte[385], so könnte auch das ein Hinweis auf die damals noch fortbestehende Präsenz von Judenchristen sein. Die Einweihung der ersten byzantinischen Zionskirche wurde bezeichnenderweise am Großen Versöhnungstag (Jom Kippur) des jüdischen Kalenders vorgenommen, vermutlich am 15. September 394 n. Chr.[386]. Nach den literarischen Quellen und dem Apsis-Mosaik in der römischen Kirche St. Pudentiana (um 400 n. Chr.) zu schließen, handelte es sich um einen oktogonalen Memorialbau, der neben dem judenchristlichen Zionsheiligtum ('Davidsgrab') errichtet wurde[387]. Dieser ältere Synagogalbau wurde schon damals als das „Obergemach" der Apostelgeschichte (Apg 1,13) angesehen[388]. Nach 415 begann Johannes II dann mit der Umgestaltung in eine mehrschiffige Basilika[389], aber auch jetzt noch bildete der ehemalige judenchristliche Bau einen Annex (s. u. S. 1922), wie sowohl ein Lateran-Sarkophag vom Beginn des 5. Jahrhunderts[390] als auch die Madaba-Mosaikkarte (um 560 n. Chr.)[391] und die archäologischen Funde vom Beginn des 20. Jahrhunderts (s. Anm. 187) zeigen

---

[382] Vgl. M. VAN ESBROECK, Les plus anciens homiliaires Géorgiens, Louvain 1975, 314 f.; DERS., Jean II de Jérusalem et les cultes de S. Étienne, de la Sainte-Sion et de la Croix, AnalBoll 102 (1984) 99–133.

[383] Vgl. B. PIXNER, in: DERS., Wege des Messias und Stätten der Urkirche, Gießen ²1994, 318.

[384] Peregrinatio 39,5 (MARAVAL, SC 296,294). Als Datum der Pilgerreise der Egeria werden nach einem Artikel von P. DEVOS, La date du voyage d'Égérie, AnalBoll 85 (1967) 165–194 heute in der Regel die Jahre 381–383 angenommen, so u. a. J. WILKINSON, Egeria's Travels to the Holy Land, Jerusalem–Warminster ²1981, 237–240; P. MARAVAL, Égérie: Journal de voyage, Paris 1982, 27–39. Wegen der Beteiligung von Johannes II am Bau der Hagia Sion hielt B. BAGATTI, Ancora sulla data di Eteria, BeO 10 (1968) 73–75 ein Datum vor 387 für nicht möglich. Hieronymus (Ep 108,9 [HILBERG, CSEL 55,315]) kennt schon im Jahr 386 eine Kirche auf dem Sion, wo der Ort des Pfingstereignisses gezeigt wurde. Könnte es sich dabei noch um den judenchristlichen Kultbau handeln? Jedenfalls nahm in dieser Kirche die traditionelle Geißelsäule noch einen anderen Platz ein als in der späteren byzantinischen Basilika. Vgl. B. PIXNER, in: DERS., Wege des Messias und Stätten der Urkirche, Gießen ²1994, 318. In einer immer noch lesenswerten Untersuchung vertrat A. BLUDAU, Die Pilgerreise der Aetheria, Paderborn 1927, 245–286 die Zeit um 394, also gerade um das Jahr der Einweihung der Hagia Sion. Vielleicht ist die gewisse Spannung in den Quellen auch so zu lösen, daß der Kirchbau zu Anfang der Regierungszeit des Theodosius (nach 379) begonnen, aber erst unter Johannes II (387–419) vollendet wurde.

[385] Peregrinatio 47,3 f. (MARAVAL, SC 296,314)

[386] AnalBoll 102 (1984) 107 f.

[387] Vgl. B. PIXNER, in: DERS., Wege des Messias und Stätten der Urkirche, Gießen ²1994, 318.

[388] AnalBoll 102 (1984) 124 f.

[389] Vgl. B. PIXNER, in: DERS., Wege des Messias und Stätten der Urkirche, Gießen ²1994, 319–322.

[390] Vgl. E. POWER, The Upper Church of the Apostles in Jerusalem and the Lateran Sarcophagus No. 174, Bibl 12 (1931) 219–232.

[391] Vgl. G. KROLL, Auf den Spuren Jesu, Leipzig–Stuttgart ¹¹1990, 338.

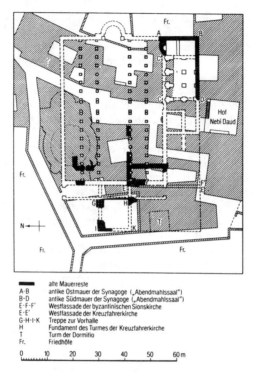

alte Mauerreste
A-B   antike Ostmauer der Synagoge („Abendmahlssaal")
B-D   antike Südmauer der Synagoge („Abendmahlssaal")
E-F-F'   Westfassade der byzantinischen Sionskirche
E-E'   Westfassade der Kreuzfahrerkirche
G-H-I-K   Treppe zur Vorhalle
H   Fundament des Turmes der Kreuzfahrerkirche
T   Turm der Dormitio
Fr.   Friedhöfe

0   10   20   30   40   50   60 m

Abb. 17. Grundriß der byzantinischen Basilika Hagia Sion

(Abb. 17). Erst die Kreuzfahrer integrierten den 'Abendmahlssaal' in ihre Kirche 'Sancta Maria in Monte Sion' (Abb. 18).

g) Archäologischer Befund und literarische Zeugnisse

Die Ortstradition für die Lokalisierung des ersten Zentrums der Jerusalemer Urgemeinde läßt sich literarisch bis in die Zeit vor dem Bar-Kochba-Aufstand zurückverfolgen. Da bis dahin eine so gut wie ununterbrochene Präsenz von Judenchristen für die Konstanz der Ortsüberlieferung seit der apostolischen Zeit bürgen konnte, verdient diese Ansetzung Vertrauen. Die Lokaltradition wird dann im ausgehenden 4. Jahrhundert durch einen byzantinischen Kirchbau näher fixiert. Dabei hat man offenbar eine judenchristliche Ortsüberlieferung aufgenommen, die sich an einen Synagogalbau heftete, der heute im sogenannten 'Davidsgrab' teilweise erhalten ist. Die dort aufgefundene Inschrift (Abb. 14) könnte bereits die Verbindung zum Obergemach der Apostelgeschichte (Apg 1,13) belegen. Die Inschrift scheint sich nämlich gerade auf jenen messianischen Davidspsalm 110,1 zu beziehen (s. o. S. 1838), den Petrus nach Apostelgeschichte 2,34 f. bei seiner Pfingstpredigt zitierte, die er nach Darstel-

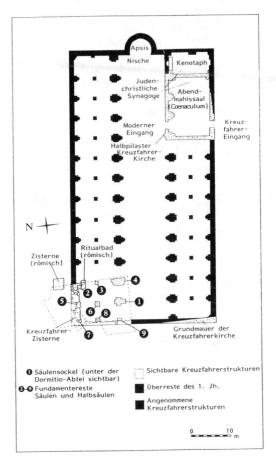

Abb. 18. Grundriß der Kreuzfahrerkirche St. Maria in Monte Sion

lung des Lukas (vgl. Apg 2,1) in unmittelbarer Nähe des „Obergemachs" hielt. Ob die heute sichtbaren Mauern des „Davidsgrabes", besonders aber die Torahnische in der Nordmauer, schon in die Zeit vor Bar-Kochba zurückreichen oder Umbauten während der Periode von Aelia Capitolina darstellen, könnte erst durch weitere archäologische Untersuchungen, die hoffentlich noch einmal möglich werden, geklärt werden.

Kein stichhaltiger Einwand gegen einen Versammlungsort der Urgemeinde auf dem Südwesthügel[392] ist der Hinweis auf dort gefundene herodianische

---

[392] Gegen J. E. TAYLOR, The Bagatti-Testa Hypothesis and Alleged Jewish-Christian Archeological Remains, Mishkan 13 (1990) 1−26 (19): *"Evidence for the Jerusalem church meet-*

Prachtbauten. Zum einen sind diese nicht für den gesamten Zionsberg charakteristisch (s. o. S. 1825), und zum anderen stellt es ein unbewiesenes Postulat dar, daß der Urgemeinde kein vornehmeres Haus als Versammlungsort zur Verfügung gestanden haben könnte (s. o. S. 1840). In der Zeit von Aelia Capitolina lag der Südwesthügel außerhalb der Stadt und bildete so ein ideales Ansiedlungsgebiet für Randgruppen[393]. Mindestens von den Severern bis Konstantin zählte dazu eine jüdische Gemeinde, vermutlich bis ans Ende des 4. Jahrhunderts auch eine judenchristliche Gruppe.

4. Die Tradition des Abendmahlssaales

a) Obergemach und Abendmahlssaal

Sehr wahrscheinlich hat schon Lukas den Abendmahlssaal und den ersten Versammlungsort der Jerusalemer Urgemeinde identifiziert[394], auch wenn er im Evangelium dem Sprachgebrauch seiner Quelle(n) folgend (vgl. Mk 14,15) das Wort ἀνάγαιον (Lk 22,12) gebrauchte, während er in Apostelgeschichte 1,13 mit dem synonymen[395] ὑπερῷον seine eigene geprägte Terminologie einführte (s. o. S. 1839 f.). Dann wäre die für den nachösterlichen Versammlungsort der ersten Gemeinde aufgewiesene Ortstradition (III.3, S. 1839–1854) auch gleichzeitig die Lokalüberlieferung für den Abendmahlssaal. Dagegen scheint nun zu sprechen, daß sich eine unbestreitbare Erwähnung des Abendmahls auf dem Zion erst am Beginn des 5. Jahrhunderts bei Hesychius von Jerusalem (um 440 n. Chr.) findet[396]. T. ZAHN hat dieses Schweigen mit dem eher zufälligen Charakter unserer Quellen verständlich zu machen versucht, die oft aus ihrem speziellen Interesse heraus jeweils nur ein Element aus einer umfassenderen Lokaltradition erwähnen[397]. Noch wichtiger für die Erklärung dürfte ein Phänomen sein, auf das man erst in den letzten Jahren zunehmend aufmerksam geworden ist.

b) Eine verschwiegene judenchristliche Tradition?

I. GREGO spricht im Blick auf biblische Gedenkstätten, die sich in frühbyzantinischer Zeit noch in der Hand von Judenchristen befanden, von einer „Ver-

---

ing on Mount Zion is wanting. In the first century this part of the city was affluent, an area of palaces. Such a location for the church would be very strange considering what we know about the socio-economic status of the earliest church".

[393] Vgl. Y. TSAFRIR, Zion: the Southwestern Hill of Jerusalem and its Place in the Urban Development of Jerusalem during the Byzantine period [Neuhebräisch], Jerusalem 1975, 197–205.

[394] Vgl. F. MUSSNER, Apostelgeschichte, Regensburg ²1988, 18; R. PESCH, Die Apostelgeschichte I, Zürich–Neukirchen–Vluyn 1986, 81 und vor allem T. ZAHN, Die Apostelgeschichte des Lucas I, Leipzig ²1919, 43–45.

[395] Vgl. W. BAUER, Wörterbuch zum Neuen Testament (Bearb. K. ALAND–B. ALAND), Berlin ⁶1988, 99.1678.

[396] Quaestiones (BALDI 479–481). Zur Echtheit der Zionsstellen bei Hesychius vgl. M. AUBINEAU, Hésychius de Jérusalem...: Homélies Pascales, Paris 1972, 41. 129–132.

[397] NKZ 10 (1899) 393.398.

schwörung des Schweigens (congiura di silenzio)"[398] auf seiten der Großkirche. Ein Beispiel für die bewußte Unterdrückung ist das Mariengrab im Kidron-Tal, das großkirchliche Autoren erst in der ersten Hälfte des 6. Jahrhunderts erwähnen[399]. Archäologische Untersuchungen in der byzantinischen Unterkirche des Mariengrabes bei Gethsemane im Jahr 1972 haben aber gezeigt, daß die Angaben des ansonsten stark legendären 'Transitus Mariae' über die Grabstätte der Mutter Jesu auf ortskundige Traditionen zurückgehen müssen[400]. Dieses christliche Apokryphon, das auch Beziehungen zum judenchristlich-essenisierenden Testament Adams (s. o. S. 1847) aufweist[401], wird in der Regel auf das Ende des 4. Jahrhunderts datiert, enthält aber wesentlich älteres judenchristliches Material[402]. Eine Rezension des Transitus verlegt den Sterbeort Marias, der Mutter Jesu, auf den Zion[403].

Auf ein beabsichtigtes Verschweigen judenchristlicher Zionstraditionen weisen Bemerkungen des Epiphanius hin. In seiner Aufzählung von heiligen Stätten Jerusalems aus dem Jahr 373 n. Chr. läßt er den Zion bewußt aus[404], während er eine Reihe weit unwichtigerer Orte nennt. In seiner Kampfschrift gegen die Häresien, in der die Polemik gegen judenchristliche und judaisierende Lehren besonderen Raum einnimmt und die zwischen 373 und 375 entstand, sagt er ausdrücklich:

„Obwohl der Berg Zion, jetzt erniedrigt, einst wichtiger war als der Ort [nämlich Golgatha] ... so ist er jetzt abgeschnitten (τμηθεῖσα)"[405].

Die Ausdrucksweise des Bischofs läßt kaum einen Zweifel daran zu, daß sich das Zionsheiligtum seiner Überzeugung nach in der Hand von Häretikern befand. Man wird an die Auseinandersetzungen mit Judenchristen, die Gregor von Nyssa wenig später in der heiligen Stadt führte, erinnert (s. o. S. 1850). Zur Zeit der Pilgerin Egeria (um 383 n. Chr.?) feierte man das Gedenken an die Einsetzung des Abendmahls post crucem[406], das heißt östlich vom Golgatha-Felsen in der Grabeskirche. Wenn man sich mit solch einem offensichtlichen

---

[398] I Giudeo-Cristiani nel IV Secolo, Jerusalem 1982, 72.
[399] BALDI 755.
[400] Vgl. M. PICCIRILLO, Le tombeau de Maria, MBib 32 (1984) 29–31; B. BAGATTI, Le tombeau de la Vierge et le silence des premiers siècles, TSF 4/1985, 148–154.
[401] Vgl. S. E. ROBINSON, in: J. H. CHARLESWORTH, The Old Testament Pseudepigrapha I, New York 1983, 992.
[402] Vgl. F. MANNS, Le récit de la Dormition de Marie, Jerusalem 1989. Weitere Literatur zum 'Transitus Mariae' bei J. H. CHARLESWORTH, The New Testament Apocrypha and Pseudepigrapha, Metuchen–London 1987, 257–263.
[403] BALDI 737 f.
[404] Ancoratus 40,3 (HOLL, GCS 25,10): [Jesus] εἰς Βηθλεὲμ γεννᾶται, ἀπὸ Βηθλεὲμ εἰς Ναζαρὲτ μεταβαίνει, ἀπὸ Ναζαρὲτ εἰς Καπερναούμ, ἀπὸ Καπερναοὺμ εἰς Ἱερουσαλὴμ καὶ θάλασσαν ἐν τῷ βαδίζειν αὐτὸν ἐπὶ τῶν ὑδάτων καὶ τὰ μέρη Τύρου καὶ Ναῒν καὶ τὴν Ἰουδαίαν καὶ Ἱεριχὼ καὶ εἰς Βηθφαγὴ καὶ Βηθανίαν, εἰς Ἱερουσαλήμ τε τὸν ναὸν καὶ τὸ ὄρος τῶν ἐλαιῶν καὶ Γεθσημανῆ, εἰς οἴκους Καϊάφα εἰς τὸ πραιτώριον καὶ πρὸς Ἡρώδην, εἰς τόπον Γολγοθᾶ εἰς τὸ μνῆμα...
[405] Pan 46,5,5 (HOLL, GCS 31,209).
[406] Peregrinatio 35,1 f. (MARAVAL, SC 296,278).

Notbehelf zufrieden gab und keine eigene Lokaltradition bildete[407], so deutet das eher darauf hin, daß der wirkliche Ort des Abendmahls bekannt war. Im Licht solcher Möglichkeiten ist auch noch einmal eine Bemerkung des Kyrill von Jerusalem zu lesen. In einer seiner berühmten Katechesen aus dem Jahr 348 n. Chr. erwähnt er die „Obere Kirche der Apostel (ἡ ἀνωτέρα τῶν ἀποστόλων Ἐκκλησία)", wo beim ersten Pfingstfest der heilige Geist auf sie herabkam. Eigentlich möchte er seine Unterweisung über den heiligen Geist dort halten, aber nach einer eher etwas gewunden klingenden Erklärung hält er auch die Grabeskirche für einen angemessenen Ort[408]. Offenbar meinte Kyrill mit der „Oberen Kirche der Apostel" die kleine Apostelkiche des „Obergemachs" auf dem Zionsberg[409] und nicht schon einen byzantinischen basilikalen Bau[410]. Die Zurückhaltung des Bischofs wäre erklärlich, wenn sich dieser Ort damals in judenchristlichem Besitz befand. S. C. MIMOUNI hält es für möglich, daß die andeutende Sprache des Kyrill (ἀμέριστος γάρ ἐστιν εὐσέβεια) auf Auseinandersetzungen mit Jerusalemer Judenchristen hinweist[411]. Dann könnte auch die Mahnung des Kyrill, sich vor jüdischen Bräuchen zu hüten, nicht bloß einen paränetischen Topos darstellen, sondern einen sehr konkreten Hintergrund haben. B. PIXNER deutet das *murus Sion* des Pilgers von Bordeaux (s. o.

---

[407] Entgegen der Behauptung von C. KOPP, Die heiligen Stätten der Evangelien, Regensburg ²1964, 382 f. haben weder Theodosius (De situ 10 [GEYER, CSEL 39,142]) noch andere Pilger das letzte Abendmahl Jesu in den Verratsgrotte von Gethsemane verlegt. Vgl. dagegen schon T. ZAHN, NKZ 10 (1899) 421. Auch eine Kommemoration des Abendmahls auf dem Ölberg, wie man sie aus Petrus dem Iberer (RAABE 99) erschließen wollte, ist nicht stichhaltig. Vgl. R. RIESNER, in: FS für E. Testa, Jerusalem 1993, 86 f. Vielmehr lebte an beiden Orten die judenchristliche Tradition über eine von drei besonderen Mahlzeiten Jesu (Eutychius von Konstantinopel [582 n. Chr.], Sermo de Paschate 1 f. [BALDI 485 f.]) vor der Passion (Bethanien, Gethsemane, Zion) fort. Vgl. E. TESTA, Les cènes du Seigneur, Les Dossiers de l'Archéologie 10 (1975) 98–106. Die Lokalisierung des Abendmahls in der heutigen syrisch-orthodoxen Markus-Kirche (nahe der „Ersten Mauer") taucht erst in der Nach-Kreuzfahrer-Zeit auf. Die Kreuzfahrer hatten vor ihrer Vertreibung vom Zion die Sorge für die dortigen Kirchen den Syrern übergeben. Als auch die Syrer weichen mußten, verpflanzten sie die Ortstradition. Vgl. B. PIXNER, in: DERS., Wege des Messias und Stätten der Urkirche, Gießen ²1994, 325. Ob an der byzantinischen Vorgängerkirche des 7. Jahrhunderts schon eine Erinnerung an das Haus des Johannes Markus (Apg 12,12) haftete, ist ungewiß. Vgl. E. HOADE, Guide to the Holy Land, Jerusalem ¹⁰1979, 354 f.

[408] Cat 16,4 (PG 33,924). Οἴδαμεν τὸ Πνεῦμα τὸ ἅγιον, τὸ λαλῆσον ἐν προφήταις, καὶ ἐν τῇ Πεντηκοστῇ κατελθὸν ἐπὶ τοὺς ἀποστόλους ἐν εἴδει πυρίνων γλωσσῶν, ἐνταῦθα ἐν τῇ Ἰερουσαλήμ, ἐν τῇ ἀνωτέρᾳ τῶν ἀποστόλων Ἐκκλησίᾳ. Πάντων γὰρ παρ' ἡμῖν ἐστι τὰ ἀξιώματα. Ἐνταῦθα Χριστὸς ἐξ οὐρανῶν κατῆλθεν· ἐνταῦθα τὸ πνεῦμα τὸ ἅγιον ἐξ οὐρανῶν κατῆλθε. Καὶ πρεπωδέστατον μὲν ἀληθῶς ἦν, ὥσπερ τὰ περὶ Χριστοῦ καὶ τοῦ Γολγοθᾶ, ἐν τῷ Γολγοθᾷ τούτῳ λέγομεν· οὕτω καὶ περὶ ἁγίου Πνεύματος ἐν τῇ ἀνωτέρᾳ λέγειν Ἐκκλησίᾳ. Ἐπειδὴ δὲ τῆς δόξης τοῦ ἐνταῦθα σταυρωθέντος συναπολαύει τὸ ἐκεῖ κατελθόν, οὕτω τὰ περὶ τοῦ ἐκεῖ κατελθόντος ἐνταῦθα λαλοῦμεν· ἀμέριστος γάρ ἐστιν εὐσέβεια.

[409] Vgl. R. RIESNER, in: FS für E. Testa, Jerusalem 1993, 86.

[410] Vgl. W. TELFER, Cyril of Jerusalem and Nemesius of Emesa, Philadelphia 1955, 169 f. Anm. 9.

[411] Pour une définition nouvelle du judéo-christianisme, NTS 38 (1992) 161–186 (174 f.).

S. 1849) als eine Art von Ghetto-Mauer um die judenchristliche Minderheitssiedlung auf dem Zion[412].

c) Spuren vor dem 5. Jahrhundert

Es fehlt auch nicht völlig an Andeutungen, daß man schon vor dem Beginn des 5. Jahrhunderts den Zion als den Ort des Abendmahls ansah. In sehr frühe Zeit, vielleicht schon ans Ende des 2. Jahrhunderts (s. Anm. 322), könnte eine Überlieferung bei Eutychius von Alexandrien führen, nach der Jesus „auf dem Zion das Passah des Gesetzes am Osterfest der Juden im Obersaal gegessen hat"[413]. Origenes, der in der ersten Hälfte des 3. Jahrhunderts Jerusalem mehrmals besucht hatte, kannte offenbar das alte Zentrum der Urgemeinde „auf den Spitzen der Berge", auf dem „sichtbaren Berg des Herrn, dem Zion (Σιών)"[414]. An anderer Stelle scheint er anzudeuten, daß Jesus auf eben diesem Berg mit seinen Jüngern das letzte Abendmahl hielt:

> „Er lehrte die Jünger ..., die das Brot des Segens empfangen und den Leib des Wortes gegessen und den Kelch der Danksagung getrunken hatten ... von einer Anhöhe auf die andere hinüberzugehen (*de alto transire in altum*); da der Glaubende nichts im Talgrund tun kann, stiegen sie hinauf zum Ölberg"[415].

Diese Beschreibung ergibt einen guten Sinn, wenn man sich einen Weg von der Oberstadt auf dem Westhügel (Zion) durchs Kidron-Tal auf den Ölberg vorstellt[416].

Wenn Eusebius zwischen 312 und 322 n. Chr. in einer Frühschrift vom Zion schreibt (s. u. S. 1871 f.), daß „sich unser Erlöser und Herr [dort] oftmals aufhielt und viele Lehren erteilt hat" (Dem Ev I 4), so erscheint es unwahrscheinlich, daß er dabei nur an die Ostererscheinungen des Auferstandenen denkt, die Egeria am Ende des Jahrhunderts ausdrücklich für den Zion erwähnt[417]. Eusebius kannte den Südwesthügel offenbar auch als eine Stätte des vorösterlichen Lehrwirkens Jesu (Abendmahlssaal?) und als Ausgangspunkt (Pfingsten!) der apostolischen Mission[418]. Das Schweigen des Eusebius über

---

[412] ZDPV 105 (1989) 101 f.

[413] Arabischer Text bei BALDI 492. Früher schrieb man diese Notiz fälschlich Petrus von Sebaste (+ 392 n. Chr.) zu. Vgl. C. KOPP, Die heiligen Stätten der Evangelien, Regensburg ²1964, 381 Anm. 13.

[414] CCels V 33,20–28 (BORRET, SC 147,97–99).

[415] Comm in Mt (26,27) 86 (KLOSTERMANN, GCS 38,199 f.): *Deinde docebat discipulos qui festivitatem celebraverant cum Magistro, et acceperant benedictionis panem, et manducaverant corpus Verbi, et biberant calicem gratiarum actionis, pro his omnibus hymnum dicere Patri, et de alto transire in altum: quia fidelis non potest aliquando aliquid agere in convalle; propterea ascenderunt in montem Oliveti ...*.

[416] Vgl. B. BAGATTI, The Church from the Gentiles in Palestine, Jerusalem 1971, 25.

[417] Peregrinatio 39,5 (MARAVAL, SC 296,292–294).

[418] Vgl. R. RIESNER, in: FS für E. Testa, Jerusalem 1993, 88.

den Zion auf dem Südwesthügel in späteren Schriften erklärt sich aus kirchen-
politischen Gründen[419]. Der Bischof von Caesarea wollte nicht durch die Aufzählung bedeutender heiliger Stätten das Ansehen des Bischofssitzes von Jerusalem aufwerten.

Hieronymus gab die beiden Ausdrücke ἀνάγαιον und ὑπερῷον, für die in
der altlateinischen Übersetzung jeweils *superiora* steht, in der Vulgata mit dem
Wort *coenaculum* wieder. Er hat so nach ZAHN nicht nur den Abendmahlssaal
und das Obergemach der Apostelgeschichte identifiziert, sondern verrät durch
die Wahl des Ausdrucks „Speisesaal", daß er als Jerusalem-Besucher (ab 385
n. Chr.) eine entsprechende Ortstradition kannte[420]. Diese Interpretation des
Sachverhalts bei Hieronymus ist allerdings nicht unumstritten[421].

Am Ende des 4. Jahrhunderts sagt die 'Doctrina Addai', die wie andere
syrische Schriften viel judenchristliches Gut erhalten hat, eindeutig:

"And from thence [dem Ölberg], *they ascended and went to the upper
room* [Apg 1,12 f.] *where our Lord has observed the Pascha with His
disciples, the place where the inquiries had been made: 'Who is that should
deliver our Lord to the crucifixion?' There also were made inquiries how
they should announce His resurrection and His Gospel in the world. And
as within the upper room our Lord began the mystery of His blood to
prevail in the world, also thence did the teaching of His preaching begin
to have authority in the world"*[422].

Hier handelt es sich kaum um einen bloßen Schluß daraus, daß die altsyrische
Übersetzung die beiden verschiedenen griechischen Worte für Obergemach jeweils mit 'elitho' (ﻼﻴﺜﺎ) widergibt, sondern eher um Pilgertradition[423]. Die bei
der Einweihungsansprache für die Hagia Sion im Jahr 394 von Johannes II
verwandte Symbolik deutet darauf hin, daß er die Kirche nicht nur als Ort des
Pfingstereignisses, sondern auch des Abendmahles kannte[424].

Es existieren also Anzeichen dafür, daß schon vor dem 5. Jahrhundert auf
dem Zion das Gedächtnis des Abendmahls haftete, wenn auch nicht als offen
akzeptierte Tradition der Großkirche. Wenn unter Johannes II am Ausgang des
4. Jahrhunderts die judenchristliche Minderheit in die Großkirche eingegliedert
wurde, dann ließe sich auch gut verstehen, warum an der Wende vom 4. zum
5. Jahrhundert mit dem armenischen Lektionar[425] und in der ersten Hälfte des

---

[419] Vgl. P. W. L. WALKER, Holy City, Holy Places?, Oxford 1990, 282–310.

[420] Vgl. besonders Epist 53,8 (HILBERG, CSEL 54,457). Dazu T. ZAHN, NKZ 10 (1899) 398 f.

[421] Vgl. F. M. ABEL, in: L. H. VINCENT–F. M. ABEL, Jérusalem Nouvelle, Paris 1922, 446.

[422] VOÖBUS, CSCO 368,188 (syrischer Text: VOÖBUS, CSCO 367,200 f.).

[423] Vgl. T. ZAHN, NKZ 10 (1899) 399 f.

[424] Text in französischer Übers.: AnalBoll 102 (1984) 115–125. Dazu R. RIESNER, Abendmahlstradition und Kirchbauten auf dem Sion [im Erscheinen].

[425] BALDI 481. Der älteste Text dieses Lektionars stammt aus den Jahren zwischen 464 und
468 n. Chr., aber der liturgische Brauch selbst ist natürlich älter als die Sammlung der
verschiedenen Liturgien. Vgl. J. WILKINSON, Jerusalem Pilgrims Before the Crusades, Warminster–Jerusalem 1977, 172 (*„early fifth century"*). G. KRETSCHMAR, in: H. BUSSE–G.
KRETSCHMAR, Jerusalemer Heiligtumstraditionen in altkirchlicher und frühislamischer

5. Jahrhunderts mit Hesychius von Jerusalem (s. o. S. 1854) auch die großkirchliche Überlieferung vom Abendmahl auf dem Zion einsetzt. Vom Südwesthügel als Ort der Herabkunft des Geistes und Gründungsort der ersten Christengemeinde konnte man in der Großkirche auch vorher schon offener reden, weil diese Traditionen nicht so stark an ein bestimmtes Gebäude gebunden waren, sondern für den Nachweis der Schrifterfüllung die Haftung an dem weiteren Geländebegriff 'Zion' genügte. Es ist überhaupt auffällig, wieviel an liturgischen und topographischen Traditionen offenbar judenchristlicher Herkunft gerade in der frühbyzantinischen Kirche Jerusalems erhalten blieb[426].

5. Abendmahlssaal und Sitz der Urgemeinde

Auch die Ortsüberlieferung für den Abendmahlssaal auf dem Südwesthügel hat also einige bedenkenswerte Argumente auf ihrer Seite, auch wenn sie nicht ganz so stark sind wie für das erste Zentrum der Urgemeinde auf dem Zion. Man sollte aber das Urteil von R. Pesch bedenken, wenn er schreibt: „Die Geschichte der Jerusalemer Judenchristen in den vier Jahrhunderten nach dem jüdischen Krieg (66–70 n. Chr.), zu dessen Beginn sie nach Pella im Ostjordanland geflohen waren, von wo sie in den siebziger Jahren auf den Sionsberg zurückkehrten, hat bislang zu wenig Beachtung gefunden. Haben sie der Großkirche wirklich verbürgte Zeugnisse über den Ort des Abendmahls Jesu überliefert? Die Erforschung des 'christlichen Sion' auf Jerusalems Westhügel in den letzten Jahren hat die Berechtigung, der Überlieferung zu trauen, verstärkt"[427]. Wenn sich aber der Abendmahlssaal und der erste Versammlungsort der Jerusalemer Urgemeinde tatsächlich auf dem Südwesthügel in nächster Nähe des dortigen Essener-Viertels befanden, dann ist die Frage nach der Beziehung der beiden Gemeinschaften zueinander noch einmal neu zu stellen.

Zeit, Wiesbaden 1987, 78 betrachtet das armenische Lektionar als Wiedergabe eines Jerusalemer Festkalenders, der schon in der der zweiten Hälfte des 4. Jahrhunderts n. Chr. in Geltung war.

426 Vgl. J. Wilkinson, Egeria's Travels to the Holy Land, Jerusalem–Warminster ²1981, 298–310 ("Jewish Influences on the Jerusalem Liturgy") und besonders G. Kretschmar, Die frühe Geschichte der Jerusalemer Liturgie, JbLH 2 (1956) 22–46; Ders., ZDPV 87 (1971) 168–174; Ders., in: H. Busse–G. Kretschmar, Jerusalemer Heiligtumstraditionen, Wiesbaden 1987, 57–62 (Golgatha-Tradition). Kretschmar zögerte allerdings, nach dem Bar-Kochba-Aufstand eine judenchristliche Gemeinde in Jerusalem anzunehmen und rechnete eher mit einer Beeinflussung durch das weitere palästinische Umfeld. Neuerdings scheint er aber vorsichtig mit einem Ausharren von Judenchristen in der heiligen Stadt bis zum Beginn der byzantinischen Herrschaft zu rechnen (Die Kirche aus Juden und Heiden, in: J. van Amersfoort–J. van Oort, Juden und Christen in der Antike, Kampen 1990, 9–43 [35–38]).
427 Wie Jesus Abendmahl hielt, Freiburg ³1979, 103 f.

IV. *Essenerviertel und Urgemeinde*

1. Essenische Konvertiten in Jerusalem?

a) Die bekehrten Priester

Der große Erforscher des Judenchristentums, J. DANIÉLOU, hat die Ansicht vertreten, daß die theologischen Konflikte in der Kirche des ersten Jahrhunderts kaum auf heidnische Einflüsse zurückgingen, sondern die konkurrierende Vielfalt der innerjüdischen Gruppenbildungen widerspiegelten[428]. Über bekehrte Pharisäer haben wir direkte Nachrichten. Paulus war das herausragende Beispiel für einen pharisäischen Konvertiten, der seine Bekehrung als radikalen Bruch mit seiner religiösen Vergangenheit erlebte (Gal 1,11−16; Phil 3,4−16) und deshalb ein besseres Gespür für das Neue an Jesus hatte als mancher vorösterliche Anhänger. Aber es gab auch ehemalige Pharisäer, die ihre vorchristliche Lebensgeschichte so stark von Gott mitgestaltet sahen, daß sie möglichst viel von ihrem geistlichen Erbe in die neue Gemeinde mit einbringen wollten (Apg 15,5). Falls es essenische Konvertiten gab, dann sind auch bei ihnen beide Verhaltensmuster zu erwarten.

Seit der Entdeckung der Qumran-Schriften ist unendlich viel über mögliche Beziehungen zwischen Essenismus und Urchristentum geschrieben worden. Nach spektakulären Thesen in der Anfangsphase der Forschung[429], die den Unterschied zwischen beiden Bewegungen völlig einzuebnen drohten, hat sich jetzt weithin eine besonnene Sicht durchgesetzt[430]. Man zieht die Qumran-Texte allgemein als zeitgenössisches Vergleichsmaterial für das Verständ-

---

[428] Geschichte der Kirche I, Einsiedeln 1963, 43 u. ö. In neuerer Zeit schrieb R. MURRAY, Jews, Hebrews and Christians, NovT 24 (1982) 194−208 (206): *"Early Christianity comprised a complex spectrum, just as the Israelite family had done before"*.

[429] Zu den frühen Positionen von A. DUPONT-SOMMER und J. M. ALLEGRO vgl. J. DANIÉLOU, Les manuscrits de la mer Morte et les origines du christianisme, Paris ²1974, 52−81.

[430] Bei aller aufgewendeten Gelehrsamkeit und manchen guten Einzelbeobachtungen stellen mit ihrer spekulativ-direkten Verbindung von Essenismus und Christentum einen Rückfall in überwunden geglaubte Zeiten der Forschungsgeschichte (vgl. S. WAGNER, Die Essener in der wissenschaftlichen Diskussion, Berlin 1960) dar: J. M. ALLEGRO, The Dead Sea Scrolls and the Christian Myth, New York 1984; B. E. THIERING, The Gospels and Qumran, Sydney 1981; DIES., The Qumran Origins of the Christian Church, Sydney 1983; R. H. EISENMANN, Maccabees, Zadokites, Christians and Qumran, Leiden 1983; DERS., James the Just in the Habakuk Pesher, Leiden 1986. Man sollte sich von solchen Extrempositionen aber nicht den Blick dafür verstellen lassen, daß heute immer noch gilt, was W. EISS, Qumran und die Anfänge des Christentums, Stuttgart 1959, 22 schrieb: „Die Entdeckung der Schriftrollen vom Toten Meer, also essenischer Originalschriften, hat gezeigt, daß zwischen dem Essenertum und dem beginnenden Christentum tatsächlich sehr viel mehr Zusammenhänge bestehen, als die Berichte des Josephus und Philo je hätten ahnen lassen."

nis des Neuen Testaments heran[431], aber wenige Forscher geben ausdrücklich Auskunft darüber, auf welchem Weg sie sich eine Vermittlung essenischer Theologie und Praxis an Teile des Urchristentums eigentlich vorstellen[432]. Die tatsächlich vorhandenen sprachlichen und sachlichen Parallelen verlangen aber nach einer auch historisch plausiblen Erklärung. Manche Verwandtschaft ergibt sich aus der gemeinsamen Verwurzelung von Essenismus und Urchristentum im Alten Testament, doch andere Ähnlichkeiten sind zu spezifisch, als daß diese Erklärung ausreichen würde. Selbst Paulus hat das pharisäische Erbe nicht völlig abgestoßen, sondern sich etwa in seiner Schriftauslegung weiter mancher Methode bedient[433], die er als Schüler von Gamaliel

[431] Vgl. u.a. G. Molin, Die Söhne des Lichtes, Wien 1954, 175–186. 222–225; K. Stendahl (Hrsg.), The Scrolls and the New Testament, New York 1957 ([2]1992); R. Mayer–J. Reuss, Die Qumranfunde und die Bibel, Regensburg 1959; J. van der Ploeg (Hrsg.), La Secte de Qumrân et les Origines du Christianisme, Louvain 1959; H. Braun, Qumran und das Neue Testament I/II, Tübingen 1966; F. M. Cross, Die antike Bibliothek von Qumran und die moderne biblische Wissenschaft, Neukirchen/Vluyn 1967, 180–218; J. Murphy-O'Connor (Hrsg.), Paul and Qumran, London 1968; M. Black, The Scrolls and Christianity, London 1969 (Chico [2]1983); J. H. Charlesworth (Hrsg.), John and Qumran, London 1972; J. Maier–K. Schubert, Die Qumran-Essener, München–Basel 1973, 106–137; J. Daniélou, Les manuscrits de la Mer Morte et les origines du Christianisme, Paris [2]1974; J. Coppens, Où en est le problème des analogies qumrâniennes avec le Nouveau Testament?, in: M. Delcor, Qumrân, Paris–Louvain 1978, 373–383; J. Schmitt, Qumrân et la première génération judéo-chrétienne, aaO. 385–402; J. A. Fitzmyer, The Dead Sea Scrolls and the New Testament after thirty years, TD 29 (1981) 351–367; Ders., The Qumran Scrolls and the New Testament after Forty Years, RQ 13 (1988) 610–620; N. S. Fujita, A Crack in the Jar, New York 1986, 109–203; J. Murphy-O'Connor, Qumran and the New Testament, in: E. J. Epp–G. W. McRae, The New Testament and Its Modern Interpreters, Philadelphia–Atlanta 1989, 55–71; O. Betz, Kontakte zwischen Christen und Essenern, in: B. Mayer, Christen und Christliches in Qumran?, Regensburg 1992, 157–175; C. A. Evans, Noncanonical Writings and New Testament Interpretation, Peabody 1992, 48–69; K. Berger, Qumran und Jesus, Stuttgart 1993; O. Betz–R. Riesner, Jesus, Qumran und der Vatikan, Gießen–Freiburg [5]1994, 151–185; J. H. Charlesworth (Hrsg.), Jesus and the Dead Sea Scrolls, New York 1993; J. A. Fitzmyer, Qumran: Die Antwort, Stuttgart 1993, 160–216; H. Stegemann, Die Essener, Qumran, Johannes der Täufer und Jesus, Freiburg 1993, 292–360; W. Kirchschläger, Qumran und die frühen Christen, in: J. B. Bauer u.a., Qumran, Graz 1993, 173–188; H. Lichtenberger, Die Texte von Qumran und das Urchristentum, Jud 50 (1994) 68–82; H. Maass, Qumran. Texte kontra Phantasien, Stuttgart–Karlsruhe 1994, 87–200; J. C. VanderKam, The Dead Sea Scrolls Today, Grand Rapids 1994, 159–186; E. M. Cook, Solving the Mysteries of the Dead Sea Scrolls, Grand Rapids 1994, 127–177. Weitere Literatur bei J. A. Fitzmyer, The Dead Sea Scrolls: Major Publications and Tools for Study, Atlanta 1990, 173–179.

[432] J. Murphy-O'Connor, in: E. J. Epp–G. W. McRae, The New Testament and its Modern Interpreters, 64: "In general, scholars who postulate borrowing from the scrolls on the part of the NT have been concerned with suggesting how information could have passed from Essenes to Christians. This, of course, is crucial to the credibility of any hypothesis of dependance…". So richtig der zweite Satz ist, so fraglich ist der erste.

[433] Vgl. E. E. Ellis, Paul's Use of the Old Testament, Grand Rapids 1981 (1957); R. N. Longenecker, Biblical Exegesis in the Apostolic Period, Grand Rapids 1975, 104–132.

dem Älteren (Apg 22,3) lernte[434]. Bei Essenern, die Christen wurden, ist Ähnliches anzunehmen.

Ein direkter Hinweis auf essenische Konvertiten liegt nach Meinung mehrerer Forscher[435] in Apostelgeschichte 6,7 vor. Dort heißt es, daß in Jerusalem vor der Stephanus-Verfolgung (31/32 n. Chr.)[436] „auch eine große Schar von Priestern dem Glauben gehorsam wurden" (πολύς τε ὄχλος τῶν ἱερέων ὑπήκουον τῇ πίστει). Im Gegensatz zum Pharisäismus, in dem zwar eine Minderheit von Priestern eine wichtige Führungsrolle innehatte, zählten zu den Essenern und Sadduzäern eine größere Anzahl von Priestern. K. SCHUBERT bemerkte zur Acta-Notiz: „Hier liegt es wohl näher, an die saddoqidischen Priester der Qumran-Essener zu denken ... als an sadduzäische Priester, die infolge der sadduzäischen Leugnung der Auferstehung (Apg. 23,8; Mt. 22,23−32; Josephus Bellum 2,8,14) auch nicht an die Auferstehung Jesu glauben konnten"[437]. Gegen eine Massenbekehrung von Sadduzäern spricht weiter ihre Rolle als treibende Kraft beim Prozeß gegen Jesus. Eher könnte man sich schon vorstellen, daß die Konversion einer größeren Anzahl von Essenern dadurch vorbereitet war, daß sie ebenso wie das Urchristentum eine apokalyptische Bewegung mit einer starken messianischen Erwartung (s. u. S. 1868) darstellten.

b) Das erste Pfingsten

Wenn sich das Jerusalemer Essenerviertel und das erste Zentrum der Urgemeinde in so großer räumlicher Nähe zueinander befanden, dann muß man fragen, ob es nicht schon von allem Anfang Beziehungen zwischen beiden Gruppen gab. Nach Lukas stammten die ersten Neubekehrten, die aufgrund einer Predigt des Petrus an dem auf das Todespassah Jesu folgenden Wochenfest gewonnen wurden, aus einem Kreis „frommer Männer, die in Jerusalem wohnten" (ἦσαν δὲ εἰς Ἰηρουσαλὴμ κατοικοῦντες Ἰουδαῖοι ἄνδρες εὐλαβεῖς [Apg 2,5]). Das Adjektiv εὐλαβής kommt im Neuen Testament ausschließlich im lukanischen Doppelwerk vor und würde auch an allen anderen Stellen neben Apostelgeschichte 2,5 gut auf Fromme mit essenischer Herkunft passen. Für den greisen Simeon (Lk 2,25) hat schon B. REICKE vermutet, daß es sich bei ihm um einen essenischen Propheten handelte[438]. Sowohl im Simeon zugeschriebenen 'Nunc dimittis' (Lk 2,29−32) als auch in seiner Weissagung über

---

434 Zur Glaubwürdigkeit der lukanischen Notiz vgl. M. HENGEL, ThBeitr 21 (1990) 180−182.

435 Vgl. vor allem C. SPICQ, L'épître aux Hébreux: Apollos, Jean-Baptiste, les Hellénistes et Qumrân, RQ 1 (1958/59) 365−390. Weitere Literatur bei H. BRAUN, Qumran und das Neue Testament I, Tübingen 1966, 153 f. Ähnlich schon R. H. CHARLES, The Apocrypha and Pseudepigrapha of the Old Testament II, Oxford 1913, 794 [Zitat s. Anm. 610].

436 Zu dieser frühen Datierung vgl. R. RIESNER, Die Frühzeit des Apostels Paulus, Tübingen 1994, 52−56.

437 In: J. MAIER−K. SCHUBERT, Die Qumran-Essener, München−Basel 1973, 130.

438 Simeon, BHH III, Göttingen 1966, 1797: Chronologisch passend nennt Josephus einen essenischen Propheten Simon, der gegen Archelaos weissagte (Bell II 113; Ant XVII 346).

Maria (Lk 2,34 f.) gibt es auffallende Anklänge an aus Qumran bekannte Wendungen[439]. In Damaskus, dessen Umgebung ein essenisches Siedlungsgebiet war (s. Anm. 230), lebte der Visionär Ananias (Apg 9,10), der „als frommer Mann gemäß dem Gesetz bei allen dortigen Juden in hohem Ansehen stand" (Apg 22,12). Nach Apostelgeschichte 22,14 nennt Ananias Jesus „den Gerechten", eine seltene Messiasbezeichnung, die im Neuen Testament sonst nur im Mund des Stephanus (Apg 7,52), aber auch in der essenernahen Henoch-Literatur vorkommt (1 Hen 38,2; 53,6). Wie Lukas in vielleicht etwas distanzierter Ausdrucksweise schreibt, wurde Stephanus von „frommen Männern" begraben (Apg 8,2). Da diese Frommen einerseits für die Bestattung des Tempelkritikers (Apg 6,13 f.) sorgten, andererseits aber nicht zum verfolgten Teil der Urgemeinde gehörten (Apg 8,1), muß es sich um gesetzesstrenge Judenchristen gehandelt haben. Das Adjektiv εὐλαβής kommt nur ein einziges Mal in jenen Teilen der Septuaginta vor, zu denen wir hebräische Entsprechungen besitzen. In Micha 7,2 wird so der hebräische Ausdruck חָסִיד wiedergegeben. Die griechischen Bezeichnungen Ἐσσηνοί und Ἐσσαῖοι gehen aber nach der wahrscheinlichsten Ableitung[440] auf das aramäische חַסֵא (Plural חֲסֵין bzw. חֲסַיָּא) zurück, das seinerseits ein direktes Äquivalent zu hebräisch חָסִיד bildet[441].

Handelte es sich also bei den ersten Hörern der Pfingstpredigt des Petrus, die sich Lukas in nächster Nähe des Obergemachs vorstellt (Apg 2,1 f. vgl. 1,13), um Mitglieder des benachbarten Jerusalemer Essenerviertels? Gegen die durch H. KOSMALA[442] und B. PIXNER[443] unabhängig voneinander geäußerte Annahme, daß es sich bei den „frommen Männern" der Pfingsterzählung um essenische Konvertiten handelte, scheint ihre Herkunft aus so verschiedenen Teilen des Mittelmeerraumes bzw. aus östlich ans römische Reich angrenzenden Gebieten (Apg 2,9−11) zu sprechen. Diese Schwierigkeit entfällt natürlich, wenn man mit den meisten Forschern in der Völkeraufzählung ein erst nach-

---

[439] Vgl. I. H. MARSHALL, The Gospel of Luke, Exeter 1978, 120 f.; E. SCHWEIZER, Das Evangelium nach Lukas, Göttingen 1982, 38; R. RIESNER, James's Speech (Acts 15:13−21), Simeon's Hymn (Luke 2:29−32), and Luke's Sources, in: FS für I. H. Marshall, Grand Rapids−Carlisle 1994, 263−278. W. J. BITTNER, Jesu Zeichen im Johannesevangelium, Tübingen 1987, 41 schreibt: „Es ist sicher nicht zufällig, daß die lukanische Darstellung des Simeon Eigenheiten erkennen läßt, die Simeon in die Nähe des Essenismus stellen."

[440] Vgl. M. HENGEL, Judentum und Hellenismus, Tübingen ³1988, 319 f.; R. RIESNER, in: FS für I. H. Marshall, Grand Rapids−Carlisle 1994, 277.

[441] Diese Etymologie schließt nicht aus, daß man dem Parteinamen ʿEssenerʾ dann auch andere Bedeutungen gegeben hat, denn volkstümliche Etymologien und Wortspiele waren im neutestamentlichen Judentum bei Freund und Feind beliebt. Zu anderen Möglichkeiten vgl. die Aufstellung bei A. ADAM (bearb. C. BURCHARD), Antike Berichte über die Essener, Berlin ²1972, 1 f. und S. GORANSON, "Essenes": Etymology from עשה, RQ 11 (1984) 483−498. Chronologisch unmöglich ist allerdings die Ableitung des Namens ʿEssenerʾ von ihrer Jerusalemer Siedlung auf dem ʿZionʾ (R. M. MACKOWSKI, Jerusalem − City of Jesus, Grand Rapids 1980, 65 f.; DERS., BZ 29, 1985, 266), da Josephus die Benennung der Gruppe schon in ihre Anfangszeit zurückreichen läßt.

[442] Hebräer − Essener − Christen, Leiden 1959, 297 f.

[443] An Essene Quarter on Mt. Zion, in: FS für B. Bagatti, Jerusalem 1976, 277−279; HlL 113/2−3 (1981) 11 f.

träglich durch Lukas in einen ursprünglichen Bericht eingefügtes Stück sieht[444]. Eine andere Möglichkeit wäre, daß sich dem Jerusalemer Essenerviertel auch einige der Juden angeschlossen hatten[445], die so zahlreich aus der Diaspora nach Jerusalem kamen[446]. Darüber hinaus ist die Frage sinnvoll, ob es nicht „Essener in der Diaspora"[447] gab[448]. Man kann die vergleichbaren Phänomene einer täuferischen[449] und samaritanischen[450] Diaspora nennen. Hinweise auf essenisierende Gruppen könnte es über die von Philo in seiner Schrift 'De vita contemplativa' in Ägypten geschilderten Therapeuten[451] hinaus auch für den östlichen Mittelmeerraum[452], Kleinasien[453], ja sogar Rom[454] geben. Selbst die

---

[444] Eine Übersicht über verschiedene Ansichten bei G. SCHNEIDER, Die Apostelgeschichte I, Freiburg 1980, 252–255. Zur exegetischen Diskussion über Apg 2,1–13 insgesamt vgl. J. KREMER, Pfingstbericht und Pfingstgeschehen, Stuttgart 1973.

[445] M. HENGEL, ThBeitr 21 (1990) 185 f. rechnet damit, daß auch Saulus/Paulus vom Jerusalemer Essener-Viertel angezogen war.

[446] Vgl. M. HENGEL, Zwischen Jesus und Paulus. Die „Hellenisten", die „Sieben" und Stephanus, ZThK 72 (1975) 151–206.

[447] H. KOSMALA, Hebräer – Essener – Christen, Leiden 1959, 471.

[448] Mit einer relativ großen Diaspora von Essenern, die gemäßigter waren als die Qumran-Gemeinschaft, rechnen u. a. A. NEGOÏTSA, Did the Essenes Survive the 66–71 War?, RQ 6 (1969) 517–530 (322 f.) und M. BROSHI (vgl. A. RABINOVICH, Essenes in exile [Interview mit MAGEN BROSHI], Jerusalem Post Magazine, 13.11.1981, 10).

[449] Vgl. H. LICHTENBERGER, Täufergemeinden und frühchristliche Täuferpolemik im letzten Drittel des 1. Jahrhunderts, ZThK 84 (1987) 36–57 und auch D. R. SCHWARTZ, On Quirinius, John the Baptist, Melchizedek, Qumran and Ephesus, RQ 13 (1988) 635–646.

[450] Vgl. A. D. CROWN, The Samaritan Diaspora, in: DERS., The Samaritans, Tübingen 1989, 195–217.

[451] Vgl. E. SCHUERER, History of the Jewish people II, Edinburgh 1979, 591–597; O. BETZ, Essener und Therapeuten, TRE X, Berlin 1982, 386–391.

[452] Für einen Essener hielt den μάγος (Apg 13,4–12[8]) Elymas alias Bar Jesus C. DANIEL, Un Essénien mentionné dans les Actes des Apôtres: Barjésu, Mus 84 (1971) 455–476. Durch die Qumran-Schriften wissen wir, welche Bedeutung astrologische und magische Praktiken bei den Essenern hatten. Vgl. M. HENGEL, Judentum und Hellenismus, Tübingen ³1988, 432–445. Mit der Anwesenheit von Essenern in Korinth rechnete C. DANIEL, Une mention paulinienne des Esséniens de Qumrân, RQ 5 (1966) 553–567. Aber essenisch klingende Wendungen in den beiden Korinther-Briefen erklären sich eher aus der Front gegen essenisierende Judenchristen.

[453] Im Anschluß an J. B. LIGHTFOOT, St Paul's Epistles to the Colossians and Philemon, London 1875, 73–133 erwägt J. MURPHY-O'CONNOR, The Essenes and their History, RB 81 (1974) 215–244 (225) nicht nur eine essenische Beeinflussung der kolossischen Häresie (vgl. Kol 2,16–18 [s. Anm. 605]), sondern sieht auch eine Präsenz von Prä-Essenern unter den von Antiochus III. um 213 v.Chr. aus Babylonien verschleppten Juden für möglich an. Die jüdischen Exorzisten, auf die Paulus in Ephesus traf (Apg 19,13), hielt LIGHTFOOT, aaO. 95, für Essener.

[454] Wie Josephus mehrfach berichtet (Bell I 78; II 113.159), gab es unter den Essenern das Phänomen der Prophetie. Eine interessante Gestalt der Urkirche ist der Prophet und Lehrer Manaen, den Apostelgeschichte 13,1 für die Gemeinde in Antiochien am Orontes erwähnt. Er wird als Jugendgefährte (σύντροφος) des Herodes Antipas (23 v.–40/45 n.Chr.) vorgestellt. Nach A. ZIMMERMANN, Die urchristlichen Lehrer, Tübingen ²1988, 130–132 könnte es sich bei dem urchristlichen Propheten um einen ehemaligen Essener handeln, der in verwandtschaftlicher Beziehung zum gleichnamigen essenischen Seher stand. Folgt

Erwähnung von Proselyten unter den Neubekehrten des ersten Pfingstfests (Apg 2,11) müßte nicht zwingend gegen Essener sprechen, da auch die Damaskusschrift (CD 14,4.6) und die Kupferrolle (3Q15 9,14 f.) mit solchen Konvertiten aus dem Heidentum rechnen[455]. Zumindest für die Zukunft scheinen die Essener große Pilgermassen in Jerusalem erwartet zu haben (5Q15)[456]. Schon 1954 schrieb G. KRETSCHMAR in einer materialreichen Arbeit über die Ursprünge des christlichen Pfingstfests: „Die christliche Pfingstüberlieferung ist entstanden in Kreisen der Urgemeinde, die in ihrem Denken und damit wohl ihrer Herkunft von Traditionen bestimmt waren, die wir heute am besten bei der (essenischen) Bundesgemeinde fassen können, wie wir sie aus der Damaskusschrift und den Rollen vom Toten Meer kennenlernen. Dieses zunächst sehr befremdliche Ergebnis unserer Untersuchungen isoliert aber die Pfingstgeschichte nicht, sondern stellt sie gerade in einen engen Zusammenhang mit den sonstigen Nachrichten, die wir über die Anfänge der Gemeinde in Jerusalem haben. Der Bericht über die Nachwahl des Matthias [s. u. IV 3.a, S. 1875 f.] in

man dieser Identifizierung, dann hätte ein Essener bis Rom kommen können, denn dort wuchs Antipas nach Josephus auf (Ant XVIII 20). In der römischen Christengemeinde scheint es später essenisierende Mitglieder gegeben zu haben. Vgl. F. F. BRUCE, 'To the Hebrews': A Document of Roman Christianity, ANRW II 25,4 (Hrsg. W. HAASE) Berlin – New York 1987, 3496 – 3521 (3513); E. RUCKSTUHL, in: DERS., Jesus im Horizont der Evangelien, Stuttgart 1988, 170 – 176 (und auch u. S. 1882 – 1885). Wurde diese Tendenz erst durch zuwandernde Judenchristen mitgebracht, oder gab es schon früher essenisierende Juden in der Reichshauptstadt? Für Klemens von Rom am Ende des 1. Jahrhunderts n. Chr. hat B. ROCCO, S. Clemente Romano e Qumran, RBI 20 (1972) 277 – 290 angenommen, daß er essenischer Konvertit war und vielleicht sogar zu den in Apostelgeschichte 6,7 genannten Priestern (s. o. S. 1862) gehörte. Nicht so weit geht A. JAUBERT, Thèmes lévitiques dans la Prima Clementis, VigChr 18 (1964) 193 – 203, die aber gleichwohl mit dem Einfluß von Traditionen rechnet, die unter römischen Judenchristen mit priesterlicher Prägung lebten. Falls ein solcher Hintergrund von Clemens Romanus zu erwägen wäre, ließe sich leichter erklären, warum ihm später die essenisierenden pseudo-klementinischen Schriften zugeschrieben wurden. Einzelbeobachtungen sprechen für semitisches Material etwa hinter PsClemH III 25 (M. GOODMAN, The Ruling Class of Judaea, Cambridge 1987, 130), gelegentlich auch wie bei PsClemH I 1 ff. (REHM, GCS 42,1 – 4) für eine große Nähe zu Qumran (M. WEINFELD, The Organizational Pattern and the Penal Code of the Qumran Sect, Freiburg/Schw. – Göttingen 1986, 65 – 69). Die in den Visiones des 'Pastor Hermae' in der Mitte des 2. Jahrhunderts n. Chr. in Rom sichtbar werdende judenchristliche Strömung (S. GIET, Un courant Judéo-Chrétien à Rome au milieu du IIe siècle?, in: Aspects du Judéo-Christianisme, Paris 1965, 95 – 112) hatte eine auffällig essenische Färbung. Vgl. J. P. AUDET, Affinitées littéraires et doctrinales du Manuel de discipline, RB 60 (1953) 41 – 82; J. DANIÉLOU, Les manuscrits de la Mer Morte et les origines du Christianisme, Paris 1974, 109 – 119.

[455] Allerdings war ihre Stellung sehr zurückgesetzt. Vgl. J. M. BAUMGARTEN, The Exclusion of "Netinim" and Proselytes in 4Q Florilegium, in: DERS., Studies in Qumran Law, Leiden 1977, 75 – 87.

[456] Vgl. J. LICHT, An Ideal Town Plan from Qumran – The Description of the New Jerusalem, IEJ 29 (1979) 45 – 59; M. CHYUTIN, The New Jerusalem: Ideal City, Dead Sea Discoveries 1 (1994) 71 – 97. Die Häuser des eschatologischen Jerusalem verfügen durchweg über ein Obergeschoß (aaO. 87 – 94).

den Kreis der Zwölf gehört ebenso hierher wie die verschiedenen Notizen über die Gütergemeinschaft in Jerusalem [s. u. IV 3.b, S. 1876–1880]. In beiden Fällen handelt es sich um Nachrichten, deren geschichtlicher Wert mit Recht hoch eingeschätzt wird. Wenn man sie historisch einordnen will, liegt dann aber die Schlußfolgerung nahe, daß sich die Urgemeinde – oder wenigstens ein Kreis in ihr – am Anfang eine Zeitlang in Analogie zu der Gemeinde des (neuen) Bundes verstanden und auch organisiert hat"[457]. Eine Untersuchung aus dem Jahr 1990 von C. GRAPPE kommt zu demselben Schluß: «*Il nous semble, et nous sommes efforcé de le démontrer ailleurs, que le groupe au sein duquel a été élaborée cette tradition* [nämlich das Pfingstereignis] *est bien celui qui, aux origines du mouvement chrétien, s'est rassemblé à Jérusalem. D'autres traditions reprises dans les cinq premiers chapitres des Actes montrent qu'il a été influencé, dans un premier temps, par l'organisation essénienne et qu'il s'en est plus ou moins inspiré*»[458].

2. Die christliche Zionstradition

a) Pfingstereignis und Zionstradition

Lukas spricht in seinem Pfingstbericht von der versammelten „Menge" (τὸ πλῆθος) der „frommen Männer" (Apg 2,5 f.). Das hebräische Äquivalent הָרַבִּים[459] für den griechischen Ausdruck war in Qumran (1QS 6,1 u. ö.) eine häufige Bezeichnung für die Vollversammlung der Gemeinde. Wie wir jetzt aus der Tempelrolle wissen, spielte das Pfingst-(Wochen-)Fest eine sehr wichtige Rolle im liturgischen Jahr der Essener (11QMiqd 18,10–19,9)[460]. Manche Forscher glauben, daß bei diesem Fest die Novizen in den „Bund" der Gemeinde aufgenommen wurden[461]. Das könnte die Anwesenheit auch einer größeren Zahl auswärtiger Frommer mit erklären. Aus dem Jubiläenbuch (Jub 1,1; 6,17–19; 14,20) und der Gemeinderegel von Qumran (1QS 1,16–2,25) läßt sich erschließen, daß die essenischen Gruppen Pfingsten als Erneuerung des Sinai-Bundes feierten[462]. Gerade der Vergleich mit den Qumran-Schriften verstärkt den Eindruck, daß die Apostelgeschichte das Pfingstereignis in gewisser

[457] Himmelfahrt und Pfingsten, ZKG 66 (1954/55) 209–253 (249 f.). Vgl. auch J. VAN GOU-DOEVER, Biblical Calendars, Leiden ²1961, 228–235.

[458] A la jonction entre Inter et Nouveau Testament: Le récit de la Pentecôte, FV 89 (1990) 19–27 (26 f.). Der Artikel faßt eine Dissertation zusammen: C. GRAPPE, D'un Temple à l'autre. Pierre et l'Église primitive de Jérusalem, Thèse de doctorat (Faculté de Théologie Protestante de Strasbourg) 1989 (jetzt: Paris 1992).

[459] Literatur bei H. BRAUN, Qumran und das Neue Testament I, Tübingen 1966, 152 f.

[460] Vgl. Y. YADIN, The Temple Scroll I, Jerusalem 1983, 103–108.

[461] Vgl. besonders O. BETZ, Die Proselytentaufe der Qumransekte und die Taufe im Neuen Testament, in: DERS., Jesus der Messias Israels, Tübingen 1990, 21–48.

[462] Vgl. B. NOACK, The Day of the Pentecost in Jubilees, Qumran and Acts, ASTI 1 (1962) 73–95. Neuere Literatur bei T. ELGVIN, The Qumran Covenant Festival and the Temple Scroll, JJS 36 (1985) 103–106.

Parallele zum Bundesschluß am Sinai erzählt[463]. Dabei stellt Lukas über die richterliche Funktion der Zwölf gegenüber ganz Israel (Apg 2,14.36) die Verbindung zum Abschluß des „neuen Bundes" beim letzten Passahmahl Jesu her (Lk 22,20.29; vgl. Ex 24,8)[464], das für ihn ja wahrscheinlich am selben Ort wie das Pfingstereignis stattfand (s. o. S. 1839 f.). Nach Apostelgeschichte 2,17–21 zitierte Petrus in seiner Ansprache das Prophetenwort Joel 3,1–5, das wiederum auf die Geschichte von der Geistausgießung über die israelitischen Ältesten am Sinai (Num 11,25–30) zurückgreift, um das Pfingstgeschehen zu deuten. Petrus gebraucht dabei eine Einleitungsformel („in den letzten Tagen"), zu der sich eine Entsprechung in der exegetischen Terminologie von Qumran findet (CD 1,12; 1QpHab 2,7; 7,2). Bei Lukas bricht das Joel-Zitat ab, bevor es heißt, „denn auf dem Berg Zion wird Rettung sein" (Joe 3,5 b)[465]. Es stellt sich auch hier wieder (s. o. S. 1822 f.) die Frage: Existierte im 1. Jahrhundert schon die Ansicht, daß es sich beim südwestlichen Stadthügel um jenen Berg handele, an den sich so viele alttestamentliche Verheißungen knüpften? Oder zog das Pfingstereignis an dieser Stelle Jerusalems die Bezeichnung des Hügels als Zion nach sich?

b) Zionstradition und Davidsverheißung

Vom 4. bis zum Ende des 19. Jahrhunderts n. Chr. war es eine unwidersprochene Überzeugung, daß die christliche Tradition den im Alten Testament so häufig genannten Zionsberg richtig auf dem Südwesthügel lokalisiere. Heute dagegen gibt es keinen Archäologen mehr[466], der bestreiten würde, daß die jebusitische Festung Zion (ציון), die David eroberte (2 Sam 5,7), auf dem Südosthügel stand. Dort wurden auch die Königsgräber der davidischen Dynastie angelegt[467]. Anknüpfend an den Davidsbund (2 Sam 23,5; Ps 89,4; 132,12; vgl.

---

[463] Vgl. G. SCHNEIDER, Die Apostelgeschichte I, Freiburg 1980, 246 f.; J. A. FITZMYER, The Ascension of Christ and Pentecost, TS 45 (1984) 409–440 (430–437) und auch M. WEINFELD, Pentecost as Festival of the Giving of the Law, Immanuel 8 (1978) 7–18; A. J. M. WEDDERBURN, Tradition and Redaction in Acts 2.1–13, JSNT 55 (1994) 27–54 (29–39), sowie vor allem M. DELCOR, in: FS für J. T. Milik, Krakau 1992, 35–42.

[464] Vgl. J. A. FITZMYER, TS 45 (1984) 433.

[465] S. HEID, Das Heilige Land: Herkunft und Zukunft der Judenchristen, Kairos 34/35 (1992/ 93) 1–16 (15 f.): „Daß Petrus Jerusalem und den Zionsberg nicht erwähnt, ist eigentlich nur für seine Jerusalemer Hörer verständlich, da sie sich mit ihm in der besagten Stadt aufhalten. Ja, für sie muß gerade Joel 3,5b als der eigentliche Höhepunkt der Predigt erscheinen, was in der lukanischen Redaktion verschleiert wird". Der Kern der Überlieferung von Apg 2,1–13 weist nach HEID, aaO. 13–17 in die Jerusalemer Urgemeinde zurück.

[466] Eine sonderbare Ausnahme ist der Exeget G. M. PACE, Il Colle della Città di Davide, BeO 25 (1983) 171–182.

[467] L. DEQUEKER, The 'Tomb of David' in the 'City of David' in: M. AUGUSTIN–K. D. SCHUNCK, „Wünschet Jerusalem Frieden", Frankfurt 1988, 77–92 bestreitet zwar nicht die Lage der jebusitisch-davidischen Stadt auf dem Südosthügel, hält aber die Notizen über die Königsgräber in dieser Davidsstadt (1 Kön 2,10/2 Chr 9,31 u. ö.) erst für das Ergebnis einer makkabäischen Textrevision. Das scheitert aber schon an der Beschreibung in Esra 3,15 f. Vgl. J. M. MYERS, Ezra – Nehemiah, Garden City 1965, 116–119.

2 Sam 6–7)[468] wurde der Name „Zion" dann vor allem in den Psalmen (Ps 14,7; 50,2 u. ö.) zum Inbegriff der kommenden Heilszeit. Falls die seleukidische Akra auf dem Westhügel zu lokalisieren wäre[469], dann hätte in der Hasmonäer-Zeit der Tempelberg „Zion" geheißen (1 Makk 4,37 f.), der Westhügel aber „Davidsstadt" (1 Makk 1,33–36; 14,36), doch findet diese Ansicht gegenwärtig so gut wie keine Unterstützung[470]. Josephus suchte dann zweifelsfrei, ohne allerdings den Namen „Zion" zu nennen, die von David eroberte Festung (2 Sam 5,7 [מְצֻדָה]) auf dem Westhügel (Bell IV 137 [φρούριον]; vgl. Ant VII 61–65).

Die Zionsweissagung hat auch in Qumran eine bedeutsame Rolle gespielt, wie vor allem die großartige Psalmenkomposition 11QPs[a] 12,1–15 zeigt. Vor allem hat der Zions-Begriff eine hervorragende Bedeutung bei der Beschreibung der eschatologischen heiligen Stadt[471] „Obwohl diese Texte an einem zukünftigen Jerusalem orientiert sind, weisen sie auf eine Gemeinschaft, die die Zentralisation des Opferkultes am Tempel von Jerusalem nicht in Frage stellt"[472]. 4QFlorilegium 1,10–13 kündigt, ausgehend von der Nathans-Weissagung über David (2 Sam 7,11–14), unter Hinweis auf Amos 9,11 („und ich will die zerfallene Hütte Davids wieder aufrichten"), das Auftreten der beiden endzeitlichen Gesalbten auf dem Zion (4QFlor 1,12: [בצי]ון) an[473]. Suchten die Essener diesen Zion schon auf dem offenbar von ihnen geschätzten Südwesthügel (s. o. S. 1822 f.)? Aber auch wenn 1. Henoch 26–27 diesen Berg im Blick haben sollte, so fällt doch in diesem Zusammenhang nicht der Name Zion.

Die wenigen expliziten Erwähnungen des Zion im Neuen Testament (Mt 21,5/Joh 12,15; Röm 9,33; 11,26; 1 Pt 2,6; Hebr 12,22; Apk 14,1) machen die Antwort auf die Frage schwer, ob jeweils auch an einen konkreten irdischen Ort gedacht ist. In Römer 11,25 f. ist die endzeitliche Erlösung mit dem Motiv der Völkerwallfahrt verbunden und Paulus schreibt gegen den hebräischen und griechischen Text, daß der Erlöser nicht „für Zion", sondern „aus Zion" (ἐκ Σιών) kommt. Es ist sehr fraglich, ob man sich hier zwischen dem irdischen, dem himmlischen oder dem eschatologischen Jerusalem entscheiden muß, denn „vom jüdischen Denken her liegt die untrennbare Verbindung aller drei Aspekte nahe"[474]. In Hebräer 12,22, wo der Sinai dem Zion entgegengesetzt wird, könnte „Zion" nicht bloß die himmlisch-zukünftige Gottesstadt, sondern auch

---

[468] Vgl. H. GESE, Der Davidsbund und die Zionserwählung, in: Vom Sinai zum Zion, München ²1984, 113–129.

[469] Vgl. L. H. VINCENT, Les forteresses I: Acra, in: DERS., Jérusalem de l'Ancient Testament I, Paris 1954, 175–192; E. M. LAPERROUSAZ, Angle sud-est du « Temple de Salomon » ou vestiges de l'« Acra des Séleucides »? Un faux problème, Syr 52 (1975) 241–259.

[470] Vgl. die Übersicht über den Diskussionsstand bei E. OTTO, Jerusalem – die Geschichte der Heiligen Stadt, Stuttgart 1980, 115–117; B. MAZAR, The Temple Mount, in: Biblical Archaeology Today, Jerusalem 1985, 463–468; K. DECOSTER, Flavius Josephus and the Seleucid Acra in Jerusalem, ZDPV 105 (1989) 70–84.

[471] Vgl. weiter 1QM 12,12–15; 19,5; 1Q25 9,1; 11,1; 1Q32; 2Q24; 4QPs[a] 12,1–15.

[472] E. OTTO, ציון siijon, ThWAT VI, Stuttgart 1989, 994–1028 (1027).

[473] Textrekonstruktion nach E. LOHSE, Die Texte aus Qumran, Darmstadt ²1971, 256.

[474] S. HEID, Kairos 34/35 (1992/93) 11.

das irdische Jerusalem mit meinen[475]. Schon in Jesaja 2,1−5 (vgl. Mi 4,1 f.) wird implizit der Zion als endzeitlicher Offenbarungsberg dem Sinai gegenübergestellt[476], und ausdrücklich geschieht das dann in Jubiläen 4,26[477]. Lukas hat die Erfüllung dieser Jesaja-Weissagung für Jesus und seine Gemeinde beansprucht. Die Darstellung der ersten Kapitel der Apostelgeschichte ist nämlich stark von der Verheißung geprägt, daß „von Jerusalem Gottes Wort und vom Zion Weisung ausgehen wird" (Jes 2,3 vgl. Mi 4,2)[478]. Es handelt sich hierbei aber nicht um eine bloß lukanische Konstruktion, wie man oft gemeint hat[479]. Vor allem B. F. Meyer macht mit Recht darauf aufmerksam, wie tief die nachösterliche Sammlung in Jerusalem in einem Selbstverständnis der Urgemeinde begründet war, das letztlich auf Jesus zurückgeführt werden muß[480]. Die Tempelreinigung (Mt 21,12−17/Mk 11,15−17/Lk 19,45 f./Joh2,14−16) bedeutete für Jesus beides: Das von Gott gewollte Ende des Opferkults, aber auch die Einsetzung des Tempels als eschatologisches Bethaus für die Heidenvölker. Gleichzeitig sah Jesus sein Sterben und Auferstehen als Beginn eines neuen geistlichen Tempels in Form seiner Jüngergemeinde an (Mk 14,58−62; vgl. 4QFlor 1,1 ff.). Das Selbstverständnis der Urgemeinde glich darin dem von Qumran (vgl. 1QS 8,5−9; 1QH 6,25−28 u. ö.), daß sich beide Gemeinschaften als das endzeitliche Heiligtum verstanden[481]. Aber während es der essenischen Gruppe aufgrund ihres exklusiven Charakters zumindest zeitweise möglich war, sich ganz vom übrigen Gottesvolk zu separieren und auch die konkrete Bindung zur heiligen Stadt zu lösen, wußte sich die Urgemeinde von Jesus an ganz Israel gewiesen. Die neue messianische Gemeinde mußte sich deshalb am Zentrum des alten Gottesvolks konstituieren, um Israel in seiner Gesamtheit mit dem Umkehrruf erreichen zu können. Für ein Ringen der Jerusalemer Urgemeinde mit dem Selbstverständnis der Essener spricht die alte Selbstbezeichnung ἐκκλησία τοῦ Θεοῦ (Gal 1,13; 1 Kor 1,2; 10,32; 11,22; 15,9; 2 Kor 1,1). Sie dürfte „als Übers[etzung]" des im apokalyptischen Judentum belegten Terminus q^ehal el (1 QM 4,10; 1QS^a 1,25 [em]) zustandegekommen sein ..., der dort das endzeitliche Aufgebot Gottes bezeichnet"[482].

---

[475] Vgl. G. W. Buchanan, To the Hebrews, Garden City ²1981, 222 f. 255−263.

[476] Vgl. W. D. Davies, The Gospel and the Land, Berkeley 1974, 138 f.

[477] „Denn vier Orte auf der Erde gehören dem Herrn: Der Garten Eden und der Berg des Morgens und dieser Berg, auf dem du heute bist, der Berg Sinai, und der Berg Sion wird geheiligt werden in der neuen Schöpfung zur Heiligung der Erde" (JSHRZ II/3, 346). Vorher (Jub 4,25) wird über Henoch gesagt: „Und er brannte ein Räucheropfer ab des Abends im Heiligtum, das angenommen wurde vor dem Herrn auf dem Berg des Mittags" (aaO. 345 f.). Nach E. Rau, Kosmologie, Eschatologie und die Lehrautorität Henochs, Diss. Hamburg 1974, 395 f. handelt es sich bei dem Berg, auf dem Henoch opfert, um den Sion (vgl. Jub 1,28).

[478] Vgl. B. Gerhardsson, Memory and Manuscript, Lund−Kopenhagen ²1964, 214−220.

[479] Auf ein derartiges Selbstverständnis der Jerusalemer Gemeinde weist auch eine Stelle wie 1 Kor 14,36 (vgl. 14,34). Dazu F. F. Bruce, 1 and 2 Corinthians, London 1971, 136.

[480] The Early Christians, Wilmington 1986, 53−66.

[481] Vgl. jetzt besonders C. Grappe, D'un temple à l'autre. Pierre et l'Église primitive de Jérusalem, Paris 1992.

[482] J. Roloff, ἐκκλησία, EWbNT I, Stuttgart 1980, 998−1011 (1000). Vgl. schon P. Stuhlmacher, Gerechtigkeit Gottes bei Paulus, Göttingen ²1966, 210 f.

B. F. MEYER hat gut zusammengefaßt, wie im Erfüllungsbewußtsein der Urgemeinde Spiritualisierung und Konkretion eine Einheit bildeten: *"As God's dwelling place, the community was the first-fruits of messianic salvation; and, as the first-fruits sanctify the whole harvest to come, this community on Zion sanctified all Israel on the point of entry into its heritage. Not the community in place of Zion but on Zion. Between Zion and the community there was a bond of reciprocal dependence. It was the community that made Zion the Zion of fulfillment, it was Zion that established the accord between the terms of prophecy and those of fulfillment. It was precisely in fulfillment of the scriptures that the Easter community of Jerusalem became the point of assembly for the dispersed of Israel (Acts 2:5−11) ... They saw themselves not only as the heirs but as the living fulfillment of biblical promise and prophecy on Zion. They and the mountain on which they were established together constituted that Zion by whose light the nations were soon to march (Isa 60:3) and to which every mortal, regardless of where he came from, would say: 'all my sources are in you' (Ps 87:7)"*[483]. Da Lukas selbst, wie der zweite Teil der Apostelgeschichte und vor allem ihr Schluß (Apg 28,23−28) zeigen, auf die Heidenwelt blickte, dürfte die Konzentration der ersten Kapitel auf die heilige Stadt auf Quellen oder Traditionen zurückgehen, die nach Jerusalem weisen (s. o. S. 1841).

Nach Apostelgeschichte 15,16 f. berief sich der Herrenbruder Jakobus beim sogenannten Apostelkonzil (auf dem Südwesthügel?) auf dasselbe Prophetenwort aus Amos 9,11 f., das sonst im Neuen Testament keine, im Florilegium aus der Höhle 4Q eine um so größere Rolle spielt. Entgegen Einwänden[484] bleibt es dabei, daß die neutestamentliche Textform den Qumran-Zitaten (4QFlor 1,12; CD 7,16) näher steht als der Septuaginta-Version[485]. Ebenso wie 4QFlorilegium 1,10−13 verbindet Apostelgeschichte 15,16 die Weissagungen in Amos 9,11 f. und 2. Samuel 7,13 ff.[486]. Mit dem Amos-Zitat wollte Jakobus laut der Apostelgeschichte die neuentstandene heidenchristliche Gemeinde in die Davidsverheißung integrieren, die nach dem Lukas-Evangelium in der Familie Jesu eine herausragende Bedeutung besaß (Lk 1,32; 2,4 u. ö.). Eine besondere Nähe des Jakobus zu essenischen Vorstellungen darf man natürlich nicht schon allein aus dieser Acta-Stelle folgern. Doch auch der aus dem Umkreis des Herrenbruders stammende Brief (s. Anm. 317) ist reich an Qumran-Paralle-

---

[483] The Early Christians, Wilmington 1986, 57.66.

[484] E. RICHARD, The Old Testament in Acts: Wilcox's Semitisms Reconsidered, CBQ 42 (1980) 330−341 (339).

[485] Vgl. J. DE WAARD, A Comparative Study of the Old Testament Text in the Dead Sea Scrolls and in the New Testament, Leiden 1966, 24−26; G. J. BROOKE, Exegesis at Qumran, Sheffield 1985, 210 f. Merkwürdigerweise wird in der neuesten Spezialuntersuchung über das Amos-Zitat in der Apostelgeschichte von P. A. PAULO, Le problème ecclésial des Actes à la lumière de deux prophéties d'Amos, Paris 1985, 76−69 die Frage nach einer Qumran-Verwandtschaft der Textform nicht einmal gestellt. Vgl. weiter R. RIESNER, in: FS für I. H. Marshall, Grand Rapids−Carlisle 1994, 271 und siehe auch Nachtrag 3.

[486] Vgl. J. DUPONT, « Je rebâtirai la cabane de David qui est tombée » (Ac 15,16 = Am 9,11), in: E. GRÄSSER−O. MERK, Glaube und Eschatologie (FS für W. G. Kümmel), Tübingen 1985, 19−32 (27.29).

len[487]. Die ausführlichste moderne Monographie über Jakobus kommt zu dem Schluß: *"James the Lord's brother, known as 'the Just' and 'the Bulwark', emerges as a devout lifelong Nazirite and powerful Jewish-Christian apostle, a unique mixture of saint and O[ld] T[estament] prophet, strangely like the Teacher of Righteousness, who might well have formed a bridge between Galilean Christian Nazirites and the Qumran Covenanters"*[488]. Auf die besondere Nähe des nach seinem Urteil echten Briefs des Herrenbruders Judas zur Pescher-Exegese von Qumran hat jüngst R. J. BAUCKHAM hingewiesen[489]. Eine dem Judas-Brief auffallend ähnliche Prägung durch henochische Tradition (vgl. Jd 14) sieht BAUCKHAM hinter dem zur lukanischen Sonderüberlieferung gehörenden Stammbaum Jesu (Lk 3,23−38), den er aus Familientraditionen herleitet[490].

Davidisch-genealogisches Denken[491] sorgte dann dafür, daß die Leitung der Jerusalemer Urgemeinde auch nach Jakobus noch in der Hand von Angehörigen der Großfamilie Jesu blieb (s. o. S. 1844). War der Südwesthügel Sitz der in einem geistlich-eschatologischen Sinn wiedererstandenen Davidsdynastie, dann lag es für die frühen Christen nahe, auf diesen Berg Jerusalems den prophetischen Zionsbegriff zu konzentrieren. Es ist eine der interessantesten Fragen der Jerusalemer Topographie, wann und warum die Verschiebung des Namens „Zion" vom südöstlichen bzw. östlichen Stadthügel auf den Südwesthügel erfolgte. Am besten scheint es, von den jüngeren deutlichen Zeugnissen zurück zu gehen.

c) Der Südwesthügel als endzeitlicher Zion

Ein klarer Zeuge für die Verbindung der alttestamentlichen Zionsverheißung mit dem Südwesthügel ist Eusebius, der über die Erfüllung der Weissagung in Jesaja 2,3 schrieb:

„'Vom Zion nämlich wird das Gesetz ausgehen und das Wort des Herrn von Jerusalem' [Jes 2,3] ... Was aber ist das von Zion hervorgehende Ge-

---

[487] Vgl. besonders den Kommentar von F. MUSSNER, Der Jakobusbrief, Freiburg ⁵1987.

[488] J. ADAMSON, James − the Man and His Message, Grand Rapids 1988, 20.

[489] Jude − 2 Peter, Waco 1983, XI: *"Jude offers a rare glimpse into those Palestinian Christian circles in which Jesus' own blood-relations were leaders"*. James, 1 and 2 Peter, Jude, in: D. A. CARSON−H. G. M. WILLIAMSON, It Is Written [FS für B. Lindars], Cambridge 1988, 303−317 (305): *"The full range of resemblances we have noted aligns Jude's midrash more closely with the Qumran pesharim than with other examples of Jewish exegesis"*.

[490] Jude and the Relatives of Jesus in the Early Church, Edinburgh 1990, 315−373.

[491] In der Frage nach dem Weiterleben davidischer Familientradition über das Exil hinaus muß eine skeptische Sicht wie die von H. G. KIPPENBERG, Das Gentilcharisma der Davididen in der judischen, frühchristlichen und gnostischen Religionsgeschichte Palästinas, in: J. TAUBES, Religionstheorie und Politische Theologie III, München 1987, 127−147 nicht das letzte Wort haben. Wir kennen jetzt eine Ossuarinschrift aus der Zeit vor 70, die das „Haus Davids" nennt. Vgl. D. FLUSSER, "The House of David" on an Ossuary, The Israel Museum Journal 5 (1986) 37−40 (ein Bild auch in: DERS., Judaism and the Origins of Christianity, Jerusalem 1988, Taf. 7). Für die Zeit zwischen dem Exil und dem Neuen Testament vgl. B. PIXNER, Maria im Hause David, in: DERS., Wege des Messias und Stätten der Urkirche, Gießen ²1994, 42−55. Zur davidischen Herkunft Jesu vgl. F. HAHN, Christologische Hoheitstitel, Göttingen ⁴1974, 242−251.

setz, das von dem durch Mose in der Wüste von Sinai gegebenen verschieden ist, anderes als das Wort des Evangeliums, das durch unseren Erlöser Jesus Christus und seine Apostel vom Zion hervorging und zu allen Völkern kam? Es steht nämlich fest, daß es von Jerusalem und dem diesem benachbarten Berg Zion (ἀπὸ τῆς Ἰερουσαλὴμ καὶ τοῦ ταύτῃ προσπαρακειμένου Σιὼν ὄρους) [hervorging], wo unser Erlöser und Herr sich oftmals aufhielt und viele Lehren erteilte"[492].

Nach seinem 'Onomastikon' suchte Eusebius den Zion auf dem von der Lage Aelias unterschiedenen Südwesthügel[493].

Aber auch schon Origenes hat die jesajanische Zionsweissagung mit dem Jerusalemer Ursprungsort der Urkirche verbunden[494] und dabei offenbar eine konkrete Ortsvorstellung gehabt (s. o. S. 1857). In die Mitte des 2. Jahrhunderts führt uns das Zeugnis des Meliton von Sardes, der zwischen 160 und 170 n. Chr. in seiner 'Passah-Homilie' schrieb:

„Denn das Gesetz ist Logos geworden und das Alte neu. Beides ging vom Zion und von Jerusalem aus" (συνεξελθὼν ἐκ Σιὼν καὶ Ἰερουσαλήμ)[495].

Da der kleinasiatische Bischof in der Predigtpassage über Golgatha (§§ 92—94) auf die während seiner Palästina-Reise erworbenen Ortskenntnisse zurückgriff (s. o. S. 1845), ist zu fragen, ob er beim Zion der neutestamentlichen Erfüllung nicht ebenfalls an konkrete räumliche Gegebenheiten denkt. Dafür spricht, daß Meliton schon die seit der Gründung der römischen Kolonie vorliegende Doppellokalität, die Aelia im Norden, der Zion vor der Stadt im Süden, vor Augen zu stehen scheint[496].

In die älteste Zeit der Relokalisierung des Zionsbegriffes führen uns die 'Vitae Prophetarum'. Der Abschnitt über das Ende des Jesaja verlegt den Zion deutlich auf den Südwesthügel:

„Das Grab [des Jesaja] liegt neben der Grabstätte der Könige, hinter der Grabstätte der Juden auf dem südlichen Teil. Salomo nämlich erbaute die Davidsgräber im Osten von Zion" (§ 13)[497].

Gleich darauf (§ 14) wird dem Sinai der Zion als Ort eschatologischer Offenbarung gegenübergestellt. Woher stammt dieses Pseudepigraphon? Offenbar

[492] Dem Ev I 4 (HEIKEL, GCS 23,19 f.): Ἐκ γὰρ Σιὼν ἐξελεύσεται νόμος καὶ λόγος Κυρίου ἐξ Ἰερουσαλήμ... Τίς δ' ἂν εἴη ὁ ἐκ Σιὼν προεληλυθὼς νόμος, ἕτερος ὢν τοῦ ἐπὶ τῆς ἐρήμου διὰ Μωσέως ἐν τῷ Σινὰ ὄρει νενομοθετημένου, ἀλλ᾽ ἢ ὁ Εὐαγγελικὸς λόγος, ὁ διὰ τοῦ Σωτῆρος ἡμῶν Ἰησοῦ τοῦ Χριστοῦ καὶ τῶν ἀποστόλων αὐτοῦ τῆς Σιὼν προεληλυθώς, καὶ διελθὼν πάντα τὰ ἔθνη; πρόδηλον γὰρ ὡς ἀπὸ τῆς Ἰερουσαλήμ, καὶ τοῦ ταύτῃ προσπαρακειμένου Σιὼν ὄρους, ἔνθα τὰς πλείστας διατριβὰς τε καὶ διδασκαλίας ὁ Σωτὴρ καὶ Κύριος ἡμῶν πεποίητο...
[493] Onomastikon (KLOSTERMANN, GCS 11/1,38.74 f.).
[494] CCels V 33,20—28 (s. Anm. 414).
[495] Peri Pascha 7 (HALL 5; PERLER, SC 123,64).
[496] Vgl. B. PIXNER, in: DERS., Wege des Messias und Stätten der Urkirche, Gießen ²1994, 306 f.
[497] Text bei T. SCHERMANN, Prophetarum vitae fabulosae, Leipzig 1907, 70.

wurde eine jüdisch-semitische Grundschrift christlich überarbeitet[498]. Verantwortlich dafür scheint ein essenisch gefärbter Judenchrist gewesen zu sein[499]. P. RIESSLER hat sogar gefragt, ob nicht derselbe Interpolator am Werk war wie bei den Zwölf-Patriarchen-Testamenten[500], und auch eine moderne Untersuchung notiert auffällige Parallelen zu dieser Schrift[501]. Das vorhandene Interesse am relokalisierten Zion ließe sich besonders gut erklären, wenn die 'Vitae Prophetarum' durch die Überlieferung der judenchristlichen Gemeinde Jerusalems vor Hadrian hindurchgegangen wären[502].

[498] M. PHILONENKO, Prophetenleben, BHH III, Göttingen 1966, 1512 f. (1513) hielt die griechische Rezension des Codex Marchalianus sogar für „frei von jeder christlichen Interpolation". Doch alle uns bekannten Versionen sind ganz offensichtlich durch (juden)christliche Überlieferung gegangen. Vgl. M. DE JONGE, Christelijke Elementen in de Vitae Prophetarum, NedTT 16 (1961/62) 161–178. So findet sich etwa gerade an der Zionsstelle in § 14 mit dem Satz „Alle Völker verehren ein Holz" ein Hinweis auf das Kreuz Jesu (vgl. Apg 5,30 sowie Lk 23,31; Gal 3,13; 1 Pt 2,24).

[499] Die Enthaltsamkeit des Daniel wird stark hervorgehoben, und Nebukadnezar verzichtet nach seiner Heilung durch Gott auf Anweisung des Propheten auf Fleisch, Brot und Wein zugunsten von Gemüse (§ 16). Das erinnert an die Askese Johannes des Täufers (Lk 1,15; 7,33 [Mt 11,18]), mancher Essener und der essenisierenden Ebioniten (vgl. J. DANIÉLOU, The Theology of Jewish Christianity, London 1964, 369–375), aber dann auch an die des frühesten Mönchtums (vgl. D. SATRAN, Daniel: Seer, Philosopher, Holy Man, in: G. W. E. NICKELSBURG–J. J. COLLINS, Ideal Figures in Ancient Judaism, Chico 1980, 33–48 [39–43]). Mehrmals (§§ 16.17.21) erscheint die Satansbezeichnung „Beliar", die sonst für essenische und essenisierende Schriften typisch ist (J. A. FITZMYER, Qumran and the interpolated paragraph in 2 Cor 6:14–7:1, in: DERS., Essays on the Semitic Background of the New Testament, London 1971, 205–217 [211–213]).

[500] Altjüdisches Schrifttum außerhalb der Bibel, Heidelberg 1928, 1321.

[501] Vgl. D. SATRAN, The Lives of the Prophets, in: M. E. STONE, Jewish Writings of the Second Temple Period, Assen–Philadelphia 1984, 56–60.

[502] Deutlich christlich beeinflußt ist auch die Jona-Weissagung (§ 6) über Jerusalem (vgl. Lk 19,40 ff.; 21,24) und die Jeremia[sic!]-Prophetie (§ 14) des jungfräulich geborenen Krippenkindes (vgl. Lk 1–2). Es fällt eine gewisse Nähe zur lukanischen Sonderüberlieferung auf, die nach Jerusalem zurückweist. Vgl. R. RIESNER, in: K. BOCKMÜHL, Die Aktualität der Theologie Adolf Schlatters, Gießen 1988, 43–46. Die genauesten Ortsangaben (§§ 10,13) kommen aus Jerusalem. Vgl. J. JEREMIAS, Heiligengräber in Jesu Umwelt, Göttingen 1958, 57 f.65 f.72. Ist es Zufall, daß die aus vorlukanischer Tradition stammende Pfingstpredigt des Petrus neben der Verheißung des ewigen Davidsthrones (Apg 2,30 vgl. 2 Sam 7,12) auch das Davidsgrab (Apg 2,29) nennt? Der Weissagung über die heilige Stadt gilt in den 'Vitae' besondere Aufmerksamkeit, wobei ihre Eroberung und Zerstörung durch die Römer (70 n. Chr.) vorausgesetzt ist (§§ 6.8). Mit einer verhältnismäßig großen Beteiligung essenischer Kreise an der Abfassung alttestamentlicher Pseudepigraphen rechnen, wie schon früher P. RIESSLER (s. Anm. 358) – die meisten Mitarbeiter an der von M. PHILONENKO verantworteten Ausgabe: La Bible – Écrits intertestamentaires, Paris 1987. Man kann fragen, ob nicht die von Blutsverwandten Jesu (s. o. S. 1844) geleitete Jerusalemer Gemeinde vor 132 n. Chr. eine gewisse Rolle bei der Vermittlung essenisierender Schriften an das Christentum gespielt hat (s. o. S. 1847.1871). Falls der von M. VAN ESBROECK herausgegebene 'Discours de Saint Barsabée, archévêque de Jérusalem, au sujet de notre Seigneur Jésus-Christ' (PO 41/2, Turnhout 1982) etwas mit dem Justus (Barsabas) der Jerusalemer Bischofsliste (Eusebius, HE IV 5,3 [vgl. A. SCHLATTER, Die Kirche Jerusalems vom Jahre 70–130, Gütersloh 1898, 29–34]) zu tun hat (F. MANNS, TSF 1–2/1983,

In der Zeit zwischen 70 und 132 n. Chr. wurden die jüdischen Traditionen vom Adamsgrab auf dem Tempelberg nach Golgatha übertragen[503]. Zur selben Zeit ist auch eine Relokalisierung des Zion besonders gut denkbar. In der pseudo-cyprianischen Schrift 'De montibus Sinai et Sion'[504], die wohl im Judenchristentum des 2. Jahrhunderts entstand[505] und dem essenisch-priesterlichen Solarkalender folgt[506], wird die Gegenüberstellung der beiden Offenbarungsberge programmatisch durchgeführt. Nach A. SCHLATTER geht die einem Johannes zugeschriebene Überlieferung (De mont 13) auf jenen Johannes zurück, den die Bischofsliste des Eusebius am Beginn des 2. Jahrhunderts in Jerusalem nennt (HE IV 5,3)[507]. Diese judenchristliche Schrift 'De montibus Sinai et Sion' wäre es wert, auch im Blick auf andere mögliche Beziehungen zu Jerusalem untersucht zu werden.

Wenn der Zionsbegriff schon von der judenchristlichen Gemeinde Jerusalems vor dem Bar-Kochba-Aufstand für ihren Sitz auf dem Südwesthügel reklamiert wurde, dann erklärt sich vielleicht auch eine numismatische Besonderheit. Während die Münzen des Ersten Jüdischen Kriegs (66–70 n. Chr.) oft den „Zion" erwähnen (in Wendungen wie „Freiheit Zions" oder „Zur Erlösung Zions"), taucht der Name auf den bisher bekannten Münzen des Bar-Kochba-Aufstands (132–135 n. Chr.) nicht mehr auf, dort ist stattdessen die Rede von der „Freiheit Jerusalems" sowie der „Erlösung Israels" oder der „Freiheit Israels"[508].

Es ist möglich, daß die Übertragung des Zionsbegriffes vom Ost- auf den Südwesthügel eine genuin christliche Schöpfung darstellt, wie G. DALMAN annahm[509]. Aber es gab auf jeden Fall Faktoren in der jüdischen Überlieferung, die eine solche Verschiebung begünstigen konnten. Josephus suchte die „Davidsstadt" auf dem Westhügel (s. o. S. 1868), sicherlich nicht als einziger und kaum erst nach 70 n. Chr. Wegen des fraglichen Alters des Zions-Beleges in den 'Vitae Prophetarum' (jüdische Grundschrift oder christliche Interpolation?) bleibt unsicher, ob die direkte Übertragung des Namens „Zion" auf den Südwesthügel schon in jüdischen (essenisierenden?) Kreisen stattfand. Wäre dies der Fall gewesen, hätte die Wahl des Ortes durch Jesus für sein letztes Passah-Mahl eine prophetische Zeichenhandlung darstellen können[510]. War der Süd-

---

16 f.), dann ist der Gebrauch einer Qumran verwandten Exegese bemerkenswert. Vgl. F. MANNS, Une nouvelle source littéraire pour l'étude du Judéo-Christianisme, Henoch 6 (1984) 167–180.

[503] Vgl. J. JEREMIAS, Golgotha, Leipzig 1926, 35–50; I. GREGO, Il Golgota Monte Santo dei Cristiani, BeO 33 (1981) 115–124 (Literatur).

[504] Textausgabe: W. HARTEL, CSEL 3/3, Wien 1871.

[505] Vgl. J. DANIÉLOU, The Origins of Latin Christianity, London 1977, 39–57.

[506] Vgl. A. STROBEL, Ursprung und Geschichte des frühchristlichen Osterkalenders, Berlin/Ost 1977, 286–288.

[507] Die Kirche Jerusalems vom Jahre 70–130, Gütersloh 1898, 54–57.

[508] Hinweis von Professor BENEDIKT SCHWANK OSB (Beuron). Vgl. Y. MESHORER, Jewish Coins of the Second Temple Period, Tel Aviv 1967, 154–169.

[509] Zion, die Burg Jerusalems, PJB 11 (1915) 40–84 (79).

[510] Der die Abendmahlsworte beschließende eschatologische Ausblick in Mk 14,25 Par. steht in der Erwartung des endzeitlichen Dankopfermahls auf dem Zion nach Jesaja 25,6 ff.

westhügel nach Ostern Sitz der aus der Familie Jesu stammenden Leiter der judenchristlichen Gemeinde Jerusalems, dann mußte das die Verbindung mit der messianischen Davidsverheißung stärken. Es ist gut denkbar, daß die Judenchristen ihre Niederlassung auf dem Zionshügel direkt mit der Burg Davids verbanden, so daß der Pilger von Bordeaux 333 n. Chr. diese Lokaltradition vorfinden konnte (s. o. S. 1849). Die *cathedra* des Jakobus wurde noch im vierten Jahrhundert auf dem Zion verehrt[511], und die Kirche Jerusalems feierte dort bis ins 7. Jahrhundert hinein am 25. Januar das gemeinsame Gedenken von David und Jakobus dem Herrenbruder[512]. Auch die frühkirchliche Zionstradition bezeugt also auf ihre Weise den Südwesthügel als Ort des Wirkens Jesu, als erstes Zentrum der Urgemeinde und späteren Sitz der judenchristlichen Bischöfe aus der Familie Jesu.

3. Urkirchliche Lebensordnungen

a) Losverfahren und Bischofsamt

Apostelgeschichte 1,15−26 schildert die Ersetzung des Verräters Judas im Zwölferkreis. Nach einem Auswahlverfahren, an dem auch die Vollversammlung der Gemeinde beteiligt war (Apg 1,23; vgl. 1,15), fällt die Entscheidung zwischen den beiden verbliebenen Kandidaten, Matthias und Simon Justus[513], durch das Los (Apg 1,26). Während uns über den Gebrauch des Loses im Pharisäismus nichts bekannt ist, begegnen wir dem Losverfahren in Qumran[514]. Wenn man die Nähe von Essenerviertel und Sitz der Urgemeinde annimmt und mit zahlreichen essenischen Konversionen rechnet, dann erscheint diese Parallele noch interessanter[515]. Genauso wie in der Apostelgeschichte (vgl. Apg 1,21 f.) ging in Qumran dem Losverfahren eine genaue Prüfung des Bewerbers voraus (1QS 6,14−22). Nicht nur die Aufnahme in die Qumran-Gemeinschaft, sondern auch die Bestimmung zu einem besonderen Dienst (עֲבוֹדָה) konnte durch das Los (גּוֹרָל) erfolgen (1QSa 1,16−20). Apostelgeschichte 1,26 spricht in auffälliger terminologischer Übereinstimmung vom „Los des Dienstes" (κλῆρος τῆς διακονίας). Auch der Ausdruck „Ort seines Dienstes" (τόπος τῆς διακονίας) in Apostelgeschichte 1,25 (P⁷⁴, A, B, C* usw.) besitzt ein vergleichbares Äquivalent (מְקוֹם גּוֹרָלוֹ) in der Gemeinderegel von Qumran (1QS 2,23).

Vgl. P. STUHLMACHER, Die Stellung Jesu und des Paulus zu Jerusalem, ZThK 86 (1989) 140−156 (145 f.).
[511] Petrus Diaconus (GEYER, CSEL 39,108; BALDI 482 Anm. 1); Inschrift von St. Martin in Tours (F. DIEKAMP, Hippolytos von Theben, Münster 1898, 100).
[512] Texte bei: BALDI 481−483.
[513] Sein Beiname (צַדִּיק; δίκαιος) weist auf seine Herkunft aus frommen jüdischen Kreisen.
[514] Den nicht bloß metaphorischen Gebrauch illustrieren besonders 1QS 6,16−22; 9,7.
[515] Vgl. W. A. BEARDSLEE, The Casting of Lots at Qumran and in the Book of Acts, NovT 4 (1960) 245−252 und vor allem A. JAUBERT, L'élection de Matthias et le tirage au sort, TU 112, Berlin/Ost 1973, 274−280. Zur vorlukanischen Tradition in Apg 1,15−26 vgl. auch J. ROLOFF, Apostolat − Verkündigung − Kirche, Gütersloh 1965, 172−176.

In einer wichtigen Untersuchung zum frühchristlichen Amtsverständnis stellte W. NAUCK fest, daß „κλῆρος im Sinne (eines durch Los zugefallenen) Rangplatzes in der Gemeinde"[516] außer in Apostelgeschichte 1,17 und 26,18 (Rückblick des Paulus auf sein Damaskus-Widerfahrnis)[517] nur noch in 1. Petrus 5,3 gebraucht wird. Dort steht der Begriff im Zusammenhang einer Mahnung an urchristliche Älteste (πρεσβύτεροι) zur rechten Amtsausübung (1 Pt 5,1−4). Die Ausführungen des Briefes weisen hier starke Ähnlichkeiten mit den Weisungen der Damaskusschrift für den „Aufseher" (מְבַקֵּר) einer essenischen Zweigsiedlung (CD 13,7−12) und einem Bischofsweihgebet in der Kirchenordnung des Hippolyt (Trad Apost III 4,f) auf, besonders in der Verbindung der „Aufseher"-Funktion (בקר, ἐπισκοπεῖν) mit dem Hirtendienst (vgl. Apg 20,28)[518]. Das ist nur eine von mehreren Beobachtungen, die für die von J. JEREMIAS[519] bald nach Entdeckung der Damaskusschrift geäußerte Annahme spricht, es gebe einen Zusammenhang zwischen dem urchristlichen Bischof (ἐπίσκοπος) und dem Aufseher (מְבַקֵּר) der essenischen „Lager" (מַחֲנוֹת)[520]. Es darf in diesem Zusammenhang daran erinnert werden, daß im Grund Jakobus der Herrenbruder in der heiligen Stadt das erste geschichtlich greifbare Beispiel für einen monarchischen Bischof darstellt[521]. Wesentliche Anstöße für die Verbreitung des monarchischen Episkopats könnten deshalb durchaus von Jerusalem ausgegangen sein[522].

b) Die urkirchliche Gütergemeinschaft

Gleich nach der Auffindung der Qumran-Rollen haben viele Forscher gefragt, ob es einen Zusammenhang zwischen der essenischen und der urkirch-

---

[516] Probleme des frühchristlichen Amtsverständnisses, in: K. KERTELGE, Das kirchliche Amt im Neuen Testament, Darmstadt 1977, 442−469 (458).

[517] Zum möglichen Qumran-Hintergrund der Acta-Stelle vgl. E. LÖVESTAM, Paul's Address at Miletus, StTh 41 (1987) 1−10 (6 f.). Man kann fragen, ob Lukas in seinen verschiedenen Schilderungen der Berufung des Paulus auch Überlieferungen aus der offenbar essenisch beeinflußten judenchristlichen Gemeinde von Damaskus (R. RIESNER, Die Frühzeit des Apostels Paulus, Tübingen 1994, 211) verwendet hat. S. dazu auch o. S. 1863.

[518] Vgl. aaO. 445−451. Überhaupt finden sich im Schrifttum des Hippolyt Hinweise auf das Erbe eines essenisierenden Judenchristentums. Vgl. L. MARIÈS, Le Messie issu de Lévi chez Hippolyte de Rome, RSR 39 (1951/52) 381−396; R. J. Z. WERBLOWSKY, On the Baptismal Rite According to St. Hippolytus, TU 64, Berlin/Ost 1957, 93−105; M. WEINFELD, The Organizational Pattern and the Penal Code of the Qumran Sect, Freiburg/Schw.−Göttingen 1986, 70. S. auch u. S. 1882. Nach É. PUECH, La croyance des Esséniens en la vie future II, Paris 1993, 703−762 hat Hippolyt bei seinen Nachrichten über die Essener (Ref IX 18,2−28,2 [ADAM, KlT 182,41−51]) nicht bloß aus Josephus, sondern auch aus einer anderen Quelle geschöpft.

[519] Jerusalem zur Zeit Jesu II, Göttingen 1929, 133.

[520] Neuere Literatur zum Thema bei B. E. THIERING, Mebaqqer and episkopos in the Light of the Temple Scroll, JBL 100 (1981) 59−74; M. McNAMARA, Palestinian Judaism and the New Testament, Wilmington 1983, 139 f.

[521] Vgl. M. HENGEL, Jakobus der Herrenbruder − der erste „Papst"?, in: E. GRÄSSER−O. MERK, Glaube und Eschatologie (FS für W. G. Kümmel), Tübingen 1985, 72−104.

[522] Vgl. R. RIESNER, in: K. BOCKMÜHL, Die Aktualität der Theologie Adolf Schlatters, Gießen 1988, 49 f.

lichen Gütergemeinschaft gab[523], wie sie die Apostelgeschichte in Sammelberichten schildert (Apg 2,42.44 f.; 4,32.34 f.). Besondere Aufmerksamkeit galt dabei der Erzählung über Ananias und Sapphira (Apg 5,1–11), die eine Reihe von auffälligen Qumran-Parallelen aufweist[524]. Ein Problem für die Ausleger bildete schon immer die Frage, womit das Ehepaar sich eigentlich schuldig gemacht habe. Die Worte des Petrus an Ananias:

„Blieb es nicht dein Eigentum, wenn du es behalten wolltest? Und wenn du es verkauftest, konntest du nicht frei über den Erlös verfügen?" (Apg 5,4)

scheinen im Gegensatz zu den erwähnten Summarien eine allgemeine Gütergemeinschaft auszuschließen. Doch von einem speziellen Gelübde der Eheleute, den ganzen Erlös ihres Landverkaufs der Gemeinde zu opfern, das gebrochen worden wäre, sagt der Text nichts, und der zweite Teil der Petrus-Antwort schließt diese Annahme aus. B. J. CAPPER hat nun unter Hinweis auf eine Vorschrift der Gemeinderegel (1QS 6,13–23) die Schwierigkeit zu lösen versucht[525]. Wie in Qumran hätte es in der Jerusalemer Urgemeinde nach einer Eingangsphase zuerst eine nur provisorische Übergabe des Eigentums an die Gemeinschaft gegeben, und darauf würde sich der zweite Teil der Petrus-Frage beziehen. Erst nach einer gegenseitigen Probezeit konnte man dann durch den endgültigen Besitzverzicht Vollmitglied werden.

Die schwere Bestrafung von Ananias und Sapphira für ihre Unaufrichtigkeit beim Eigentumsverzicht weist ebenfalls eine gewisse Parallele zur Gemeinderegel (1QS 6,24 f.) auf, vor allem aber zu dem, was Josephus über den Ausschluß aus der essenischen Gemeinschaft berichtet (Bell II 143). Der wesentliche Unterschied besteht allerdings darin, daß bei den Essenern die Gemeinde richterlich handelte, während die Apostelgeschichte ein Strafwunder erzählt (Apg 5,4 f.9). Unabhängig von diesen Überlegungen hat D. R. SCHWARTZ[526] für eine andere schwierige Stelle der Apostelgeschichte eine Interpretation vorgeschlagen, welche die Auffassung von CAPPER unterstützt. Unmittelbar auf die Erzählung des Strafwunders folgt ein zusammenfassender Bericht über das Leben der

---

[523] Übersichten bei H. BRAUN, Qumran und das Neue Testament I, Tübingen 1966, 143–149; D. L. MEALAND, Community of Goods at Qumran, ThZ 31 (1975) 129–139; H. J. KLAUCK, Gütergemeinschaft in der klassischen Antike, in Qumran und im Neuen Testament, in: DERS., Gemeinde – Amt – Sakrament, Würzburg 1989, 69–100 sowie besonders B. J. CAPPER, Community of Goods in the Early Jerusalem Church [in diesem Band S. 1730–1774]. In der ersten Zeit der Qumran-Forschung nahm man eine große Nähe der beiden Gemeinschaften an, wie zum Beispiel J. SCHMITT, L'organisation de l'église primitive et Qumrân, RechBib 4, Louvain 1959, 217–231 (230 f.): « Le judaïsme communautaire est, à n'en pas douter, le milieu d'où l'Église de Jérusalem tient les formes les plus marquantes de son organisation naissante … (Ces réserves faites), il reste que son organisation apparaît, dans l'ensemble, parallèle voire très proche de la structure communautaire de type essénien ».

[524] Vgl. J. SCHMITT, Qumrân et l'église primitive, DBS IX, Paris 1979, 1007–1011 (1007 f.).

[525] The Interpretation of Acts 5,4, JSNT 19 (1983) 117–131; „In der Hand des Ananias…", RQ 12 (1986) 223–236.

[526] Non-joining Sympathizers (Acts 5,13–14), Bibl 64 (1983) 550–555.

Urgemeinde, der sich den beiden vorangegangenen Summarien (Apg 2,42–47; 4,32–35) vergleichen läßt:

„(11) Große Furcht kam über die ganze Gemeinde und alle, die das hörten. (12) Durch die Hände der Apostel geschahen viele Zeichen und Wunder unter dem Volk. Alle versammelten sich einmütig in der Halle Salomos. (13) Von den übrigen aber wagte niemand, sich ihnen anzuschließen (κολλᾶσθαι); das Volk aber schätzte sie hoch. (14) Immer mehr Gläubige wurden zum Herrn hinzugetan (προσετίθεντο), eine Menge von Männern und Frauen" (Apg 5,11–14).

Neben der an die Gemeinderegel (1QS 6,14) erinnernden Sprache[527] von Apostelgeschichte 5,14 ist hier besonders der scheinbare Widerspruch zwischen 5,13a und 5,14 auffällig. SCHWARTZ löst den Gegensatz auf, indem er Apostelgeschichte 5,13a auf den Eintritt in die volle Gütergemeinschaft deutet, vor dem viele aus Furcht wegen des Geschehens um Ananias und Sapphira (Apg 5,11) zurückschreckten. SCHWARTZ rechnet damit, daß es Christusgläubige gab, die sich nur nach Art jüdischer „Gottesfürchtiger" (Apg 10,2; 13,43; 16,14; 17,4)[528] zur Gemeinde hielten, ohne alle Verpflichtungen zu übernehmen.

Man hat die Sammelberichte der Apostelgeschichte mit ihrer Betonung der urkirchlichen Gütergemeinschaft oft nur für eine idealisierende Schilderung des Lukas gehalten. Nun ist unverkennbar, daß er in missionarischem Werben um Gebildete seiner Zeit auch zeigen wollte, wie sich in der Jerusalemer Urgemeinde wenigstens zeitweise das Gemeinschaftsideal verwirklichte, von dem griechische Philosophen wie Platon träumten[529]. Aber dadurch, daß Josephus die jüdischen Religionsparteien nach dem Muster griechischer Philosophenschulen darstellte (Bell II 119), verlieren seine Einzelinformationen noch nicht an Wert. Ebenso sollte man Lukas beurteilen. Er benutzt in seinen Sammelberichten zur Kennzeichnung des urkirchlichen Gemeinschaftslebens das Substantiv κοινωνία (Apg 2,42) und das Adjektiv κοινός (Apg 2,44; 4,32). Beide Worte kommen nun nicht nur in den Sozialutopien griechischer Philosophen vor, sondern stellen ebenso wie die Wendung ἐπὶ τὸ αὐτό[530] auch eine gute Entsprechung zum essenischen Zentralbegriff יחד (Einung, Gemeinschaft) dar (1QS 5,3

---

[527] Vgl. H. BRAUN, Qumran und das Neue Testament I, Tübingen 1966, 143.
[528] Man sollte zwischen der terminologischen Frage und dem Phänomen unterscheiden. Heiden, die große Sympathie für das Judentum hegten, ohne den Schritt zum Proselyten zu vollziehen, sind für die neutestamentliche Zeit und noch darüber hinaus gut bezeugt. Vgl. C. J. GEMPF, The 'God-fearers', in: C. J. HEMER, The Book of Acts in the Setting of Hellenistic History, Tübingen 1989, 444–447.
[529] Vgl. E. PLÜMACHER, Lukas als hellenistischer Schriftsteller, Göttingen 1972, 16–18; D. L. MEALAND, Community of Goods and Utopian Allusions in Acts II–IV, JTS 28 (1977) 96–99 und auch W. STEGEMANN, Nachfolge Jesu als solidarische Gemeinschaft der reichen und angesehenen Christen mit den bedürftigen und verachteten Christen, in: L. SCHOTTROFF–W. STEGEMANN, Jesus von Nazareth – Hoffnung der Armen, Stuttgart ²1982, 89–153.
[530] Lk 17,35; Apg 1,15; 2,1.44.47; 4,26; 1 Kor 7,5; 11,20; 14,23.

u. ö.), wie viele Forscher betonen[531]. Folgt man B. J. CAPPER und D. R. SCHWARTZ, dann gibt es zwischen den Summarien der Apostelgeschichte und Einzelerzählungen wie der von Joseph Barnabas (Apg 4,36 f.) oder jener über Ananias und Sapphira (Apg 5,1–11) keinen Widerspruch.

Warum aber wurde innerhalb der Jerusalemer Urgemeinde in der allerersten Zeit ihres Bestehens offenbar eine verpflichtende Gütergemeinschaft praktiziert? Sicher hat dabei auch das Vorbild der freiwilligen Armut im engeren Jüngerkreis Jesu eine Rolle gespielt. Da jedoch die vorösterlichen, seßhaften Anhänger Jesu keinen obligatorischen Besitzverzicht durchführten[532], stellt sich doch die Frage, ob die besondere Jerusalemer Praxis auch mit der großen räumlichen Nähe des Essenerviertels zusammenhing. Schon allein aus missionarischen Gründen (vgl. Apg 2,44–47) konnte sich die neue Messias-Gemeinde kaum ein weniger verbindliches Gemeinschaftsleben leisten als ihre essenischen Nachbarn. Missionarische Überlegungen dürften es dann auch gewesen sein, warum man zumindest später, als die Urgemeinde wuchs und sich ausbreitete, von der verpflichtenden Gütergemeinschaft abging. Denn natürlich mußte die Zweiteilung unter den Gläubigen, je nach ihrer Befolgung des Besitzverzichts, zu Spannungen führen. Trotz seiner irenischen Tendenz verschweigt Lukas auch nicht ganz, daß diese urkirchliche Lebensform als Problem hinter den Spannungen zwischen den „Hebräern" (Ἑβραῖοι) und „Hellenisten" (Ἑλληνισταί) stand (Apg 6,1–6).

Chronologisch gehört dieser Konflikt schon in das erste oder zweite Jahr der Jerusalemer Urgemeinde[533]. Die „Hellenisten" dürften auf eine vorösterliche Jerusalemer Anhängergruppe Jesu zurückgehen[534]. Die strenge Gütergemeinschaft war wohl nie ganz allgemeine Praxis. Spätestens nach einem Jahrzehnt scheint es auch in Jerusalem eine beträchtliche Gemeindegruppe ohne Gütergemeinschaft gegeben zu haben. Um die Zeit der Verfolgung durch Agrippa I. (vor 44 n. Chr.) besaß die Mutter des Johannes Markus ein vornehmes Haus (s. o. S. 1840) und hatte mindestens eine Magd (Apg 12,12 f.). Wie wenig verpflichtende Gütergemeinschaft allein die Identität des Christentums garantieren kann, sieht man an den späteren Ebioniten. Sie reklamierten zwar den alten Ehrennamen „Arme" der Jerusalemer Urkirche (vgl. Gal 2,10; Röm 15,26) für sich, der in seiner hebräischen Form אֶבְיוֹנִים eine Selbstbezeichnung der Essener war[535]. Doch die auch sonst auffallend essenisch beeinflußten Ebio-

---

[531] Vgl. H. KOSMALA, Hebräer – Essener – Christen, Leiden 1959, 347–350. Weitere Literatur bei H. BRAUN, Qumran und das Neue Testament I, Tübingen 1966, 143; D. R. SCHWARTZ, Bibl 64 (1983) 554. Josephus nennt die essenische Gütergemeinschaft τὸ κοινωνικόν (Bell II 122).

[532] Vgl. R. RIESNER, Jesus als Lehrer, Tübingen ³1988, 488 f.

[533] Vgl. R. RIESNER, Die Frühzeit des Apostels Paulus, Tübingen 1994, 53–65.

[534] Vgl. M. HENGEL, The 'Hellenization' of Judaea in the First Century after Christ, London – Philadelphia 1989, 17 f.

[535] Vgl. K. G. KUHN, Konkordanz zu den Qumrantexten, Göttingen 1960, 1; J. H. CHARLESWORTH, Graphic Concordance to the Dead Sea Scrolls, Tübingen – Louisville 1991, 4.

niten verloren die Verbindung zum Hauptstrom des Christentums und wurden mit ihrer häretischen Christologie[536] zu Wegbereitern des Islam[537].

c) Asketische Tendenzen

In der Erzählung von Ananias und Sapphira (Apg 5,1−11) erinnert die Aufteilung der Gemeinde in Jüngere und Ältere, die offenbar verschiedene Aufgaben wahrnahmen (Apg 5,6.10), an Vorschriften der essenischen Gemeinderegel (1QS 1,28 ff.; 5,23 ff.) sowie an die Beschreibung einer Gemeindeversammlung in dem noch nicht lange veröffentlichten Qumran-Text 4Q502[538]. Nach der Interpretation des jüdischen Forschers J. M. BAUMGARTEN[539] findet man dort auch eine interessante Parallele zu den ehelos lebenden Christinnen, welche die Apostelgeschichte in Joppe (Apg 9,36.39 [s. o. S. 1839]) und Caesarea Maritima (Apg 21,9 (Prophetinnen!]) sowie die Pastoralbriefe (1 Tim 5,3−16) voraussetzen. Nach BAUMGARTEN wird dieser Qumran-Text die Frage nach möglichen Beziehungen zwischen Essenismus und frühem christlichen Mönchtum wachhalten[540]. Essenischer Einfluß auf spätere asketische Strömungen im Urchristentum ist schon von vielen Forschern angenommen worden[541], aber nach der hier vertretenen Nähe von Jerusalemer Essenerviertel und Urgemeinde könnten solche Tendenzen bis in die ersten Tage des Urchristentums zurückreichen.

4. Liturgische Gebräuche

a) Taufen und Tauchbäder

O. MICHEL, der schon im Kommentar zur Tübinger Ausgabe des ʽJüdischen Kriegsʼ von Flavius Josephus mit der Möglichkeit eines Essenerviertels

---

[536] Vgl. R. RIESNER, Präexistenz und Jungfrauengeburt, ThBeitr 12 (1981) 177−187 (185).

[537] Literatur bei: R. RIESNER, Einführung zu A. SCHLATTER, Die Geschichte der ersten Christenheit, Stuttgart ⁶1983, VI; H. BARDTKE, ThV VII, Berlin/Ost 1976, 25−29. 38 f.

[538] Text bei: M. BAILLET, Discoveries in the Judean Desert VII: Qumrân Grotte 4, Oxford 1982, 81−105.

[539] 4Q502, Marriage or Golden Age Ritual?, JJS 34 (1983) 125−135.

[540] Vgl. auch A. PENNA, Il reclutamento nell'essenismo e nell'antico monachesimo cristiano, RQ 1 (1958/59) 345−364 (ablehnend); S. H. SIEDL, Qumran − eine Mönchsgemeinde im Alten Bund, Rom 1963; F. DAUMAS, La solitude des Thérapeutes et les antécédents égyptiens du monachisme chrétien, in: Philon d'Alexandrie, Paris 1967, 347−359; A. GUILLAUMONT, A propos du célibat des Esséniens, in: Hommages à André Dupont-Sommer, Paris 1971, 395−404. Weitere Literatur bei K. S. FRANK, Askese und Mönchtum, Darmstadt 1975, 375 f.; V. DESPREZ, The Roots of Christian Monasticism, ABenR 41 (1990) 357−377 (376 f.).

[541] So u. a. R. LAURENTIN, Structure et théologie de Luc I−II, Paris 1957, 183−188; A. VÖÖBUS, A History of Asceticism in the Syrian Orient I, Louvain 1958, 14 f.; A. ADAM, RGG³ II, Göttingen 1958, 494; M. BLACK, The Tradition of Hasidean-Essene Ascetism, in: Aspects du Judéo-Christianisme, Paris 1965, 19−32; DERS., The Scrolls and Christian Origins, Chico ²1983, 83−88; G. ANDERSON, Celibacy or Consummation in the Garden?, HThR 82 (1992) 121−148.

auf dem Jerusalemer Südwesthügel gerechnet hatte[542], schrieb in einer neueren Veröffentlichung: „Mir ist ... die Frage wichtig geworden, wo eigentlich die Urgemeinde nach der Anweisung des Petrus (Apg 2,38) getauft hat. Sie wird nach 'reinem Wasser' gefragt haben, da eine neue Reinheit vermittelt wurde. Ich vermute, daß die Urgemeinde in engem Kontakt mit dieser Essenergemeinde gestanden hat und auch ihre Bäder dort benutzen durfte"[543]. Enthält das später christlich umgestaltete größte Ritualbad (Abb. 9) auf dem Zionsberg (s. o. S. 1812) vielleicht noch eine Erinnerung daran? Aus Nazareth kennen wir wahrscheinlich judenchristliche Taufinstallationen, die jüdischen Ritualbädern ähneln[544]. Nahe Bethanien am Ölberg, das in den Evangelien eine gewisse Rolle spielt[545], wurde eine große *mikweh* sekundär in eine offenbar judenchristliche Kultstätte umgewandelt[546]. Das Ritualbad von Bethanien gleicht besonders einem, das im arabischen Dorf 'Isawija auf dem nördlichen Teil des Ölbergs gefunden wurde[547]. Nach der Tempelrolle von Qumran sollten drei Orte östlich der heiligen Stadt für Aussätzige abgesondert werden (11QMiqd 46,16 f.). Y. YADIN nahm an, daß einer dieser Plätze bei Bethanien lag, weil dort das Haus eines Aussätzigen namens Simon (Mt 26,6/Mk 14,13) erwähnt wird[548]. Vielleicht hat schon Jesus selbst in dieser essenischen Siedlung Anhänger gefunden (s. u. S. 1888 f.).

Bei allen möglichen Beziehungen zwischen christlicher Taufe und essenischen Tauchbädern bleibt aber festzuhalten, daß die christliche Umkehrtaufe vor allem in ihrer Einmaligkeit am ehesten dem Vorbild der Johannes-Taufe folgte[549]. Auch für Konvertiten aus dem Essenismus bedeutete die christliche

---

[542] Flavius Josephus: De Bello Judaico II/1, München 1963, 246 Anm. 41.

[543] Das Zeugnis des Neuen Testaments von der Gemeinde, Gießen ²1983, 116.

[544] Vgl. B. BAGATTI, The Church from the Circumcision, Jerusalem 1971, 242−245 und auch E. M. MEYERS−J. F. STRANGE, Archaeology, the Rabbis and Early Christianity, London 1981, 130−137.

[545] Mt 21,17/Mk 11,11 f.; Mt 26,6/Mk 14,3; Mk 11,1/Lk 19,29; Lk 24,50; Joh 11,1.18; 12,1.

[546] Vgl. den Grabungsbericht von P. BENOIT−M. É BOISMARD, Un ancien sanctuaire chrétien à Béthanie, RB 58 (1951) 200−251. Zur Identifizierung als jüdisches Ritualbad vgl. R. REICH, in: Abraham Schalit Memorial Volume, 1980, 253−255; zu einer möglichen judenchristlichen Umgestaltung E. TESTA, Les dossiers de l'Archéologie 10 (1975) 105 f. Den ursprünglichen Charakter als *mikweh* verkennt J. E. TAYLOR, The Cave at Bethany, RB 94 (1987) 120−123, welche die Grotte mit dem bei Hieronymus erwähnten *hospitium* von Maria und Martha (Ep 108,12 [HILBERG, CSEL 55,320]) identifiziert. Zum möglichen Zusammenhang des Ritualbads mit der Geschichte Jesu vgl. B. PIXNER, Bethanien bei Jerusalem − eine Essener-Siedlung?, in: DERS., Wege des Messias und Stätten der Urkirche, Gießen ²1994, 208−218. Als wichtig für die Frage nach judenchristlichen Tauchbädern könnten sich die fortdauernden Ausgrabungen in Sepphoris herausstellen. Vgl. E. M. MEYERS−E. NETZER−C. L. MEYERS, Sepphoris − "Ornament of All Galilee", BA 49 (1986) 4−19.

[547] Vgl. R. REICH, A miqweh at 'Isawiya near Jerusalem, IEJ 34 (1984) 220−223.

[548] The Temple Scroll I, Jerusalem 1983, 305 und ausführlicher in: Die Tempelrolle, Hamburg−München 1985, 194 f. YADIN folgt O. BETZ, in: DERS., Jesus der Messias Israels, Tübingen 1987, 332 Anm. 20.

[549] Vgl. G. LOHFINK, Der Ursprung der christlichen Taufe, ThQ 156 (1976) 35−54, H. STEGEMANN, Die Essener, Qumran, Johannes der Täufer und Jesus, Freiburg 1993, 354 f.

Taufe einen unübersehbaren Einschnitt: Man konnte sich nicht selber durch Untertauchen eschatologisch reinigen, sondern brauchte einen Zeugen, der den Namen des Messias Jesus über dem Täufling ausrief. Dieser Brauch, den die Apostelgeschichte schon für die allererste Zeit der Jerusalemer Urgemeinde voraussetzt (Apg 2,38), dürfte unabhängig davon durch den Jakobus-Brief für die judenchristlichen Gemeinden Judäas in den vierziger Jahren (s. o. S. 1841) bezeugt sein (Jk 2,7).

„Im Zuge der Entwicklung zum Frühkatholizismus wurde die Frage nach dem Glauben immer mehr zu einer Prüfung des Wissens und des Wandels, so daß die Bedingungen für die Zulassung zur Taufe in der K[irchen-]O[rdnung] Hippolyts (40−45) unmittelbar an die 1QS [Gemeinderegel von Qumran] erinnern", urteilte L. GOPPELT[550]. Aber ist ein solches Weiterwirken essenischen Gedankengutes nicht eher Zeichen einer Tradition, die weit ins 1. Jahrhundert zurückweist? Die Schilderung der christlichen Tauffeier bei Hippolyt von Rom um 200 n. Chr. erinnert aufs stärkste an den Initiationsakt der Essener[551]. Das von Justin (Apol I 61) und Hippolyt (Trad Apost 40) bezeugte und vielleicht auch schon von Plinius dem Jüngeren (Ep X 96) vorausgesetzte Versprechen des Taufanwärters zu einem Leben nach dem Evangelium erinnert an die Verpflichtung bei der Vollaufnahme in die essenische Gemeinschaft (1QS 5,7−11). W. RORDORF hat die Vermutung geäußert, daß die Unvereinbarkeit von römischem Fahneneid und christlicher Taufe bei Tertullian (De Idol 19,1 f.) einen essenischen Hintergrund haben könnte[552]. Überhaupt kann man fragen, ob nicht die „pazifistische" Strömung innerhalb der frühen Kirche, wie sie vor allem bei Tertullian und in Hippolyt von Roms Kirchenordnung zum Ausdruck kommt, sich nicht einer weiterwirkenden essenisch-judenchristlichen Tradition verdankt[553]. Im Blick auf die Taufparänese dürfte diese Tradition schon in sehr früher Zeit wirksam gewesen sein. R. SCHNACKENBURG bemerkt zu Epheser 5,8−11 mit seinem Dualismus von Licht und Finsternis: „Vielleicht haben bekehrte Qumran-Essener schon relativ früh die christliche Taufparaklese beeinflußt"[554].

b) Gebetszeiten und Mahlfeiern

Selbst wenn eine derartige Tendenz noch durch antichristliche Polemik verstärkt wurde[555], so scheint es in pharisäisch-rabbinischen Kreisen auch schon vor 70 n. Chr. eine Aversion gegen Gesang gegeben zu haben. Ganz

---

[550] Die apostolische und nachapostolische Zeit, Göttingen ²1966, 141.

[551] Vgl. W. NAUCK, Die Tradition und der Charakter des ersten Johannesbriefes, Tübingen 1957, 167−173.

[552] Tertullians Beurteilung des Soldatenstandes, VigChr 23 (1969) 105−141 (134−136).

[553] Vgl. weiter R. RIESNER, Militia Christi und Militia Caesaris, in: M. A. BOCKMÜHL− H. BURKHARDT, Gott lieben und seine Gebote halten, Gießen 1991, 49−72 (57 f.).

[554] Der Brief an die Epheser, Zürich−Neukirchen/Vluyn 1982, 227. Ebenso A. T. LINCOLN, Ephesians, Dallas 1990, 327.

[555] Vgl. R. RIESNER, Jesus als Lehrer, Tübingen ³1988, 140 f.

anders war das in Qumran[556] und auch bei den essenisierenden Therapeuten in Ägypten[557]. Zum Gottesdienst der Jerusalemer Urgemeinde (Apg 2,46 f.) gehörte der endzeitliche Jubel (ἀγαλλίασις), der vor allem in Psalmen- und Hymnengesang Gestalt gewann[558]. Es wurde schon auf die essenischen Parallelen zum 'Nunc dimittis' (Lk 2,29−32) hingewiesen (s. o. S. 1862), und ähnliches gilt für die anderen Lieder der lukanischen Geburtsgeschichte, das 'Magnificat' der Maria (Lk 1,46−50), das 'Benedictus' des Zacharias (Lk 1,68−79) und das 'Gloria in excelsis' (Lk 2,14)[559]. Man könnte sich gut vorstellen, daß diese Lieder gerade auch in jener Gemeinde auf dem Zionsberg überliefert und mitgeformt wurden, zu der Maria und andere Mitglieder der Familie Jesu gehört hatten (Apg 1,14)[560]. Auch andere frühe hymnische Bekenntnisse (wie Eph 1,3−14; 1 Pt 1,3−5; Kol 1.12−14) finden in Stil und Wortwahl auffallende Parallelen in Qumran[561]. Ein besonders herausragendes Beispiel frühkirchlicher Hymnendichtung sind die sogenannten 'Oden Salomos'. Sie entstanden vielleicht noch im ausgehenden 1. Jahrhundert n. Chr. in Nord-Palästina oder Süd-Syrien und weisen gleichermaßen essenische und johanneische Einflüsse auf[562], wie es für die frühe syrische Kirche typisch war[563]. Schon

[556] Vgl. E. WERNER, Musical Aspects of the Dead Sea Scrolls, The Musical Quarterly 43 (1957) 21−37. Zum liturgischen Gebrauch der heiligen Schriften vgl. H. HAAG, Das liturgische Leben der Qumrangemeinde, ALW 10 (1967) 78−109 (101−105); speziell zu den Psalmen R. T. BECKWITH, The Courses of the Levites and the Eccentric Psalms Scrolls from Qumran, RQ 11 (1984) 499−524. Liturgischen Gesang belegt jetzt vielleicht auch 4Q511 Fr. 10 Z. 7−9 (DJD VII, 226).

[557] Vgl. P. GÉOLTRAIN, Le traité de la Vie Contemplative de Philon d'Alexandrie, Paris 1960, 45 (§ 80).

[558] Vgl. M. HENGEL, Hymnus und Christologie, in: FS für K. H. Rengstorf, Leiden 1980, 1−22.

[559] Vgl. D. JONES, The Background and Character of the Lukan Psalms, JTS 19 (1968) 19−50; R. BUTH, Hebrew Poetic Tenses and the Magnificat, JSNT 21 (1984) 67−83; D. FLUSSER, Psalms, Hymns and Prayers, in: M. E. STONE, Jewish Writings of the Second Temple Period, Assen−Philadelphia 1984, 551−577 (551 f.); S. C. FARRIS, The Hymns of Luke's Infancy Narratives, Sheffield 1985, 14−98. Das 'Magnificat' sieht auf dem Hintergrund der Armenfrömmigkeit der Hodajot (1QH) auch N. LOHFINK, Lobgesänge der Armen, Stuttgart 1990.

[560] S. C. FARRIS kommt in seiner Gesamtuntersuchung zu dem Ergebnis: "1. The hymns of Luke 1−2 depend on Semitic, probably Hebrew originals. 2. They were composed by Jewish Christians, probably in Palestine before AD 70" (aaO. 98).

[561] Vgl. R. DEICHGRÄBER, Gotteshymnus und Christushymnus in der frühen Christenheit, Göttingen 1967, 65−82.

[562] Vgl. J. H. CHARLESWORTH, Les Odes de Salomon − Les manuscrits de la mer Morte, RB 77 (1970) 522−549; DERS., Qumran, John and the Odes of Solomon, in: DERS., John and Qumran, London 1972, 107−136.

[563] Vgl. J. DANIÉLOU, Les manuscrits de la Mer Morte et les origines du Christianisme, Paris ²1974, 110−114; B. PIXNER, Die Batanäa als jüdisches Siedlungsgebiet, in: DERS., Wege des Messias und Stätten der Urkirche, Gießen ²1994, 159−165. Die Gegend zwischen dem nördlichen Jordan und Damaskus war ein Gebiet besonders intensiver Begegnung zwischen Judenchristentum und Essenismus. S. o. S. 1820 f. Es ist nicht ausgeschlossen, daß versprengte Essener sich in Transjordanien noch über Jahrhunderte halten konnten, wie es Epiphanius, Pan 19,1 ff. (HOLL, GCS 25,217 ff.) vorauszusetzen scheint. Vgl. H.

J. CARMIGNAC hat den Verfasser der Oden für einen bekehrten Essener gehalten[564].

Nach der Schilderung der Apostelgeschichte hat sich die Jerusalemer Urgemeinde zumindest teilweise am Tempelgottesdienst mit seiner Liturgie beteiligt: Petrus und Johannes steigen zum Heiligtum hinauf „um die neunte Stunde [15 Uhr], wo man zu beten pflegt" (Apg 3,1; vgl. 2,46). Diese Gebetszeit zur Darbringung des Nachmittagsopfers wurde im pharisäisch-rabbinischen Judentum obligatorisch[565]. Es scheint aber, daß die Urkirche beim Gebet in den Hausgemeinden (Apg 2,42.46) eher dem essenischen Brauch des Morgen-, Mittags-, Abend- und Nachtgebets gefolgt ist[566], wie es die Gemeinderegel (1QS 10,1–3) und die Loblieder (1QH 12,4–7) voraussetzen. Für diese Tagzeitengebete besitzen wir jetzt mit 4Q503 ein liturgisches Formular[567]. Petrus betete in einem Haus in Joppe „um die sechste Stunde [12 Uhr]" (Apg 10,9), und die

AVENARY, Pseudo-Jerome Writings and Qumran, RQ 4 (1963) 3–10; A. NEGOÏTSA, Did the Essenes Survive the 66–71 War?, RQ 6 (1969) 517–530; J. H. CHARLESWORTH, RQ 10 (1980) 231 f. Mit einer starken Beeinflussung judenchristlicher Gruppen durch Essener im nördlichen Transjordanien nach 70 n. Chr. rechnen O. CULLMANN, Die neuentdeckten Qumrantexte und das Judenchristentum der Pseudoklementinen, BZNW 21, Göttingen 1954, 35–51 (ND in: Vorträge und Aufsätze, Tübingen–Zürich 1966, 241–259) und H. J. SCHOEPS, Theologie und Geschichte des Judenchristentums, Tübingen 1949, 270–277. Dazu kritisch J. A. FITZMYER, The Qumran Scrolls, the Ebionites and Their Literature, in: DERS., Essays on the Semitic Background of the New Testament, London 1971, 435–480. Zum Judenchristentum in Syrien vgl. auch H. J. W. DRIJVERS, Edessa und das jüdische Christentum, in: East of Antioch, London 1984, 4–33.

564 Un Qumrânien converti au Christianisme: l'auteur des Odes de Salomon, in: H. BARDTKE, Qumran-Probleme, Berlin/Ost 1963, 75–108.

565 Vgl. J. JEREMIAS, Das tägliche Gebet im Leben Jesu und in der ältesten Kirche, in: DERS., Abba, Göttingen 1966, 67–80 (69–73).

566 Vgl. P. F. BRADSHAW, Prayer Morning, Noon, Evening, and Midnight – An Apostolic Custom?, StLi 13 (1979) 57–62; DERS., Daily Prayer in the Early Church, Oxford 1982, 1–46. S. TALMON, Die Entstehung des Gebets als Institution in Israel im Licht der Literatur von Qumran, in: DERS., Gesellschaft und Literatur in der Hebräischen Bibel, Neukirchen–Vluyn 1988, 198–208 (208) schreibt: „Unsere Betrachtungen führen uns zu dem Schluß, daß sich zwischen dem Aufkommen des Gebetes als Institution in Qumran und dem frühen Gebet der jüdischen Hausgemeinde trotz zahlreicher gemeinsamer Grundlagen keine eindeutige historische Abhängigkeit feststellen läßt. Das jüdische Gebet ist innerhalb des Gefüges bestehender askriptiver sozialer Größen – der Familie und des Volkes – entstanden und läßt sich nicht mit elitären Gruppen zusammenbringen, die in der natürlichen Gesellschaftsstruktur keine Wurzeln haben. Dagegen könnte man eine historische Beziehung zwischen dem rituellen Gebet der Qumrangemeinde und dem frühen institutionalisierten christlichen Gebet, wie es sich zunächst innerhalb der Mönchsbewegung herausbildete, vermuten. Hier liegt eine Analogie in der soziologischen Zusammensetzung zweier Gruppen vor, die zu einer Entlehnung gottesdienstlicher Formen geführt haben könnte". Die soziologische Analogie gilt mutatis mutandis schon für die Jerusalemer Urgemeinde, die man in ihrem Anfangsstadium als „kommunitäre" Gemeinde beschreiben könnte. Vgl. R. RIESNER, Formen gemeinsamen Lebens im Neuen Testament, Gießen ²1984, 26–36. Mit einer zu weitgehenden monastischen Prägung rechnet A. L. CONDE, ¿Vida Monástica en las Acta Apostolorum?, TU 112, Berlin/Ost 1973, 321–327.

567 DJD VII, 105–136: « Prières quotidiennes ».

Jerusalemer Gemeinde kam zu nächtlichem Gebet zusammen (Apg 12,5.12; vgl. 16,25). Für die Vigil kennen wir außerhalb des Essenismus (vgl. 1QS 6,6– 8) keine jüdischen Vorbilder[568]. Es ist weiter eine interessante Frage, ob die christliche Gebetsrichtung *ad orientem* eine originäre Schöpfung aufgrund von Matthäus 24,27.30 (der wiederkommende Herr erscheint ἀπὸ ἀνατολῶν) darstellte[569] oder ob auch das essenische Gebet gegen Sonnenaufgang (Bell II 128) von Einfluß war, wie schon F. J. DÖLGER annahm[570]. Vielleicht sahen die Essener die aufgehende Sonne als Symbol des priesterlichen Messias (vgl. 1QSb 4,27 f.; TestLevi 18,2 ff.) an[571]. Die täglichen Mahlfeiern der Jerusalemer Urgemeinde (Apg 2,42.46) haben natürlich wesentliche Impulse durch die vorösterliche Tischgemeinschaft Jesu bis hin zum letzten Abendmahl mit seinen Jüngern empfangen, aber auch Analogien zu den Gemeinschaftsmählern von Qumran (1QS 6,1–6; 1QSa 2,17–22) sind schwerlich zu übersehen[572]. Wie sehr es Beziehungen des urchristlichen Gottesdienstes nicht nur zur Synagogenliturgie, sondern auch zu den essenischen gottesdienstlichen Feiern gegeben haben muß, zeigt noch die Beschreibung eines Agape-Mahles, wie sie Hippolyt in seiner Kirchenordnung (Trad Apost 26–30) am Beginn des 3. Jahrhunderts n. Chr. in Rom gab[573]. Als Entstehungsort der archaisch wirkenden und auffallend stark an der Davidsverheißung orientierten Mahlgebete der 'Zwölfapostellehre' (Did 9–10) hat man schon früher gelegentlich die Jerusalemer Urgemeinde vorgeschlagen[574]. Diese Ansicht erhält durch unsere Überlegungen zusätzliche Kraft.

Im Blick auf die frühkirchlichen Nachtgebete schrieb G. KRETSCHMAR die folgenden, für die christliche Liturgiegeschichte grundsätzlich bedenkenswerten Sätze: „Die einzige brauchbare Analogie zu diesen Vigilien findet sich nun doch wieder in Qumran … Solche Rückführung einer christlichen Ordnung auf Qumran ist heute nicht ungewöhnlich. Im Gegenteil, es droht die Gefahr, daß

---

[568] So schon J. A. JUNGMANN, Altchristliche Gebetsordnung im Licht des Regelbuches von 'En Fešcha, ZKTh 75 (1953) 215–219.

[569] Nach P. PETERSON, Die geschichtliche Bedeutung der jüdischen Gebetsrichtung, in: DERS., Frühkirche, Judentum und Gnosis, Rom–Freiburg–Wien 1959, 1–14 entstand die christliche Ausrichtung nach Osten als messianisches Bekenntnis gegenüber den Juden, die mit dem Angesicht nach Jerusalem beteten.

[570] Sol Salutis, Münster ²1925, 44. Vgl. auch J. DANIÉLOU, Les manuscrits de la Mer Morte et les origines du Christianisme, Paris ²1974, 39 f.

[571] Vgl. W. H. BROWNLEE, Messianic Motifs of Qumran and the New Testament, NTS 3 (1956/57) 195–210 (202 f.). Die Ausrichtung zur Sonne könnte zusätzlich mit der Befolgung des Solarkalenders zusammenhängen. S. Anm. 576.

[572] So schon K. G. KUHN, Über den ursprünglichen Sinn des Abendmahles und sein Verhältnis zu den Gemeinschaftsmahlen der Sektenschrift, EvTh 10 (1951/52) 508–527. Erweitert in: DERS., The Lord's Supper and the Communal Meal at Qumran, in: K. STENDAHL, The Scrolls and the New Testament, New York 1957 (²1992), 65–93.

[573] Vgl. J. A. JUNGMANN, Liturgie der christlichen Frühzeit, Freiburg/Schw. 1967, 96 f.

[574] H. J. GIBBINS, The Problem of the Liturgical Section of the Didache, JTS 36 (1935) 373– 386 (386); als eine Möglichkeit auch erwogen bei A. VÖÖBUS, Liturgical Traditions in the Didache, Stockholm 1968, 169 f. Vgl. jetzt vor allem S. HEID, Kairos 34/35 (1992/93) 5–12.

zuviel derartige Abhängigkeiten konstruiert werden und das Eigene der Kirche unhistorisch an den Rand gedrängt wird. Aber andererseits zeigt meines Erachtens gerade die Liturgiegeschichte, daß wir ohne diesen Rückgriff auf Qumran oder diesen Essenern verwandte Kreise auch nicht auskommen"[575].

c) Der Sonnenkalender

Fragen des Kalenders und der Festordnung spielten im Essenismus eine große Rolle[576], das wurde durch den halachischen Brief aus der 4. Höhle (4QMMT) neu bestätigt. Gleich am Beginn der Gemeinderegel aus Qumran wird gemahnt, „nicht ein einziges von allen Worten Gottes zu übertreten in ihren Zeiten und nicht ihre Zeiten vorzurücken und nicht zurückzubleiben mit all ihren Festzeiten" (1QS 1,13–15). Schon 1953 legte A. JAUBERT dar, daß die Qumran-Gemeinschaft einem Sonnenkalender mit 364 Tagen folgte, wie er ganz ähnlich auch im Jubiläenbuch zugrundeliegt[577]. Einige Einzelheiten ihrer Rekonstruktion sind umstritten. So teilt zwar wohl die Mehrheit der Forscher die Annahme von Frau JAUBERT, dieser Solarkalender lasse sich schon als priesterliche Tradition im Alten Testament nachweisen[578], aber zumindest manche halten das für eine Überinterpretation[579]. Auch scheint es in Qumran Versuche gegeben zu haben, den komplizierten Sonnenkalender mit dem sonst verwendeten Mondkalender auszugleichen[580]. Aber jedenfalls behielt die französische Forscherin darin Recht, daß der Solarkalender bei den Essenern tatsächlich in Gebrauch war; gerade auch die Tempelrolle (11QMiqd 13–28) hat das bestätigt[581].

---

[575] Die Bedeutung der Liturgiegeschichte für die Frage nach der Kontinuität des Judenchristentums in der nachapostolischen Zeit, in: Aspects du Judéo-Christianisme, Paris 1965, 113–136 (131).

[576] Eine Schwierigkeit scheint darin zu bestehen, daß keine Quelle über die Essener ihre besondere Kalenderrechnung nennt. Dagegen kann man darauf hinweisen: 1) Die essenische Gebetsrichtung zur Sonne hin (s. o. S. 1885) dürfte auch mit dem Solarkalender zusammenhängen. Vgl. T. S. BEALL, Josephus' description of the Essenes illustrated by the Dead Sea Scrolls, Cambridge 1988, 54. 2) Die Kalenderpolemik der Rabbinen gegen die Boethusäer in RH 8,2 mag in Wahrheit gegen die Essener gerichtet gewesen sein. Vgl. S. TALMON, The Calendar of the Judean Covenanters, in: The World of Qumran from Within, Jerusalem 1989, 147–185 (184 f.).

[577] Le calendrier des Jubilés et de la Secte de Qumrân, VT 3 (1953) 250–264.

[578] So z. B. J. C. VANDERKAM, The Origin, Character and Early History of the 364-Day Calendar, CBQ 41 (1979) 390–411; DERS., 2 Maccabees 6,7a and Calendrical Change in Jerusalem, JSJ 12 (1981) 52–74; P. R. DAVIES, Calendrical Change and Qumran Origin, CBQ 45 (1983) 80–89.

[579] Vgl. J. M. BAUMGARTEN, Some problems of the Jubilee calendar in current research, VT 32 (1982) 485–488.

[580] Vgl. R. T. BECKWITH, The Earliest Enoch Literature and Its Calendar, RQ 10 (1981) 365–387; J. M. BAUMGARTEN, The Calendar of the Book of Jubilees and the Temple Scroll, VT 37 (1987) 71–78. S. auch o. S. 1788.

[581] Vgl. Y. YADIN, The Temple Scroll I, Jerusalem 1983, 89–143. Vgl. auch A. JAUBERT, Fiches de Calendrier, in: M. DELCOR, Qumrân, Paris–Louvain 1978, 305–311 (306).

Große Aufmerksamkeit erregte anfänglich die Ansicht von Frau JAU-BERT[582], Jesus habe sein letztes Passah-Mahl dem essenischen Kalender folgend in der Nacht von Dienstag auf Mittwoch gefeiert und nicht, wie man nach der Lektüre der Evangelien meinen möchte, in der Nacht von Donnerstag auf Freitag[583]. Obwohl eine solche lange Passionschronologie sich in einigen früh-kirchlichen Traditionen spiegelt[584] und Frau JAUBERT ihre These in mehreren weiterführenden Arbeiten abzusichern versuchte[585], hat diese immer weniger Anklang gefunden[586]. Wenn man eine große Nähe von Abendmahlssaal und Essenerquartier annimmt, dann dürfte die Hypothese neue Aufmerksamkeit finden[587]. So hat in neuerer Zeit E. RUCKSTUHL literarkritisch zu zeigen versucht, daß alle Evangelisten in ihren Passionsgeschichten aus verschiedenen komposi-torischen und theologischen Motiven ein längeres Geschehen verkürzt wieder-gegeben haben. RUCKSTUHL plädiert innerhalb einer langen Passionschronolo-gie für ein letztes Mahl Jesu am essenischen Passah-Termin[588]. Bedeutende Ein-flüsse des Solarkalenders auf verschiedene christliche Gruppen, wie z. B. die kleinasiatischen Montanisten, lassen sich jedenfalls noch im 2. und 3. Jahrhun-dert n. Chr. nachweisen[589]. Es wäre lohnend, einmal der Frage nachzugehen, inwieweit die Übernahme des Sonnenkalenders auf einen essenisch-judenchrist-lichen Traditionsstrom in der alten Kirche hinweisen könnte.

[582] La date de la dernière Cène, RHR 146 (1954) 140–173; La date de la Cène, Paris 1957.

[583] Zustimmend z. B. B. SCHWANK, War das Letzte Abendmahl am Dienstag der Karwoche?, BM 33 (1957) 268–278; M. BLACK, The Arrest and Trial of Jesus and the Date of the Last Supper, in: New Testament Essays in memory of T. W. Manson, London 1959, 19–33; E. RUCKSTUHL, Die Chronologie der Letzten Mahles und des Leidens Jesu, Einsiedeln 1963; J. CARMIGNAC, Comment Jésus et ses contemporains pouvaient-ils célébrer la pâque à une date non-officielle?, RQ 5 (1964) 59–79; E. E. ELLIS, The Gospel of Luke, London ²1974, 249 f.

[584] Didascalia Apostolorum V 12–18; Victorinus von Pettau, Tractatus de fabrica mundi 3 (CSEL 49,4); Epiphanius, Pan 51,26–27,3 (HOLL, GCS 31,295–298). Vgl. weiter K. HOLL, Ein Bruchstück aus einem bisher unbekannten Brief des Epiphanius, in: DERS., Gesammelte Aufsätze zur Kirchengeschichte II, Tübingen 1928, 204–224 (204–209).

[585] Jésus et le Calendrier de Qumrân, NTS 7 (1960/61) 1–30; Le Mercredi où Jésus fut livré, NTS 14 (1967/68) 145–164; The Calendar of Qumran and the Passion Narrative in John, in: J. H. CHARLESWORTH, John and Qumran, London 1972, 62–75.

[586] Ablehnend vor allem P. BENOIT, RB 65 (1958) 590–594; P. GAECHTER, Eine neue Chrono-logie der Leidenswoche, ZKTh 80 (1958) 555–561; J. BLINZLER, Qumrankalender und Passionschronologie, in: DERS., Aus der Welt und Umwelt des Neuen Testaments, Stuttgart 1969, 108–123; DERS., Der Prozeß Jesu, Regensburg ⁴1969, 109–126. Weitere Literatur bei J. A. FITZMYER, The Dead Sea Scrolls – Major Publications and Tools for Study, Atlanta 1990, 186.

[587] Vgl. B. PIXNER, Das letzte Abendmahl Jesu, in: DERS., Wege des Messias und Stätten der Urkirche, Gießen ²1994, 219–228.

[588] Zur Chronologie der Leidensgeschichte I/II, in: E. RUCKSTUHL, Jesus im Horizont der Evangelien, Stuttgart 1988, 101–184.

[589] Man vgl. die zusammenfassenden Bemerkungen in dem materialreichen Werk von A. STROBEL, Ursprung und Geschichte des frühchristlichen Osterkalenders, Berlin/Ost 1977, 449.

5. Jesus und die Essener

Wie sahen die vorösterlichen Beziehungen zwischen der Jesus-Gruppe und essenischen Kreisen aus[590]? Es ist äußerst unwahrscheinlich, daß beide sich niemals begegnet sind, denn essenisierende Fromme gab es nicht bloß in der Einöde von Qumran[591]. D. FLUSSER ist sogar der Überzeugung, daß ein Jesus-Wort wie das über die Klugheit der „Söhne des Lichts" (Lk 16,8) direkt auf die Essener Bezug nehme[592]. Manche Züge der Verkündigung Jesu vermochten Essener anzuziehen, so etwa das grundsätzliche Scheidungsverbot, das er aufgrund der Schöpfungsordnung aussprach (Mt 19,4–6/Mk 10,6–9; vgl. CD 4,20 f.; 11QMiqd 57,17–19)[593], oder auch die geistliche Wertschätzung, die er der Ehelosigkeit entgegenbrachte (Mt 19,12). Seine Souveränität gegenüber rituellen Reinheitsgeboten (Mt 15,1–20/Mk 7,1–23) oder die Tischgemeinschaft mit Abgabenpächtern und anderen öffentlichen Sündern mußte Essener dagegen abstoßen. Worte wie das Verbot des Feindeshasses (Mt 5,43–48/Lk 6,27–36; vgl. 1QS 1,10) oder die Erlaubnis, am Sabbat ein Tier aus der Zisterne zu bergen (Lk 14,5; vgl. CD 11,13–17), scheinen geradezu gegen essenische Anschauungen gerichtet gewesen zu sein. Schon allein deshalb kann man Jesus nicht in den Essenismus nivellieren, wie es gelegentlich sogar noch in wissenschaftlichen Darstellungen geschieht[594].

Sehr wahrscheinlich hat Jesus trotz seiner teilweise deutlichen Kritik auch unter essenischen Frommen, die ja brennend das endzeitliche Heil ersehnten und im 1. Jahrhundert n. Chr. anscheinend die Erwartung des davidischen Messias intensivierten[595], Anhänger gewonnen. Die offenbar unverheirateten Geschwister Lazarus, Maria und Martha, die in Bethanien am Ölberg (s. o. S. 1881) wohnten (Mt 22,6/Mk 14,3; Joh 11,1 f.; vgl. Lk 10,38), könnten Bei-

---

[590] Vgl. auch R. RIESNER, Jesus, the Primitive Community, and the Essene Quarter of Jerusalem, in: J. H. CHARLESWORTH, Jesus and the Dead Sea Scrolls, New York 1993, 198–234 (215–220).

[591] B. HJERL-HANSEN, Did Christ Know the Qumran Sect?, RQ 1 (1957) 495–508 schloß aus der Polemik in Mt 24,26–28, daß Jesus vor Beginn seines öffentlichen Auftretens Kontakte mit Essenern in der Umgebung von Qumran hatte. Vgl. auch J. DANIÉLOU, Les manuscrits de la Mer Morte et les origines du Christianisme, Paris ²1974, 22 f.

[592] Jesus' Opinion about the Essenes, in: D. FLUSSER, Judaism and the Origins of Christianity, Jerusalem 1988, 150–168.

[593] Vgl. J. A. FITZMYER, Qumran: Die Antwort, Stuttgart 1993, 204–213; J. KAMPEN, The Matthean Divorce Texts Reexamined, in: G. J. BROOKE, New Qumran Texts and Studies, Leiden 1994, 149–167, aber auch A. TOSATO, The Law of Leviticus 18.18: A Reexamination, CBQ 46 (1984) 199–214.

[594] Z. B. bei G. W. BUCHANAN, Jesus and Other Monks of New Testament Times, RelLife 48 (1979) 136–142 (auch in: DERS., Jesus. The King and His Kingdom, Macon 1984, 183–190).

[595] Vgl. A. CAQUOT, Le messianisme qumrânien, in: M. DELCOR, Qumrân, Paris–Louvain 1978, 231–247; F. GARCÍA MARTÍNEZ, Messianische Erwartungen in den Qumranschriften, JBTh 8 (1993) 171–208; C. A. EVANS, Appendix: The Recently Published Dead Sea Scrolls and the Historical Jesus, in: B. D. CHILTON–C. A. EVANS, Studying the Historical Jesus, Leiden 1994, 547–565.

spiele für solche Sympathisanten mit essenisierendem Hintergrund sein[596]. Bedenkenswert sind in diesem Zusammenhang Überlegungen von G. LOHFINK: „Auffälligerweise wird uns kein einziger Zusammenstoß zwischen Jesus und den Essenern überliefert. Ihre Gemeinschaft wird in den Evangelien nicht einmal genannt. Lehnten sie, wie der Großteil der Pharisäer, Jesus ab? Oder beobachteten sie sein Auftreten, trotz aller Unterschiede zu ihm, mit einer gewissen Sympathie? Wenn man die Frage nach den Gründen stellt, die zum Tod Jesu geführt haben, darf jedenfalls nicht nur von den Pharisäern, den Sadduzäern, den Hohepriestern und den Herodianern gesprochen werden. Daß Jesus am Kreuze endete, wurde auch mitverursacht durch die Gleichgültigkeit sehr vieler, die sich um seine Botschaft gar nicht kümmerten, und wurde mitverursacht durch das Abwarten derer, die sich nicht zu schnell entscheiden wollten"[597]. Die Osterereignisse und das in ihnen gründende Bewußtsein der Urgemeinde, endgültig im Anbruch der Heilszeit zu leben (Apg 2,14–36), mußten für viele dieser Unentschlossenen eine neue Entscheidungssituation bedeuten[598]. Es dürfte deshalb lohnend sein, der Bedeutung des Milieus von essenischen Gruppen und Täuferkreisen[599] für den familiären Hintergrund Jesu[600], einige vor-

[596] Vgl. E. RUCKSTUHL, Die Chronologie des Letztes Mahles und des Leidens Jesu, Einsiedeln 1963, 110–112; W. PESCH, Lazarus, Maria und Martha, in: J. G. PLÖGER, Heilige im Heiligen Land, Würzburg 1982, 205–208 (205 f.); R. RIESNER, Jesus as Preacher and Teacher, in: H. WANSBROUGH, Jesus and the Oral Gospel Tradition, Sheffield 1991, 170–195 (178 f.).

[597] Der letzte Tag Jesu, Freiburg 1982, 23.

[598] Im Jahr 1972 vertrat J. O'CALLAGHAN, ¿Papiros neotestamentarios en la cueva 7 de Qumran?, Bibl 53 (1972) 91–100 (engl. Übersetzung: New Testament Papyri in Qumran Cave 7?, Supplement to JBL 91, 1972, 1–14) die These, daß sich in 7Q neutestamentliche Fragmente fänden. Obwohl O'CALLAGHAN seine These weiter ausbaute (Los papiros griegos de la cueva 7 de Qumrân, Madrid 1974), fand er nur wenig Zustimmung. Die Identifizierung 7Q5 = Mk 6,52 f. wird jetzt erneut verteidigt von C. P. THIEDE, 7Q – Eine Rückkehr zu den neutestamentlichen Papyrusfragmenten in der siebten Höhle von Qumran, Bibl 65 (1984) 538–559; DERS., Die älteste Evangelien-Handschrift?, Wuppertal ⁴1994. THIEDE erwägt hinsichtlich der Besitzer der Schriftrollen von 7Q: „Vielmehr dürften wir es hier … entweder mit zum Christentum konvertierten Essenern oder mit nicht-essenischen Judenchristen zu tun haben, die den neuen Glauben zu einer Gruppe tragen wollten, mit der sie entweder aufgrund ihrer Verbundenheit oder aufgrund persönlicher Kontakte in Jerusalem vertraut waren und zu der sie gewisse Affinitäten verspürten" (Evangelien-Handschrift, 62). Vor weitergehenden Schlüssen müßte natürlich zuerst die Identifizierung der umstrittenen Fragmente gesichert sein. Zustimmend zu THIEDE äußerten sich u. a. B. SCHWANK, Wann wurden die Evangelien abgefaßt?, EA 63 (1987) 54–56; H. HUNGER, Tyche 2 (1988) 278–280; F. ROHRHIRSCH, Markus in Qumran?, Wuppertal 1990; ablehnend C. FOCANT, Un fragment du second évangile à Qumrâm?, RThL 16 (1985) 447–454; H. U. ROSENBAUM, Cave 7Q5!, BZ 31 (1987) 189–205; G. W. NEBE, 7Q4 – Möglichkeit und Grenze einer Identifikation, RQ 13 (1988) 629–633. Bis auf weiteres sollten die Fragen um das Jerusalemer Essenerviertel und die Identität der 7Q-Fragmente je für sich beurteilt werden. Vgl. O. BETZ–R. RIESNER, Jesus, Qumran und der Vatikan, Gießen–Freiburg ⁵1994, 139–150. 212–215.

[599] Vgl. C. PERROT, Jésus et l'histoire, Paris 1979, 99–166.

[600] Vgl. P. SACCHI, Recovering Jesus' Formative Background, in: J. H. CHARLESWORTH, Jesus and the Dead Sea Scrolls, New York 1993, 123–139; B. PIXNER, in: DERS., Wege des Messias, Gießen ²1994, 23–55.

markinische Traditionen[601], die hebraisierende Sonderüberlieferung des Lukas-Evangeliums[602], den priesterlich geprägten Hebräer-Brief[603], die johanneische Tradition[604] und spätere orthodoxe wie heterodoxe Strömungen des Judenchristentums[605] weiter nachzugehen.

V. Zusammenfassung

Ausgangspunkt für unseren Versuch, nach möglichen Beziehungen zwischen dem Essenismus und der Jerusalemer Urgemeinde zu fragen, waren neue archäologische Erkenntnisse. Sie sprechen für eine große räumliche Nähe von Zentren beider Gemeinschaften auf dem südwestlichen Stadthügel von Jerusalem. Vor diesem historischen Hintergrund stärkt der Vergleich mit den Qumran-Schriften eher das Vertrauen in die Schilderung, die Lukas vom Leben der ersten Gemeinde am Beginn der Apostelgeschichte gibt. Nach der semitisieren-

---

601 Vgl. G. J. BROOKE, The Temple Scroll and the New Testament, in: DERS., Temple Scroll Studies, Sheffield 1989, 181–199.

602 Vgl. A. FEUILLET, Jésus et sa Mère d'après les récits lucaniens de l'enfance et d'après Saint Jean, Paris 1974, 79–108; M. PHILONENKO, La parabole sur la lampe (Luc 11,33–36) et les horoscopes qoumrâniens, ZNW 79 (1988) 145–151; R. RIESNER, James's Speech (Acts 15:13–21), Simeon's Hymn (Luke 2:29–32), and Luke's Sources, in: FS für I. H. Marshall, Grand Rapids–Carlisle 1994, 263–278.

603 Vgl. C. SPICQ, L'épître aux Hébreux, RQ 1 (1958/59) 365–390; G. W. BUCHANAN, To the Hebrews, Garden City 1972; J. H. CHARLESWORTH, The Old Testament Pseudepigrapha and the New Testament, Cambridge 1985, 83–86. Weitere Literatur bei H. FELD, Der Hebräerbrief, Darmstadt 1985, 35–38 (vgl. DERS., Der Hebräerbrief: Literarische Form, religionsgeschichtlicher Hintergrund, theologische Fragen, ANRW II 25,4, hrsg. v. W. HAASE, Berlin–New York 1987, 3522–3601, bes. 3550–3552); F. F. BRUCE, The Epistle to the Hebrews, Grand Rapids 1990, 7 f.

604 Vgl. F. M. BRAUN, L'arrière-fond judaïque du quatrième évangile et la Communauté de l'Alliance, RB 62 (1955) 5–44; R. E. BROWN, The Qumran Scrolls and the Johannine Gospel and Epistles, in: K. STENDAHL, The Scrolls and the New Testament, New York 1957 (²1992), 183–207; D. E. AUNE, The Cultic Setting of Realized Eschatology in Early Christianity, Leiden 1972, 29–135; O. CULLMANN, Der johanneische Kreis, Tübingen 1975, 41–60; J. A. T. ROBINSON, The Priority of John, London 1985, 64–67. 171–179; E. RUCKSTUHL, Der Jünger, den Jesus liebte, in: DERS., Jesus im Horizont der Evangelien, Stuttgart 1988, 355–401; M. HENGEL, Die johanneische Frage, Tübingen 1993, 281–284.

605 Vgl. J. DANIÉLOU, The Theology of Jewish Christianity, London 1964, 55–76; J. MAGNIN, Notes sur l'Ébionisme [II], POC 24 (1974) 225–250. Zu möglichen essenischen Hintergründen der Häresien in Galatien vgl. F. MUSSNER, Der Galaterbrief, Freiburg ⁵1988, 298–301; in Korinth (s. Anm. 452); in Kolossä vgl. N. KEHL, Erniedrigung und Erhöhung in Qumran und Kolossä, ZKTh 91 (1969) 364–394; J. J. GUNTHER, St. Paul's Opponents and Their Background, Leiden 1973, 173–179 und jetzt T. J. SAPPINGTON, Revelation and Redemption at Colossae, Sheffield 1991. Zu früheren Autoren vgl. S. WAGNER, Die Essener in der wissenschaftlichen Diskussion, Berlin 1960, 180–183. 230.

den Sprache zu schließen[606], geht zumindest der größere Teil des Stoffs für die ersten Acta-Kapitel auf palästinische Überlieferung zurück[607]. Ob eine erste Formung der Traditionen schon in Jerusalem selbst begann, müßte gesondert untersucht werden.

Die Parallelen zwischen den Lebensformen und den theologischen Ausdrucksweisen in Essenismus und Urchristentum sind gewiß von sehr unterschiedlichem Gewicht. Insgesamt legen die vorhandenen Berührungen aber doch den Schluß nahe, daß essenische Konvertiten von den ersten Tagen der Urkirche an in ihr eine wichtige Rolle spielten[608]. Schon 1852 hatte der konservative Kirchenhistoriker H. W. J. THIERSCH, ein Antipode von F. C. BAUR, gefragt, warum ein Teil der dem Judentum anvertrauten Wahrheit, die dann das Christentum übernahm, nicht auch vom Essenismus bewahrt worden sein sollte[609]. Das Bewußtsein der unantastbaren Heiligkeit Gottes und der Nichtigkeit des Menschen, das Wissen um die Realität der himmlischen Welt, die Einsicht in die Notwendigkeit radikaler Umkehr, die Forderung intensiven Gemeinschaftslebens und systematischer Schriftforschung konnte das Christentum, wenn auch nicht ausschließlich, so doch in besonderer Weise vom Essenismus aufnehmen[610]. Bald wurde allerdings auch klar, daß von manchen bekehrten

---

[606] Vgl. M. WILCOX, The Semitisms of Acts, Oxford 1965; R. A. MARTIN, Syntactical Evidence of Aramaic Sources in Acts I–XV, NTS 11 (1964/65), 38–59; M. BLACK, An Aramaic Approach to the Gospels and Acts, Oxford ³1967 (dtsch.: Die Muttersprache Jesu, Stuttgart 1982). Gegen mögliche Kritik besonders gut abgesichert ist das umsichtige Verfahren von R. A. MARTIN, Syntactical Evidence of Aramaic Sources in Greek Documents, Missoula 1974. Auch in seiner neuesten Untersuchung stellt R. A. MARTIN, Syntax Criticism of the Synoptic Gospels, New York–Queenstown 1987, 127 fest: "*These features* [insgesamt 17 Kriterien] *do not appear with Semitic frequency in the second half of Acts, but do appear wich such frequencies sporadically throughout the first half of Acts and the Synoptic Gospels*".

[607] Vgl. weiter R. RIESNER, Essener und Urkirche in Jerusalem, in: B. MAYER, Christen und Christliches in Qumran?, Regensburg 1992, 139–155.

[608] Die Annahme essenischer Konvertiten entkräftet auch den Einwand von R. LEIVESTAD, Hat die Qumranliteratur das Neue Testament beeinflußt?, in: FS für B. Reicke I, Macon 1984, 259–270, die Arkandisziplin der Sekte (Josephus, Bell II 141 f.; vgl. 1QS 4,6; 8,11 f.) mache eine solche Beeinflussung sehr unwahrscheinlich. Immerhin fragt auch LEIVESTAD: „Ist es allzu gewagt zu vermuten, 'Johannes' vertrete den radikal bekehrten Essener so wie Paulus den radikal bekehrten Pharisäer?" (aaO. 269).

[609] Die Kirche im apostolischen Zeitalter …, Erlangen 1852, 38 ff.

[610] Schon R. H. CHARLES, The Apocrypha and Pseudepigrapha of the Old Testament II, Oxford 1913, 794 schrieb im Blick auf die hinter der Damaskus-Schrift stehende Gemeinschaft: "*The later history of the Zadokites can only be surmised. It is not at all improbable that some, if not many, of them joined the Christian Church. Their appreciation – unparalleled in Judaism – of the Prophets, their insistance on the need of repentance, their constant proclamation of the readiness of God to pardon the repentant, their expectation of the Messiah and of a blessed future life – all these beliefs and hopes would prepare them to accept Christianity, and accordingly it is not unreasonable to conclude that they formed part of the 'great company of the priests that became obedient to the faith' (Acts Vi. 7)*". Das Bedenken von CHARLES, diesen 'Zadokiden' sei wegen ihrer positiven Stellung zum Tempelopfer (CD [B] 13,27; 14,1) jede Beziehung zum Essenismus abzusprechen (aaO. 790), ist nicht unüberwindlich (s. o. S. 1785–1790).

Essenern gefährliche Einflüsse wie legalistischer Ritualismus, asketischer Rigo-
rismus, dualistische Tendenzen und magische Praktiken ausgehen konnten.
Das frühe Christentum mußte unter Auseinandersetzungen, die zum Teil
an seine Existenz rührten, seine Identität bewahren. Es wurde kein „weitgehend
erfolgreicher Essenismus", wie ein bekannter Aphorismus von E. RENAN behauptet, viel eher könnte man schon den Islam einen „erfolgreichen Ebionitis-
mus" nennen[611]. Maßstab für Annahme oder Abstoßung von Traditionen war
im Urchristentum auch gegenüber dem Essenismus die singuläre Autorität der
Person und Lehre Jesu. Ein jüdischer Forscher hat diese Tatsache in ein ein-
drucksvolles Bild gefaßt: So verschiedener Herkunft die Bausteine waren, aus
denen der neue Messias-Glaube zusammengefügt wurde, den Einheit gebenden
Bauplan bildete die im Grunde analogielose Christologie[612]. Sein Ursprung in
der Person und Geschichte des Messias Jesus bewahrte das Christentum in den
ersten beiden Jahrhunderten davor, in den mächtig anschwellenden Strom des
gnostischen Synkretismus einzumünden, in dem essenisierende Tendenzen offenbar ein wichtiges Ferment bildeten.

---

[611] Vgl. J. MAGNIN, Notes sur l'Ébionisme [V], POC 28 (1978) 220–248 (241 f.). Das Diktum
von E. RENAN, Histoire du Peuple d'Israël V, Paris 1893, 70 lautete: « Le christianisme est
un essénisme qui a largement réussi ».
[612] D. FLUSSER, The Dead Sea Sect and Pre-Pauline Christianity, in: DERS., Judaism and the
Origins of Christianity, Jerusalem 1988, 23–74 (73 f.).

VI. Nachtrag:
Neue Funde und Quellen

1. Die Essener und Qumran

Eine neue Textveröffentlichung (4Q523) durch É. PUECH hat die Mehrheitsansicht gestärkt, daß es sich bei dem sogenannten „Frevelpriester", unter dem die Qumran-Gruppe den Jerusalemer Tempel verließ, tatsächlich um den Makkabäer Jonathan handelte[1] und nicht etwa um einen der letzten beiden Hasmonäer Hyrkanus II. (63-40 v. Chr.) oder Aristobul II. (67-63 v. Chr.), wie eine Hypothese amerikanischer Forscher behauptet[2]. Obwohl Jonathan kein Nachkomme Aarons war, usurpierte er im Jahr 152 v. Chr. das Hohepriesteramt (1Makk 10,21) und gab so den Anlaß zum essenischen Schisma. H. STEGEMANN hat bedenkenswerte Gründe dafür vorgetragen, daß in der von Josephus behaupteten siebenjährigen Vakanz zwischen 159 und 152 v. Chr. (Ant XX 237) in Wahrheit der „Lehrer der Gerechtigkeit" dieses Amt ausübte[3]. Über seinen Namen kann man derzeit nur spekulieren, da er offenbar einer *damnatio memoriae* verfallen war. Es dürfte sich am ehesten um einen Sohn des frommen Hohenpriesters Onias III. gehandelt haben. Onias war von Antiochus IV. abgesetzt und später auf Betreiben jüdischer Hellenismusfreunde um 170 v. Chr. in seinem Exil bei Antiochien ermordet worden (2Makk 4,33f), während sein Sohn überlebte (vgl. Ant XII 237.387). Bei Annahme von Papponymie (Nennung nach dem Großvater) könnte der Amtsname des „Lehrers der Gerechtigkeit" Simon III. gelautet haben[4].

Über den zeitlichen Anfang der ausgebauten Siedlung von Qumran besteht noch immer keine Einigkeit[5]. Ein Baubeginn unter Johannes Hyrkanus

---

[1] Jonathan le prêtre impie et les débuts de la communauté de Qumrân. 4QJonathan (4Q523) et 4QPsAp (4Q448), RQ 17 (1996) 241-270. Der Essenismus war vorbereitet durch eine apokalyptische Bewegung (s.o. S. 2f), wie sie sich etwa in der Henoch-Literatur spiegelt. Vgl. G. BOCCACCINI, E se l'essenismo fosse il movimento enochiano? Una nuova ipotesi circa il rapporto tra Qumran e gli esseni, in: R. PENNA, Qumran e le origini cristiane, Bologna 1997, 49-68.

[2] M. WISE – M. ABEGG – E. COOK, Die Schriftrollen von Qumran, Augsburg 1997, 28-53.

[3] Vgl. H. STEGEMANN, Die Essener, Qumran, Johannes der Täufer und Jesus, Freiburg ⁴1994, 205f. Zum Exil der Essener in der Gegend der syrischen Stadt Damaskus vgl. S. IWRY, The Exegetical Method of the Damascus Document Reconsidered, in: M.O. WISE, Methods of Investigation of the Dead Sea Scrolls and the Khirbet Qumran Site, New York 1994, 329-337.

[4] Vgl. P.M. RAINBOW, The Last Oniad and the Teacher of Righteousness, JJS 48 (1997) 30-52. So ebenfalls É. PUECH, Les convictions d'un savant, MBib 107 (1997) 51-57 (55). Auf eine Gründungszeit der Qumran-Gruppe in der Mitte des 2. Jhdt. v. Chr. weist auch der neuveröffentlichte Text 4Q248 (vgl. Dan 11,39). Vgl. M. BROSHI – E. ESHEL, The Greek King is Antiochus IV (4QHistorical Text = 4Q248), JJS 48 (1997) 120-129.

[5] Aus vorexilischer Zeit (8. bis 7. Jh. v. Chr.) stammt eine kleine israelitische Festung (vgl. 2Chr 26,10). Vgl. R. DE VAUX, Archaeology and the Dead Sea Scrolls, Oxford 1973, 1-3. Im Frühjahr 1996 wurden Keramikscherben und eine vollständige Parfümflasche aus per-

(135-104 v.Chr.) bleibt möglich, aber die wirkliche Besiedlung setzte unter Alexander Jannaeus (103-76 v.Chr.) ein[6]. Das harmoniert mit der Annahme, daß sich wegen der Pharisäer-Feindschaft dieses hasmonäischen Königs, über die Josephus berichtet (Bell I 88-98; Ant XIII 372-383) und die sich im Nahum-Pescher widerspiegelt (4QpNah 1,2-8), den Essenern die Möglichkeit zur Rückkehr aus ihrem Exil aus der Gegend von Damaskus geboten haben könnte (s.o. S. 6). Es verdichten sich die Hinweise, daß Qumran zuerst als eine mit einem Wehrturm leicht befestigte, quadratförmige landwirtschaftliche Siedlung errichtet wurde, bevor man in einer zweiten Phase die qumrantypischen Anbauten im Westen und Süden hinzugefügt hat[7]. Die von R. DE VAUX angenommene (s.o. S. 7), dann aber oftmals angezweifelte Siedlungslücke während der Regierungszeit von König Herodes dem Großen (37-4 v.Chr.) bleibt die beste Erklärung der archäologischen Evidenz[8]. Besonders der deutliche Unterschied in der Keramik[9] zwischen den Perioden Ib und II spricht für einen längeren Siedlungshiatus. Von daher bleibt die Annahme möglich, daß sich die Essener unter dem ihnen günstig gesinnten Herodes dem Großen auf Jerusalem konzentrierten (s.o. S. 8), Qumran für eine Zeit aufließen und erst nach dem Amtsantritt des Archelaos (vgl. Mt 2,22) in bescheidenerer Form wiederbesiedelten. Eine Übersiedlung in die Heilige Stadt könnte erleichtert haben, daß sich die auf das Jahr 70 v.Chr. gerichteten eschatologischen Hoffnungen nicht erfüllt hatten.

In einer wissenschaftstheoretisch reflektierten, sehr gründlichen Untersuchung hat F. ROHRHIRSCH die Alternativvorschläge zu Qumran als Essener-Siedlung (s.o. S. 4f) einer teilweise vernichtenden Kritik unterzogen[10]. Weder die Interpretation als Festung noch als Handelsstation wird dem Charakter der Ruinen und den dort gemachten Funden gerecht. Auch die Hypothese von einer herodianischen Landvilla steht auf äußerst schwachen Füßen. In der angeblichen *villa rustica* hatte P. DONCEEL-VOÛTE[11] die berühmten Bänke aus getrocknetem

---

sischer Zeit gefunden, die eine geringe Besiedlung nach dem Exil im 6. und 5. Jh. v.Chr. bezeugen. Vgl. R. PRICE, The Stones Cry Out, Eugene 1997, 283. Den Hinweis auf diese gutinformierte, aber entlegene Publikation verdanke ich Alexander Schick (Westerland).

6   Vgl. F. ROHRHIRSCH, Wissenschaftstheorie und Qumran, Göttingen – Freiburg/Schw. 1996, 116-118. Zur Erwartung der Heimkehr der Exilierten nach Zion im Jahr 70 v.Chr. vgl. A. STEUDEL, Der Midrasch zur Eschatologie aus der Qumrangemeinde (4QMidr Eschat[ab]), Leiden 1994, 234ff.

7   Vgl. H. SHANKS, The Enigma of Qumran. Four Archaeologists [Hanan Eshel, Jodi Magness, Joseph Patrich, Yizhar Hirschfeld] Assess the Site, BARev 24/1 (1998) 24-37. 78-84 (27-33).

8   Vgl. F. ROHRHIRSCH, Wissenschaftstheorie und Qumran, Göttingen – Freiburg/Schw. 1996, 212-227.

9   Vgl. J. MAGNESS, The Chronology of the Settlement at Qumran in the Herodian Period, DSD 2 (1995) 58-65.

10 Wissenschaftstheorie und Qumran, 307-333.

11 „Coenaculum" – La Salle à l'Étage du Locus 30 à Chirbet Qumrân sur la Mer Morte, in: R. GYSELEN, Banquets d'Orient, Leuven 1992, 61-84; Les ruines de Qumrân reinterpretées, Archaeologia 298 (1994) 24-35. Vgl. auch R. DONCEEL – P. DONCEEL-VOÛTE, Archaeology of Qumran, in: M.O. WISE u.a., Methods of Investigation of the Dead Sea Scrolls and the Khirbet Qumran Site, New York 1994, 1-38; R. DONCEEL, Qumran, in: OEANE IV, New York – Oxford 1997, 392-396. Viel zu schnell folgt den hingeworfenen

Lehm[12] als Ruheliegen gedeutet. Aber man muß befürchten, daß sie nicht mehr als eine einmalige Nutzung überstanden hätten[13]. Es bleibt viel wahrscheinlicher, den Raum Nr. 30 (Abb. 19) und seine Ausstattung mit der Anfertigung von Schriftrollen zu verbinden[14]. Die Keramikexpertin J. MAGNESS konnte nachweisen, daß in Qumran im Gegensatz zu herodianischen Villen fast keine

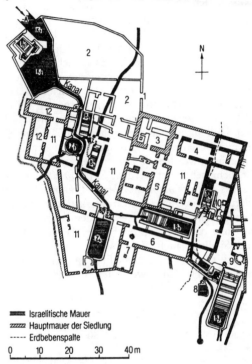

Abb. 19. Die Siedlung Qumran (nach G. KROLL)

Hypothesen des Ehepaares Donceel auch M.O. WISE, Dead Sea Scrolls, in: OEANE II, New York – Oxford 1997, 118-127 (118f). H. ESHEL, BARev 24/1 (1998) 37 urteilt: *„It was a mistake to bring in people [the Donceels] who were foreign to this. I once spoke with the Donceels about* mikva´ot; *they didn´n even know what the term meant. I had to explain it."*

12 Abbildungen und Rekonstruktionen bei A. SCHICK, Jesus und die Schriftrollen von Qumran, Berneck 1996, 94f

13 Vgl. R. REICH, A Note on the Function of Room 30 (the „Scriptorium") at Khirbet Qumran, JJS 46 (1995) 157-160. J. MAGNESS, BARev 24/1 (1998) 35 bemerkt launig: *„You´d have to be a midget in order to be able to recline and dine on those benches because otherwise you´d fall off. They´re only 40 centimeters wide."*

14 Vgl. H. STEGEMANN, Die Essener, Qumran, Johannes der Täufer und Jesus, Freiburg ⁴1994, 58. Besonders beweiskräftig ist der Fund einer für palästinische Verhältnisse unglaublich hohen Zahl von vier oder fünf Tintenfässern in diesem Bereich. Vgl. S. GORANSON, Qumran. A Hub of Scribal Activity?, BARev 20/5 (1994) 36-39.

importierte, sondern lokal hergestellte Ware Verwendung fand[15]. Das deutet auf eine Abgeschlossenheit der Bewohner gegenüber dem Luxus der Umwelt hin, wie es bei einer essenischen Siedlung zu erwarten ist. Die Deutung von Qumran als essenische Gemeinschaftssiedlung durch Pater R. DE VAUX kann nicht einfach als Projektion eines katholischen Mönches diffamiert werden, sondern hat Anhalt am archäologischen Befund. Die Seriosität der Arbeitsweise von DE VAUX wird durch die jetzt (endlich) veröffentlichten Grabungstagebücher dokumentiert[16]. Allerdings geben die Magazine des Rockefeller-Museums in Jerusalem immer noch ungehobene Schätze preis. Erst 1997 wurde ein Objekt publiziert, das bereits 1954 gefunden wurde. Es erwies sich als Sonnenuhr, mit deren Hilfe der Tag im Sinn des essenischen Sonnenkalenders eingeteilt werden konnte[17]. Zwischen September 1995 und Februar 1996 machten H. ESHEL von der Bar-Ilan-Universität und M. BROSHI vom Israel-Museum bei einer Geländeuntersuchung nördlich von Qumran wichtige Entdeckungen[18]. Sie konnten auf den Pfaden, die von der Siedlung u.a. zu den Höhlen I, II, III und XI (Abb. 20) führen, antike Benutzungsspuren nachweisen, darunter über achtzig Sandalennägel aus römischer Zeit. Damit wurden die Ergebnisse bisheriger Surveys korrigiert[19]. Es kann nun nicht mehr behauptet werden: *„Such ancient paths are entirely absent between the caves and the main complex at Qumran"*[20]. Schon immer hatte man sich gewundert, daß in Qumran zwar Werkstätten und ein großer Speisesaal, aber keine Schlafräume nachgewiesen werden konnten. Es herrscht weitgehende Übereinstimmung darüber, daß die Höhlen IV und VII bis X in der Mergelterrasse nahe der Siedlung auch Wohnzwecken dienten[21]. ESHEL und BROSHI fanden wenig nördlich vom Qumran Besiedlungsspuren in zwei weiteren künstlich geschaffenen Mergel-Höhlen sowie einen Steinkreis, der als Basis für ein

---

[15] A Villa at Khirbet Qumran?, RQ 16 (1994) 397-417; The Community of Qumran in the Light of Its Pottery, in: M.O. WISE u.a., Methods of Investigation of the Dead Sea Scrolls and the Khirbet Qumran Site, New York 1994, 39-50; Qumran not a Country Villa, BARev 22/6 (1996) 38-47. 72f..

[16] Vgl. J.B. HUMBERT – A. CHAMBON, Fouilles de Khirbet Qumrân et de Aïn Feshkha, Göttingen – Freiburg/Schw. 1994. Daraus wurden die Grabungstagebücher von Roland de Vaux vorbildlich übersetzt und erschlossen durch F. ROHRHIRSCH – B. HOFMEIR, Die Ausgrabungen von Qumran und En Feschcha IA, Göttingen – Freiburg/Schw. 1996.

[17] Vgl. M. ALBANI – U. GLESSMER, Un instrument de mesures astronomiques à Qumrân, RB 104 (1997) 88-115.

[18] Vgl. A. RABINOVICH, Residential Quarter Found in Qumran Dig, Jerusalem Post (International Edition) 13.1.1996, 5; New evidence nails down Qumran theory, Jerusalem Post 5.4.1996, 10; R. PRICE, The Stones Cry Out, Eugene 1997, 288f (Interview mit Professor Hanan Eshel); M. BROSHI – H. ESHEL, How and Where Did the Qumranites Live?, in: D.W. PARRY – E.C. ULRICH, The Provo International Conference on the Dea Sea Scrolls, Leiden 1998, [im Erscheinen]. Weitere Einzelheiten verdanke ich einer Vorlesung „New Archaeological Discoveries at Qumran" von Professor Hanan Eshel (Bar-Ilan-Universität, Ramat Gan) an der Universität Tübingen (13.3.1998).

[19] So der Survey von J. PATRICH, Khirbet Qumran in Light of New Archaeological Explorations in the Qumran Caves, in: M.O. WISE u.a., Methods of Investigation of the Dead Sea Scrolls, New York 1994, 73-95.

[20] L. CANSDALE, Qumran and the Essenes, Tübingen 1997, 172.

[21] Vgl. J. PATRICH – H. ESHEL, BARev 24/1 (1998) 80-82

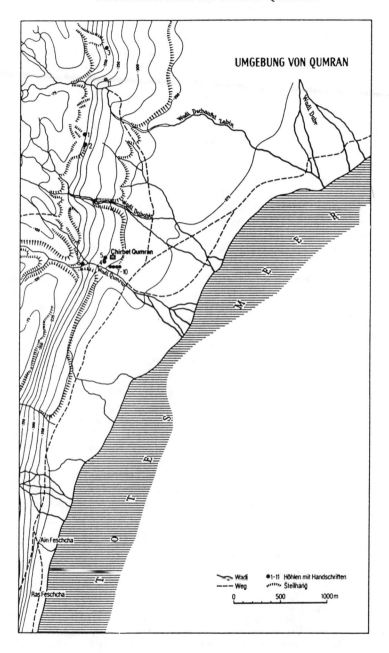

Abb. 20. Umgebung von Qumran mit Schriftrollen-Höhlen (nach G. KROLL)

Zelt gedient hatte, samt einem hölzernen Zeltpflock. Einige Bewohner von Qumran haben also offensichtlich außerhalb der Gebäude gelebt, und das paßt nun weder zur Garnison einer Festung oder den Bewohnern einer Landvilla. Die Beobachtungen zur Wohnweise könnten die Ansicht jener Forscher unterstützen, welche die Qumran-Essener wenigstens in der geistigen Nachfolge der Rechabiter sehen (s.o. S. 39)[22]. Diese Gruppe wollte durch den Verzicht auf feste Häuser die geistliche Erinnerung an die Wüstenzeit Israels wachhalten (Jer 35,12-19). Einfache Schlafstätten (Matten auf dem Boden) können sich allerdings auch in den eingestürzten Obergeschossen der Qumran-Gebäude befunden haben.

ESHEL und BROSHI hoffen sogar, bei der Ausgrabung eingestürzter Wohnhöhlen noch Schriftfunde zu machen[23]. Nach Untersuchungen mit Grundradar von 1996 und mit elektromagnetischen Instrumenten des Geophysischen Instituts Israels von 1997 vermutet J.F. STRANGE unter dem Plateau von Qumran eine von Menschen gemachte Höhle („paleochamber"). Ausgrabungen sollen diesen Sachverhalt klären. R. PRICE, einer seiner Feldassistenten, äußert sich sehr zuversichtlich: *„Through the means of sub-surface drilling and the use of a remote camera we will seek to confirm the new readings. We do not yet know what will be uncovered, but we are certain that much more lies on the archaeological horizon of Qumran. Perhaps you and I will awake some morning soon to find reports in our newspapers of a great new discovery, announcing to the world that the Dead Sea Scrolls are once again archaeology's front-page-story!"[24].* Der Zusammenhang zwischen der Siedlung und den Schriftrollen-Höhlen ist aber schon allein durch die da wie dort gefundene, typische Qumran-Keramik archäologisch wohlbegründet[25]. Nach dem Urteil von J. MAGNESS gilt: „Certain forms – the so-called scroll jars or a particular kind of oil lamp – are either unique to or characteristic of Qumran. These same forms were also found in the scroll caves"[26]. Für einen Zusammenhang spricht auch die Wohnnutzung einiger der Höhlen in der Mergel-Terrasse. Wahrscheinlich hat es noch viel mehr solcher bewohnten Höhlen gegeben, aber sie sind im Laufe der Zeit in die umgebenden Wadis abgerutscht wie mittlerweile auch die Höhle VII. Wegen dieser Unsicherheiten gehen die Schätzungen über die Zahl der Bewohner von Qumran noch immer weit auseinander (dreißig bis zweihundert)[27].

Im Januar 1998 grub Y. HIRSCHFELD von der Hebräischen Universität nahe dem Kibbuz En Gedi oberhalb des Toten Meeres die Reste einer Siedlung aus, die Y. AHARONI schon in den fünfziger Jahren entdeckt hatte[28]. Sie bestand aus

---

[22] Anders C.H. KNIGHTS, The Rechabites of Jeremiah 35: Forerunners of the Essenes?, JSP 10 (1992) 81-87.

[23] Vgl. H. SHANKS, So Far no Cigar, BARev 22/2 (1996) 10-12.

[24] The Stones Cry Out, Eugene 1997, 294.

[25] Vgl. F. ROHRHIRSCH, Wissenschaftstheorie und Qumran, Göttingen – Freiburg/Schw. 1996, 288-297.

[26] BARev 24/1 (1998) 83.

[27] J. PATRICH (30 bis 50), H. ESHEL (100 bis 200), in: BARev 24/1 (1998) 81f.

[28] Eine sehr knappe Notiz von A. RABINOVICH, Jerusalem Post (International Edition) 7.2.1998, 4. Weitere Einzelheiten verdanke ich einem Idea-Interview (1.2.1998), das Rainer Schmidt (Jerusalem) mit Dr. Yizhar Hirschfeld führte. Kritische Hinweise erhielt ich bei einem Oberseminar im Rahmen der Melanchthon-Stiftung (Tübingen 12.3.1998) von

zwanzig bis fünfundzwanzig kleinen Steinhäusern (2 x 3m) und existierte nach dem Ausgräber im 1. Jahrhundert n. Chr. HIRSCHFELD deutet das berühmte Zeugnis des römischen Gelehrten Plinius des Älteren aus der Zeit vor 79 n. Chr. über ein Zentrum der Essener am Toten Meer (Nat Hist V 17,4) auf diese Siedlung, die aber dafür viel zu bescheiden ist. Die geographischen Angaben verdankt Plinius vermutlich Marcus Vipsanius Agrippa, der ein Schwiergersohn von Augustus war und eine berühmte Weltkarte schuf[29]. Die Beschreibung weist, soweit man von einem antiken Autor überhaupt Genauigkeit erwarten kann, klar auf die Gegend von Qumran hin[30]. Es ist auch überhaupt fraglich, ob man bei En Gedi ein Ritualbad entdeckt hat, irgendwelche Funde aus früherer Zeit als dem 2. Jh. n. Chr. stammen und mehr als eine Siedlung von Landarbeitern an der Grenze zum Kulturland ausgegraben wurde.

Wirklich spektakulär war ein Fund, der im Winter 1996 J. CAUFIELD gelang, als er mit einem Team von Professor J.F. STRANGE in Qumran arbeitete[31]. An der Außenseite der südöstlichen Umfassungsmauer der Anlage fand er zwei beschriebene Tonscherben[32]. Das größere, schon früher in zwei Stücke zerbrochene Ostrakon umfaßt fünfzehn fragmentarische Zeilen mit einem hebräischen Text in spätherodianischer Schrift aus dem 1. Jahrhundert n. Chr., die im Schrifttypus den in den Höhlen gefundenen Rollen gleicht. Es folgt eine deutsche Übersetzung:

1 Im Jahr zwei von [
2 in Jericho gab Choni, Sohn von [
3 an Eleazar, Sohn von Nachmani [
4 Chisdaj von Cholon [
5 von diesem Tag bis in Ewig[keit
6 und die Mauern des Hauses und [
7 und die Feigenbäume und die Ol[ivenbäume
8 er erfüllte (den Eid) gegen die Einung (יחד) [
9 und Choni [
10 ihm den Chis[daj?
11 und [
12 durch die Hand [
13 (?)
14 Chisdaj, Sklave des Ch[oni? aus
15 Cholon [

Professor Hanan Eshel.

29 Vgl. S. GORANSON, Posidonius, Strabo and Marcus Vipsanius Agrippa as Sources on Essenes, JJS 45 (1994) 295-298.
30 Vgl. O. BETZ – R. RIESNER, Jesus, Qumran und der Vatikan, Gießen – Freiburg ⁶1995, 79f. Gegen die Deutung auf En Gedi durch J.P. AUDET, Qumrân et la notice de Pline sur les Esséniens, RB 68 (1961) 346-387 vgl. C. BURCHARD, Pline et les Esséniens. A propos d'un article récent, RB 69 (1962) 533-569; E.M. LAPERROUSAZ, „Infra hos Engadda". Notes à propos d'un article récent, aaO. 369-380.
31 Vgl. A. RABINOVICH, Qumran Yields Ancient Text, Jerusalem Post (International Edition) 2.3.1996, 32 (danach R. RIESNER, Archäologische Neuigkeiten aus Qumran, BiKi 51, 1996, 184f). Der Pressebericht erwies sich in manchen Details als ungenau.
32 F.M. CROSS – E. ESHEL, Ostraca from Khirbet Qumrân, IEJ 47 (1997) 17-30 und auch DIES., The „Yahad" (Community) Ostracon, in: A. ROITMAN, A Day at Qumran, Jerusalem 1997, 38-40.

Das Elektrisierende ist die Erwähnung des Wortes *jachad* (יחד) in Zeile 8. Dieser Ausdruck, den man im Deutschen mit „Einung" übersetzen könnte (s.o. S. 102f), ist in den Qumran-Texten eine der häufigsten Bezeichnungen für die essenische Gemeinschaft[33]. Damit kennen wir nun zum ersten Mal einen Text *aus* der Siedlung von Qumran, der terminologisch mit den Texten aus den Höhlen übereinstimmt. Es handelt sich ganz offensichtlich um eine Übertragung von Eigentum eines Privatmannes aus Jericho an die essenische „Einung". Die Scherbe mag ein Entwurf des Übergabevertrags gewesen sein. Obwohl der Fund seit Februar 1996 bekannt ist[34], findet er in einem Werk von L. CANSDALE keine Erwähnung, das 1997 erschien und vehement jede Beziehung zwischen Qumran und den Essenern bestreitet. Die Autorin sagt im Vorwort, daß sie Literatur bis April 1996 berücksichtigt habe[35]. Aber hätte man nach diesem Textfund, der für die mit großem Nachdruck vorgetragene These ein wahres Desaster bedeutet, nicht notfalls sogar den Druckprozeß aufhalten müssen?

Gegen eine Verbindung der Schriftrollen mit den Essenern hat man auch eingewandt, daß das Wort *chase* (חסיה), von dem man in der Regel nach dem Vorbild des Philo von Alexandrien (Omn Prob Lib 75) die griechischen Bezeichnunge Ἐσσαῖος bzw Ἐσσηνός ableitet (s.o. S. 87), bisher nur im Syrischen (חסא), aber nicht im Aramäischen von Qumran belegt war[36]. Das hat sich nun durch von M.E. STONE und J.C. GREENFIELD neu publizierte Fragmente (4Q213a Nr. 3-4) eines Levi-Dokumentes (4QLevi^b ar) geändert[37]. In Zeile 6 wird eine Prophetie über die Nachkommen Levis ausgesprochen: „Der Name des (oder der) Frommen (חסיה) wird nicht aus ihrem Volk ausgerottet werden auf ewig". Man kann sich von daher den Ausdruck „Essener" nicht bloß als Fremd-, sondern durchaus auch als Selbstbezeichnung der Qumran-Gruppe vorstellen. Parallel zu „den Frommen" wird in Zeile 7 von den „Heiligen aus dem Volk" (קדישין מן עמא) gesprochen, als die sich die Essener selbst sahen.

Alle Versuche, die Qumran-Gemeinde mit Jesus und der Urgemeinde zu identifizieren, wurden durch einen weiteren Radiokarbontest *ad absurdum* geführt, der 1994 an der Universität von Tucson in Arizona vorgenommen und dessen Ergebnis Anfang 1996 bekannt wurde[38]. Unter den getesteten Stücken von *Schriftrollen* befanden sich drei aus Höhle I, zehn sichere und zwei angenommene aus Höhle IV und drei von anderen Orten in der Wüste Juda. Die drei nichtqumranischen Proben stammten von datierten Dokumenten und bewiesen

---

[33] Vgl. J.H. CHARLESWORTH, A Graphic Concordance, Tübingen – Louisville 1991, 275.

[34] Vgl. A. RABINOVICH, New Ostraka Found at Qumran, Jerusalem Post 23.2.1996.

[35] Qumran and the Essenes, Tübingen 1997, V.

[36] Vgl. E. SCHUERER, The History of the Jewish People in the Age of Jesus Christ II (hrsg. G. VERMES – F. MILLAR), Edinburgh 1979, 559f; R. BERGMEIER, Beobachtungen zu 4 Q 521f 2, II, 1-13, ZDMG 145 (1995) 38-48 (45); DERS., Die Leute aus Essa, ZDPV 113 (1997), 75-87 (75).

[37] In: Qumran Cave 4/XVII (DJD XXII), Oxford 1996, 33-35 und Plate II. Den Hinweis auf diesen Text verdanke ich Professor Martin Hengel (Tübingen).

[38] A.J.T. JULL – D.J. DONAHUE – M. BROSHI – E. TOV, Radiocarbon Dating of Scrolls and Linen Fragments from the Judean Desert, Radiocarbon 37 (1995) 11-19 [jetzt auch in: Atiqot 28, 1996, 85-91]. Ich danke Dr. Magen Broshi vom Israel-Museum, daß er mir diesen Artikel frühzeitig zugänglich machte.

die grundsätzliche Treffsicherheit dieser C14-Untersuchung. Von den fünfzehn Qumran-Texten lagen bei dreizehn die Testergebnisse deutlich im Bereich der von Paläographen aufgrund des Schrifttyps angenommenen Daten und bestätigen so die Brauchbarkeit ihrer Methode. Nur zwei Texte, die als aramäischer Brief (4Q342) und Schuldverschreibung (4Q344) auch in ihrer Gattung etwas vom sonst in Qumran Üblichen abweichen, wurden in die Bar-Kochba-Zeit (um 135 n.Chr.) datiert. Es handelt sich um Texte, die nicht im archäologischen Kontext gefunden, sondern von Antiquitätenhändlern erworben wurden. Hier hatten offenbar die Beduinen Funde aus Höhlen des Bar-Kochba-Aufstandes mit Qumran-Texten vermischt. Besonders genaue Resultate konnten hinsichtlich des Habakuk-Kommentars (1QpHab) erzielt werden. In dieser Schriftrolle findet R.H. EISENMAN, der Professor hinter dem Skandalbestseller „Verschlußsache Jesus" von M. BAIGENT und R. LEIGH (1991), die Auseinandersetzung zwischen Paulus, dem „Mann der Lüge", sowie dem Herrenbruder Jakobus, dem „Lehrer der Gerechtigkeit", verschlüsselt geschildert[39]. Es ficht EISENMAN[40] auch jetzt nicht an, daß die Schriftrolle mit 97prozentiger Sicherheit älter als das Jahr 5 *vor* Christus ist!

2. Die Essener und Jerusalem

Die Diskussion um die Kupferrolle aus der Höhle III von Qumran (3Q15) geht weiter[41]. Immer stärker wird das Verzeichnis von 64 Schatzverstecken, das in einem vormischnischen Umgangshebräisch abgefaßt ist[42], als genuiner Qumran-Text angesehen[43]. Neue Anhänger hat die These gewonnen, daß es sich um ein Verzeichnis von Schätzen aus dem Jerusalemer Tempel handele, die im Zu-

---

39 Vgl. O. BETZ – R. RIESNER, Jesus, Qumran und der Vatikan, Gießen – Freiburg ⁶1995, 88-102.

40 The Dead Sea Scrolls and the First Christians, London 1996 (dtsch. Jakobus der Bruder von Jesus, München 1998). Vgl. die nicht weniger befremdliche (weil die These ernstnehmende) Rezension von W. FREND, Church Times 3.1.1997, 17.

41 Vgl. P. MUCHOWSKI, Language of the Copper Scroll in the Light of the Phrases Denoting the Directions of the World, in: M.O. WISE, Methods of Investigations of the Dead Sea Scrolls and the Khirbet Qumran Site, New York 1994, 319-326; F. GARCÍA MARTÍNEZ – D.W. PARRY, A Bibliography of the Finds in the Desert of Judah 1970-95, Leiden 1996, 534 (Literatur) und auch F. GARCÍA MARTÍNEZ – E.J.C. TIGCHELAAR, The Dead Sea Scrolls I, Leiden 1997, 232–239.

42 Vgl. F. GARCÍA MARTÍNEZ, The Dead Sea Scrolls Translated, Leiden 1994, 460.

43 Vgl. M WISE – M. ABEGG – E. COOK, Die Schriftrollen von Qumran, Augsburg 1997, 207-210. Neu angestoßen hatte die Diskussion B. PIXNER, Unravelling the Copper Scroll Code: A Study on the Topography of 3Q 15, RQ 11 (1983) 323-365. Allerdings ist der von dort (aaO. 362) übernommene Plan der Höhle 3Q (s.o. Abb. 10) nur schematisch und die angenommene Verteilung der Tonkrüge hypothetisch. Vgl. H. DE CONTENSON in: E.M. LAPERROUSAZ, L'Établissement de Qoumrân près de la Mer Morte, EI 20 (1989) 118*-123* (122*). Die Höhle war offenbar schon eingestürzt, als die Qumran-Schriften (einschließlich der Kupferrolle) hier (in großer Eile?) verborgen wurden. Vgl. J. PATRICH, Judean Desert, Survey of Caves, ESI 6 (1987/88) 66-70 (68-70).

sammenhang mit dem Jüdischen Krieg versteckt wurden[44]. Aber die erwähnten priesterlichen Gegenstände können auch bei einem essenischen Dokument erklärt werden[45]. Eine enge Verbindung zwischen der Essener-Siedlung und der Kupferrolle stellt vor allem die viermalige Erwähnung des Ortsnamens Sechacha (3Q15 4,13f; 5,1f.5.12) dar, dessen Identifizierung mit Qumran sich immer mehr durchsetzt[46]. Es wird ein offensichtlich oft begangener Weg zwischen Sechacha und Jericho erwähnt (3Q15 5,13). Das neuentdeckte Qumran-Ostrakon (s.o. S. 123f) belegt enge Beziehungen zwischen der Essener-Siedlung und der hasmonäisch-herodianischen Königsstadt (Zeile 2). Das Ostrakon zeigt auch, wie die Essener zu ihrem großen Gemeinschaftseigentum kamen, das auch im Habakuk-Pescher vorausgesetzt ist (1QpHab 12,8f), nämlich durch Übertragung des Besitzes von neueingetretenen Mitgliedern (s.u. S. 135). In einer Neuedition und Übersetzung der Kupferrolle hat sich K. BEYER[47] weitgehend der Lokalisierung von Verstecken durch B. PIXNER (s.o. S. 41-46) angeschlossen, die auf eine Gemeinschaftssiedlung der Essener in Jerusalem hindeuten. Allerdings ist die Identifizierung der Toponyme im einzelnen sehr umstritten[48], und so wartet man gespannt auf die kritische Neuausgabe der Kupferrolle durch J.K. LEFKOVITS[49], der sich auf durch moderne optische Methoden verbesserte Textlesarten[50] stützen konnte.

Im Jahr 1997 hat M. CHYUTIN eine Neuedition jener Fragmente vorgelegt, die von der essenischen Erwartung eines eschatologisch erneuerten Jerusalem sprechen. Die relativ große Zahl von Abschriften aus den Höhlen I, II, IV, V und XI belegt das brennende Interesse der Essener an diesem Thema. Auffällig ist, daß die Texte sämtlich aus einem sehr eng umgrenzten Zeitraum stammen, nämlich aus dem letzten Viertel des 1. Jahrhunderts v.Chr.[51]. Man ist versucht, dieses Datum mit der These zu verbinden, nach der die Essener unter Herodes dem Großen Einfluß auf den Neubau des Tempels zu erlangen versuchten (s.o. S. 12f). Die Häuser im endzeitlichen Jerusalem sollten alle einstöckig sein (Abb. 21) und die Räume für Gemeinschaftsmähler befanden sich offenbar im ersten

---

[44] So P.K. MCCARTER, The Copper Scroll Treasure as an Accumulation of Religious Offerings, in: M.O. WISE u.a., Methods of Investigation of the Dead Sea Scrolls and the Khirbet Qumran Site, New York 1994, 133-142; A. WOLTERS, History and the Copper Scroll, aaO. 285-295.

[45] Vgl. É. PUECH, Le Rouleau de Cuivre de Qumrân: 40 ans après. Conférence – 10ᵉ anniversaire du decès du R P Benoit – 23-4-97 [im Erscheinen].

[46] Vgl. H. ESHEL, A Note on Joshua 15:61-62 and the Identification of the City of Salt, IEJ 45 (1995) 37-40.

[47] Die aramäischen Texte vom Toten Meer II, Göttingen 1994, 224-233.

[48] Umstritten ist z.B., ob es auch Verstecke im Ost-Jordan-Land („Land Damaskus") gibt (s.o. S. 44f). Obwohl generell ablehnend, rechnen doch mit einzelnen Ausnahmen É. PUECH („Furt des Hohenpriesters" [3Q15 6,14-7,1]) und M. WISE – M. ABEGG – E. COOK, Die Schriftrollen von Qumran, Augsburg 1997, 215 („Festung von Nobach" [3Q15 9,17] vgl. Num 32,42; Ri 8,11).

[49] The Copper Scroll – 3Q15. A Reevaluation, Leiden 1998.

[50] Vgl. P.K. MCCARTER, The Mystery of the Copper Scroll, in: H. SHANKS, The Dead Sea Scrolls After Fourty Years, Washington 1991, 40-54.

[51] Vgl. M. CHYUTIN, The New Jerusalem Scroll from Qumran, Leiden 1997, 9.

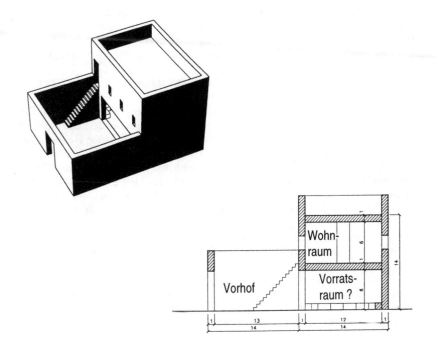

Abb. 21: Ein Wohnhaus im Neuen Jerusalem von 11QJN
(nach M. CHYUTIN, 1997)

Stock[52]. Es werden 22 Liegen (ערשן)[53] sowie 11 versiegelte (und dazwischen 10 offene) Fenster genannt (4Q554). Im Gegensatz zum Tempel Salomos setzt die Tempelrolle einen Oberstock des Tempelgebäudes voraus (11QMiqd 6,6), wie es auch den Beschreibungen des Josephus (Bell V 215ff) und der Mischna (Mid 4,5f [עליה]) für das Heiligtum von Herodes dem Großen entspricht. Das „Obergemach" des Tempels wird in der Beschreibung des Neuen Jerusalem

---

52 Vgl. K. BEYER, Die aramäischen Texte vom Toten Meer II, Göttingen 1994, 95-104 bzw. M. CHYUTIN, The New Jerusalem Scroll, 29f. 98. Eine deutsche Übersetzung bei J. MAIER, Die Tempelrolle vom Toten Meer und das „Neue Jerusalem", München – Basel ³1997, 318ff.

53 Mk 14,15/Lk 22,12 sprechen vom Abendmahlssaal als einem ἀνάγαιον ἐστρώμενον. Die Vetus Syra gibt Apg 9,33f (κράβατον στρωνύναι) mit שׁוי ערשׂא wieder. Vgl. G. DALMAN, Arbeit und Sitte in Palästina VII, Gütersloh 1942, 185.

RAINER RIESNER

(11QJN 10,1f) zweimal עליחא (s.o. S. 64) genannt[54]. Damit kennen wir wahrscheinlich den aramäischen Ausdruck, der hinter dem „Obergemach" der Evangelien (Mk 14,15 / Lk 22,12 [ἀνάγαιον]) und der Apostelgeschichte (Apg 1,13
[ὑπερῷον]) steht. Es bleibt abzuwarten, ob bei den in Angriff genommenen Ausgrabungen auf dem Zionsberg (s.u. S. 142) Häuserreste gefunden werden, die
sich zur essenischen Beschreibung des endzeitlichen Jerusalem in Beziehung set-
zen lassen.

Bei der Verbindung von Angaben der Tempelrolle aus Qumran über die
Anlage von Latrinen in Jerusalem (11QMiqd 46,13-16) bereiten die Angaben
über die Grenzen seiner besonderen Heiligkeit Schwierigkeiten (s.o. S. 31-33).
Beziehen sich die dreitausend Ellen auf den Mindestabstand der Latrinen zur
heiligen Stadt (Y. YADIN) oder auf den Umkreis, innerhalb dessen überdachte
Latinen angelegt werden mußten (B. PIXNER)? Schon 1922 hatte L. GINZBERG
auf Grund der 1910 in der Kairoer Genizah gefundenen Damaskus-Schrift (CD 12,
1f) die Ansicht vertreten, daß dort mit der „Stadt des Heiligtums" (עיר המקדש)
nicht die ganze heilige Stadt, sondern nur der Tempel gemeint sei[55]. B. LEVINE [56]
und L.H. SCHIFFMAN[57] vertreten ein solches Verständnis auch für die Tempelrolle, J. MILGROM hat ihnen mit Blick auf 11QMiqdasch 47,9-11 wider-
sprochen[58]. Falls man den Mindestabstand von dreitausend Ellen (ca. 1,3 km)
vom Tempel aus berechnen könnte, würde sich dieses Verständnis, wenn auch
knapp, mit der von PIXNER angenommenen Lage des Bethso in der Gegend der
Gobat-Schule vereinbaren lassen (Abb. 7). Die für die Latrinen vermuteten
Felseinkerbungen (s.o. S. 34f) müßten nochmals genauer untersucht werden[59].
Im Blick auf das ungewöhnlich große Ritualbad am Südende der Siedlung Qumran (Locus 71 [Abb. 19]) fragt Y. HIRSCHFELD: „The largest mikveh is quite

---

54 Vgl. M. CHYUTIN, The New Jerusalem Scroll from Qumran, Leiden 1997, 19f und Plate
    IV.
55 Eine unbekannte jüdische Sekte, New York 1922, 104f.
56 The Temple Scroll: Aspects of its Historical Provenance and Literary Character, BASOR
    232 (1978) 14f.
57 Exclusion from the Sanctuary and the City of the Sanctuary in the Temple Scroll, HAR 9
    (1985) 301-320.
58 The City of the Temple, JQR 85 (1994) 125-128.
59 Eine Abb. bei B. PIXNER, Jerusalem´s Essene Gateway – Where the Community Lived in
    Jesus´ Time, BARev 23/3 (1997) 22-31. 64-66 (31). Gegen Y. YADIN, The Temple Scroll I,
    Jerusalem 1983, 294ff, der die Vorschrift in 11QMiqd 46,13-16 von der Ordnung des
    Kriegslagers (Dtn 23,13-15) her erklärt (vgl. 1QM 7,6f), bemerkt J. MAIER, Die Tempel-
    rolle vom Toten Meer und das „Neue Jerusalem", München – Basel ³1997, 197:
    „Dahinter steht die Ansicht, daß Exkremente auch rituell verunreinigen (vgl. Dtn 23,13-
    14; Ez 4,12-15; Jos.Bell II,149; s. Milgrom J., JQR 71, 1980/1, 96f), während nach rabbi-
    nischer Tradition nur Urin unreiner Personen verunreinigt. Wenn dem so ist, war im Hei-
    ligtum entsprechender Regelungsbedarf vorhanden, und eine solche Regelung mußte nicht
    erst vom Kriegslager her abgeleitet werden. Bei Anwendung auf die ganze Stadt *mußten
    aber praktische Schwierigkeiten und entsprechende Widerstände eintreten* [Hervorhebung
    R.R.], daher wohl die auffällige Betonung der Lage außerhalb der Stadt". Den letzten Satz
    gilt es in Bezug auf die Lokalisierung der überdachten Latrinen sehr zu bedenken (s.o.
    S. 34). Das angenommene Gelände bei der Gobat-Schule lag in unmittelbarer Nähe des
    Essenerviertels, aber *außerhalb* der Stadtmauer.

unique ... we should think about the reason for such a large *mikveh*", um sie dann als Ritualbad für Pilger auf dem Weg nach Jerusalem zu erklären[60]. Aber andere entsprechend große *miqwa`ot* südlich oder westlich von Jerusalem befanden sich eindeutig an großen Straßen[61], während Qumran eher abseits lag. Man sollte deshalb wie bei dem riesigen Ritualbad auf dem Zionsberg (s.o. S. 36f) eher an die Anlage einer religiösen Sondergemeinschaft denken. Daß ein auf dem Zionsberg ausgegrabenes Tor im untersten Teil in die herodianische Zeit zu datieren und mit dem von Josephus erwähnten Essenertor (Bell V 145) zu identifizieren ist, wird in von israelischen Forschern verfaßten Standardwerken akzeptiert.[62]

Essener lebten nicht nur in Qumran und Jerusalem, sondern nach Flavius Josephus auch in anderen Teilen von Judäa (Bell II 124). Interessant sind in diesem Zusammenhang Ausgrabungen von 1991 und 1993 in Chorvat Hamoza (arab. Chirbet Beit Mizze), 6 km westlich von Jerusalem. Dort wurde eine *miqweh* gefunden, die auffällig einem später judenchristlich verehrten Ritualbad in Betha-

---

60 BARev 24/1 (1998) 26.34.

61 Vgl. D. AMIT, Ritual Baths (Miqva´ot) From the Second Temple Period in the Hebron Mountains, in: Z.H. ERLICH - Y. ESHEL, Judea and Samaria Research Studies [Neuhebräisch], Kedumim 1993, 157-189. Wenig bekannt ist ein sehr großes Ritualbad, das an der Römerstraße (*Ma`ale Roma´im*) von Jerusalem nach Emmaus-Nikopolis unweit westlich von Moza liegt. Leider gehen Jahr für Jahr die Spuren dieser für das Neue Testament so wichtigen Straße (s. Anm. 63) immer weiter verloren.

62 Vgl. H. GEVA, Twenty-Five Years of Excavations in Jerusalem, 1968–1993, in: Ancient Jerusalem Revealed, Jerusalem 1994, 1-28 (17); D. BAHAT, Jerusalem, in: OEANE III, New York - Oxford 1997, 224-238 (231) und die Literatur o. S. 26f, Anm. 133. Die Bedenken von K. BIEBERSTEIN - H. BLOEDHORN, Jerusalem. Grundzüge der Baugeschichte II, Wiesbaden 1994, 114f (vor allem gegen den Fund einer vorexilischen Stadtmauer) wurden geäußert vor der Publikation von D. CHEN - S. MARGALIT - B. PIXNER, Mount Zion: Discovery of Iron Age Fortifications Below the Gate fo the Essenes, in: H. GEVA, Ancient Jerusalem Revealed, Jerusalem 1994, 76-81 und B. PIXNER, Die Entdeckung eisenzeitlicher Mauern auf dem Zionsberg, in: Wege des Messias und Stätten der Urkirche (hrsg. R. RIESNER), Gießen ³1996, 397-401. Auf einem völlig überholten Informationsstand befindet sich trotz des Erscheinungsdatums G.J. WIGHTMAN, The Walls of Jerusalem, Sydney 1993, 141-147. Es ist unrichtig, wenn R. BERGMEIER, Die Leute von Essa, ZDPV 113 (1997) 75-87 (80) behauptet: „Brandspuren an einem dorischen Kapitell, das ‚in the rubble nearby' gefunden wurde, sind das einzige Indiz für das Alter des vermeintlichen Essenertores." Eine (anscheinend von ihm angenommene) byzantinische Datierung der untersten Torschwelle ist u.a. durch die verwendeten römischen Maßeinheiten, die unter den Flankensteinen verschlossen aufgefundene herodianische Keramik und den unter dem Tor verlaufenden herodianischen Abwasserkanal ausgeschlossen (s.o. S. 24). Hinsichtlich der Nähe von Essenertor und Bethso diskutiert BERGMEIER, aaO. 79f nicht die von mir in ANRW II 26/2, Berlin - New York 1995, 1790-1793 vorgetragene Interpretation von Josephus, Bell V 142-148 (s.o. S. 14-17). BERGMEIER, aaO. 79 fragt im Blick auf das „Essenertor" (Bell V 145), ob nicht „der Name des südwestlichen Ecktores eine Verballhornung des alten nordwestlichen Ecktores, des Isana-Tores, ist" (vgl. Neh 3,6; 12,39 [LXX: 2Esr 13,6; 22,39])? Nun gibt es zwar topographische Probleme bei Josephus, aber einem Bewohner Jerusalems (Vita 7 [s.o. S. 52f]) sollte man doch nicht so viel Ignoranz zutrauen. Auch in der neuen Veröffentlichung von BERGMEIER, die einige sehr bedenkenswerte Ausführungen zur Geschichte der Qumran-Gemeinschaft enthält, bleibt das Essenertor ein „historisches Rätsel" (s.o. S. 53, Anm. 264).

nien auf dem Ölberg (s.o. S. 105) gleicht[63]. Als wichtiger Indikator für essenische Siedlungen könnten sich Grabformen erweisen. Dem großen Einfluß des Pharisäismus vor 70 n.Chr. ist zuzuschreiben, daß die meisten Juden der herodianischen Zeit die Gebeine ihrer verstorbenen Angehörigen in kleine Steinsärge sammelten und diese Ossuarien in aus dem Felsen gehauenen Familiengräbern deponierten[64]. Auffallend gering ist demgegenüber die Zahl von bekannten Senkgräbern aus dieser Zeit, unter denen nochmals zwei Typen zu unterscheiden sind. Bei Gräbern, die nur rund 0,5m unter der Erde liegen, dürfte es sich um Armengräber oder Notbestattungen (Schab 23,4) handeln. Einige wenige solcher Gräber wurden in Jerusalem in Ramot, beim Damaskus-Tor, in Mamilla, bei Ketef Hinnom und auch am Westabhang des Zionsberges[65] gefunden. Äußerst selten dagegen sind Senkgräber von ca. 2,5m Tiefe mit einer ausgehauenen Nische in Bodenhöhe und einer Steinbedeckung. Durchweg zu diesem Typ gehören die Gräber in Qumran sowie in En el-Ghuweir und Chiam el-Sagha, die ebenfalls als essenische Niederlassungen gelten müssen (s.o. S. 49).

Jerusalemer Senkgräber, die in ihrer Machart denen von Qumran ähneln, waren bisher außer einem vereinzelten Beispiel in Mamilla[66] in größerer Zahl nur aus dem nicht weit vom Zionsberg gelegenen Vorort Ost-Talpiot (s.o. S. 50) bekannt. Im Februar 1996 legte B. ZISSU bei einer Notgrabung im südwestlichen Jerusalemer Stadtteil Beit Safafa Felsgräber frei[67], die sich ebenfalls mit den Bestattungen in Qumran vergleichen lassen[68]. Wie in Qumran sind die ca. fünfzig Gräber parallel zueinander angelegt, die meisten erscheinen nach Norden ausgerichtet. Die Grablegen enthalten so gut wie keine Beigaben, nicht einmal Keramik oder Glas, was in Jerusalem höchst ungewöhnlich ist. Ebenfalls außerordentlich ist die Anlage von Einzelgräbern, während man sonst immer Familien-

---

63 Vgl. Y. BILLIG, Horvat Hamoza, ESI 15 (1996) 81f. Weitere Informationen über diese Grabung, bei der bisher insgesamt fünf Ritualbäder gefunden wurden, verdanke ich Dr. Yaakov Billig von der Israel Antiquities Authority (Brief vom 8.3.1998). Das wenig unterhalb an der ehemaligen Römerstraße gelegene Moza (arab. Kalonije) wird von manchen (so J. MURPHY-O'CONNOR, The Holy Land, Oxford ²1992, 329f) als das neutestamentliche Emmaus (Lk 24,13) angesehen. Doch die älteste kirchliche Tradition (Baldi 707ff) führt nach Emmaus-Nikopolis (heute arab. Amwas), das an derselben Römerstraße liegt. Vgl. R. RIESNER, Emmaus, in: H. BURKHARDT u.a., Das Große Bibellexikon, Wuppertal – Gießen ²1991, 313f.

64 Vgl. L.Y. RAHMANI, Ossuaries and Ossilegium (bone gathering) in the Late Second Temple Period, in: H. GEVA, Ancient Jerusalem Revealed, Jerusalem 1994, 191-205.

65 Vgl. A. KLONER, The Necropolis of Jerusalem in the Second Temple Period [Neuhebräisch], Jerusalem 1980, 171f.

66 Vgl. R. REICH, The Ancient Burial Ground in the Mamilla Neighborhood, in: H. GEVA, Ancient Jerusalem Revealed, Jerusalem 1994, 111-117 (117).

67 B. ZISSU– H. MOYAL, [מערב] ביח צפאפא ,ירושלים, HA 106 (1996) 143f; B. ZISSU, Field Graves at Beit Zafafa: Archaeological Evidence for the Essene Community, in: A. FAUST, New Studies on Jerusalem, Ramat Gan 1996, 32-40 [Neuhebräisch]; DERS., „Qumran type" graves in Jerusalem: Archaeological Evidence of an Essene Community?, DSD 5 (1998). Ich danke Dr. Boaz Zissu (Israel Antiquities Authority), daß er mir diesen Artikel schon vor dem Erscheinen zugänglich machte.

68 Vgl. B. ROCHMAN, The Missing Link? Rare Tombs Could Provide Evidence of Jerusalem Essenes, BARev 23/4 (1997) 20f.

grabstätten findet. Bis auf eine Ausnahme fehlen auch Ossuarien. Nach der an-thropologischen Untersuchung handelt es sich bei den Toten wahrscheinlich um Juden. Eine Datierung der Grabanlage ist vor allem durch die Funde in einer benachbarten Zisterne möglich, die vom 2. Jh. v.Chr. bis zum 1. Jh. n.Chr. reichen. Auch ein ca. 300 m entferntes Ritualbad (!) ist in seiner Form für die Zeit des Zweiten Tempels typisch[69]. Wenn sich in Jerusalem unter den wenigen Senkgräbern gleich zwei ganze Felder mit den äußerst seltenen tiefen und stein-bedeckten Senkgräbern finden, wie wir sie aus Qumran und mindestens zwei anderen essenischen Niederlassungen kennen, so spricht das stark für die Exi-stenz eines essenischen Viertels in der Heiligen Stadt.

H.P. KUHNEN kommt zu dem Schluß, man könne „bei aller Vorsicht davon ausgehen, daß Juden vor der Zerstörung des Tempels die Form des Senkgrabes mieden, die Sektenanhänger am Toten Meer aber selbst mit der Wahl der Bestat-tungsform gegen die `herrschende Gesellschaft´ protestierten"[70] Die Gräberfelder in Qumran bilden zwar weiterhin ein Thema für heftige Kontroversen[71]. Für die israelische Grabexpertin R. HACHLILI steht jedoch fest, daß gerade der Friedhof von Qumran auf den Sektencharakter seiner Bewohner hinweist: *„If Qumran would have been a Jewish fortress or villa, the burial customs would have follo-wed the Jerusalem-Jericho form of the loculi-family tombs and their burial cu-stoms. These observations strengthen the thesis of those scholars who see the Qumran community as a Jewish separate sect ..."*[72]. H. STEGEMANN verbindet die Einzelgräber in Qumran mit der individualisierten essenischen Eschatolo-gie[73]. Die Ausrichtung der Toten mit dem Gesicht nach Norden bringt er mit der essenischen Anschauung zusammen, daß das Paradies nördlich des Heiligen Landes lag (vgl. 1QH 17,15; 1QS 4,23; CD 3,20; 4QpPs³ 2,9-12; 2,26-3,2). E.M. COOK nimmt in Qumran sogar einen Zentralfriedhof der Essener an, auf dem hauptsächlich Mitglieder der Gemeinschaft von Jerusalem bestattet wur-den[74].

---

[69] Vgl. D. AMIT, Ritual Baths (Mikva´ot) from the Second Temple Period in the Hebron Mountains [Neuhebräisch], in: Z.H. ERLICH – Y. ESHEL, Judea and Samaria Research Studies, Kedumim 1993, 157-189 (161f).

[70] Palästina in griechisch-römischer Zeit, München 1990, 268.

[71] Gegen Z.J. KAPERA, Some Remarks on the Qumran Cemetery, in: M.O. WISE u.a., Me-thods of Investigation of the Dead Sea Scrolls and the Khirbet Qumran Site, New York 1994, 95-110 vgl. F. ROHRHIRSCH, Wissenschaftstheorie und Qumran, Göttingen – Frei-burg/Schw. 1996, 235-260. L.B. ELDER, The Women Question and Female Ascetics Among Essenes, BA 57 (1994) 220-234 deutet Frauengräber in der Nähe des planmäßig angelegten Hauptgräberfeldes als Bestattungen von essenischen Asketinnen. S. auch o. S. 42.

[72] Burial Practices at Qumran, RQ 16 (1993) 247-264 (263).

[73] Die Essener, Qumran, Johannes der Täufer und Jesus, Freiburg ⁴1994, 290f.

[74] Qumran a Ritual Purification Center, BARev 22/6 (1996) 39.48-51. 73-75.

3. Essener und Urchristen

Nach den Turbulenzen um „Verschlußsache Jesus" und ähnliche Negativ-Bestseller[75] ist die Diskussion um das Verhältnis zwischen den Qumran-Rollen und dem Neuen Testament inzwischen in ein ruhigeres Fahrwasser gekommen. Im esoterischen Bereich begegnet allerdings weiterhin ein vielfältiger Mißbrauch von essenischen Texten bis hin zu okkultistischer Verwendung. In den Kreisen der Esoteriker wird auch die uralte Aufklärungsthese aufgewärmt, der „Jüngling in weißen Kleidern" (Mk 16,5) sei einer der nach Josephus (Bell II 129) in Linnen gekleideten Essener gewesen, die den Gekreuzigten mit Hilfe von medizinischem Geheimwissen (Bell II 136) hätten wiederauferstehen lassen (Joh 19,39!)[76]. Leider erzielen der angebliche „Essäer-Brief" sowie das von E.B. SZEKELY gefälschte „Friedensevangelium der Essener" immer noch hohe Auflagen[77] und führen zu haltlosen Spekulationen über Qumran-Schriften, die angeblich in Geheimarchiven des Vatikans verschlossen gehalten werden.

Zeitweise gelang es sogar einem selbsternannten Archäologen, bekannte Massenmedien hinters Licht zu führen[78]. V. JONES, der sich gerne als eine Art zweiter Indiana-Jones stilisiert und deshalb Texas-Jones genannt wird, befindet sich seit einigen Jahren auf der Jagd nach der verlorenen Bundeslade, wobei ihm die Kupferrolle (3Q15) als Wegweiser dienen soll. 1988 verkündete JONES, er habe nahe der Qumran-Höhle III, dem Fundort der Kupferrolle (!), Salböl aus dem Zweiten Tempel entdeckt. CNN und die New York Times verbreiteten die Nachricht in der ganzen Welt. In Wahrheit wurde das Öl von B. ARRUBAS gefunden, einem Mitarbeiter des israelischen Archäologen J. PATRICH, dem JONES Volontäre vermittelt hatte. Es stellte sich heraus, daß der Flüssigkeit ausgerechnet der Stoff fehlte, der für die Herstellung von biblischem Salböl unabdingbar ist, Olivenöl![79] 1992 wandte sich JONES erneut an die Medien, denn jetzt hatte er nicht weniger als neunhundert (!) Pfund Weihrauch aus dem Zweiten Tempel gefunden. Diesmal brachte auch die sonst archäologisch seriöse Jerusalem Post die Geschichte groß heraus[80]. Nachdem man dort aber entdeckte, daß sich ein Mitarbeiter von JONES als Berichterstatter eingeschlichen hatte, wurde dieser umgehend entlassen[81]. Die israelische Altertümerbehörde hat JONES von allen Grabungen ausgeschlossen, aber er betreibt weiter undurchsichtige Aktivitäten in Verbindung mit den *bne noach* („Söhne Noahs"). Dabei handelt es sich um eine von den Southern Baptists abgesplitterte Gruppe, die Heidenchristen zum

[75] Vgl. O. BETZ – R. RIESNER, Jesus, Qumran und der Vatikan, Gießen – Freiburg ⁶1995, 83-86.

[76] Vgl. J. FINGER, Jesus – Essener, Guru, Esoteriker?, Mainz – Stuttgart 1993, 33-47.

[77] Vgl. R. PRICE, Secrets of the Dead Sea Scrolls, Eugene 1996, 346-358.

[78] Vgl. R. RIESNER, Archäologen, Abenteurer und Autoren, Leben und Glauben 34/1997, 28-31.

[79] Vgl. J. PATRICH – B. ARRUBAS, A Juglet Containing Balsam Oil (?) from a Cave Near Qumran, IEJ 39 (1989) 43-59.

[80] D. GRIFFIN, Christian Group May Have Found Temple Incense, Jerusalem Post (International Edition) 9.5.1992, 28.

[81] Vgl. R. PRICE, Secrets of the Dead Sea Scrolls, Eugene 1996, 356f.

Halten der sogenannten Noachidischen Gebote bekehren will, damit sie auf diese Weise Anteil am Heil Israels erhalten.

Große Aufmerksamkeit erzielt weiterhin der Vorschlag, einige Fragmente aus der Höhle VII von Qumran mit neutestamentlichen Texten zu identifizieren[82]. Im Gegensatz zu den vorangehenden Ansichten handelt es sich hierbei um eine wissenschaftlich diskutable These. Sie wurde von J. O'CALLAGHAN begründet und wird jetzt vor allem von C.P. THIEDE[83] vertreten (s.o. S. 113). Die Diskussion entscheidet sich an den Fragmenten 7Q4/1-2 = 1. Timotheus 3,16; 4,13 (?) und 7Q5 = Markus 6,52f (?), weil nur sie genügend Text bieten. Inzwischen kann die Identifizierung von 7Q4 mit dem griechischen Text von 1. Henoch 103,3f und 105,1, wie sie G.W. NEBE[84] angeregt und É. PUECH[85] noch weiter begründet hat, als gesichert gelten. Ein solcher Text paßt natürlich gut nach Qumran (s.o. S. 3), denn es wurden dort aramäische Fragmente der beiden Kapitel gefunden, wenn auch bisher noch keine griechischen Fragmente dieses apokalyptischen Werkes. Der Judas-Brief (Jud 14f) zitiert aber 1. Henoch 1,9 offenbar aus dem griechischen Text. Da man als Verfasser den Herrenbruder Judas annehmen darf (s.o. S. 95), ist das ein Hinweis darauf, daß auch der griechische Henoch-Text im Palästina des 1. Jahrhunderts n.Chr. bekannt war. In der Höhle VII war mindestens noch ein weiteres griechisches Apokryphon vorhanden, nämlich ein Fragment aus dem sogenannten „Brief des Jeremia" (7Q2 = Bar 6,43f).

Die Identifizierung von 7Q5 mit dem Markus-Text scheitert daran, daß in Zeile 2 nicht αυ]ΤΩΝ Η [καρδια („ihr Herz") gelesen werden kann, wie es unbedingt notwendig wäre[86]. Auf das Ω folgt ein *iota adscriptum,* wie schon in der Erstausgabe vorgeschlagen worden war[87]. Dieselbe Buchstabenfolge ΤΩΙ mit nachfolgendem Spatium (!) findet man auch in 7Q15. Möglicherweise ist das Ende der Zeile 3 von 7Q5 ebenfalls zu ΤΩ[Ι] zu vervollständigen. Es könnte also in 7Q5 zweimal der männliche griechische Artikel im Dativ gestanden haben. Die Befürworter der neutestamentlichen Identifizierung verbinden das I mit einem Buchstabenrest, der nach einem Zwischenraum unten rechts steht, zu einem griechischen Ny (Ν). Gerade die stark vergrößerten Bilder der kriminaltechnischen Untersuchung von 7Q5 im Jahr 1992 zeigen aber einen bisher m.W. noch

---

82 Vgl. A. LÄPPLE, Christliches in Höhle 7?, in: M. WISE – M. ABEGG – E. COOK, Die Schriftrollen von Qumran, Augsburg 1997, 507-513.

83 Vgl. zuletzt bes. C.P. THIEDE, Der Jesus-Papyrus, Reinbek ²1997, 52-76.

84 7Q4 – Möglichkeit und Grenze einer Identifikation, RQ 13 (1988) 629-633.

85 Notes sur les fragments grecs du manuscript 7Q4 = 1 Hénoch 103 et 105, RB 103 (1996) 592-600.

86 Vgl C. FOÇANT, 7Q5 = Mk 6,52-53: A Questionable and Questioning Identification?, in: B. MAYER, Christen und Christliches in Qumran, Regensburg 1992, 11-25, S.R. PICKERING, Paleographical Details of the Qumran Fragment 7Q5, aaO. 27-31; É. PUECH, Des fragments Grecs de la Grotte 7 et le Nouveau Testament?, RB 102 (1995) 570-584; M.É. BOISMARD, À propos de 7Q5 et Mc 6,52-53, RB 102 (1995) 585-588; A.F. JOHNSON, Are There New Testament Fragments Among the Dead Sea Scrolls?, Archaeology in the Biblical World 3 (1995) 16-25.

87 M. BAILLET – J.T. MILIK – R. DE VAUX, Les „Petites Grottes" de Qumrân (DJD III/1-2), Oxford 1962, 144 und Planche XXX.

nicht herausgestellten Sachverhalt, der deutlich gegen ein N spricht[88]. Bei dem rechten Buchstabenfragment handelt es sich nicht um den unteren Rest eines diagonalen Striches, sondern um einen *Neu*ansatz des Schreibers: Dieser Neuansatz beginnt wie üblich *gerundet* und ist nicht abgebrochen, wie man es bei einem teilweise zerstörten Buchstaben erwarten müßte. Der Buchstabenrest könnte der Beginn eines A sein, wie von den meisten Forschern angenommen wird. Zeile 2 von 7Q5 ist deshalb teils sicher, teils hypothetisch (punktiert) ΤΩΙ Ạ zu lesen und darum mit Markus 6,52 unvereinbar. Wie ekzentrisch die Form des angenommenen N wäre, zeigt ein Vergleich mit der tatsächlich erhaltenen Buchstabenfolge ΤΩΝ in Zeile 2 von 7Q4/1. Daß 7Q5 bisher nicht anderweitig identifiziert werden konnte, ist kein Gegenargument. Dasselbe trifft auch für die wesentlich umfangreicheren Texte 7Q3 und 7Q19 zu, bei denen immerhin mehrere fragmentarische Wörter erhalten sind, während in 7Q5 nur das griechische Allerweltswort ΚΑΙ „und" (Zeile 3) unumstritten ist. Man kann eine frühe Datierung neutestamentlicher Schriften vertreten, ohne neutestamentliche Fragmente in Höhle VII von Qumran zu finden[89]. Auch die Annahme eines Essener-viertels in Jerusalem ist vom Problem einer Identifizierung der 7Q-Papyri unabhängig.

Ein Vergleich von Qumran-Texten und Neuem Testament führt immer wieder zu interessanten Fragestellungen[90]. Nur wenige neuere Beispiele seien hier genannt. R. BAUCKHAM beleuchtet von Qumran-Texten (4Q161 [Fr. 8-10] 2-9; 4Q285 Fr. 5) aus die von Jesaja 10,34-11,5 inspirierte messianische Verkündigung des Täufers, wobei auch die johanneische Darstellung (Joh 1,35 vgl. Jes 11,2) an Plausibilität gewinnt[91]. Ein neuveröffentlichter Text wie 4Q500/1 kann den Gebrauch allegorischer Züge in Jesu Winzergleichnis (Mk 12,1-12 par.) verständlich machen[92]. Die neuen Weisheitstexte aus Qumran zeigen, wie völlig

---

88 Mit u.a. G.D. FEE, Archaeology in the Biblical World 3 (1995) 24f, und T.C. SKEAT (bei G.N. STANTON, Gospel Truth?, London 1995, 28f) sehe ich gegen C.P. THIEDE, Bericht über die kriminaltechnische Untersuchung des Fragments 7Q5 in Jerusalem, in: B. MAYER, aaO. 239-245 auch auf dieser stark vergrößerten Aufnahme *keinen* linken oberen Ansatz vom Diagonalstrich eines Ny. H. HUNGER, 7Q5: Markus 6,52-53 – oder?, aaO. 33-56 (37f und Abb. 13-21) zeigt verschiedene Formen des *Ny*. Dieser Hinweis bleibt aber irrelevant, weil sich eben kein linker oberer Rest eines Diagonalstriches nachweisen läßt und der untere rechte Buchstabenrest der Beginn eines neuen Buchstabens ist (s.u.).

89 Vgl. R. RIESNER, Jesus als Lehrer. Eine Untersuchung zum Ursprung der Evangelien-Überlieferung, Tübingen ³1988, 19-29 (Neuauflage 1998 vorgesehen). In: O. BETZ – R. RIESNER, Jesus, Qumran und der Vatikan, Gießen – Freiburg ⁶1995, 139-150 hatten wir die Frage der Identifizierung noch offen gelassen. Besonders die Arbeiten von Professor Émile Puech (École Biblique, Jérusalem) bedeuten einen entscheidenden Fortschritt der Diskussion (s.o. Anm. 85 und 86).

90 Vgl. neben den o.S. 87 Anm. 431 genannten Überblicken jetzt G.J. NORTON, Qumran and Christian Origins, PIBA 16 (1993) 99-113; H. LICHTENBERGER, Die Texte von Qumran und das Urchristentum, Jud 50 (1994) 68-82; F. GARCÍA MARTÍNEZ –J. TREBOLLE BARRERA, The People of the Dead Sea Scrolls, Leiden 1995, 191-232.

91 The Messianic Interpretation of Isa. 10:34 in the Dead Sea Scrolls, 2 Baruch and the Preaching of John the Baptist, DSD 2 (1995) 202-216.

92 Vgl. G.J. BROOKE, 4Q500 1 and the Use of Scripture in the Parable of the Vineyard, DSD 2 (1995) 268-294. Zu Gemeinsamkeiten und Unterschieden zwischen Jesus und Qumran (s.o. S. 113f) vgl. J.H. CHARLESWORTH, The Dead Sea Scrolls and the Historical Jesus, in:

unnötig es ist, zwischen einer ursprünglich weisheitlichen Verkündigung Jesu und einer sekundären Apokalyptisierung (oder auch umgekehrt!) zu unterscheiden[93]. D. FLUSSER[94] sieht in dem neuentdeckten Qumran-Ostrakon (s.o. S. 123f), das von der Übergabe von Privatvermögen an den Beauftragten der essenischen Gemeinschaft handelt, eine Bestätigung für die Nachrichten der Apostelgeschichte über die Art der Gütergemeinschaft in der Jerusalemer Urgemeinde (Apg 2,44f; 4,36f; 5,1-11). Die Beziehungen zwischen essenischer und urkirchlicher Gütergemeinschaft (s.o. S. 100-104), auf die schon H. GROTIUS in seinen „Annotationes ad Novum Testamentum" (1641-1650) aufmerksam gemacht hatte, werden vor allem von B.J. CAPPER[95] herausgearbeitet. Eine Verbindung zwischen dem Amt des essenischen „Aufsehers" (מבקר ,פקיד) und des urchristlichen „Bischofs" (ἐπίσκοπος) bleibt weiter (s.o. S. 100) eine sehr erwägenswerte Hypothese[96].

In einer umfassenden Untersuchung kommt S. NÄGELE zu dem Ergebnis: „Im Neuen Testament ist Am[os] 9,11 in Apg 15,13-21 (Jakobusrede auf dem sog. „Apostelkonzil" in Jerusalem) als impliziter Midrasch zu erklären, der unter Zuhilfenahme qumranischen Traditionsmaterials die Frage des Gemeindezutritts

---

DERS., Jesus and the Dead Sea Scrolls, New York 1993, 1-74; zum essenischen Schriftgebrauch allgemein vgl. K.W. NIEBUHR, Bezüge auf die Schrift in einigen „neuen" Qumran-Texten, Mitteilungen und Beiträge 8 (1994) 37-54. Zur allgemeinen Problematik des Verhältnisses Jesu zu den jüdischen Religionsparteien vgl. R. DEINES, Die Pharisäer, Tübingen 1997, 34f.

[93] Vgl. D.J. HARRINGTON, Ten Reasons Why the Qumran Wisdom Texts are Important, DSD 4 (1997) 245-254. Die Scheidung zwischen einer weisheitlichen und apokalyptischen Schicht in, wie sie J.S. KLOPPENBORG, The Formation of Q: Trajectories in Ancient Wisdom Collections, Philadelphia 1987 und B.L. MACK, The Lost Gospel: The Book of Q and Christian Origins, San Francisco 1993 vornahmen, ist die Grundlage für das reduktionistische und unhistorische Bild von Jesus als einem ländlichen kynischen Wanderphilosophen, wie es durch das berühmt-berüchtigte Jesus-Seminar propagiert wurde (so bes. J.D. CROSSAN, Jesus. Ein revolutionäres Leben, München 1996). Jenseits von kynischen Spekulationen zeigen die neuen Weisheitstexte aus Qumran (T. ELGVIN u.a., Qumran Cave 4/XV: Sapiental Texts I [DJD XX], Oxford 1997) aufs Neue, daß die Weisheit ihren „Sitz im Leben" in einem Unterrichtsbetrieb hat Vgl. J.J. COLLINS, Wisdom Reconsidered, in Light of the Scrolls, DSD 4 (1997) 265-281 und schon R. RIESNER, Jesus als Lehrer, Tübingen ³1988, 163ff. 330ff. Die Unterweisung wird oft mit der Schüleranrede „mein Sohn" individuell zugespitzt und es gibt häufige Aufforderungen zum Hören und Aufmerken. Im Licht von 4Q417 2 II 7 könnte es sich bei dem ספר הגו von 1QSa 1,7 doch um ein „Buch der Meditation" handeln (vgl. CD 10,6; 13,2), wie bereits O. BETZ, Offenbarung und Schriftforschung in der Qumransekte, Tübingen 1960, 21 annahm.

[94] Ostracon from Qumran Throws Light on First Church, Jerusalem Perspective 53 (1997) 12-15.

[95] Community of Goods in the Early Jerusalem Church, in: W. HAASE, ANRW II 26.2, Berlin – New York 1995, 1730-1774; The Palestinian Cultural Context of Earliest Christian Community of Goods, in: R. BAUCKHAM, The Book of Acts in Its Palestinian Setting, Carlisle – Grand Rapids 1995, 323-356.

[96] Vgl. R.A. CAMPBELL, The Elders. Seniority within earliest Christianity, Edinburgh 1994, 151ff; C. MARCHESELLI-CASALE, Tracce del mebaqqêr nell'episkopos del NT?, in: R. PENNA, Qumran e le origini cristiane, Bologna 1997, 177-210.

rituell unreiner Heiden als in Gottes Heilsplan begründet erweisen will"[97]. Im wohl doch schon vor dem Apostelkonzil (48 n.Chr.) im Auftrag des Herrenbruders Jakobus (s.o. S. 67) abgesandten Brief hat die Verbindung von Eschatologie und Ethik ihre nächsten Parallelen in Qumran, besonders gleichen sich die Mahnungen in Jakobus 3 und der Gemeinderegel (1QS 4)[98]. Nicht nur die lukanische Sonderüberlieferung, die aus Kreisen um den Herrenbruder Jakobus stammen dürfte, weist oftmals eine besondere Nähe zu Sprach- und Vorstellungswelt von Qumran auf[99]. Auch für den Autor Lukas ergeben sich Fragen nach seinem Verhältnis zu essenisierenden und täuferischen Gruppen[100]. Sogar hinter der Stephanus-Rede (Apg 7,1-53) mögen Täufer-Traditionen stehen[101]. Wie Jesus im Johannes-Evangelium in Parallele und Abgrenzung zu Mose geschildert wird, könnte sich auf dem Hintergrund essenischer Mose-Spekulationen (4Q374) erklären[102]. Selbst die Nichterwähnung des Stammes Ephraim in der Johannes-Apokalypse (Apk 7,4-8) scheint beim Vergleich mit Qumran nicht zufällig[103]. In seiner Neuausgabe der Oden Salomos, die sowohl Qumran wie dem johanneischen Schrifttum nahestehen (s.o. S. 107), vertritt M.J. PIERRE eine Herkunft dieser Hymnen aus asketisch gesinnten Kreisen der Familie Jesu[104].

Selbst ein klassischer paulinischer Brief wie der an die Galater erfährt durch den endlich offiziell veröffentlichten Text *Miqsat Ma'ase ha-Torah*[105] aus der IV.

---

[97] Laubhütte Davids und Wolkensohn, Leiden 1995, 222. Zum palästinisch-jüdischen Charakter der Jakobus- „Rede" vgl. auch J. ÅDNA, Die Heilige Schrift als Zeuge der Heidenmission. Die Rezeption von Amos 9,11-12 in Apg 15,16-18, in: J. ÅDNA – S.J. HAFEMAN – O. HOFIUS, Evangelium – Schriftauslegung – Kirche, Tübingen 1997, 1-23.

[98] Vgl. schon P.H. DAVIDS, The Epistle of James, Exeter 1982, 54f und nun bes. T.C. PENNER, The Epistle of James and Eschatology, Sheffield 1996, 234-241. Für die Echtheit jetzt auch L.T. JOHNSON, The Letter of James, New York 1995, 89-121.

[99] Vgl. R. RIESNER, Prägung und Herkunft der lukanischen Sonderüberlieferung, ThBeitr 24 (1993) 228-248.

[100] Vgl. W. REINMUTH, Pseudo-Philo und Lukas, Tübingen 1994; G.J. BROOKE, Luke-Acts and the Qumran Scrolls: The Case of MMT, in: C.M. TUCKETT, Luke's Literary Achievement, Sheffield 1995, 72-90; C.H.T. FLETCHER-LOUIS, Luke-Acts: Angelology, Christology and Soteriology, Tübingen 1997; A.W. ZWIEP, The Ascension of the Messiah in Lukan Christology, Leiden 1997.

[101] Vgl. P. BÖHLEMANN, Jesus und der Täufer, Cambridge 1997, 128-134. 222-227.

[102] Vgl. C. FLETCHER-LOUIS, 4Q374: A Discourse on the Sinai Tradition. The Deification of Moses and Early Christology, DSD 3 (1996) 236-252.

[103] Vgl. S. GORANSON, The Exclusion of Ephraim in Rev. 7:4-8 and Essene Polemic Against Pharisees, DSD 2 (1995) 80-85 und auch insgesamt E. LUPIERI, Apocalissi di Giovanni e tradizione enochica, in: R. PENNA, Apocalittica e origini cristiane, Bologna 1995, 137-150.

[104] Les Odes de Salomon, Brüssel 1994, 37-55. Zum stark judenchristlichen Gepräge der syrischen Kirche vgl. G. ROUWHORST, Jewish Liturgical Traditions in Early Syriac Christianity, VigChr 51 (1997) 72-93. Besonders interessant bleiben die Beziehungen zwischen der *Ascensio Isaiae* (s.o. S. 44, Anm. 230) und Qumran. Vgl. E. NORELLI, Risonanze qumraniche nella letteratura cristiana tra I e II secolo, in: R. PENNA, Qumran e le origini cristiane, Bologna 1997, 265-295 (266-274). Zum Wirken von Johannes dem Täufer in der Batanäa (vgl. Joh 1,28) und damit in Süd-Syrien (s.o. S. 107f) vgl. E. RUCKSTUHL, Jesus, Stuttgart 1996, 17-24.

[105] E. QIMRON – J. STRUGNELL, Qumran Cave 4/V. Miqsat Ma'ase Ha-Torah (DJD X), Oxford 1994.

NACHTRAG: NEUE FUNDE UND QUELLEN

Höhle von Qumran neue Beleuchtung[106]. Besonders durch den Ausdruck „Werke des Gesetzes", der vor Paulus (Gal 2,16; 3,2.10; Röm 3,20.28 [ἔργα νόμου]) nur in diesem neuen Text 4QMMT C 27 (מעשי התורה) und auch in 4QFlorilegium 1,6f belegt ist, werden die Auseinandersetzungen des Apostels vor einen konkreten zeit- und religionsgeschichtlichen Hintergrund gestellt[107]. Es scheint, daß sogar in einer paulinischen Missionsgemeinde wie Korinth auch essenisierend-asketische Tendenzen wirksam waren[108]. Für die Vermittlung wird dabei oft an das Wirken des alexandrinischen Täuferjüngers Apollos (Apg 18,24f) gedacht[109]. A. SCHLATTER verband einige der korinthischen Probleme mit häretischen Entwicklungen innerhalb des johanneischen Schülerkreises (vgl. 2Kor 11,22f)[110]. Die Empfänger des Hebräer-Briefes in essenernahen Priester-kreisen zu suchen, bleibt mehr als eine wilde Spekulation aus den Anfangstagen der Qumran-Forschung[111]. Und bei der Frage nach der Entstehung der Gnosis muß der Essenismus ebenso berücksichtigt werden wie das Judenchristentum[112].

Nicht zuletzt bieten die meist erst neuveröffentlichten messianischen Texte aus Qumran eine wichtige Verstehenshilfe für die so erstaunlich rasch erfolgte Ausbildung der neutestamentlichen Christologie[113]. Gerade wenn man mit esse-

---

106 Vgl. H.W. KUHN, Die Bedeutung der Qumrantexte für das Verständnis des Galaterbriefes, in: G.J. BROOKE, New Qumran Texts and Studies, Leiden 1994, 169-221; M.G. ABEGG, Paul, „Works of the Law" and MMT, BARev 20/6 (1994) 52-55.82; J.D.G. DUNN, 4QMMT and Galatians, NTS 43 (1997) 147-153; R. PENNA, Le „opere della Leg-ge" in s. Paolo e 4QMMT, in: DERS., Qumran e le origini cristiane, Bologna 1997, 155-176. Schon F. MUSSNER, Der Galaterbrief, Freiburg ⁵1988, 297-303 hatte darauf hinge-wiesen, daß sich zu Gal 4,3.9f (vgl. Kol 2,20) die besten Parallelen in der Kalenderfröm-migkeit von Qumran finden. Zum Einfluß des essenischen Sonnenkalenders auf Jesus und das frühe Christentum (s.o. S. 110f) vgl. neuerdings E. TESTA, The Faith of the Mother Church, Jerusalem 1992, 159-184; É. NODET, RB 102 (1995) 610f; E. RUCKSTUHL, Jesus, Freiburg 1996, 152-157; P. SACCHI, Qumran e Gesù, in: R. PENNA, Qumran e le origini cristiane, Bologna 1997, 99-115 (114f); A. ALVAREZ VALDÉS, Quand a eu lieu la dernière Cène de Jésus?, TSF 2/1998, 63-69. Zum Solarkalender allgemein vgl. J. MAIER, Die Qumran-Essener: Die Texte vom Toten Meer III, München – Basel 1996, 52-160; M. ALBANI, Zur Rekonstruktion eines verdrängten Konzepts: Der 364-Tage-Kalender in der gegenwärtigen Forschung, in: M. ALBANI – J. FREY – A. LANGE, Studies in the Book of Jubilees, Tübingen 1997, 79-126.
107 Vgl. M.A. SEIFRID, Justification by Faith, Leiden 1992, 11f; P. STUHLMACHER, Biblische Theologie des Neuen Testaments I, Göttingen ²1997, 260.341.
108 Vgl. P. BÖHLEMANN, Jesus und der Täufer, Cambridge 1997, 316f.
109 Vgl. P.F. BEATRICE, Apollos of Alexandria and the Origins of the Jewish-Christian Bap-tism Encratism, in: W. HAASE, ANRW II 26.2, Berlin – New York 1995, 1232-1275 und auch J. TAYLOR, RB 102 (1995) 403-412.
110 Die korinthische Theologie, Gütersloh 1914, 101-125.
111 Vgl. C. GIANOTTO, Qumran e la Lettera agli Ebrei, in: R. PENNA, Qumran e le origini cristiane, Bologna 1997, 211-230.
112 Vgl. A. MAGRIS, Qumran e lo gnosticismo, aaO. 231-264.
113 Vgl. G.J. BROOKE, 4QTestament Leviᵈ (?) and the Messianic Servant High Priest, in: M.C. DE BOER, From Jesus to John, Sheffield 1993, 83-100; C.A. EVANS, The Recently Publis-hed Dead Sea Scrolls and the Historical Jesus, in: B. CHILTON – C.A. EVANS, Studying the Historical Jesus, Leiden 1994, 547-565; M.A. ABEGG, The Messiah at Qumran: Are We Still Seeing Double?, DSD 2 (1995) 125-144; J.J. COLLINS, The Scepter and the Star: The Messiah's of the Dead Sea Scrolls and Other Ancient Literature, New York 1995;

nischen Konvertiten rechnet (s.o. S. 84-86), müssen hochreflektierte christologische Aussagen nicht notwendig spät sein[114]. Die Entstehung von jüdischen „Sekten" während der hasmonäischen Zeit brachte eine relativ hochentwickelte religiös-literarische Kultur mit sich[115]. Auch für die Frage der Datierung rabbinischer Traditionen erweisen sich die Qumran-Texte immer wieder als hilfreich. Wie ein neupublizierter Qumran-Text (4Q225) zeigt, war die „Bindung Isaaks" (*aqedat jizchaq* [Gen 22]) nicht erst ein theologisches Thema von amoräischen Rabbinen des 3. Jahrhunderts und ist deshalb für das Verständnis der Passion Jesu relevant[116]. Die Handschriften vom Toten Meer erweisen sich so als wichtiges Kontrollinstrument für das Alter rabbinischer Traditionen. Besonders aber zeigt ein Vergleich mit den Qumran-Texten immer wieder die tiefe Verwurzelung der meisten neutestamentlichen Autoren im palästinischen Judentum des 1. Jahrhunderts.

4. Urgemeinde und Essenerviertel auf dem Zionsberg

Die Lokalisierung des ersten Zentrums der Urgemeinde auf dem südwestlichen Stadthügel läßt sich nicht allein aus liturgischen Bedürfnissen erklären[117], sondern geht auf eine vorbyzantinische Lokaltradition zurück (s.o. S. 63-78). Diese Ortsüberlieferung wäre für zwei Generationen unterbrochen, wenn man mit H. GEVA aus dem weitgehenden Fehlen von entsprechenden Gräbern auf eine völlige Abwesenheit jüdischer Bewohner Jerusalems in der Zeit zwischen 70 n.Chr. und dem Bar-Kochba-Aufstand schließt[118]. Aber Josephus (Bell VII 377) und die alte von Hegesipp auf Eusebius (HE III 5,2-4) gekommene Liste juden-

---

F. GARCÍA MARTÍNEZ, Messianic Hopes in the Qumran Writings, in: F. GARCÍA MARTÍNEZ– J. TREBOLLE BARRERA, The People of the Dead Sea Scrolls, Leiden 1995, 159-190; O. BETZ, The Messianic Idea in the 4Q Fragments. Its Relevance for the Christology of the New Testament, in: Z.J. KAPERA, Papers on the Dead Sea Scrolls, Krakau 1996, 61-75; J. ZIMMERMANN, Messianische Vorstellungen in den Schriften von Qumran, Diss. Tübingen 1996. Gegen die lange vorherrschende Tendenz, die Bedeutung des Messianismus im vorchristlichen Judentum herunterzuspielen, vgl. bes. W. HORBURY, Jewish Messianism and the Cult of Christ, London 1998.

[114] Vgl. R. RIESNER, Christologie in der Jerusalemer Urgemeinde, ThBeitr 28 (1997) 229-243. Zur Frage bekehrter Essener vgl. R. RIESNER, Essener und Urkirche in Jerusalem, in: B. MAYER, Christen und Christliches in Qumran?, Regensburg 1992, 139-156; O. BETZ, Kontakte zwischen Christen und Essenern, aaO. 157-175. Interessant ist die Hypothese, nach der 70 n. Chr. gefangengenommene und dann konvertierte essenische Priester in der Gemeinde von Rom prägend wurden. Vgl. E.G. HINSON, Essene Influence in Roman Christianity, PerspRelSt 19 (1992) 399-407. S. auch o. S. 106.

[115] Vgl. A.I. BAUMGARTEN, The Flourishing of Jewish Sects in the Maccabean Era, Leiden 1997, 114-136.

[116] Vgl. G. VERMES, New Light on the Sacrifice of Isaac from 4Q225, JJS 47 (1996) 140-146. Zur *aqedah* im Judenchristentum vgl. F. MANNS, L'Israël de Dieu, Jerusalem 1996, 288f.

[117] So K. BIEBERSTEIN, Die Hagia Sion in Jerusalem, in: Akten des XII. Internationalen Kongresses für Christliche Archäologie I, Münster 1995, 543-551.

[118] Searching for Roman Jerusalem, BARev 23/6 (1997) 34-45.72f (36f); 24/2 (1998) 14.

christlicher Bischöfe in der Heiligen Stadt[119] sprechen übereinstimmend von einer jüdischen Präsenz. Die Syrische Baruch-Apokalypse, die zwischen 70 und 130 n.Chr. entstand[120], setzt einen ungehinderten Zutritt der Juden zum Tempelberg voraus (Syr Bar 10,5; 13,1; 21,2; 25,1), der noch Zion genannt wird. Rabbi Eleazar Ben Zadok konnte damals die Ruinen der „Synagoge der Alexandriner" kaufen (tMeg 3,6 [224] vgl. Apg 6,9)[121]. Auch andere rabbinische Nachrichten gehen von einer jüdischen Präsenz aus[122]. Sie kann aber nicht allzu groß gewesen sein, weil die Ländereien nach Josephus in den *ager publicus* überführt worden waren (Bell VII 216f)[123].

Epiphanius von Salamis verfügte offenbar über gute Quellen, als er die judenchristliche Ansiedlung, die Kaiser Hadrian 130 n.Chr. auf dem Südwesthügel antraf, geradezu als Ausnahme in einem sonst verwüsteten Jerusalem schilderte (De mens 14 [PG 43,260-262])[124]. Was Optatus von Mileve um 370 über die Ruinen des Zionsberges schrieb (De schismate Donatistarum III 2,6-8 [PL 11,994]), könnte er nach einer Vermutung der neuesten Herausgeberin seiner Werke M. LABROUSSE[125] aus Pseudo-Cyprian „De montibus Sina et Sion" geschöpft haben (De Mont 3). Diese aus Nordafrika stammende Schrift dürfte noch im 2. Jahrhundert verfaßt worden sein[126] und Beziehungen zu den Traditionen der judenchristlichen Gemeinde Jerusalems vor dem Bar-Kochba-Aufstand haben[127]. Ganz fehlen auch archäologische Indizien für eine jüdische Präsenz zwischen 70 und 135 n.Chr. nicht. Einige jüdische Gräber der großen Anlage bei der Kirche Dominus Flevit oberhalb von Gethsemane waren auch

---

119 Nach Y. LEDERMAN, Les évêques Juifs de Jérusalem, RB 104 (1997) 211-222 würde es sich nur um kombinierte Listen von judäischen Gemeindeleitern (ἐπίσκοποι) aus der Zeit Trajans und Hadrians handeln. Doch s.o. S. 68-71.

120 Vgl. A.F.J. KLIJN, Die syrische Baruch-Apokalypse, in: JSHRZ V/2, Gütersloh 1976, 113f.

121 Vgl. R. RIESNER, Synagogues in Jerusalem, in: R. BAUCKHAM, The Book of Acts in Its Palestinian Setting, Grand Rapids – Carlisle 1995, 179-211 (188f).

122 Vgl. A. SCHLATTER, Die Tage Trajans und Hadrians, Gütersloh 1897, 80-87.

123 Vgl. K. BIEBERSTEIN – H. BLOEDHORN, Jerusalem. Grundzüge der Baugeschichte I, Wiesbaden 1994. 142.

124 Vgl. auch J. MURPHY-O'CONNOR, The Cenacle – Topographical Setting for Acts 2:44-45, in: R. BAUCKHAM, The Book of Acts in Its Palestinian Setting, Grand Rapids – Carlisle 1995, 303-322 (307-309). Die Nachrichten des Epiphanius über eine Flucht der Urgemeinde vor der Zerstörung Jerusalems (s.o. S. 66f) ins transjordanische Pella (Pan 29,7; 30,2; De mens 15 vgl. Eusebius, HE III 5,3) sind ebenfalls glaubwürdig. Vgl. F. BLANCHETIÈRE – R. PRITZ, La migration des „nazaréens" à Pella, in: F. BLANCHETIÈRE – M.D. HERR, Aux origines Juives du christianisme, Jerusalem 1993, 93-110.

125 Optat de Milève: Traité contre les Donatistes II, Paris 1995, 15 Anm. 1.

126 Vgl. J. DANIÉLOU, The Origins of Latin Christianity, London 1977, 39-57. Eine Datierung zwischen der zweiten Hälfte des 3. und der ersten Hälfte des 4. Jahrhunderts vertritt M.C. PACZKOWSKI, Gerusalemme negli scrittori cristiani del II-III secolo, SBFLA 45 (1995) 165-202 (171). Eine moderne Textausgabe ist: B. BURINI, Pseudo Cipriano: I due monti Sinai e Sion, Florenz 1994.

127 Vgl. R. RIESNER, Adolf Schlatter und die Judenchristen Jerusalems, in: K. BOCKMÜHL, Die Aktualität der Theologie Adolf Schlatters, Gießen 1988, 34-70 (56f). Zu Beziehungen zwischen Nordafrika und dem Judenchristentum im 2. Jahrhundert vgl. R. RIESNER, Militia Christi und Militia Caesaris, in: M.A. BOCKMÜHL – H. BURKHARDT, Gott lieben und seine Gebote halten, Gießen 1991, 49-72 (57f).

nach 70 belegt[128]. Dieser Tatbestand bleibt bedeutungsvoll, selbst wenn man diese Nekropole nicht mit dem Ausgräber B. BAGATTI[129] als judenchristlich ansieht. Weil Zeugnisse vor dem 5. Jahrhundert zu fehlen scheinen, wird die Verlegung des Abendmahlssaales auf den Zion meist für spät gehalten[130]. Den in dieser Untersuchung genannten Indizien für eine frühere Ortsüberlieferung (s.o. S. 78-83) läßt sich jetzt noch ein Text des Epiphanius aus der Zeit um 375 hinzufügen[131]: „Für die Erfüllung des Passah ging Jesus auf den Berg (εἰς τὸ ὄρος), wo er das Passah aß, 'nach dem ihm so verlangt hatte', wie er sagte [Lk 22,15]. Dort aß er das Passah-Mahl zusammen mit seinen Jüngern" (Pan 51,57 [GCS 31,297f]). Da Epiphanius an anderer Stelle die „obere Kirche der Apostel" (De mens 14 [PG 43,260-262]) eindeutig auf dem Zionsberg lokalisiert[132], dürfte er bei „*dem* (definitiver Artikel!) Berg" des Abendmahls ebenfalls an den Südwesthügel gedacht haben. Eine ähnliche Ausdrucksweise begegnet schon in der ersten Hälfte des 3. Jahrhunderts bei Origenes (s.o. S. 81). In einer Untersuchung über die Zionstraditionen in der Verkündigung Jesu vermutet K.H. TAN, daß die Erinnerung an die Bedeutung dieser Überlieferungen ein Hauptgrund für die Konstituierung der Urgemeinde im so überaus gefährlichen Jerusalem war[133]: Israel kann nicht anders erneuert werden als von der heiligen Stadt her.

Eine Renovierung der sogenannten „Kapelle des Heiligen Geistes", die sich östlich des traditionellen Abendmahlssaales oberhalb des legendären Davidsgrabes befindet (Abb. 14), hat 1996/97 für manche Kontroversen gesorgt und erneut die Aufmerksamkeit auf die ungeklärten Besitzverhältnisse gelenkt[134]. Die Restaurierungen brachten byzantinische Mauern zum Vorschein[135]. Besonders wichtig ist die Beobachtung, daß es sich bei der byzantinischen Nordmauer der „Kapelle des Heiligen Geistes" (Taf. 22) um eine mächtige *Außen*mauer handelt[136]. Das bedeutet einen archäologischen Beweis dafür, daß sich der Abend-

---

128 Vgl. J.T. MILIK, in: B. BAGATTI – J.T. MILIK, Gli Scavi del „Dominus Flevit" I, Jerusalem 1958, 104f. Auch das Gräberfeld von Bet Safafa (s.o. S. 130f) wurde offenbar bis zum Bar-Kochba-Aufstand genutzt. Vgl. B. ZISSU, Field Graves at Beit Zafafa [Neuhebräisch], in: A. Faust, New Studies on Jerusalem, Ramat Gan 1996, 32-40 (33f).

129 Gli Scavi del „Dominus Flevit", 166-182.

130 So u.a. G. RÖWEKAMP, Egeria: Itinerarium – Reisebericht, Freiburg 1995, 62. Doch vgl. R. JAECKLE, Gottesdienste in Jerusalem in der zweiten Hälfte des vierten Jahrhunderts im Spiegel der *Peregrinatio Egeriae*, Jahrbuch des Deutschen Evangelischen Instituts für Altertumswissenschaft des Heiligen Landes 4 (1995) 80-114 (93-95).

131 Vgl. B. PIXNER, Epiphanius und das Abendmahl auf dem Zion, in: Wege des Messias und Stätten der Urkirche (hrsg. R. RIESNER), Gießen ³1997, 424f.

132 Vgl. R. RIESNER, Der christliche Zion: vor- oder nachkonstantinisch?, in: F. MANNS – E. ALLIATA, Early Christianity in Context, Jerusalem 1993, 85-90.

133 The Zion traditions and the aims of Jesus, Cambridge 1997, 240.

134 Vgl. D. BERTRAND, Pauvre et cher Cénacle, TSF 2/1997, 74-76; F. LOZUPONE, Le Cénacle, cœur de l'Église, TSF 4/1997, 199-202.

135 Vgl. E. ALLIATA, Travaux au Cénacle, TSF 1/1995, 50f.

136 Das zeigte eine Inspektion des sonst unzugänglichen Raumes am 12. März 1997 zusammen mit Pater Bargil Pixner OSB und den Professoren Eugenio Alliata OFM und Frédéric Manns OFM vom Studium Biblicum Franciscanum. Vgl. R. RIESNER, Archäologie und Politik, BiKi 52 (1997) 91f Anm. 12.

mahlssaal *außerhalb* der Hagia Sion befand, wie es ja auch die Madaba-Mosaikkarte (Taf. 23) nahelegt (s.o. S. 75) und der bisher schon wahrscheinlichen Rekonstruktion der Mauerreste der byzantinischen Basilika entspricht (Abb. 17). Selbst die leichte Abweichung der Mauern des Abendmahlssaales von den Mauern der Hagia Sion nach Südosten (Abb. 22) könnte auf der Madaba-Karte berücksichtigt sein. Auch eine nähere Untersuchung der vorbyzantinischen Mauern des „Davidsgrabes" (Taf. 20) dürfte noch Überraschungen bereithalten. Der unterste Teil der Ostmauer des Abendmahlssaal-Komplexes (Abb. 15), durch den 1948 eine jordanische Mörsergranate schlug (s.o. S. 58f), könnte (nach einer Vermutung von E. ALLIATA) ursprünglich herodianisch sein. Leider wird das Gebäude in die wachsenden religiösen Spannungen Jerusalems hineingezogen, wie ein bizarrer Vorgang zeigt. Im Winter 1997 versuchten ultraorthodoxe Juden hinter dem angeblichen Sarkophag Davids ein Grab für den von ihnen verehrten Rabbi Nachman von Brazlaw, einem Urenkel des chassidischen Rabbi Israel Baalschemtov, auszuheben[137]. Es bleibt zu hoffen, daß nicht religiöser Fanatismus die weitere archäologische Erforschung dieses für die Geschichte des frühen Christentums so wichtigen Gebäudekomplexes unmöglich macht.

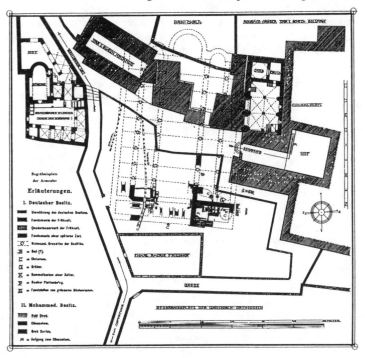

Abb. 22. Die Ausgrabungen beim Bau der Dormitio-Abtei (H. RENARD, HlL 44, 1900)

[137] Vgl. J. BREMER, König David und Rabbi Nachman in ein Grab?, Frankfurter Allgemeine Zeitung 283 (5.12.1997) 14.

Die These von einem Essenerviertel auf dem Zionsberg gewinnt zunehmend an Akzeptanz[138]. Deshalb wäre eine weitere gründliche archäologische Erforschung des Geländes äußerst wünschenswert. Im September 1996 führte J.F. STRANGE von der University of South Florida, der durch seine Grabungen in der ehemaligen galiläischen Landeshauptstadt Sepphoris bekannt geworden ist, im sogenannten „Griechischen Garten" (Taf. 14) zwischen Griechisch-orthodoxem Priesterseminar und Essenertor (Abb. 3) einen Survey durch. Mit Hilfe von Grundradar wurde ein genauer Oberflächenplan angelegt[139]. Eine erste Sondierung nördlich des Doppelbades (Taf. 3) außerhalb der Stadtmauer (Abb. 9) wurde im Januar 1998 begonnen. Hier gibt es in der Stadtmauer einen kleinen Durchlaß (Taf. 15). Direkt vor ihm verläuft die Wasserzuleitung (Taf. 16) zum Doppelbad und reinigt so gleichsam die Schwelle dieses Zuganges. Sind die Essener nach der Reinigung im Doppelbad auf diesem Weg wieder in ihr Viertel hinter der Stadtmauer zurückgekehrt? B. PIXNER verbindet den Zugang mit dem in der Kupferrolle (3Q15 1,13-15) genannten מנוס, in dem er einen geheimen Zugang *(manos* hebräisch/aramäisch „Flucht") sieht[140]. Es soll geklärt werden, ob die Grundmauern eines hinter dem Durchlaß liegenden großen Gebäudes aus römischer oder byzantinischer Zeit stammen.

Auch viele andere Fragen harren einer Antwort. Erfreulicherweise bahnt sich eine Zusammenarbeit zwischen der katholischen Dormitio-Abtei, dem griechisch-orthodoxen Patriarchat und dem evangelikalen Jerusalem University

---

[138] Neben den oben S. 53-55 Anm. 269 genannten Autoren jetzt auch J.H. CHARLESWORTH, in: J. MURPHY-O'CONNOR, Paul and the Dead Sea Scrolls, New York 1990, XV; M. HENGEL, Der vorchristliche Paulus, in: M. HENGEL – U. HECKEL, Paulus und das antike Judentum, Tübingen 1991, 177-291 (245); W. KIRCHSCHLÄGER, Qumran und die frühen Christen, in: J.B. BAUER u.a., Qumran, Graz 1993, 173-189 (181); K. BEYER, Die aramäischen Texte vom Toten Meer II, Göttingen 1994, 224f; D. FLUSSER, Das essenische Abenteuer, Winterthur 1994, 23; J. ZANGENBERG, Hartmut Stegemann´s Synthesis of the Dead Sea Scrolls, QC 4/1-2 (1994) 93-111 (109); R. ARAV – J.J. ROUSSEAU, Jesus and His World, Minneapolis 1995, 177-179; M. CANCIANI, Ultima Cena dagli Esseni, Rom 1995; B.J. CAPPER, in: W. HAASE, ANRW II 26/2, Berlin – New York 1995, 1752-1760; DERS., in: R. BAUCKHAM, The Book of Acts in Its Palestinian Setting, Carlisle – Grand Rapids 1995, 341-350; R.A. MARTIN, Studies in the Life and Ministry of the Historical Jesus, Lanham 1995, 20. 99f Anm. 133; S. NÄGELE, Laubhütte Davids und Wolkensohn, Leiden 1995, 80; C.R. PAGE, Jesus and the Land, Nashville 1995, 134-139. 185f Anm. 20; E.M. COOK, Qumran a Ritual Purification Center, BARev 22/6 (1996) 39-51; R. PRICE, Dead Sea Scrolls Secrets, Eugene 1996, 340; R. RIESNER, in: H. BLOK – M. STEINER, Jerusalem, 1996, 157-160; E. RUCKSTUHL, Jesus, Stuttgart 1996, 155f; B. ZISSU, Field Graves at Beit Zafafa: Archaeological Evidence for the Essene Community? [Neuhebräisch], in: A. FAUST, New Studies on Jerusalem, Jerusalem 1996, 32-40 (35f); A. LÄPPLE, in: M. WISE – M. ABEGG – E. COOK, Die Schriftrollen von Qumran, Augsburg 1997, 512f; É. PUECH, Les convictions d´un savant, MBib 107 (1997) 51-57 (55); B. ROCHMAN, The Missing Link?, BARev 23/4 (1997) 20f; S. GORANSON, Essenes, in: OEANE II, New York – Oxford 1997, 268f (268); G. MAGNANI, Gesù costruttore e maestro, Assisi 1996, 64f; B. WITHERINGTON, The Acts of the Apostles, Grand Rapids – Carlisle 1998, 205 Anm. 26.

[139] Mein herzlicher Dank gilt Professor James F. Strange (University of South Florida) für die Einsicht in den Grundplan.

[140] Das Essener-Quartier in Jerusalem, in: Wege des Messias und Stätten der Urkirche (hrsg. R. RIESNER), Gießen ³1997, 180-207 (205).

College (früher American Institute of Holy Land Studies) in der Gobat-Schule an. Das „Mount Zion Project" wird bisher unterstützt von der Foundation for Biblical Archaeology (Goldsboro NC), der Kuhn Foundation (Irvin Ca.) und der Century One Foundation (Pasadena Ca.), bei der Informationen abrufbar sind (http.//www.centuryone.com/foundation.html). Das Projekt wird außer von Professor STRANGE begleitet von den Professoren T.R.W. LONGSTAFF (Colby College), J.D. TABOR (University of North Carolina) und J.H. CHARLESWORTH (Princeton Theological Seminary), der das „Princeton Dead Sea Scrolls Project" zur Auffindung von Schriftrollen in privater Sammlerhand und in noch unerforschten Höhlen leitet. Für den Abendmahlssaal beginnen sich Architekturhistoriker zu interessieren[141], und auch in der Weltpresse wird zunehmend Notiz von diesem faszinierenden Gebäudekomplex genommen[142].

Das Jubiläumsjahr 2000 führt an vielen Orten des Wirkens Jesu zu Aktivitäten: So sollen die neuen Ausgrabungen in Emmaus (Lk 24,13) Besuchern zugänglich gemacht und am See Genezareth zwischen Tabgha und Kafarnaum ein „evangelischer Weg" angelegt werden. Das Jahr 2000 wäre auch ein passendes Datum, um die Ausgrabungen am Essenertor in einen Archäologischen Garten einzubeziehen. Es liegen Pläne vor, die garantieren, daß die Totenruhe auf dem Protestantischen Friedhof gewahrt bleibt. Beim Essenertor, das auf den traditionellen Abendmahlssaal zuführt, könnten Pilger und Touristen mit Eusebius (Dem Ev 1,4 [PG 22,431]) darüber nachsinnen, daß nach der prophetischen Verheißung (Jes 2,3) von diesem Hügel Jerusalems „das Wort des Evangeliums zu allen Völkern ausging".

---

[141] Vgl. J. KRÜGER, Der Abendmahlssaal in Jerusalem zur Zeit der Kreuzzüge, Römische Quartalsschrift 62 (1997) 229-247. Dr.habil. Jürgen Krüger (Universität Karlsruhe bereitet eine ausführliche Monographie über das Coenaculum vor.
[142] Vgl. D. BARTETZKO, Ein Horn, errichtet im Hause Davids. Glaube, Eifer und Forschung. Eine neue Baugeschichte des Abendmahlssaals in Jerusalem, Frankfurter Allgemeine Zeitung 83 (8. 4. 1998) N 5.

Bibliographie

Neben den üblichen Abkürzungen wurden zusätzlich verwandt:

ABD   The Anchor Bible Dictionary
A1CS   B. W. WINTER (Hrsg.), The Book of Acts in Its First Century Setting
ANTI   Arbeiten zum Neuen Testament und Judentum
ANTZ   Arbeiten zur neutestamentlichen Theologie und Zeitgeschichte
ESI   Excavations and Surveys in Israel, Jerusalem
FS   Festschrift
GBL   H. BURKHARDT u. a., Das Große Bibellexikon I–III, Wuppertal–Gießen ²1990
SBA   Stuttgarter Biblische Aufsatzbände
SBAZ   Studien zur Biblischen Archäologie und Zeitgeschichte
STDJ   Studies on the Texts of the Desert of Judah

ABEL, F. M., Petites découvertes au Quartier du Cénacle à Jérusalem, RB 8 (1911) 119–125

DERS., La Sainte-Sion, in: L. H. VINCENT–F. M. ABEL, Jérusalem. Recherches de topographie, d'archéologie et d'histoire II: Jérusalem Nouvelle II, Paris 1922, 441–472

DERS., La maison de Caïphe et les sanctuaires de Saint-Pierre, in: L. H. VINCENT–F. M. ABEL, aaO. 482–496

DERS., Histoire monumentale de Jérusalem, de Titus à nos jours, in: F. M. ABEL–L. H. VINCENT, Jérusalem. Recherches de topographie, d'archéologie et d'histoire II: Jérusalem Nouvelle III, Paris 1926, 875–1006

ADAM, A., Enkratismus, RGG II, Tübingen ³1958, 494

DERS., Antike Berichte über die Essener (KlT 182), Berlin ²1972 (bearb. C. BURCHARD)

ADAMSON, J., James. The Man and his Message, Grand Rapids 1989

Adams-Testament: S. E. ROBINSON, Testament of Adam (Second to Fifth Century A. D.), in: J. H. CHARLESWORTH, The Old Testament Pseudepigrapha I: Apocalyptic Literature and Testaments, New York 1983, 989–995

ADAN, D., The 'Fountain of Siloam' and 'Solomon's Pool' in First Century Jerusalem, IEJ 29 (1979) 92–100

ADLER, N., Das erste christliche Pfingstfest. Sinn und Bedeutung des Pfingstberichtes Apg 2,1–13 (NtA 18/1), Münster 1938

ALLEGRO, J. M., The Dead Sea Scrolls and the Christian Myth, New York 1984

AMUSIN, J., Spuren antiqumranischer Polemik in der talmudischen Tradition, in: H. BARDTKE (Hrsg.), Qumran-Probleme. Vorträge des Leipziger Symposions… (Deutsche Akademie der Wissenschaften zu Berlin, Schriften der Sektion für Altertumswissenschaft 42), Berlin/Ost 1963, 5–28

ANDERSON, G., Celibacy or Consummation in the Garden? Reflections on Early Jewish and Christian Interpretations of the Garden of Eden, HThR 82 (1989) 121–148

Apokryphen (NT): W. SCHNEEMELCHER (Hrsg.), Neutestamentliche Apokryphen in deutscher Übersetzung I: Evangelien, Tübingen ⁵1987

Aristeas: A. PELLETIER, Lettre d'Aristée à Philocrate (SC 89), Paris 1962

AUDET, J. P., Affinités littéraires et doctrinales du « Manuel de discipline », RB 60 (1953) 41–82

AUNE, D. E., The Cultic Setting of Realized Eschatology in Early Christianity (NTSuppl 28), Leiden 1972

AVENARY, H., Pseudo-Jerome Writings and Qumran, RQ 4 (1963) 3–10

AVI-YONAH, M., Archaeology and Topography [Neuhebräisch], in: DERS. (Hrsg.), Sefer Yerushalayim. Jerusalem, its Natural Conditions, History and Development from the Origins to the Present Day (The Book of Jerusalem) I, Jerusalem 1956, 305–319

DERS., Geschichte der Juden im Zeitalter des Talmud in den Tagen von Rom und Byzanz (SJ 2), Berlin 1962

BIBLIOGRAPHIE

Ders. (Hrsg.), A History of the Holy Land, London 1969

Ders., Jerusalem in the Second Temple Period, in: Ders. (Hrsg.), EAEHL II, Jerusalem 1976, 599−610

Avigad, N., Discovering Jerusalem, Nashville 1983

Báez-Camargo, G., Archaeological Commentary on the Bible. From Genesis to Revelation (Hrsg. E. A. Nida), New York 1986

Bagatti, B., Ancora sulla data di Eteria, BeO 10 (1968) 73−75

Ders., Excavations in Nazareth I: From the Beginning till the XII Century (SBF.CMa 17), Jerusalem 1969

Ders., The Church from the Circumcision (SBF.CMi 2), Jerusalem 1971

Ders., The Church from the Gentiles in Palestine. History and Archeology (SBF.CMi 4), Jerusalem 1971

Ders., Literary Informations − The Necropolis, in: B. Bagatti−M. Piccirillo−A. Prodomo, New Discoveries at the Tomb of Virgin Mary in Gethsemane (SBF.CMi 17), Jerusalem 1975, 11−47

Ders., Il Golgota nella tradizione e nella archeologia, in: B. Bagatti−E. Testa, Il Golgota e la Croce. Ricerche storico-archeologiche (SBF.CMi 21), Jerusalem 1978, 21−67

Ders., Le tombeau de la Vierge et le silence des premiers siècles, TSF 4/1985, 148−154

Bagatti, B.−Alliata, E., Ritrovamenti archeologici sul Sion, SBFLA 31 (1981) 249−256

Bagatti, B.−Testa, E., Corpus Scriptorum de Ecclesia Matre IV: Gerusalemme. La redenzione secondo la tradizione biblica dei Padri (SBF.CMa 26), Jerusalem 1982

Bahat, D., Jerusalem. Selected Plans of Historical Sites and Monumental Buildings, Jerusalem 1980

Ders., Does the Holy Sepulchre Church Mark the Burial of Jesus?, BARev 12/3 (1986) 26−45

Baier, W., Coenaculum, in: H. Haag, Bibel-Lexikon, Freiburg ³1982, 299 f.

Baldi, D., La tomba di David e il S. Cenacolo (Studio critico-storico), StFr 10 (1938) 193−233

Balz, H., Σιών, EWbNT III, Stuttgart 1983, 588−590

Bammel, E., Sadduzäer und Sadokiden, EThL 57 (1979) 107−115

Bar-Adon, P., Un établissement essénien, RB 77 (1970) 398−400

Ders., Another Settlement of the Judean Desert Sect at ʿEn el Ghuweir on the Shores of the Dead Sea, BASOR 227 (1977) 1−25

Bardtke, H., Die Handschriftenfunde am Toten Meer II: Die Sekte von Qumran, Berlin/Ost ²1961

Ders., Qumran und seine Probleme II, ThR 33 (1968) 185−236

Ders., Zur Nachgeschichte der Qumrangemeinde, ThV 7, Berlin/Ost 1976, 11−40

Barkay, G., St. Andrew's Church, Jerusalem, IEJ 26 (1976) 57 f.

Ders., Excavations at Ketef Hinnom in Jerusalem, in: H. Geva, Ancient Jerusalem Revealed, Jerusalem 1994, 85−106

Barsabas: M. van Esbroeck, Discours de Saint Barsabée, archévêque de Jérusalem, au sujet de notre Seigneur Jésus-Christ (PO 41/2), Turnhout 1982

Bauckham, R. J., Jude, 2 Peter (Word Biblical Commentary 50), Waco 1983

Ders., James, 1 and 2 Peter, Jude, in: D. A. Carson−H. G. M. Williamson, It is Written: Scripture Citing Scripture. Essays in Honour of Barnabas Lindars, Cambridge 1988, 303−317

Ders., Jude and the Relatives of Jesus in the Early Church, Edinburgh 1990

Bauer, W., Wörterbuch zum Neuen Testament (bearb. K. Aland−B. Aland), Berlin ⁶1988

Baumgarten, J. M., The Essenes and the Temple, in: Ders., Studies in Qumran Law (SJLA 24), Leiden 1977, 57−76

Ders., The Exclusion of "Netinim" and Proselytes in 4Q Florilegium, aaO. 75−87

Ders., Some problems of the Jubilees calendar in current research, VT 32 (1982) 485−488

Ders., 4Q502, Marriage or Golden Age Ritual?, JJS 34 (1983) 125−135

DERS., Halakhic Polemics in a New Fragment from Qumran Cave 4, in: Biblical Archaeology Today. Proceedings of the International Congress on Biblical Archaeology, Jerusalem April 1984, Jerusalem 1985, 390–399

DERS., The Calendars of the Book of Jubilees and the Temple Scroll, VT 37 (1987) 71–78

DERS., The Qumran-Essene Restraints on Marriage, in: L. H. SCHIFFMAN, Archaeology and History in the Dead Sea Scrolls. The New York University Conference in Memory of Yigael Yadin (JSP.SS 8), Sheffield 1990, 13–24

DERS., Purification after Childbirth and the Sacred Garden in 4Q265 and Jubilees, in: G. J. BROOKE, New Qumran Texts and Studies. Proceedings of the First Meeting of the International Organization for Qumran Studies, Paris 1992 (STDJ 15), Leiden 1994, 3–10

BEALL, T. S., Josephus' description of the Essenes illustrated by the Dead Sea Scrolls (SNTS.MS 58), Cambridge 1988

BEARDSLEE, W. A., The Casting of Lots at Qumran and in the Book of Acts, NovT 4 (1960) 245–252

BECKWITH, R. T., The Qumran Calendar and the Sacrifices of the Essenes, RQ 7 (1971) 587–591

DERS., The Earliest Enoch Literature and its Calendar, RQ 10 (1981) 365–387

DERS., The Courses of the Levites and the Eccentric Psalms Scrolls from Qumran, RQ 11 (1984) 499–524

BEN-ARIEH, Y., The Rediscovery of the Holy Land in the Nineteenth Century, Jerusalem ²1983

BEN-DOV, M., In the Shadow of the Temple. The Discovery of Ancient Jerusalem, New York 1985

BENOIT, P., Rez. A. JAUBERT, La date de la Cène, Paris 1957, in: RB 65 (1958) 590–594

DERS., Le prétoire de Pilate à l'époque byzantine, RB 91 (1984) 161–177

BENOIT, P.–BOISMARD, M.-É., Un ancien sanctuaire chrétien à Béthanie, RB 58 (1951) 200–251

BERGER, K., Qumran und Jesus. Wahrheit unter Verschluß?, Stuttgart 1993

BERGMEIER, R., Die Essener-Berichte des Flavius Josephus. Quellenstudien zu den Essenertexten im Werk des jüdischen Historiographen, Kampen 1993

BETZ, O., Die Proselytentaufe der Qumransekte und die Taufe im Neuen Testament, RQ 1 (1958/59) 213–234 (mit Postscriptum ND in: DERS., Jesus, der Herr der Kirche. Aufsätze zur biblischen Theologie II [WUNT I/52], Tübingen 1990, 21–48)

DERS., Le Ministère cultuel dans la Secte de Qumrân et dans le Christianisme primitif, in: J. VAN DER PLOEG, La Secte de Qumrân et les Origines du Christianisme (Rech Bib 4), Louvain, 1959, 162–202

DERS., Probleme des Prozesses Jesu, ANRW II 25,1 (Hrsg. W. HAASE), Berlin–New York 1982, 565–647

DERS., Essener und Therapeuten, TRE X, Berlin–New York 1982, 386–391

DERS., Die Bedeutung der Qumranschriften für die Evangelien des Neuen Testaments, in: DERS., Jesus der Messias Israels. Aufsätze zur biblischen Theologie I (WUNT I/42), Tübingen 1987, 317–332

BETZ, O.–RIESNER, R., Jesus, Qumran und der Vatikan. Klarstellungen, Gießen–Freiburg ⁵1994

BIEBERSTEIN, K., Karte: Jerusalem im 1. Jh. v.–1. Jh. n. Chr., TRE XVI, Berlin–New York 1987, nach 608

DERS., Die Porta Neapolitana, die Nea Maria und die Nea Sophia in der Neapolis von Jerusalem, ZDPV 105 (1989) 110–122

BIEBERSTEIN, K.–BLOEDHORN, H., Jerusalem: Grundzüge der Baugeschichte vom Chalkolithicum bis zur Frühzeit der osmanischen Herrschaft II (BTAVO B 100/2), Wiesbaden 1994

BITTNER, W., Geschichte und Eschatologie im Johannesevangelium, in: H. STADELMANN, Glaube und Geschichte. Heilsgeschichte als Thema der Theologie (Monographien und Studienbücher 322), Gießen–Wuppertal 1986, 154–180

DERS., Jesu Zeichen im Johannesevangelium. Die Messias-Erkenntnis im Johannesevangelium vor ihrem jüdischen Hintergrund (WUNT II/26), Tübingen 1987

BIBLIOGRAPHIE

BLACK, M., The Arrest and Trial of Jesus and the Date of the Last Supper, in: A. J. B. HIGGINS, New Testament Essays. Studies in Memory of Thomas Walter Manson, London 1959, 19−33 (auch in: M. BLACK, The Scrolls and Christian Origins. Studies in the Jewish Background of the New Testament, London 1961, 199−201)

DERS., The Scrolls and Christian Origins. Studies in the Jewish Background of the New Testament, London 1961 (ND Chico 1983 [BJS 48])

DERS., The Tradition of Hasidean-Essene Ascetism, in: Aspects du Judéo-Christianisme (Colloque de Strasbourg 23−25 avril 1964), Paris 1965, 19−32

DERS., An Aramaic Approach to the Gospels and Acts, Oxford [3]1967 (dtsch. Die Muttersprache Jesu. Das Aramäische der Evangelien und der Apostelgeschichte [BWANT 115], Stuttgart 1982)

DERS., The Scrolls and Christianity. Historical and theological Significance (TCSPCK 11), London 1969

BLINZLER, J., Der Prozeß Jesu, Regensburg [4]1969

DERS., Qumrankalender und Passionschronologie, in: DERS., Aus der Welt und Umwelt des Neuen Testaments. Gesammelte Aufsätze 1 (SBB), Stuttgart 1969, 108−123

BLISS, F. J., Second Report on the Excavations at Jerusalem, PEFQS 1894, 243−261

DERS., Third Report on the Excavations at Jerusalem, PEFQS 1895, 9−25

DERS., Excavations at Jerusalem, 1895−1897 (Plans and Illustrations by A. C. DICKIE), Jerusalem 1898

BLUDAU, A., Die Pilgerreise der Aetheria (SGKA 15/1−2), Paderborn 1927

BOCKMÜHL, M., Rez.: B. MAYER (Hrsg.), Christen und Christliches in Qumran? (Est NF 32), Regensburg 1992, in: ThLZ 119 (1994) 137−139

BÖSEN, W., Der letzte Tag des Jesus von Nazaret. Was wirklich geschah, Freiburg 1994

BORGEHAMMAR, S., How the Holy Cross was Found (BTP 47), Stockholm 1991

BOWMAN, J., Samaritanische Probleme. Studien zum Verhältnis von Samaritanertum, Judentum und Urchristentum (Franz Delitzsch Vorlesungen 1959), Stuttgart 1967

BRADSHAW, P. F., Prayer Morning, Noon, Evening, and Midnight − An Apostolic Custom?, StLi 13 (1979) 57−62

DERS., Daily Prayer in the Early Church. A Study of the Origin and Early Development of the Divine Office, New York 1982

BRAUN, H., Qumran und das Neue Testament I/II, Tübingen 1966

BRAUN, F. M., L'arrière-fond judaïque du quatrième évangile et la Communauté de l'Alliance, RB 62 (1955) 5−44

BRAUN, W., Were the New Testament Herodians Essenes? A Critique of an Hypothesis, RQ 14 (1989) 75−88

BROEK, R. VAN DEN, Der Brief des Jakobus an Quadratus und das Problem der judenchristlichen Bischöfe von Jerusalem (Eusebius, HE IV,5,1−3), in: T. BAARDA u. a., Text and Testimony. Essays on New Testament and Apocryphal Literature in Honour A. F. J. Klijn, Kampen 1988, 56−65

BROOKE, G. J., Exegesis at Qumran. 4QFlorilegium in its Jewish Context (JSOT.SS 29), Sheffield 1985

DERS., The Temple Scroll and the Archaeology of Qumran, 'Ain Feshkha and Masada, RQ 13 (1988) 225−237

DERS., Introduction, zu: G. J. BROOKE (Hrsg.), Temple Scroll Studies (JSP.SS 7), Sheffield 1989, 13−19

DERS., The Temple Scroll and the New Testament, aaO. 181−200

DERS., Ezekiel in Some Qumran and New Testament Texts, in: J. TREBOLLE BARRERA−L. VEGAS MONTANER, The Madrid Qumran Congress. Proceedings of the International Congress on the Dead Sea Scrolls (Madrid 18−21 March 1991) I [STDJ 11/1)], Leiden 1992, 317−337

DERS., Levi and the Levites in the Dead Sea Scrolls and the New Testament, in: Z. J. KAPERA, Mogilany 1989. Papers on the Dead Sea Scrolls I (Qumranica Mogilanensia 2), Krakau 1993, 105−129

Broshi, M., The growth of Jerusalem in the reigns of Hezekiah and Manasseh. The archaeological evidence and the historical background, IEJ 24 (1974) 21–26

Ders., La population de l'ancienne Jérusalem, RB 88 (1975) 5–14

Ders., Excavations on Mount Zion – Preliminary Report, 1971–1972, IEJ 26 (1976) 81–88

Ders., Excavations in the House of Caiphas, Mount Zion, in: Y. Yadin, Jerusalem Revealed. Archaeology in the Holy City 1968–1974, Jerusalem 1976, 57–60

Ders., Along Jerusalem's Walls, BA 40 (1977) 11–17

Ders., The Archaeology of Qumran – A Reconsideration, in: D. Dimant–U. Rappaport, The Dead Sea Scrolls. Forty Years of Research (STDJ 10), Leiden 1992, 103–115

Ders., Anti-Qumranic Polemics in the Talmud, in: J. Trebolle Barrera–L. Vegas Montaner, The Madrid Qumran Congress. Proceedings of the International Congress on the Dead Sea Scrolls (Madrid 18–21 March, 1991) II [STDJ 11/2], Leiden 1992, 589–600

Ders., Die archäologie Erforschung Qumrans, in: J. B. Bauer–J. Fink–H. D. Galter, Qumran. Ein Symposion (Grazer Theologische Studien 15), Graz 1993, 63–72

Brown, R. E., The Qumran Scrolls and the Johannine Gospel and Epistles, in: K. Stendahl, The Scrolls and the New Testament, New York 1957, 183–207 (dtsch. Die Schriftrollen von Qumran und das Johannesevangelium und die Johannesbriefe, in: K. H. Rengstorf, Johannes und sein Evangelium [WdF 82], Darmstadt 1973, 486–528)

Brownlee, W. H., Messianic Motifs of Qumran and the New Testament, NTS 3 (1956/57), 195–210

Bruce, F. F., 1 and 2 Corinthians (NCeB), London 1971

Ders., Men and Movements in the Primitive Church. Studies in Early Non-Pauline Christianity, Exeter 1979

Ders., The Church of Jerusalem in the Acts of the Apostles, BJRL 67 (1985) 641–661

Ders., 'To the Hebrews': A Document of Roman Christianity?, ANRW II 25,4 (Hrsg. W. Haase), Berlin–New York 1987, 3496–3521

Ders., The Epistle to the Hebrews (NIC), Grand Rapids ²1990

Buchanan, G. W., Jesus and Other Monks of the New Testament Times, RelLife 48 (1979) 136–142

Ders., To the Hebrews (AncB 36), Garden City ²1981

Ders., Jesus. The King and His Kingdom, Macon 1984

Bühlmann, W., Wie Jesus lebte. Vor 2000 Jahren in Palästina: Wohnen, Essen, Arbeiten, Reisen, Luzern–Stuttgart ²1990

Burger, E., Die Anfänge des Pilgerwesens in Palästina. Zur Geschichte der christlichen Frömmigkeit in den ersten Jahrhunderten, PJB 27 (1931) 84–111

Burgmann, H., Vorgeschichte und Frühgeschichte der essenischen Gemeinden von Qumrân und Damaskus (ANTI 7), Frankfurt 1987

Ders., Die essenischen Gemeinden von Qumrân und Damaskus in der Zeit der Hasmonäer und Herodier (130 ante–68 post) [ANTI 8], Frankfurt 1988

Ders., Kontroversen um Qumran, The Qumran Chronicle 1, Krakau 1990, 61–65

Ders., Die Nordemigration hat stattgefunden, in: Ders., Weitere lösbare Qumranprobleme (Qumranica Mogilanensia 9), Krakau 1992, 27–51

Burkitt, F. C., The Last Supper and the Paschal Meal, JTS 17 (1916) 291–297

Burrows, M., More Light on the Dead Sea Scrolls. New Scrolls and New Interpretations. With Translations of Important Recent Discoveries, New York 1958

Buth, R., Hebrew Poetic Tenses and the Magnificat, JSNT 21 (1984) 67–83

Callaway, P. R., The History of the Qumran Community. An Investigation (JSP.SS 3), Sheffield 1988

Ders., Qumran Origins: From the Doresh to the Moreh, RQ 14 (1990) 637–650

Cansdale, L., The Identity of Qumran in the Old Testament Period Re-examined, The Qumran Chronicle 2/2 (1993) 117–125

Capper, B. J., The Interpretation of Acts 5,4, JSNT 19 (1983) 117–131

BIBLIOGRAPHIE

DERS., „In der Hand des Ananias ..." Erwägungen zu 1QS VI,20 und der urchristlichen Gütergemeinschaft, RQ 12 (1986) 223–236

DERS., Community of Goods in the Early Jerusalem Church, ANRW II 26,2 (Hrsg. W. HAASE),
Berlin–New York 1995, 1730–1774

CAQUOT, A., Le messianisme qumrânien, in: M. DELCOR, Qumrân. Sa piété, sa théologie et
son milieu (BEThL 46), Paris–Louvain 1978, 231–247

CARMIGNAC, J., L'utilité ou l'inutilité des sacrifices sanglants dans la 'Règle de la communauté'
de Qumrân, RB 63 (1956) 524–532

DERS., Un Qumrânien converti au Christianisme: l'auteur des Odes de Salomon, in:
H. BARDTKE, Qumran-Probleme. Vorträge des Leipziger Symposions ... (Deutsche Aka-
demie der Wissenschaften zu Berlin, Schriften der Sektion für Altertumswissenschaft 42),
Berlin/Ost 1963, 75–108

DERS., Comment Jésus et ses contemporains pouvaient-ils célébrer la Pâque à une date non-
officielle?, RQ 5 (1964) 59–79

CHARLESWORTH, J. H., Les Odes de Salomon et les manuscrits de la mer Morte, RB 77 (1970)
522–549

DERS., John and the Odes of Solomon, in: DERS., John and Qumran, London 1972, 107–
136

DERS., The Origin and Subsequent History of the Authors of the Dead Sea Scrolls, RQ 10
(1980) 213–233

DERS., The Pseudepigrapha in Modern Research with a Supplement (SCS 7), Chico [2]1981

DERS., The Old Testament Pseudepigrapha and the New Testament. Prolegomena for the Study
of Christian Origins (SNTS.MS 54), Cambridge 1985

DERS., Research in the Historical Jesus Today: Jesus and the Pseudepigrapha, the Dead Sea
Scrolls, the Nag Hammadi Codices, Josephus, and Archaeology, PSB 6 (1985) 98–115

DERS., Greek, Persian, Roman, Syrian and Egyptian Influences in Early Jewish Theology: A
Study in the History of the Rechabites. in: A. CAQUOT–M. HADAS-LEBEL–J. RIAUD,
Hellenica et Judaica. Hommage à Valentin Nikiprowetzky, Leuven–Paris 1986, 219–
244

DERS., The New Testament Apocrypha and Pseudepigrapha: a guide to publications, with
excursuses on apocalyses (Atla Bibliography Series 17) [mit J. R. MUELLER], Metuchen–
London 1987

CHEN, D., Cubit of the Temple, Cubit of Qumran, in: Proceedings of the Tenth World Congress
of Jewish Studies B II, Jerusalem 1990, 9–14

CHEN, D.–MARGALIT, S.–PIXNER, B., שרידי ביצורים מסלהי תקופת בית ראשון מתחת ל"שער האיסיים"
בהר-ציון, Qadmoniot 26 (1993) 33–37

DIES., Mount Zion: Discovery of Iron Age Fortifications Below the Gate of the Essenes, in:
H. GEVA, Ancient Jerusalem Revealed, Jerusalem 1994, 76–81

CHIAT, M. J. S., Handbook of Synagogue Architecture (BJS 29), Chico 1982

CHYUTIN, M., The New Jerusalem: Ideal City, Dead Sea Discoveries 1 (1994) 71–97

COLLINS, J. J., Dead Sea Scrolls, ABD II, New York 1992, 85–101

DERS., Essenes, aaO. 619–626

COLPE, C., Das Siegel der Propheten. Historische Beziehungen zwischen Judentum, Judenchristentum, Heidentum und frühem Islam (ANTZ 3), Berlin 1990

CONDE, A. L., ¿Vida Monástica en las Acta Apostolorum?, in: E. A. LIVINGSTONE, Studia
Evangelica VI (TU 112), Berlin 1973, 321–327

CONDER, C. R., The Rock Scarp of Zion, PEFQS 1875, 81–89

DERS., A Handbook on the Bible: Being a Guide to the Study of the Holy Scriptures; Described
from Ancient Monuments and Modern Exploration (with plans of F. R. CONDER), London 1879

COPPENS, J., Où en est le problème des analogies qumrâniennes avec le Nouveau Testament?,
in: M. DELCOR, Qumrân. Sa piété, sa théologie et son milieu (BEThL 46), Paris–Louvain
1978, 373–383

COOK, E. M., Solving the Mysteries of the Dead Sea Scrolls. New Light on the Bible, Grand Rapids 1994

CORBO, V., The House of Saint Peter at Capernaum. Preliminary Report (SBF.CMi 5), Jerusalem ²1972

CORNFELD, G., The Historical Jesus. A Scholarly View of the Man and his World, New York 1982

CROSS, F. M., Excursus on the Palaeographical Dating of the Copper Document, in: M. BAILLET–J. T. MILIK–R. DE VAUX, Discoveries in the Judean Desert III: Les 'Petites Grottes' de Qumrân, Oxford 1962, 217–221

DERS., Die antike Bibliothek von Qumran und die moderne biblische Wissenschaft. Ein zusammenfassender Überblick über die Handschriften vom Toten Meer und ihre einstigen Besitzer, Neukirchen/Vluyn 1967

DERS., Some Notes on a Generation of Qumran Studies, in: J. TREBOLLE BARRERA–L. VEGAS MONTANER, The Madrid Qumran Congress. Proceedings of the International Congress on the Dead Sea Scrolls, Madrid 18–21 March I (STDJ 10/1), Leiden 1992, 1–14

CROWN, A. D., The Samaritan Diaspora, in: DERS. (Hrsg.), The Samaritans, Tübingen 1989, 195–217

CROWN, A.–CANSDALE, L., Qumran – Was It an Essene Settlement?, BARev 20/5 (1994) 24–35. 73–78

CRÜSEMANN, F., Ein israelitisches Ritualbad aus vorexilischer Zeit, ZDPV 94 (1978) 68–75

CULLMANN, O., The Significance of the Qumran Texts for Research Into the Beginnings of Christianity, JBL 74 (1955) 213–226 (ND in: K. STENDAHL, The Scrolls and the New Testament, New York 1957 [²1992], 18–32. 251–252)

DERS., Die neuentdeckten Qumrantexte und das Judenchristentum der Pseudoklementinen, in: W. ELTESTER, Neutestamentliche Studien für Rudolf Bultmann (BZAW 21), Berlin ²1957, 35–51 (ND in: O. CULLMANN, Vorträge und Aufsätze [Hrsg. K. FRÖHLICH], Tübingen 1966, 241–259)

DERS., Der johanneische Kreis. Sein Platz im Spätjudentum, in der Jüngerschaft Jesu und im Urchristentum. Zum Ursprung des Johannesevangeliums, Tübingen 1975

DALMAN, G., Zion, die Burg Jerusalems, PJB 11 (1915) 40–84

DERS., Orte und Wege Jesu (BFChTh II/1), Gütersloh ³1924 (ND Darmstadt ⁴1967)

DERS., Jerusalem und sein Gelände (BFChTh II/19), Gütersloh 1930

Damaskusschrift: R. H. CHARLES, Fragments of a Zadokite Work, in: DERS., Apocrypha and Pseudepigrapha of the Old Testament II: Pseudepigrapha, Oxford 1913, 785–834

DANIEL, C., Les 'Hérodiens' du Nouveau Testament sont-ils des Esséniens?, RQ 6 (1967) 31–53

DERS., Nouveaux arguments en faveur de l'identification des Hérodiens et des Esséniens, RQ 7 (1970) 397–402

DERS., Un Essénien mentionné dans les Actes des Apôtres: Barjésu, Mus 84 (1971) 455–476

DERS., Une mention paulinienne des Esséniens de Qumrân, RQ 5 (1966) 553–567

DANIÉLOU, J., Les manuscrits de la Mer Morte et les origines du Christianisme, Paris 1957 (dtsch. Qumran und der Ursprung des Christentums, Mainz 1958), ²1974

DERS., Primitive Christian Symbols, London 1964

DERS., The Origins of Latin Christianity (A History of Early Christian Doctrine Before the Council of Nicaea III) [Hrsg. J. A. BAKER], London 1977

DERS., The Theology of Jewish Christianity (A History of Early Christian Doctrine Before the Council of Nicaea I), London–Philadelphia 1978

DARIS, S., Rez. C. P. THIEDE, Die älteste Evangelien-Handschrift?, Wuppertal 1986, in: Bibl 68 (1987) 431–433

DAUMAS, F., La solitude des thérapeutes et les antécédents égyptiens du monachisme chrétien, in: DERS., Philon d'Alexandrie. Les œuvres (Colloque de Lyon), Paris 1967, 347–359

DAVIDS, P. H., The Epistle of James (NIGTC), Exeter 1982

BIBLIOGRAPHIE

DAVIES, P. R., Calendrical Change and Qumran Origin: An Assessment of VanderKam's Theory, CBQ 45 (1983) 80–89

DERS., The Damascus Covenant. An Interpretation of the 'Damascus Document' (JSOT.SS 25), Sheffield 1983

DERS., The Birthplace of the Essenes: Where is 'Damascus'?, RQ 14 (1990) 503–520

DAVIES, W. D., The Gospel and the Land. Early Christianity and Jewish Territorial Doctrine, Berkeley 1974

DECOSTER, K., Flavius Josephus and the Seleucid Acra in Jerusalem, ZDPV 105 (1989) 70–84

DEICHGRÄBER, R., Gotteshymnus und Christushymnus in der frühen Christenheit. Untersuchungen zu Form, Sprache und Stil der frühchristlichen Hymnen (SUNT 5), Göttingen 1967

DEINES, R., Jüdische Steingefäße und pharisäische Frömmigkeit. Ein archäologisch-historischer Beitrag zum Verständnis von Joh 2,6 und der jüdischen Reinheitshalacha zur Zeit Jesu (WUNT II/52), Tübingen 1993

DELCOR, M., Is the Temple Scroll a Source of the Herodian Temple?, in: G. J. BROOKE, Temple Scroll Studies (JSP.SS 7), Sheffield 1989, 67–90

DERS., A propos de l'emplacement de la porte des Esséniens selon Josèphe et de ses implications historiques, essénienne et chrétienne. Examen d'une théorie, in: Z. J. KAPERA, Intertestamental Essays in honour of Józef Tadeusz Milik (Qumranica Mogilanensia 6), Krakau 1992, 25–44

DEQUEKER, L., The City of David and the Seleucid Acra in Jerusalem, in: E. LIPINSKI, The Land of Israel: Cross Roads of Civilizations (Orientalia Lovaniensia Analecta 19), Leuven 1985, 193–210

DERS., The 'Tomb of David' in the 'City of David'. A Biblical Tradition Reconsidered, in: M. AUGUSTIN–K. D. SCHUNCK, „Wünschet Jerusalem Frieden" (Beiträge zur Erforschung des Alten Testaments und des antiken Judentums 13), Frankfurt–Bern 1988, 77–92

DESPREZ, V., The roots of Christian Monasticism: The Jewish Bible and ancient religions, ABenR 41 (1990) 357–377

DESREUMAUX, A., L'espace de l'archéologie: l'exemple de Sion, in: A. DESREUMAUX–F. SCHMIDT, Moïse géographe. Recherches sur les représentations juives et chrétiennes de l'espace, Paris 1988, 227–250

DEUBLER, A., Die Kindheitsgeschichte Johannes des Täufers und Jesu bei Matthäus und Lukas, in: M. MÜLLER, Senfkorn, Stuttgart 1985, 255–293

DEVOS, P., La date du voyage d'Égérie, AnalBoll 85 (1967) 165–194

Didache: J. P. AUDET, La Didachè. Instructions des Apôtres (ÉtB), Paris 1958

DIMANT, D., Qumran Sectarian Literature, in: M. E. STONE, Jewish Writings of the Second Temple Period. Apocrypha, Pseudepigrapha, Qumran Sectarian Writings, Philo, Josephus (CRINT II/2), Assen–Philadelphia 1984, 483–550

DÖLGER, F. J., Sol Salutis. Gebet und Gesang im christlichen Altertum. Mit besonderer Rücksicht auf die Ostung in Gebet und Liturgie (LF 5/4), Münster ²1925

DONCEEL-VOÛTE, P., 'Coenaculum' – La salle à l'étage du locus 30 à Khirbet Qumrân sur la mer Morte, Res Orientales 4 (1993) 61–84

DRIJVERS, H. J. W., Edessa und das jüdische Christentum, in: DERS., East of Antioch. Studies in Early Syriac Christianity, London 1984, 3–44

DUPONT, J., «Je rebâtirai la cabane de David qui est tombée» (Ac 15,16 = Am 9,11), in: E. GRÄSSER–O. MERK, Glaube und Eschatologie (Festschrift für Werner Georg Kümmel), Tübingen 1985, 19–32

ECK, W., Senatoren von Vespasian bis Hadrian. Prosopographische Untersuchungen mit Einschluß der Jahres- und Provinzialfasten der Statthalter (Kommission für alte Geschichte und Epigraphik des Deutschen Archäologischen Instituts. Vestigia. Beiträge zur Alten Geschichte 13) 1970

Egeria: H. Petré, Die Pilgerreise der Aetheria (Peregrinatio Aetheriae) [Übers. K. Vretska], Klosterneuburg 1958
Dies.: H. Petré, Ethérie: Journal de Voyage (SC 21), Paris ²1971
Dies.: J. Wilkinson, Egeria's Travels to the Holy Land, Jerusalem–Warminster 1981
Dies.: P. Maraval, Égérie: Journal de Voyage (Itinéraire) [SC 296], Paris 1982
Eisenberg, E., Church of the Dormition, ESI III, Jerusalem 1985, 47
Eisenman, R. H., Maccabees, Zadokites, Christians and Qumran. A New Hypothesis of Qumran Origins (SPB 34), Leiden 1983
Ders., James the Just in the Habakkuk Pesher (SPB 35), Leiden 1986
Eisenman, R. H.–Wise, M., The Dead Sea Scrolls Uncovered. The First Complete Translation and Interpretation of 50 Key Documents Withheld for Over 35 Years, Rockport 1992
Eiss, W., Qumran und die Anfänge der christlichen Gemeinde (CH 23), Stuttgart 1959
Eldar, Y., An Essene Quarter on Mount Zion?, CNfl 26 (1976) 53 f.
Elder, L. B., Female Ascetics Among Essenes, Qumran Chronicle 3/1–3 (1993) 85 f.
Ellis, E. E., Paul's Use of the Old Testament, Grand Rapids 1957 (ND 1981)
Ders., The Gospel of Luke (NCeB), London ²1974
Ders., Traditions in the Pastoral Epistles, in: C. A. Evans–W. F. Stinespring, Early Jewish and Christian Exegesis. Studies in Memory of William Hugh Brownlee, Atlanta 1987, 237–253
Elgvin, T., The Qumran Covenant Festival and the Temple Scroll, JJS 36 (1985) 103–106
Emerton, J. A., A Consideration of Two Recent Theories about Bethso in Josephus' Description of Jerusalem and a Passage in the Temple Scroll, in: W. Classen, Text and Context. Old Testament and Semitic Studies for F. C. Fensham (JSOT.SS 48), Sheffield 1988, 93–104
Epiphanius: K. Holl, Epiphanius Werke I: Ancoratus (GCS 25), Leipzig 1915
Ders.: K. Holl, Epiphanius Werke II–III: Panarion Haer. (GCS 31/37), Leipzig 1922/33
Ders.: K. Holl, Ein Bruchstück aus einem bisher unbekannten Brief des Epiphanius, in: Ders., Gesammelte Aufsätze zur Kirchengeschichte II, Tübingen 1928, 204–224
Ders.: F. Williams, The Panarion of Epiphanius of Salamis. Book I (Sects 1–45) [NHS 35], Leiden 1987
Esbroeck, M. van, Jean II de Jérusalem et les cultes de S. Étienne, de la Sainte-Sion et de la Croix, AnalBoll 102 (1984) 99–134
Eshel, H.–Greenhut, Z., Ḥiam el-Sagha, a Cemetery of the Qumran Type, Judaean Desert, RB 100 (1992) 252–259
Eusebius: H. Gressmann, Eusebius Werke III/2: Die Theophanie. Die griechischen Bruchstücke und Übersetzung der syrischen Überlieferungen (GCS 11,2), Leipzig 1904
Ders.: I. A. Heikel, Eusebius Werke VI. Demonstratio Evangelica (GCS 23), Leipzig 1913
Ders.: E. Klostermann, Eusebius Werke III/1: Das Onomastikon der biblischen Ortsnamen (GCS 11,1), Leipzig 1904
Ders.: K. Mras, Eusebius Werke VIII/1–2: Praeparatio Evangelica (GCS 43), Berlin 1954/56
Eutychius von Alexandrien: M. Breydy, Das Annalenwerk des Eutychios von Alexandrien. Ausgewählte Geschichten und Legenden kompiliert von Sa'id ibn Batriq um 935 A.D. (CSCO 471/72), Leuven 1985
Evans, C. A., Noncanonical Writings and New Testament Interpretation, Peabody 1992
Ders., Appendix: The Recently Published Dead Sea Scrolls and the Historical Jesus, in: B. Chilton–C. A. Evans, Studying the Historical Jesus. Evaluations of the State of Current Research (NTTS 19), Leiden 1994, 547–565
Fabry, H. J., Chirbet Qumran – ein Stiefkind der Archäologie, BiKi 48 (1993) 31–34
Farris, S. C., The Hymns of Luke's Infancy Narratives. Their Origin, Meaning and Significance (JSNTS 9), Sheffield 1985
Feld, H., Der Hebräerbrief (EdF 228), Darmstadt 1985
Feuillet, A., Jésus et sa Mère d'après les récits lucaniens de l'enfance et d'après Saint Jean, Paris 1974

FINEGAN, J., The Archaeology of the New Testament. The Life of Jesus and the Beginnings of the Early Church, Princeton ²1992

FINKEL, A., The Departures of the Essenes, Christians and R. Yohanan ben Zakkai from Jerusalem, in: E. L. EHRLICH–B. KLAPPERT, „Wie gut sind deine Zelte, Jaakow ...“ (Festschrift für Reinhold Meyer), Gerlingen 1986, 29–40

FINNEY, P. C., TOPOS HIEROS und christlicher Sakralbau in vorkonstantinischer Überlieferung, Boreas 7 (1984) 193–225

FITZMYER, J. A., Qumran and the interpolated paragraph in 2 Cor 6:14–7:1, in: DERS., Essays on the Semitic Background of the New Testament, London 1971, 205–217 (dtsch.: Qumran und der eingefügte Abschnitt 2 Kor 6,14–7,1, in: K. E. GRÖZINGER u. a., Qumran [WdF 410], Darmstadt 1981, 385–398)

DERS., The Dead Sea Scrolls and the New Testament after thirty years, TD 29 (1981) 351–367

DERS., The Ascension of Christ and Pentecost, TS 45 (1984) 409–440

DERS., The Qumran Scrolls and the New Testament after Forty Years, RQ 13 (1988) 610–620

DERS., The Dead Sea Scrolls. Major Publications and Tools for Study (SBLRBS 20), Missoula ³1990

DERS., Qumran: Die Antwort. 101 Fragen zu den Schriften vom Toten Meer (Stuttgarter Taschenbücher 18), Stuttgart 1993

FLUSSER, D., The Apocryphal Book of the *Ascensio Isaiae* and the Dead Sea Sect, IEJ 3 (1953) 30–47 (ND in: DERS., Judaism and the Origins of Christianity, Jerusalem 1988, 3–20)

DERS., The Dead Sea Sect and Pre-Pauline Christianity, ScrHie 4 (1958) 215–266 (ND in: DERS., Judaism and the Origins of Christianity, 23–74)

DERS., Psalms, Hymns and Prayers, in: M. E. STONE, Jewish Writings of the Second Temple Period. Apocrypha, Pseudepigrapha, Qumran Sectarian Writings, Philo, Josephus (CRINT II/2), Assen–Philadelphia 1984, 551–577

DERS., Qumran and the Famine during the Reign of Herod, Israel Museum Journal 6 (1987) 7–16

DERS., "The House of David" on an Ossuary, The Israel Museum Journal 5 (1986) 37–40

DERS., Jesus' Opinion about the Essenes, in: DERS., Judaism and the Origins of Christianity, Jerusalem 1988, 150–168

FOCANT, C., Un fragment du second évangile à Qumrân: 7Q5 = Mc 6,52–53?, RThL 16 (1985) 447–454

FOSSUM, J. E., Jewish-Christian Christology and Jewish Mysticism, VigChr 37 (1983) 260–287

FRANK, K. S. (Hrsg.), Askese und Mönchtum in der alten Kirche (WdF 409), Darmstadt 1975

FRANKEL, Z., Die Essäer nach talmudischen Quellen, MGWJ 2 (1853) 30–40. 61–73

FREND, W. H. C., Martyrdom and Persecution in the Early Church. A Study of a Conflict from the Maccabees to Donatus, Garden City 1967

FRIEDMAN, D. M., The Divisions of the Stairs in Ritual Baths, BARev 13/3 (1987) 12 f.

FUJITA, N. S., A Crack in the Jar. What Ancient Jewish Documents Tell Us About the New Testament, New York 1986

GAECHTER, P., Eine neue Chronologie der Leidenswoche, ZKTh 80 (1958) 555–561

GARCÍA MARTÍNEZ, F.–WOUDE, A. S. VAN DER, A "Groningen" Hypothesis of Qumran Origins, RQ 14 (1990) 521–541

DERS., Les limites de la communauté: pureté et impureté à Qumrân et dans le Nouveau Testament, in: T. BAARDA u. a., Text and Testimony. Essays on New Testament and Apocryphal Literature in Honour of A. F. J. Klijn, Kampen 1988, 111–122

DERS., The Last Surviving Columns of 11QNJ, in: F. GARCÍA MARTÍNEZ–A. HILLHORST–C. J. LABUSCHAGNE, The Scriptures and the Scrolls. Studies in Honour of A. S. van der Woude on the Occasion of his 65th Birthday, Leiden 1992, 178–192

DERS., Messianische Erwartungen in den Qumranschriften, JBTh 8 (1993) 171–208

DERS., Une secte dans le Judaïsme de l'époque, MBib 86 (1994) 24–27

GEMPF, C. J., The 'God-fearers', in: C. J. HEMER, The Book of Acts in the Setting of Hellenistic History (Hrsg. C. J. GEMPF) [WUNT I/49], Tübingen 1989, 444–447

GERHARDSSON, B., Memory and Manuscript. Oral Tradition and Written Transmission in Rabbinic Judaism and Early Christianity (ASNU 22), Lund–Kopenhagen ²1964

GESE, H., Der Davidsbund und die Zionserwählung, in: DERS., Vom Sinai zum Zion. Alttestamentliche Beiträge zur Biblischen Theologie (BEvTh 64), München ²1984, 113–129

GEVA, H., The Western Boundary of Jerusalem at the End of the Monarchy, IEJ 29 (1979) 84–91

DERS., Excavations in the Citadel of Jerusalem, 1979–1980, Preliminary Report, IEJ 33 (1983) 55–67

DERS., The Camp of the Tenth Legion in Jerusalem: An Archaeological Reconsideration, IEJ 34 (1984) 239–254

DERS. (mit N. AVIGAD), Jerusalem: The Second Temple Period, in: E. STERN, The New Encyclopedia of Archaeological Excavations in the Holy Land II, New York 1993, 717–749

GIBBINS, H. J., The Problem of the Liturgical Section of the Didache, JTS 36 (1935) 373–386

GIBSON, M. D., The House in Which the Last Supper Was Held, JTS 17 (1916) 398

GIBSON, S., The 1961–67 Excavations in the Armenian Garden, Jerusalem, PEQ 119 (1987) 81–96

GIET, S., Un courant Judéo-Chrétien à Rome au milieu du IIᵉ siècle?, in: Aspects du Judéo-Christianisme (Colloque de Strasbourg 23–25 avril 1964), Paris 1965, 95–112

GISLER, M., Sancta Sion und Dormitio Dominae. Ihre Verbundenheit im Grundplan, HlL 79 (1935) 2–13

GODET, F., The First Indications of Gnosticism in Asia Minor: The Epistle to the Colossians, Exp III/4 (1886) 161–184

GOLB, N., The Problem of Origin and Identification of the Dead Sea Scrolls, PAPS 124 (1980) 1–24

DERS., Who Hid the Dead Sea Scrolls?, BA 48 (1985) 68–82

DERS., Les Manuscrits de la Mer Morte: Une nouvelle approche du problème de leur origine, Annales ESC 5/1985, 1133–1149

DERS., The Dead Sea Scrolls, The American Scholar 58 (1989) 177–207

DERS., The Major Anomalies in the Qumran-Sectarian Theory and Their Resolution, The Qumran Chronicle 2/3 (1993) 161–182

DERS., Qumran: Wer schrieb die Schriftrollen vom Toten Meer?, Hamburg 1994

GOODMAN, M., The Ruling Class of Judaea. The Origins of the Jewish Revolt Against Rome A. D. 66–70, Cambridge 1987

GOPPELT, L., Die apostolische und nachapostolische Zeit (KIG 1A), Göttingen ²1966

GORANSON, S., On the Hypothesis that Essenes Lived on Mt. Carmel, RQ 9 (1978) 563–567

DERS., "Essenes": Etymology from עשׂה, RQ 11 (1984) 483–498

DERS., Joseph of Tiberias episode in Epiphanius: Studies in Jewish and Christian Relations, PhD Duke University, 1990

DERS., Sectarianism, Geography, and the Copper Scroll, JJS 43 (1992) 282–287

GOUDOEVER, J. VAN, Biblical Calendars, Leiden ²1961

GRAPPE, C., D'un Temple à l'autre. Pierre et l'Église primitive de Jérusalem, Thèse de doctorat (Faculté de Théologie Protestante de Strasbourg) 1989

DERS., A la jonction entre Inter et Nouveau Testament: Le récit de la Pentecôte, FV 89 (1990) 19–27

DERS., D'un temple à l'autre. Pierre et l'Église primitive de Jérusalem (EHPhR 71), Paris 1992

GRAY, B. C., The Movements of the Jerusalem Church During the First Jewish War, JEH 24 (1973) 1–7

GREGO, I., San Gregorio di Nissa pellegrino in Terra Santa, Sal 38 (1976) 109–125

DERS., Il Golgota Monte Santo dei Cristiani, BeO 33 (1981) 115–124

DERS., I Giudeo-Cristiani del IV Secolo, Jerusalem 1982
Gregor von Nyssa: P. MARAVAL, Grégoire de Nysse: Lettres (SC 363), Paris 1990
Ders.: G. PASQUALI, Gregorii Nysseni Opera VIII/2: Epistulae, Leiden ²1959
GRELOT, P., La géographie mythique d'Hénoch et ses soures orientales, RB 65 (1958) 33−69
GUILLAUMONT, A., A propos du célibat des Esséniens, in: Hommages à André Dupont-Sommer, Paris 1971, 395−404
GUNTHER, J. J., St. Paul's Opponents and Their Background. A Study of Apocalyptic and Jewish Sectarian Teachings (NTSuppl 35), Leiden 1973
DERS., The Fate of the Jerusalem Church. The Flight to Pella, ThZ 29 (1973) 81−94
GUSTAFSSON, B., Hegesippus' Sources and his Reliability, in: Studia Patristica III (TU 78), Berlin/Ost 1961, 227−232

HAAG, H., Das liturgische Leben der Qumrangemeinde, ALW 10 (1967) 78−109
HAGENS, R., Die Kirche Jerusalems vom Martyrium des Jakobus bis zum Barkochba-Aufstand, Tübingen 1986 [unveröffentlicht]
HAHN, F., Christologische Hoheitstitel. Ihre Geschichte im frühen Christentum (FRLANT 83), Göttingen ⁴1974
HAMBURGER, J., Essäer, in: Real-Encyclopädie für Bibel und Talmud II: Die talmudischen Artikel A−Z, Strelitz 1883, 172−178
HAR-EL, M., The Route of Salt, Sugar and Balsam Caravans in the Judean Desert, GeoJ 2 (1978) 549−556
DERS., Wasser und der Tempel in Jerusalem, Ariel 70 (1988) 71−88
HARNACK, A. VON, Geschichte der altchristlichen Litteratur bis Eusebius II/1: Die Chronologie der Litteratur bis Irenäus ..., Leipzig 1897 [ND 1958]
HARVEY, A. E., Melito and Jerusalem, JTS 16 (1966) 401−404
HEID, S., Das Heilige Land: Herkunft und Zukunft der Judenchristen, Kairos 34/35 (1992/93) 1−26
HEMER, C. J., The Book of Acts in the Setting of Hellenistic History (Hrsg. C. J. GEMPF) [WUNT I/49], Tübingen 1989
HENGEL, M., Judentum und Hellenismus. Studien zu ihrer Begegnung unter besonderer Berücksichtigung Palästinas bis zur Mitte des 2. Jh.s v. Chr. (WUNT I/10), Tübingen ²1973 (³1988)
DERS., Qumran und der Hellenismus, in: M. DELCOR, Qumrân. Sa piété, sa théologie et son milieu (BEThL 46), Paris−Louvain 1978, 333−372
DERS., Hymnus und Christologie, in: W. HAUBECK−M. BACHMANN, Wort in der Zeit: neutestamentliche Studien (Festgabe für Karl Heinrich Rengstorf), Leiden 1980, 1−22
DERS., Probleme des Markusevangeliums, in: P. STUHLMACHER, Das Evangelium und die Evangelien. Vorträge vom Tübinger Symposium 1982 (WUNT I/28), Tübingen 1983, 221−265
DERS., Der Historiker Lukas und die Geographie Palästinas in der Apostelgeschichte, ZDPV 99 (1983) 147−183
DERS., Entstehungszeit und Situation des Markusevangeliums, in: H. CANCIK, Markus-Philologie. Historische, literargeschichtliche und stilistische Untersuchungen zum zweiten Evangelium (WUNT I/33), Tübingen 1984, 1−45
DERS., Jakobus der Herrenbruder − der erste „Papst"?, in: E. GRÄSSER−O. MERK, Glaube und Eschatologie. Festschrift für Werner Georg Kümmel, Tübingen 1985, 71−104
DERS., The 'Hellenization' of Judaea in the First Century after Christ, London−Philadelphia 1989
DERS., Der vorchristliche Paulus, ThBeitr 21 (1990) 174−195
DERS., Die johanneische Frage. Ein Lösungsversuch (WUNT I/67), Tübingen 1993
HENGEL, M.−CHARLESWORTH, J. H.−MENDELS, D., The Polemical Character of 'On Kingship' in the Temple Scroll: An Attempt at Dating 11QTemple, JJS 37 (1986) 28−38

Henoch: G. BEER, Das Buch Henoch, in: E. KAUTZSCH, Die Apokryphen und Pseudepigraphen des Alten Testaments II: Die Pseudepigraphen des Alten Testaments, Tübingen 1900 (ND Darmstadt 1975), 217–310

Dass.: R. H. CHARLES, 1 Enoch, in: Apocrypha und Pseudepigrapha of the Old Testament II: Pseudepigrapha, Oxford 1913, 163–281

Dass.: E. ISAAC, (Ethiopic Apocalypse of) Enoch (Second Century B. C.–First Century A. D.), in: J. H. CHARLESWORTH, The Old Testament Pseudepigrapha I: Apocalyptic Literature and Testaments, New York 1983, 5–99

Dass.: J. T. MILIK, The Books of Enoch. Aramaic Fragments of Qumran Cave 4 (Hrsg. M. BLACK), Oxford 1976

Dass.: S. UHLIG, Das Äthiopische Henochbuch (JSRHZ V/6), Gütersloh 1984

HJERL-HANSEN, B., Did Christ know the Qumran Sect? Jesus and the Messiah of the Desert. An Observation based on Matthew 24,26–28, RQ 1 (1957) 495–508

Hesychius von Jerusalem: M. AUBINEAU, Hésychius de Jérusalem...: Homélies Pascales (SC 187), Paris 1972

HEYER, F., Kirchengeschichte des Heiligen Landes (UT 357), Stuttgart 1984

Hieronymus: I. HILBERG, Sancti Eusebii Herionymi Epistulae I–LXX (CSEL 54), LXXI–CXX (CSEL 55), CXXI–CLIV (CSEL 56), Wien–Leipzig 1910/18

HILGENFELD, A., Die Essäer, ZWTh 3 (1882) 257–292

DERS., Die Einleitungsschriften der Pseudo-Clementinen, ZWTh 48 (1905) 21–72

Hippolyt von Theben: F. DIEKAMP, Hippolytos von Theben. Texte und Untersuchungen, Münster 1898

HIRSCHBERG, J. W., The Remains of an Ancient Synagogue on Mount Zion, in: Y. YADIN, Jerusalem Revealed. Archaeology in the Holy City 1968–1974, Jerusalem 1976, 116 f.

HOADE, E., Guide to the Holy Land, Jerusalem [10]1979

HOEHNER, H. W., Herod Antipas. A Contemporary of Jesus Christ, Grand Rapids [2]1980

HOLL, K., Über Zeit und Herkunft des pseudotertullianischen Gedichts adv. Marcionem, in: DERS., Gesammelte Aufsätze zur Kirchengeschichte III, Tübingen 1928, 13–53

HORBURY, W., Herod's Temple and 'Herod's Days', in: DERS. (Hrsg.), Templum Amicitiae. Essays on the Second Temple presented to Ernst Bammel (JSNT.SS 48), Sheffield 1991, 103–149

HORSLEY, R. A., Sociology and the Jesus Movement, New York 1989

HUMBERT, J. B., Khirbet Qumrân: un site énigmatique, MBib 86 (1994) 14–21

DERS., L'espace sacré à Qumrân. Propositions pour l'archéologie, RB 101 (1994) 161–214

HUNGER, H., Rez. C. P. THIEDE, Il più antico manoscritto dei Vangeli?, Rom 1987, in: Tyche 2 (1988) 278–280

HUNT, E. D., Holy Land Pilgrimage in the Later Roman Empire AD 312–460, Oxford 1984

HÜTTENMEISTER, F.–REEG, G., Die antiken Synagogen in Israel I (BTAVO B 12,1), Wiesbaden 1977

DERS., „Synagoge" und „Proseuche" bei Josephus und in anderen antiken Quellen, in: D. A. KOCH–H. LICHTENBERGER, Begegnungen zwischen Christentum und Judentum in Antike und Mittelalter, Festschrift für Heinz Schreckenberg, Göttingen 1993, 162–181

HYLDAHL, N., Hegesipps Hypomnemata, StTh 14 (1969) 70–113

Inschriften: J. B. FREY, Corpus Inscriptionum Judaicarum. Receuil des inscriptions juives qui vont du 3. siècle avant Jésus-Christ au 7. siècle de notre ère I: Europe, Rom 1936

IWRY, S., Was there a migration to Damascus? The Problem of the שבתי ישראל, EI 9 (1969) 80–88

JAUBERT, A., Le calendrier des Jubilées et de la Secte de Qumrân. Ses origines bibliques, VT 3 (1953) 250–264

DIES., A., La date de la dernière cène, RHR 146 (1954) 140–173

DIES., La date de la Cène. Calendrier biblique et liturgie chrétienne (ÉtB), Paris 1957

DIES., Le calendrier des Jubilées et les jours liturgiques de la semaine, VT 7 (1957) 35–61

BIBLIOGRAPHIE

DIES., Jésus et le calendrier de Qumrân, NTS 7 (1960/61) 1–30

DIES., Thèmes lévitiques dans la Prima Clementis, VigChr 18 (1964) 193–203

DIES., Le mercredi où Jésus fut livré, NTS 14 (1967/68) 145–164

DIES., The Calendar of Qumran and the Passion Narrative in John, in: J. H. CHARLESWORTH, John and Qumran, London 1972, 62–77

DIES., L'élection de Matthias et le tirage au sort, Studia Evangelica IV (TU 112), Berlin/Ost 1973, 274–280

DIES., Fiches de Calendrier, in: M. DELCOR, Qumrân. Sa piété, sa théologie et son milieu (BEThL 46), Paris–Louvain 1978, 305–311

JEREMIAS, G., Der Lehrer der Gerechtigkeit (SUNT 2), Göttingen 1963

JEREMIAS, J., Golgotha (Angelos. Beih. 1) Leipzig 1926

DERS., Jerusalem zur Zeit Jesu. Kulturgeschichtliche Untersuchung zur neutestamentlichen Zeitgeschichte II, Göttingen 1928

DERS., Heiligengräber in Jesu Umwelt. Eine Untersuchung zur Volksreligion der Zeit Jesu, Göttingen 1958

DERS., Das tägliche Gebet im Leben Jesu und in der ältesten Kirche, in: DERS., Abba. Studien zur neutestamentlichen Theologie und Zeitgeschichte, Göttingen 1966, 67–80

Johannes von Jerusalem II: M. VAN ESBROECK, Une homélie sur l'église attribuée à Jean de Jérusalem, Mus 86 (1973) 289–304

Ders.: M. VAN ESBROECK–U. ZANETTI, Le manuscrit Erévan 993, RÉArm 12 (1977) 123–167

JOHNSON, S. E., The Dead Sea Manual of Discipline and the Jerusalem Church of Acts, in: K. STENDAHL The Scrolls and the New Testament, New York 1957 (²1992) 129–142

JONES, D., The Background and Character of the Lukan Psalms, JTS 19 (1968) 19–50

JONGE, M. DE, Christelijke Elementen in de Vitae Prophetarum, NedTT 16 (1961/62) 161–176

Josephus: I I. CLEMENTZ, Flavius Josephus. Geschichte des Jüdischen Krieges, Köln o J. (1900)

Ders.: G. CORNFELD–B. MAZAR–P. L. MAIER, Josephus: The Jewish War, Grand Rapids 1982

Ders.: O. MICHEL–O. BAUERNFEIND, Flavius Josephus: De Bello Judaico. Der Jüdische Krieg (Griechisch und Deutsch) II/1: Buch IV–V, München 1963

Ders.: B. NIESE, Flavii Josephi opera I–VII, Berlin 1887–1895

Ders.: A. PELLETIER, Josèphe: Guerre des Juifs (Collection des Universités de France), Paris I (1975), II (1980)

Ders.: A. SCHALIT, Namenwörterbuch zu Josephus, Leiden 1968

Ders.: H. S. J. THACKERAY–R. MARCUS–A. WIKGREN–L. H. FELDMAN, Josephus I–IX (LCL), Cambridge Mass. 1926–1965

Jubiläen-Buch: K. BERGER, Das Buch der Jubiläen (JSHRZ II/3), Gütersloh 1981

JUNGMANN, J. A., Altchristliche Gebetsordnung im Lichte des Regelbuches von 'En Fešcha, ZKTh 75 (1953) 215–219

KAMPEN, J., The Matthean Divorce Texts Reexamined, in: G. J. BROOKE, New Qumran Texts and Studies. Proceedings of the First Meeting of the International Organization for Qumran Studies, Paris 1992 (STDJ 15), Leiden 1994, 149–167

KAPERA, Z. J., Khirbet Qumran No More a Monastic Settlement (The New York Academy of Sciences Conferences on the DSS, 1992), The Qumran Chronicle 2/2 (1993) 73–84

KEEL, O.–KÜCHLER, M., Orte und Landschaften der Bibel. Ein Handbuch und Studienreiseführer zum Heiligen Land II: Der Süden, Zürich–Göttingen 1982

KEHL, N., Erniedrigung und Erhöhung in Qumran und Kolossä, ZKTh 91 (1969) 364–394

KENYON, K. M., Excavations in Jerusalem, 1961, PEQ 94 (1962) 72–89

DIES., Jerusalem. Excavating 3000 Years of History, London 1967

DIES., Digging Up Jerusalem, London 1974

DIES., The Bible and Recent Archaeology, London 1978 (dtsch. Die Bibel im Licht der Archäologie, Düsseldorf 1980)

KIPPENBERG, H. G., Das Gentilcharisma der Davididen in der jüdischen, frühchristlichen und gnostischen Religionsgeschichte Palästinas. in: J. TAUBES, Religionstheorie und Politische Theologie 3: Theokratie, Paderborn 1987, 127–147

KIRCHSCHLÄGER, W., Qumran und die frühen Christen, in: J. B. BAUER–J. FINK–H. D. GALTER, Qumran. Ein Symposium (Grazer Theologische Studien 15), Graz 1993, 173–187

KIRKASIOS, T. G., ΣΤΗ ΧΩΡΑ ΤΗΣ ΒΙΒΛΟΥ ΒΙΒΛΙΚΗ ΑΡΧΑΙΟΛΟΙΚΗΣ ΚΑΙ ΤΟΠΟΓΡΑΦΙΑΣ, GregPal 61 (1978) 252–255

KITTEL, G., Der geschichtliche Ort des Jakobusbriefes, ZNW 41 (1942) 71–105

KLAUCK, H. J., Hausgemeinde und Hauskirche im frühen Christentum (SBS 103), Stuttgart 1981

DERS., Gütergemeinschaft in der klassischen Antike, in Qumran und im Neuen Testament, RQ 11 (1982/83) 47–79 (ND in: DERS., Gemeinde – Amt – Sakrament. Neutestamentliche Perspektiven, Würzburg 1989, 69–100 [mit Literaturnachtrag])

KLEIN, S., Hebräische Ortsnamen bei Josephus, MGWJ 59 (1915) 156–169

KLIJN, A. F. J.–REININK, G. J., Patristic Evidence for Jewish-Christian Sects (NTSuppl 36), Leiden 1973

KLONER, A., The 'Third Wall' in Jerusalem and the 'Cave of the Kings', Levant 18 (1986) 121–129

KLONER, A.–GAT, Y., Burial Caves in the Region of East Talpiyot [Neuhebräisch], Atiqot 8, Jerusalem 1982, 74–76

KNIBB, M. A., Jubilees and the Origins of the Qumran Community, King's College London 1989

KOCH, G. A., A Critical Investigation of Epiphanius' Knowledge of the Ebionites. A Translation and Critical Discussion of Panarion 30, PhD Thesis University of Pennsylvania 1976

KOESTER, C., The Origin and Significance of the Flight to Pella Tradition, CBQ 51 (1989) 90–106

KOHLER, O., Sancta Sion. Zur Entstehung von Kirche und Kloster Dormitio Beatae Mariae Virginis auf dem Südwesthügel Jerusalems, Jahrbuch des Deutschen Evangelischen Instituts für Altertumswissenschaft des Heiligen Landes 2 (1990) 99–119

KOOIJ, A. VAN DER, Die alten Textzeugen des Jesajabuches. Ein Beitrag zur Textgeschichte des Alten Testaments (OBO 35), Freiburg/Schw.–Göttingen 1981

KOPP, C., Die heiligen Stätten der Evangelien, Regensburg ²1964

KOSMALA, H., Hebräer – Essener – Christen. Studien zur Vorgeschichte der frühchristlichen Verkündigung (SPB 1), Leiden 1959

DERS., Der Ort des letzten Mahles Jesu und das heutige Coenaculum, Jud 17 (1961) 43–47

DERS., Jerusalem, BHH II, Göttingen 1964, 820–850

KRAELING, C. H., The Excavations at Dura Europos VIII/1: The Synagogue, New Haven 1956

KRAFT, H., Die Entstehung des Christentums, Darmstadt 1981

KRAUSS, S., Synagogale Altertümer, Wien 1922

KREMER, J., Pfingstbericht und Pfingstgeschehen. Eine exegetische Untersuchung zu Apg 2,1–13 (SBS 63/64), Stuttgart 1973

KRETSCHMAR, G., Himmelfahrt und Pfingsten, ZKG 66 (1954/55) 209–253

DERS., Die frühe Geschichte der Jerusalemer Liturgie, JbLH 2 (1956) 22–46

DERS., Die Bedeutung der Liturgiegeschichte für die Frage nach der Kontinuität des Judenchristentums in nachapostolischer Zeit, in: Aspects du Judéo-Christianisme (Colloque de Strasbourg 23–25 avril 1964), Paris 1965, 113–136

DERS., Festkalender und Memorialstätten Jerusalems in altkirchlicher Zeit, ZDPV 87 (1971) 168–205

DERS., Festkalender und Memorialstätten Jerusalems in altkirchlicher Zeit, in: H. BUSSE–G. KRETSCHMAR, Jerusalemer Heiligtumstraditionen in altkirchlicher und frühislamischer Zeit (ADPV), Wiesbaden 1987, 29–111

DERS., Die Kirche aus Juden und Heiden. Forschungsprobleme der ersten christlichen Jahrhunderte, in: J. VAN AMERSFOORT–J. VAN OORT, Juden und Christen in der Antike, Kampen 1990, 9–43

BIBLIOGRAPHIE

KROLL, G., Auf den Spuren Jesu, Leipzig–Stuttgart [11]1990

KUTSCHER, E. Y., The Language and Linguistic Background of the Isaiah Scroll (1QIsᵃ) [STDJ 6], Leiden 1974

Kyrill von Jerusalem: W. TELFER, Cyrill of Jerusalem and Nemesius of Emesa (LCC 4), Philadelphia 1955

Ders.: S. P. BROCK, A letter attributed to Cyril of Jerusalem on the re-building of the Temple, BSOAS 40 (1977) 267–286

LAGRANGE, M. J., La Dormition de la Sainte Vierge et la maison de Jean-Marc, RB 8 (1899) 589–600

DERS., M. J., Le Judaïsme avant Jésus Christ, Paris ²1931

LAKE, K.–CADBURY, H. J., The Acts of the Apostles. English Translation and Commentary, in: F. J. F. JACKSON–K. LAKE, The Beginnings of Christianity I/4: The Acts of the Apostles, London 1933

LAPERROUSSAZ, E. M., Angle sud-est du « Temple de Salomon » ou vestiges de l'« Acra des Séleucides »? Un faux problème, Syr 52 (1975) 241–259

DERS., Qoumrân. L'établissement des bords de la Mer Morte, Paris 1976

DERS., Note sur l'origine des Manuscrits de la Mer Morte, Annales ESC 6/1987, 1305–1312

DERS., Encore du Nouveau sur les murailles antiques de Jérusalem, RÉJ 146 (1987) 205–224

DERS., Quelques remarques sur le tracé de l'enceinte de la ville et du Temple de Jérusalem à l'époque Perse, Syr 47 (1990) 609–631

LAPIDE, P., Die Nachbarn der Urgemeinde. Einsichten aus der Tempelrolle der Essener von Qumran, LM 17 (1978) 273–275

LASOR, W. S., Jerusalem, in: G. W. BROMILEY, The International Standard Bible Encyclopaedia III, Grand Rapids–Exeter 1982, 998–1032

DERS., Discovering what Jewish Miqva'ot can tell us about Christian Baptism, BARev 13/1 (1987) 52–59

LAURENTIN, R., Structure et théologie du Luc I–II (ÉtB), Paris 1957

LECLERCQ, H., Cénacle, DACL II/2, Paris 1910, 3032–3037

LEIVESTAD, R., Hat die Qumranliteratur das Neue Testament beeinflußt?, in: W. C. WEINRICH, The New Testament Age I. Essays in Honour of Bo Reicke, Macon 1984, 259–270

LEMAIRE, A., L'enseignement essénien et l'école de Qumrân, in: A. CAQUOT, Hellenica et Judaica. Hommage à Valentin Nikiprowetzky, Louvain–Paris 1986, 191–203

LEVINE, L. I., The Synagogue of Dura-Europos, in: DERS., Ancient Synagogues Revealed, Jerusalem 1981, 172–177

LICHT, J., An Ideal Town Plan from Qumran – The Description of the New Jerusalem, IEJ 29 (1979) 45–49

LICHTENBERGER, H., Täufergemeinden und frühchristliche Täuferpolemik im letzten Drittel des 1. Jahrhunderts, ZThK 84 (1987) 36–57

DERS., Die Texte von Qumran und das Urchristentum, Jud 50 (1994) 68–82

LIFSHITZ, B., Jérusalem sous la domination romaine. Histoire de la ville depuis la conquête de Pompée jusqu'à Constantin (63 a. C.–325 p. C.), ANRW II 8 (Hrsg. H. TEMPORINI–W. HAASE), Berlin–New York 1977, 444–489

LIGHTFOOT, J. B., Dissertations: On some points connected with the Essenes, in: DERS., Saint Paul's Epistles to the Colossians and Philemon, London 1875, 347–419

LINCOLN, A. T., Ephesians (WBC 42), Dallas 1990

Liturgien: G. GARITTE, Le Calendrier Palestino-géorgien du Sinaiticus 34 (Xᵉ siècle) [SIIG 30], Brüssel 1958

LOFFREDA, S., Recovering Capharnaum (SBF Guides 1), Jerusalem 1985

LOHFINK, G., Der Ursprung der christlichen Taufe, ThQ 156 (1976) 35–54

DERS., Der letzte Tag Jesu. Die Ereignisse der Passion, Freiburg 1982

LOHFINK, N., Lobgesänge der Armen. Studien zum Magnifikat, den Hodajot von Qumran und einigen späteren Psalmen (SBS 143), Stuttgart 1990

LONGENECKER, R. N., Biblical Exegesis in the Apostolic Period, Grand Rapids 1975

RAINER RIESNER

LÖVESTAM, E., Paul's Address at Miletus, StTh 41 (1987) 1−10

LÜDEMANN, G., Paulus, der Heidenapostel II: Antipaulinismus im frühen Chrsitentum (FRLANT 130), Göttingen 1983

LURIA, B. Z., לתולדות קהילת ישראל בדמשק וסביבתה, EI 4 (1956) 111−118

DERS., מגילת הנחושת ממדבר יהודה, Jerusalem 1963

MAASS, H., Qumran: Texte kontra Phantasien, Stuttgart−Karlsruhe 1994

MCCARTER, P. K., The Mystery of the Copper Scroll, in: H. SHANKS, Understanding the Dead Sea Scrolls. A Reader from the *Biblical Archaeology Review*, New York 1992, 227−241

MACKOWSKI, R. M., Jerusalem − City of Jesus, Grand Rapids 1980

DERS., Some "New" Places in Names in Herodian Jerusalem, BZ 29 (1985) 262−266

MCNAMARA, M., Were the Magi Essenes?, IER 110 (1968) 305−328

DERS., Palestinian Judaism and the New Testament (Good News Studies 4), Wilmington 1983

MCRAY, J., Archaeology and the New Testament, Grand Rapids 1991

MAGNIN, J., Notes sur l'Ébionisme [II], POC 24 (1974) 225−250

DERS., Notes sur l'Ébionisme [V], POC 28 (1978) 220−248

MAIER, J., The Architectural History of the Temple in Jerusalem in the Light of the Temple Scroll, in: G. J. BROOKE, Temple Scroll Studies (JSP.SS 7), Sheffield 1989, 23−62

DERS., Zwischen den Testamenten. Geschichte und Religion in der Zeit des Zweiten Tempels (NEcB AT, Erg. Bd. 3), Würzburg 1990

DERS., Die Bedeutung der Qumranfunde für das Verständnis des Judentums, BiKi 48 (1993) 2−9

MAIER, J.−SCHUBERT, K., Die Qumran-Essener. Texte der Schriftrollen und Lebensbild der Gemeinde (UTB 224), München −Basel 1973

MAYER, R.−REUSS, J., Die Qumran-Funde und die Bibel, Regensburg 1959

MANN, S., Mount Zion, CNfI 25 (1976) 190−198

MANNS, F., Le prime generazioni Cristiane della Palestina alla luce degli scavi archeologici e delle fonti letterarie, in: La Terra Santa. Studi di Archeologia (Atti del simposio „Trent'-anni di Archeologia in Terra Santa" Roma 27−30 aprile 1982) [BPAA 23], Rom 1983, 70−84

DERS., Une nouvelle source pour l'étude du judéo-christianisme, TSF 1/1983, 16 f.

DERS., Une nouvelle source littéraire pour l'étude du Judéo-Christianisme, Henoch 6 (1984) 167−180

DERS., Saint Sépulcre III: La tradition littéraire préconstantinienne, DBS XI, Paris 1991, 418−431

DERS., Survey of the Main Studies in Early Christianity, in: F. MANNS−E. ALLIATA, Early Christianity in Context. Monuments and Documents (SBF.CMa 38), Jerusalem 1993, 17−25

DERS., La liste des premiers évêques de Jérusalem, aaO. 419−431

MAOZ, Z., The Synagogue of Gamla and the Typology of Second-Temple Synagogues, in: L. I. LEVINE, Ancient Synagogues Revealed, Jerusalem 1981, 35−41

DERS., On the Hasmonean and Herodian Town-plan of Jerusalem [Neuhebräisch], Sefer Nahman Avigad, Jerusalem 1985, 46−57

MARAVAL, P., Lieux saints et pèlerinages d'Orient. Histoire et géographie des origines à la conquête arabe, Paris 1985

DERS., La lettre 3 de Grégoire de Nysse dans les débats christologiques, RSR 61 (1987) 74−89

MARCUS, R., Pharisees, Essenes, and Gnostics, JBL 71 (1952) 157−161

MARE, W. H., The Archaeology of the Jerusalem Area, Grand Rapids 1987

MASER, P., Synagoge und Ekklesia. Erwägungen zur Frühgeschichte des Kirchenbaus, in: D. A. KOCH−H. LICHTENBERGER, Begegnungen zwischen Christentum und Judentum in Antike und Mittelalter. Festschrift für Heinz Schreckenberg, Göttingen 1993, 271−292 (faktisch identisch mit: Synagoge und Ecclesia − Erwägungen zur Frühgeschichte des Kirchenbaus und der christlichen Bildkunst, Kairos 32/33 [1990/91] 9−26)

BIBLIOGRAPHIE

MARGALIT, S., Jerusalem zur Zeit des Zweiten Tempels, in: J. MONSON u. a., Studienatlas zur Bibel. Historische Geographie der biblischen Länder, Neuhausen 1983, Abschn. 14−2

DERS., Letter to the Editor [Neuhebräisch], Qad 18 (1985) 121

MARGALIT, S.−PIXNER, B., Mt. Zion, ESI II, Jerusalem 1984, 57

DIES., Mt. Zion, ESI IV, Jerusalem 1986, 56 f.

MARIÈS, L., Le Messie issu de Lévi chez Hippolyte de Rome, RSR 39 (1951/52) 381−396

MARSHALL, I. H., The Gospel of Luke (NIGTC), Exeter 1978

MARTIN, R. A., Syntactical Evidence of Aramaic Sources in Acts I−XV, NTS 11 (1964/65) 38−59

DERS., Syntactical Evidence of Aramaic Sources in Greek Documents (SCS 3), Missoula 1974

DERS., Syntax Criticism of the Synoptic Gospels (Studies in Bible and Early Christianity 10), New York−Queenstown 1987

MAZAR, B., The Temple Mount, in: Biblical Archaeology Today. Proceedings of the International Congress on Biblical Archaeology, Jerusalem April 1984, Jerusalem 1985, 463−468

MEALAND, D. L., Community of Goods at Qumran, ThZ 31 (1975) 129−139

DERS., Community of Goods and Utopian Allusions in Acts II−IV, JTS 28 (1977) 96−99

MEDALA, S., Le camp des esséniens de Jérusalem à la lumière des récentes recherches archéologiques, FolOr 25 (1988) 67−74

Meliton von Sardes: O. PERLER, Méliton de Sardes: Sur la pâque et fragments (SC 123), Paris 1966

Ders.: S. G. HALL, Melito of Sardes: On Pascha and Fragments, Oxford 1979

MESHORER, Y., Jewish Coins of the Second Temple Period (Qedem 3), Tel Aviv 1967

MEYER, B. F., The Early Christians. Their World Mission and Self-Discovery (Good News Studies 16), Wilmington 1986

MEYERS, E. M.−NETZER, E.−MEYERS, C. L., Sepphoris − "Ornament of All Galilee", BA 49 (1986) 4−19

MEYERS, E. M.−STRANGE, J. F., Archaeology, the Rabbis and Early Christianity, London 1981

MICHEL, O., Das Zeugnis des Neuen Testamentes von der Gemeinde (Monographien und Studienbücher 308), Gießen ²1983

DERS., Der aufsteigende und herabsteigende Gesandte, in: W. C. WEINRICH, The New Testament Age. Essays in Honour of Bo Reicke II, Macon 1984, 335−361 (ND in: O. MICHEL, Dienst am Wort. Gesammelte Aufsätze [Hrsg. K. HAACKER], Neukirchen/Vluyn 1986, 249−270)

MILGROM, J., Studies in the Temple Scroll, JBL 97 (1978) 501−523

DERS., The Temple Scroll, BA 41 (1978) 105−120

DERS., First Day Ablutions in Qumran, in: J. TREBOLLE BARRERA−L. VEGAS MONTANER, The Madrid Qumran Congress. Proceedings of the International Congress on the Dead Sea Scrolls (Madrid 18−21 March) II [STDJ 11/2], Leiden 1992, 561−570

MILIK, J. T., Ten Years of Discovery in the Wilderness of Judaea (SBT 26), London 1959

DERS., Le Rouleau de Cuivre de Qumrân (3Q 15), RB 56 (1959) 321−357

DERS., La topographie de Jérusalem vers la fin de l'époque byzantine, MUSJ 37 (1961) 127−189

MIMOUNI, S. C., Étude des sources non-littéraires (archéologiques et épigraphiques) dites judéo-chrétiennes. Bilan et perspectives (Mémoire de l'École Biblique et Archéologique Française de Jérusalem), Jerusalem 1988

DERS., La synagogue « judéo-chrétienne » de Jérusalem au Mont Sion, POC 40 (1990) 215−234

DERS., Pour une définition nouvelle du judéo-christianisme ancien, NTS 38 (1992) 161−186

MOHRMANN, C., Les denominations de l'église en tant qu'édifice en Grec et en Latin au cours des premiers siècles chrétiens, RevSR 36 (1962) 155−174

MOLIN, G., Die Söhne des Lichtes. Zeit und Stellung der Handschriften vom Toten Meer, Wien−München 1954

MOMMERT, C., Die Dormitio und das deutsche Grundstück auf dem Zion, ZDPV 21 (1898) 149−183

DERS., Der Teich Bethesda zu Jerusalem und das Jerusalem des Pilgers von Bordeaux, Leipzig 1907

MUCHOWSKI, P., Bibliography on the Copper Scroll (3Q15), FolOr 26 (1989) 65−70

Murabba´at-Texte: P. BENOIT–J. T. MILIK–R. DE VAUX, Discoveries in the Judaean Desert of Jordan II: Les grottes de Murabba´at, Oxford 1961

MURPHY-O'CONNOR, J. (Hrsg.), Paul and Qumran, London 1968

DERS., The Essenes and their History, RB 81 (1974) 215−244

DERS., Rez. R. M. MACKOWSKI, Jerusalem − City of Jesus, Grand Rapids 1980, in: CBQ 43 (1981) 651

DERS., Qumran and the New Testament, in: E. J. EPP–G. W. MCRAE, The New Testament and Its Modern Interpreters, Philadelphia−Atlanta 1989, 55−71

DERS., Qumran (Khirbet), ABD V, New York 1992, 590−594

DERS., The Cenacle and Community. The Topographical Background of Acts 2: 44−45, in: R. J. BAUCKHAM, The Book of Acts in Its Palestinian Setting (A1CS 4), Carlisle−Grand Rapids 1995, 303−322

MURRAY, R., Jews, Hebrews and Christians: Some needed distinctions, NT 24 (1982) 194−208

MUSSNER, F., Der Jakobusbrief (HThK XIII/1), Freiburg [3]1975

DERS., Apostelgeschichte (Neue Echter Bibel 5), Würzburg [2]1988

DERS., Der Galaterbrief (HThK 9), Freiburg [5]1988

MYERS, J. M., Ezra − Nehemiah (AnB 14), Garden City 1965

NAUCK, W., Die Tradition und der Charakter des ersten Johannesbriefes (WUNT I/3), Tübingen 1957

DERS., Probleme des frühchristlichen Amtsverständnisses. 1 Petr 5,2 f., ZNW 48 (1957) 200−220 (auch in: K. KERTELGE, Das kirchliche Amt im Neuen Testament [WdF 439], Darmstadt 1977, 442−469)

NEGOÏTSA, A., Did the Essenes Survive the 66−71 War?, RQ 6 (1969) 517−530

NEHER, A., Échos de la secte de Qumrân dans la littérature talmudique, in: Les manuscrits de la mer Morte (Colloque de Strasbourg 25−27 mai 1955), Paris 1957, 45−60

NEUSNER, J., A History of the Mishnaic Law of Purities XIII/XIV: Miqvaot (SJLA 6), Leiden 1976

NETZER, E., Ancient Ritual Baths (miqvaot) in Jericho, in: L. I. LEVINE, The Jerusalem Cathedra − Studies in History, Archeology, Geography and Ethnography of the Land of Israel II, Jerusalem−Detroit 1982, 106−119

NICKELSBURG, G. W. E., Some related Traditions in the Apocalypse of Adam, the Books of Adam and Eve, and in 1 Enoch, in: B. LAYTON, The Rediscovery of Gnosticism II, Leiden 1980, 515−539

NOACK, B., The Day of Pentecost in Jubilees, Qumran, and Acts, ASTI 1 (1962) 73−95

NOLLAND, J., A Misleading Statement of the Essene Attitude to the Temple (Josephus, Antiquities, XVIII,I,5,19), RQ 9 (1978) 555−562

O'CALLAGHAN, J., ¿Papiros neotestamentarios en la cueva 7 de Qumrán?, Bibl 53 (1972) 91−100 (engl.: New Testament Papyri in Qumran Cave 7?, JBL 91, 1972, Supplement 1−14)

DERS., Los papiros griegos de la cueva 7 de Qumrán, Madrid 1974

Origenes: M. BORRET, Origène: Contre Celse III (Livres V et VI) [SC 147], Paris 1969

Ders.: L. FRÜCHTEL, Origenes Werke XII: Katenenfragmente (GCS 41), Leipzig 1941

Ders.: E. KLOSTERMANN, Origenes Werke XI: Matthäuserklärung (GCS 38), Leipzig 1933

OTTO, E., Jerusalem − die Geschichte der Heiligen Stadt. Von den Anfängen bis zur Kreuzfahrerzeit (UB 308), Stuttgart 1980

DERS., צִיּוֹן ṣijjôn, ThWAT VI, Stuttgart 1989, 994−1028

PACE, G. M., Il Colle della Città di Davide, BeO 25 (1983) 171−182

PATRICH, J., The Early Church of the Holy Sepulchre in the Light of Excavations and Restoration, in: Y. TSAFRIR, Ancient Churches Revealed, Jerusalem 1993, 101−117

BIBLIOGRAPHIE

Paul, A., Flavius Josèphe et les Esséniens, in: D. Dimant—U. Rappaport, The Dead Sea Scrolls. Forty Years of Research (STDJ 10), Leiden 1992, 126—138

Paulo, P. A., Le problème ecclésial des Actes à la lumière de deux prophéties d'Amos (Recherches ns 3), Montréal—Paris 1985

Penna, A., Il reclutamento nell'essenismo e nell'antico monachesimo cristiano, RQ 1 (1958/59) 345—364

Perrot, C., Jésus et l'histoire (Collection «Jésus et Jésus-Christ» 11), Paris 1979

Pesch, R., Wie Jesus das Abendnahl hielt. Der Grund der Eucharistie, Freiburg ³1979

Ders., Die Apostelgeschichte I: Apg 1—12 (EKK V/1), Zürich—Neukirchen—Vluyn 1986

Pesch, W., Lazarus, Maria und Martha, in: J. G. Plöger—J. Schreiner, Heilige im Heiligen Land, Würzburg 1982, 205—208

Peterson, E., Die geschichtliche Bedeutung der jüdischen Gebetsrichtung, in: Ders., Frühkirche, Judentum und Gnosis. Studien und Untersuchungen, Rom—Freiburg—Wien 1959, 1—14

Petit, M., Les Esséens de Philon d'Alexandrie et les Esséniens, in: D. Dimant—U. Rappaport, The Dead Sea Scrolls. Forty Years of Research (STDJ 10), Leiden 1992, 139—155

Philo: P. Géoltrain, Le traité de la Vie Contemplative de Philon d'Alexandrie (Sem 10), Paris 1960

Philonenko, M., Prophetenleben, BHH III, Göttingen 1966, 1512 f.

Ders., Introduction générale, in: A. Dupont-Sommer—M. Philonenko, La Bible. Écrits intertestamentaires (Bibliothèque de la Pléiade), Paris 1987, XV—CXLIX

Ders., La parabole sur la lampe (Luc 11,33—36) et les horoscopes qoumrâniens, ZNW 79 (1988) 145—151

Picard, J. C., L'Histoire des Bienheureux du Temps de Jérémie en la Narration de Zosime: arrière-plan historique et mythique, in: M. Philonenko, Pseudépigraphes de l'Ancien Testament et manuscrits de la Mer Morte (CRHPhR 41), Paris 1967, 27—43

Piccirillo, M., Le tombeau de Marie, MBib 32 (1984) 29—31

Pilgerberichte: D. Baldi, Enchiridion Locorum Sanctorum. Documenta S. Evangelii Loca Respicientia, Jerusalem ²1955 (³1982)

Dass.: H. Donner, Pilgerfahrt ins Heilige Land. Die ältesten Berichte christlicher Palästinapilger (4.—7. Jahrhundert), Stuttgart 1979

Dass.: P. Geyer, Itinera Hierosolymitana saeculi III—VIII (CSEL 39), Wien 1898

Dass.: J. Wilkinson, Jerusalem Pilgrims Before the Crusades, Jerusalem—Warminster 1977

Pinkerfeld, J., "David's Tomb". Notes on the History of the Building. Preliminary Report, Louis M. Rabinowitz Fund for the Exploration of Ancieht Synagogues Bulletin 3 (1960) 41—43

Pixner, B., An Essene Quarter on Mount Zion?, in: Studia Hierosolymitana I. Studi archeologici in onore di P. Bellarmino Bagatti (SBF.CMa 22), Jerusalem 1976, 245—285 [auch als Separatdruck]

Ders., Sion III, „Nea Sion". Topographische und geschichtliche Untersuchung des Sitzes der Urkirche und seiner Bewohner, HlL 111/2—3 (1979) 3—13

Ders., Noch einmal das Prätorium. Versuch einer Lösung, ZDPV 95 (1979) 56—86

Ders., Das Essenerquartier in Jerusalem und dessen Einfluß auf die Urkirche, HlL 113/2—3 (1981) 3—14

Ders., Unravelling the Copper Scroll Code: A Study on the Topography of 3Q 15, RQ 11 (1983) 323—365

Ders., The History of the "Essene Gate" Area, ZDPV 105 (1989) 96—104

Ders., Church of the Apostles Found on Mt. Zion, BARev 16/3 (1990) 16—35. 60.

Ders., Maria im Hause David, in: Ders., Wege des Messias und Stätten der Urkirche. Jesus und das Judenchristentum im Licht neuer archäologischer Erkenntnisse (SBAZ 2 [Hrsg. R. Riesner]), Gießen ²1994, 42—55

Ders., Die Kupferrolle von Qumran, aaO. 149—158

Ders., Die Batanäa als jüdisches Siedlungsgebiet, aaO. 159—165

DERS., Das Essener-Quartier in Jerusalem, aaO. 180–207

DERS., Bethanien bei Jerusalem – eine Essener-Siedlung?, aaO. 208–218

DERS., Das letzte Abendmahl Jesu, aaO. 219–228

DERS., Wo lag das Haus des Kaiphas?, aaO. 229–241

DERS., Die apostolische Synagoge auf dem Zion, aaO. 287–326

DERS., Essener-Viertel und Urgemeinde, aaO. 327–334

DERS., Jakobus der Herrenbruder, aaO. 335–347

DERS., Maria auf dem Zion, aaO. 348–357

DERS., Simeon Bar-Kleopha, zweiter Bischof Jerusalems, aaO. 358–364

DERS., Jesus und seine Zeit im Licht neuer Qumran-Texte, aaO. 382–385

DERS., Die Entdeckung eisenzeitlicher Mauern auf dem Zionsberg, aaO. 397–401

DERS., Bemerkungen zum Weiterbestehen judenchristlicher Gruppen in Jerusalem, aaO. 402–411

PIXNER, B.–CHEN, D.–MARGALIT, S., Mount Zion: The "Gate of the Essenes" Re-Excavated, ZDPV 105 (1989) 85–95, Tafeln 8–16

DIES., Har Ziyon [Neuhebräisch], Hadashot Arkheologiyot 72 (1979) 28 f.; 77 (1981) 26 f.

DIES., Mt. Zion, ESI I, Jerusalem 1983, 57

PLOEG, J. VAN DER (Hrsg.), La Secte de Qumrân et les Origines du Christianisme (RechBib 4), Louvain 1959

PLÜMACHER, E., Lukas als hellenistischer Schriftsteller. Studien zur Apostelgeschichte (SUNT 9), Göttingen 1972

POWER, E., Cénacle, DBS I, Paris 1928, 1064–1084

DERS., Église Saint-Pierre et Maison de Caïphe, DBS II, Paris 1934, 691–756

DERS., The Upper Church of the Apostles in Jerusalem and the Lateran Sarcophagus No. 174, Bibl 12 (1931) 219–232

PRATSCHER, W., Der Herrenbruder Jakobus und die Jakobustradition (FRLANT 139), Göttingen 1987

PRETE, B., Il sommario di Atti 1,13–14 e suo apporto per la conoscenza della Chiesa delle origini, SacrDoctr 18 (1973) 65–124

PRICE, J. J., Jerusalem under Siege. The Collapse of the Jewish State 66–70 C. E. (Brill's Series in Jewish Studies 3), Leiden 1992

PRINGLE, D., Churches in the Crusader Kingdom of Jerusalem (1099–1291), in: Y. TSAFRIR, Ancient Churches Revealed, Jerusalem 1993, 28–39

PRITZ, R. A., Nazarene Jewish Christianity from the End of the New Testament Period until its Disappearance in the Fourth Century (SPB 37), Jerusalem–Leiden 1988

Prophetenleben: T. SCHERMANN, Prophetarum vitae fabulosae, in: DERS., Propheten- und Apostellegenden nebst Jüngerkatalogen des Dorotheus und verwandter Texte (TU 31), Leipzig 1907

Pseudepigraphen (AT): A. DUPONT-SOMMER–M. PHILONENKO (Hrsg.), La Bible. Écrits intertéstamentaires, Paris 1987

Dass.: P. RIESSLER, Altjüdisches Schrifttum außerhalb der Bibel, Heidelberg 1928 (ND ⁴1985)

PUECH, É., La synagogue judéo-chrétienne du Mont Sion, MB 57 (1989) 18–19

DERS., La croyance des Esséniens en la vie future: Immortalité, résurrection, vie éternelle? Histoire d'une croyance dans le Judaïsme ancien; I: La résurrection des morts et le contexte scripturaire; II: Les données Qumrâniennes et classiques (ÉtB NS 21 bzw. 22), Paris 1993

DERS., Les manuscrits de la mer Morte et le Nouveau Testament, MBib 86 (1994) 34–40

QIMRON, E., Davies' The Damascus Covenant, JQR 77 (1986) 84–87

DERS., The holiness of the Holy Land in the light of a new document from Qumran, in: M. SHARON, The Holy Land in History and Thought. Papers Submitted to the International Conference on the Relations Between the Holy Land and the World Outside It, Leiden 1988, 9–13

BIBLIOGRAPHIE

DERS., Celibacy in the Dead Sea Scrolls and the Two Kinds of Sectarians, in: J. TREBOLLE BARRERA–L. VEGAS MONTANER, The Madrid Qumran Congress. Proceedings of the International Congress of the Dead Sea Scrolls (Madrid 18–21 March 1991) I [STDJ 11/1], Leiden 1992, 287–294

QIMRON, E.–STRUGNELL, J., An Unpublished Halakhic Letter from Qumran, in: Biblical Archaeology Today. Proceedings of the International Congress on Biblical Archaeology, Jerusalem April 1984, Jerusalem 1985, 400–407 (auch in: Israel Museum Journal 4, 1985, 9–12)

Qumran-Texte: M. BAILLET, Discoveries in the Judean Desert VIII: Qumrân Grotte 4, Oxford 1982

Dass.: M. BAILLET–J. T. MILIK–R. DE VAUX, Discoveries in the Judean Desert III: Les 'Petites Grottes' de Qumrân, Oxford 1962

Dass.: K. BEYER, Die aramäischen Texte vom Toten Meer. Samt den Inschriften aus Palästina, dem Testament Levis aus der Kairoer Genisa, der Fastenrolle und den alten talmudischen Zitaten, Göttingen 1984

Dass.: F. GARCÍA MARTÍNEZ, The Last Surviving Columns of 11QNJ, in: F. GARCÍA MARTÍNEZ–A. HILHORST–C. J. LABUSCHAGNE, The Scriptures and the Scroll. Studies in Honour of A. S. van der Woude on the Occasion of his 65th Birthday (VTSuppl 49), Leiden 1992, 178–192

Dass.: F. GARCIA MARTINEZ, The Dead Sea Scrolls Translated. The Qumran Texts in English, Leiden 1994

Dass.: M. HORGAN, Pesharim. Qumran Interpretations of Biblical Books II: Texts, Translations and Interpretations (CBQ MS 8), Washington 1979

Dass.: K. G. KUHN (Hrsg.), Konkordanz zu den Qumrantexten, Göttingen 1962

Dass.: E. LOHSE, Die Texte aus Qumran. Hebräisch und Deutsch, Darmstadt ²1971

Dass.: J. MAIER, Die Tempelrolle vom Toten Meer. Übersetzt und erläutert (UTB 829), München–Basel 1978

Dass.: G. MOLIN–O. BETZ–R. RIESNER, Das Geheimnis von Qumran. Wiederentdeckte Lieder und Gebete, Freiburg 1994

Dass.: B. Z. WACHOLDER–M. G. ABEGG, A Preliminary Edition of the Unpublished Dead Sea Scrolls. The Hebrew and Aramaic Texts from Cave Four I, Washington 1991

Dass.: Y. YADIN, The Scroll of the War of the Sons of Light Against the Sons of Darkness, Oxford 1962

Dass.: Y. YADIN, The Temple Scroll, I: Introduction, II: Text and Commentary, Jerusalem 1983 (Neuhebr. Original: Megillat ham-Miqdaš I–III A, Jerusalem 1977)

Rabbinische Literatur: H. L. STRACK–P. BILLERBECK, Kommentar zum Neuen Testament aus Talmud und Midrasch II: Das Evangelium des Markus, Lukas und Johannes und die Apostelgeschichte; IV/2: Exkurse zu einzelnen Stellen des Neuen Testaments, München 1924 (⁵1969)

RABINOVICH, A., Essenes in Exile, Jerusalem Post Magazine 13.11.1981, 10

DERS., Oldest Jewish prayer room discovered on Shuafat ridge, Jerusalem Post (International Edition) 17.8.1991, 7

DERS., Operation Scroll. Recent revelations about Qumran promise to shake up Dead Sea Scrolls scholarship, Jerusalem Post (International Edition) 21.5.1994, 9.12.14

RAU, E., Kosmologie, Eschatologie und Lehrautorität Henochs. Traditions- und formgeschichtliche Untersuchungen zum äth. Henochbuch und zu verwandten Schriften, Diss. Hamburg 1974

REBELL, W., Essener, GBL I, Wuppertal–Gießen ²1990, 353 f.

REICH, R., Mishna, Sheqalim 8,2 and the Archaeological Evidence [Neuhebräisch], in: A. OPPENHEIMER u. a., Jerusalem in the Second Temple Period, Jerusalem 1980, 225–256

DERS., A miqweh at 'Isawiya near Jerusalem, IEJ 34 (1984) 220–223

DERS., More on Miqva'ot, BARev 13/4 (1987) 59 f.

DERS., The Hot Bath-House (*balneum*), the Miqweh and the Jewish Community in the Second Temple Period, JJS 39 (1988) 102–107

REICKE, B., Simeon, BHH III, Göttingen 1966, 1797

REINHOLD, G. G. G., Abriß zum Ursprung und zur Entfaltung der Essener, Spes Christiana 2 (1991) 37–59

RENAN, E., Histoire du Peuple d'Israël V, Paris 1893

RENARD, H., Die Marienkirchen auf dem Berg Sion in ihrem Zusammenhang mit dem Abendmahlssaale, HlL 44 (1900) 3–23

RENGSTORF, K. H., Hirbet Qumran und die Bibliothek vom Toten Meer, Stuttgart 1960

REPO, E., Der „Weg" als Selbstbezeichnung des Urchristentums. Eine Traditionsgeschichtliche und Semasiologische Untersuchung (ASCF 132,2), Helsinki 1964

RICHARD, E., The Old Testament in Acts: Wilcox's Semitisms Reconsidered, CBQ 42 (1980) 330–341

RICHARDSON, P., Law and piety in Herod's architecture, StR 15 (1986) 347–360

RIESNER, R., More on King David's Tomb, BARev 9/6 (1983) 20.80 f.

DERS., Einführung, in: A. SCHLATTER, Die Geschichte der ersten Christenheit, Stuttgart ⁶1983, III–X

DERS., Formen gemeinsamen Lebens im Neuen Testament und heute (ThD 11), Gießen ²1984

DERS., Golgota und die Archäologie, BiKi 40 (1985) 21–26

DERS., Essener und Urkirche in Jerusalem, BiKi 40 (1985) 64–76

DERS., Bethany Beyond the Jordan (John 1:28). Topography, Theology and History in the Fourth Gospel, TyB 38 (1987) 29–63

DERS., Jesus als Lehrer. Eine Untersuchung zum Ursprung der Evangelien-Überlieferung (WUNT II/7), Tübingen ³1988

DERS., Adolf Schlatter und die Geschichte der Judenchristen Jerusalems, in: K. BOCKMÜHL, Die Aktualität der Theologie Adolf Schlatters, Gießen 1988, 34–70

DERS., Eine vorexilische Mauer auf dem Zionsberg in Jerusalem, BiKi 44 (1989) 34–36

DERS., Josephus' "Gate of the Essenes" in Modern Discussion, ZDPV 105 (1989) 105–109

DERS., Golgatha, GBL I, Gießen–Wuppertal ²1990, 480–482

DERS., Halle Salomos, GBL II, Wuppertal–Gießen ²1990, 510

DERS., Herodianer, aaO. 566 f.

DERS., Kleopas, aaO. 794

DERS., Palast des Hohenpriesters, GBL III, Wuppertal–Gießen ²1990, 1109 f.

DERS., Jesus as Preacher and Teacher, in: H. WANSBROUGH, Jesus and the Oral Gospel Tradition (JSNT.SS 64), Sheffield 1991, 170–195

DERS., Militia Christi und Militia Caesaris. Tertullian and Clemens Alexandrinus als paradigmatische Positionen in der Alten Kirche, in: M. A. BOCKMÜHL–H. BURKHARDT, Gott lieben und seine Gebote halten. Gedenkschrift für Klaus Bockmühl, Gießen 1991, 49–72

DERS., Jesus in den Schriftrollen von Qumran?, BiKi 44 (1992) 41–45

DERS., Das Jerusalemer Essenerviertel – Antwort auf einige Einwände, in: Z. J. KAPERA, Intertestamental Essays in honour of Józef Tadeusz Milik (Qumranica Mogilanensia 6), Krakau 1992, 179–186

DERS., Jesus, the Primitive Community, and the Essene Quarter of Jerusalem, in: J. H. CHARLESWORTH, Jesus and the Dead Sea Scrolls, New York 1993, 198–234

DERS., Der christliche Zion: vor oder nachkonstantinisch?, in: F. MANNS–E. ALLIATA, Early Christianity in Context. Monuments and Documents [FS für E. Testa] (SBF.CMa 38), Jerusalem 1993, 85–90

DERS., James's Speech (Acts 15:13–21), Simeon's Hymn (Luke 2:29–32), and Luke's Sources, in: J. B. GREEN–M. TURNER, Jesus of Nazareth: Lord and Christ. Essays on the Historical Jesus and New Testament Christology [FS für I. H. Marshall], Grand Rapids–Carlisle 1994, 263–278

DERS., Die Frühzeit des Apostels Paulus. Studien zur Chronologie, Missionsstrategie und Theologie (WUNT I/71), Tübingen 1994

BIBLIOGRAPHIE

DERS., Synagogues in Jerusalem, in: R. J. BAUCKHAM, The Book of Acts in Its Palestinian Setting (A1CS 4), Carlisle–Grand Rapids 1995, 179–211

ROBINSON, J. A. T., The Priority of John, London 1985

ROBINSON, E., Biblical Researches in Palestine, Mount Sinai and Arabia Petraea. A Journal of Travels in the Year 1838 by E. Robinson and E. Smith. Undertaken in Reference to Biblical Geography I, London 1841 (dtsch. Palästina und die südlich angrenzenden Länder II, Halle 1841)

ROBINSON, S. E., The Testament of Adam and the Angelic Liturgy, RQ 12 (1985) 105–110

ROCCO, B., S. Clemente Romano e Qumran, RBI 20 (1972) 277–290

ROGOFF, M., Patchwork of Holiness. A Mt. Zion building combines symbols of 3 faiths, Jerusalem Post (International Edition) 18.7.1988, 18

ROHRHIRSCH, F., Markus in Qumran? Eine Auseinandersetzung mit den Argumenten für und gegen das Fragment 7Q5 mit Hilfe des methodischen Fallibilismusprinzips, Wuppertal 1990

ROLOFF, J., Apostolat – Verkündigung – Kirche. Ursprung, Inhalt und Funktion des kirchlichen Apostelamtes nach Paulus, Lukas und den Pastoralbriefen, Gütersloh 1965

DERS., ἐκκλησία, EWbNT I, Stuttgart 1980, 998–1011

RORDORF, W., Was wissen wir über die christlichen Gottesdiensträume der vorkonstantinischen Zeit?, ZNW 55 (1964) 110–128

DERS., Tertullians Beurteilung des Soldatenstandes, VigChr 23 (1969) 105–141

ROSENBAUM, H.-U., Cave 7Q5! Gegen die erneute Inanspruchnahme des Qumran-Fragments 7Q5 als Bruchstück der ältesten Evangelien-Handschrift, BZ 31 (1987) 189–205

ROST, L., Archäologische Bemerkungen zu einer Stelle des Jakobusbriefes (Jak 2,2 f.), PJB 24 (1933) 53–66

DERS., Einleitung in die alttestamentlichen Apokryphen und Pseudepigraphen einschließlich der großen Qumran-Handschriften, Heidelberg ²1979

RUCKSTUHL, E., Die Chronologie des Letzten Mahles und des Leidens Jesu (BiBe 4), Einsiedeln 1963

DERS., Zur Chronologie der Leidensgeschichte Jesu, SNTU 10 (1985) 27–61; 11 (1986) 97–129 (ND mit Nachtrag in: DERS., Jesus im Horizont der Evangelien [SBA 3], Stuttgart 1988, 101–184)

DERS., Der Jünger, den Jesus liebte. Geschichtliche Umrisse, BiKi 40 (1985) 77–83 (erweitert in: SNTU 11 [1986], 131–167)

RUDOLPH, W., Jeremia (HAT 12), Tübingen ³1968

SABUGAL, S., La Mención neotestamentaria de Damasco (Gál 1,17; 2 Cor 11,32; Act 9,2–3.8.10 par.19.22.27 par) ¿ciudad de Siria o región de Qumrân?, in: M. DELCOR, Qumrân. Sa piété, sa théologie et son milieu (BEThL 46), Paris–Louvain 1978, 403–413

SACCHI, P., Recovering Jesus' Formative Background, in: J. H. CHARLESWORTH, Jesus and the Dead Sea Scrolls, New York 1993, 123–139

SAFRAI, S., The Holy Congregation in Jerusalem, ScrHie 23, Jerusalem 1972, 62–78

DERS., Jewish Self-government, CRINT I/1, Assen 1974, 377–419

DERS., The Sons of Yehonadav ben Rekhav and the Essenes, Bar Ilan Annual 16–17 (1978) 37–58

SANDERS, J. T., Schismatics, Sectarians, Dissidents, Deviants. The First Hundred Years of Jewish-Christian Relations, London 1993

SANDMEL, S., Judaism and Christian Beginnings, New York 1978

SAPPINGTON, T. J., Revelation and Redemption at Colossae (JSNT.SS 53), Sheffield 1991

SATRAN, D., Daniel: Seer, Philosopher, Holy Man, in: G. W. E. NICKELSBURG–J. J. COLLINS, Ideal figures in Ancient Judaism (SCS 12), Chico 1980, 33–48

DERS., The Lives of the Prophets, in: M. E. STONE, Jewish Writings of the Second Temple Period. Apocrypha, Pseudepigrapha, Qumran Sectarian Writings, Philo, Josephus (CRINT II/2), Assen–Philadelphia 1984, 56–60

SCHÄFER, P., Der Bar Kokhba-Aufstand. Studien zum zweiten jüdischen Krieg gegen Rom (TSAJ 1), Tübingen 1981

SCHENKE, L., Die Urgemeinde. Geschichtliche und theologische Entwicklung, Stuttgart 1990

SCHIFFMAN, L. H., The Sadducean Origins of the Dead Sea Scroll Sect, in: H. SHANKS, Understanding the Dead Sea Scrolls. A Reader from the *Biblical Archaeology Review*, New York 1992, 35–49. 292–294

SCHILLING, F. A., Why did Paul Go to Damascus?, AThR 16 (1934) 199–205

SCHLATTER, A., Der Chronograph aus dem zehnten Jahre Antonins (TU 12,1), Leipzig 1894

DERS., Die Kirche Jerusalems vom Jahre 70–130 (BFChTh II/3), Gütersloh 1898 (auch in: DERS., Synagoge und Kirche bis zum Barkochba-Austand. Vier Studien zur Geschichte des Rabbinats und der jüdischen Christenheit in den ersten zwei Jahrhunderten. Kleinere Schriften 3 [Hrsg. J. JEREMIAS], Stuttgart 1966, 99–173)

SCHMITT, G., Die dritte Mauer Jerusalems, ZDPV 97 (1981) 153–170

SCHMITT, J., Contribution à l'étude de la discipline pénitentielle dans l'église primitive à la lumière des textes de Qumrân, in: Les manuscrits de la mer Morte (Colloque de Strasbourg 25–27 mai 1955), Paris 1957, 93–109

DERS., L'organisation de l'Église primitive et Qumrân, in: J. VAN DER PLOEG, La Secte de Qumrân et les origines du Christianisme (RechBib 4), Louvain 1959, 217–231

DERS., Qumrân et la première génération judéo-chrétienne, in: M. DELCOR, Qumrân. Sa piété, sa théologie et son milieu (BEThL 46), Paris–Louvain 1978, 385–402

DERS., Qumrân et l'église primitive, DBS IX, Paris 1979, 1007–1011

SCHNACKENBURG, R., Der Brief an die Epheser (EKK X), Zürich–Neukirchen/Vluyn 1982

SCHNEIDER, G., Die Apostelgeschichte I: Einleitung, Kommentar Kap. 1,1–8,40 (HThK V/1), Freiburg 1980

SCHOEPS, H. J., Theologie und Geschichte des Judenchristentums, Tübingen 1949

SCHRAGE, W., συναγωγή, ThWNT VII, Stuttgart 1964, 798–850

SCHÜRER, E., Geschichte des Jüdischen Volkes im Zeitalter Jesu Christi II: Die inneren Zustände, Leipzig ⁴1907

DERS., The history of the Jewish people in the age of Jesus Christ II. A new English version revised and edited by G. VERMES–F. MILLAR–M. BLACK, Edinburgh 1979

SCHWANK, B., War das Letzte Abendmahl am Dienstag in der Karwoche?, BM 33 (1957) 268–278

DERS., Neue Funde in Nabatäerstädten und ihre Bedeutung für die neutestamentliche Exegese, NTS 29 (1983) 429–435

DERS., Wann wurden die Evangelien abgefaßt? Müssen wir umdenken?, EA 63 (1987) 54–56

DERS., Gab es zur Zeit der öffentlichen Tätigkeit Jesu Qumran-Essener in Jerusalem?, in: B. MAYER, Christen und Christliches in Qumran? (ESt NF 32), Regensburg 1992, 115–130

SCHWARTZ, D. R., Non-Joining Sympathizers (Acts 5,13–14), Bibl 64 (1983) 550–555

DERS., On Quirinius, John the Baptist, the Benedictus, Melchizedek, Qumran and Ephesus, RQ 13 (1988) 635–646

SCHWARZ, J., Tevu'ot ha-Arez, Jerusalem 1845 (dtsch. Das heilige Land nach seiner ehemaligen und jetzigen geographischen Beschaffenheit [bearb. I. SCHWARZ], Frankfurt/Main 1852)

SCHWEIZER, E., Das Evangelium nach Lukas (NTD 3), Göttingen 1982

SEGAL, A. F., Jewish Christianity, in: H. W. ATTRIDGE–G. HATA, Eusebius, Christianity and Judaism, Leiden 1992, 326–351

SEIDENSTICKER, P., Die Gemeinschaftsform der religiösen Gruppen des Spätjudentums und der Urkirche, SBFLA 9 (1958/9) 94–108

SEPP, J. N., Jerusalem und das Heilige Land. Pilgerbuch nach Palaestina, Syrien und Aegypten I, Schaffhausen ²1873

SHANKS, H., The Jerusalem Wall That Shouldn't Be There, BARev 13/3 (1987) 46–57

BIBLIOGRAPHIE

SIMON, M., La migration à Pella. Légende ou réalité?, RSR 60 (1972) 37−54 (auch in: DERS., Le christianisme antique en son contexte religieux. Scripta varia II, Tübingen 1981, 477−494)

DERS., Verus Israel. A Study of the relationship between Christians and Jews in the Roman Empire (The Littman library of Jewish civilization), Oxford 1986

SIMON, M.−BENOIT, A., Le Judaïsme et le Christianisme antique d'Antiochus Épiphane à Constantin, Paris ³1991

SIMONS, J., Jerusalem in the Old Testament. Researches and Theories, Leiden 1952

SMALLWOOD, E. M., The Jews under Roman Rule. From Pompey to Diocletian, Leiden ²1981

SOWERS, S., The Circumstances and Recollection of the Pella Flight, ThZ 26 (1970) 305−320

SPICQ, C., L'épitre aux Hébreux: Apollos, Jean-Baptiste, les Hellénistes et Qumrân, RQ 1 (1958/59) 365−390

SPIESS, F., Das Jerusalem des Josephus, Leipzig 1882

STECKOLL, S. H., The Qumran Sect in Relation to the Temple of Leontopolis, RQ 6, (1967/69) 55−69

STEGEMANN, H., The Literary Composition of the Temple Scroll and its Status at Qumran, in: G. J. BROOKE, Temple Scroll Studies (JSP.SS 7), Sheffield 1989, 123−148

DERS., The Qumran Essenes − Local Members of the Main Jewish Union in Late Second Temple Times, in: J. TREBOLLE BARRERA−L. VEGAS MONTANER, The Madrid Qumran Congress. Proceedings of the International Congress on the Dead Sea Scrolls (Madrid 18−21 March 1991) I [STDJ 11/1], Leiden 1992, 83−166

DERS., Die Bedeutung der Qumranfunde für das Verständnis Jesu und des frühen Christentums, BiKi 48 (1993) 10−19

DERS., Die Essener, Qumran, Johannes der Täufer und Jesus. Ein Sachbuch (Herder Spektrum 4128), Freiburg 1993

STEGEMANN, W., Nachfolge Jesu als solidarische Gemeinschaft der reichen und angesehenen Christen mit den bedürftigen und verachteten Christen, in: L. SCHOTTROFF−W. STEGEMANN, Jesus von Nazareth − Hoffnung der Armen, Stuttgart ²1982, 89−153

STEMBERGER, G., Juden und Christen im Heiligen Land. Palästina unter Konstantin und Theodosius, München 1987

DERS., Pharisäer, Sadduzäer, Essener (SBS 144), Stuttgart 1991

STENDAHL, K. (Hrsg.), The Scrolls and the New Testament, New York 1957, ²1992

STORME, A., Jérusalem: Le Cénacle, TSF 2/1993, 94−107

STRAUBINGER, J., Die Kreuzauffindungslegende. Untersuchungen über ihre altchristlichen Fassungen mit besonderer Berücksichtigung der syrischen Texte (FChLDG 11/3), Paderborn 1913

STRICKERT, F. M., Damascus Document VII,10−20 and Qumran Messianic Expectation, RQ 12 (1986) 327−349

STROBEL, A., Die Wasseranlagen der Ḥirbet Qumran. Versuch einer Deutung, ZDPV 88 (1972) 55−86

DERS., Die Südmauer Jerusalems zur Zeit Jesu (Jos Bell 5,142 ff.), in: O. BETZ−K. HAACKER−M. HENGEL, Josephus-Studien. Studien zu Josephus, dem antiken Judentum und dem Neuen Testament (Festschrift für Otto Michel), Göttingen 1974, 344−361

DERS., Ursprung und Geschichte des frühchristlichen Osterkalenders (TU 121), Berlin/Ost 1977

DERS., Nachtrag, Jahrbuch des Deutschen Evangelischen Instituts fur Altertumswissenschaft des Heiligen Landes 2 (1990) 119

STRUGNELL, J., Flavius Josephus and the Essenes: Antiquities XVIII.18−22, JBL 77 (1958) 105−115

STUHLMACHER, P., Gerechtigkeit Gottes bei Paulus (FRLANT 87), Göttingen ²1966

DERS., Das Evangelium von der Versöhnung in Christus. Grundlinien und Grundprobleme einer biblischen Theologie des Neuen Testaments, in: P. STUHLMACHER−H. CLASS, Das Evangelium von der Versöhnung in Christus, Stuttgart 1979, 13−54

DERS., Die Stellung Jesu und des Paulus zu Jerusalem. Versuch einer Erinnerung, ZThK 86 (1989) 140–156

STULAC, G. M., James (IVP New Testament Commentary Series 16), Downers Grove 1993

TALMON, S., Die Entstehung des Gebets als Institution in Israel im Licht der Literatur von Qumran in: DERS., Gesellschaft und Literatur in der Hebräischen Bibel. Gesammelte Aufsätze 1 (Information Judentum 8), Neukirchen/Vluyn 1988, 190–208

DERS., The Emergence of Institutionalized Prayer in Israel in Light of Qumran Literature, in: DERS., The World of Qumran from Within. Collected Studies, Jerusalem–Leiden 1989, 200–243

TANTLEVSKIJ, I. R., Etymology of "Essenes" in the Light of Qumran Mesianic Expectations, The Qumran Chronicle 3/1–3 (1993) 66–68

TAYLOR, J. E., The Cave at Bethany, RB 94 (1987) 120–123

DIES., A Critical Investigation of Archaeological Material assigned to Palestinian Jewish-Christians of the Roman and Byzantine Periods, PhD Thesis Edinburgh 1989

DIES., The Bagatti–Testa Hypothesis and Alleged Jewish-Christian Archaeological Remains, Mishkan 13 (1990) 1–26

DIES., Christians and the Holy Places. The myth of Jewish-Christian origins, Oxford 1993

TESTA, E., Il Simbolismo dei Giudeo-Cristiani (SBF.CMa 14), Jerusalem 1962

DERS., La nuova Sion, SBFLA 22 (1972) 48–73

DERS., Les cènes du Seigneur, Les Dossiers de l'Archéologie 10 (1975) 98–106

DERS., The Faith of the Mother Church. An Essay on the Theology of the Judeo-Christians (SBF.CMi 32), Jerusalem 1992

THEISSEN, G., Lokalkolorit und Zeitgeschichte in den Evangelien (NTOA 8), Freiburg/Schw.–Göttingen 1989

THIEDE, C. P., 7Q – Eine Rückkehr zu den neutestamentlichen Papyrusfragmenten in der siebten Höhle von Qumran, Bibl 65 (1984) 538–559

DERS., Die älteste Evangelien-Handschrift? Ein Qumran-Fragment wird entschlüsselt, Wuppertal [4]1994

THIERING, B. E., The Gospels and Qumran. A New Hypothesis, Sydney 1981

DIES., Mebaqqer and episkopos in the Light of the Temple Scroll, JBL 100 (1981) 59–74

DIES., The Date of Composition of the Temple Scroll, in: G. J. BROOKE, Temple Scroll Studies (JSP.SS 7), Sheffield 1989, 99–120

THIERSCH, H. W. J., Die Kirche im apostolischen Zeitalter und die Entstehung der neutestamentlichen Schriften, Erlangen 1852

THORION, Y., Beiträge zur Erforschung der Sprache der Kupferrolle, RQ 12 (1986) 163–176

THORNTON, C. J., Der Zeuge des Zeugen. Lukas als Historiker der Paulusreisen (WUNT I/56), Tübingen 1991

THURSTON, B. B., Tò ὑπερῷον in Acts i.13, ET 80 (1968) 21 f.

TOSATO, A., The Law of Leviticus 18:18: A Reexamination, CBQ 46 (1984) 199–214

TSAFRIR, Y., Zion – The South-Western Hill of Jerusalem and Its Place in the Urban Development of the City in the Byzantine Period [Neuhebräisch], PhD Thesis Hebrew University, Jerusalem 1975

TUSHINGHAM, A. D., The Western Hill of Jerusalem under the Monarchy, ZDPV 95 (1979) 39–55

DERS., Revealing Biblical Jerusalem: From Charles Warren to Kathleen Kenyon, in: Biblical Archaeology Today. Proceedings of the International Congress on Biblical Archaeology, Jerusalem April 1984, Jerusalem 1985, 440–450

DERS., Excavations in the Armenian Garden on the Western Hill, in: DERS. u. a., Excavations in Jerusalem 1961–1967 I, Toronto 1985, 1–177

VANDERKAM, J. C., Textual and Historical Studies in the Book of Jubilees (HSemM 14), Missoula 1977

DERS., The Origin, Character, and Early History of the 364-Day Calendar: A Reassessment of Jaubert's Hypothesis, CBQ 41 (1979) 390–411

BIBLIOGRAPHIE

DERS., 2 Maccabees 6,7a and Calendrical Change in Judaism, JSJ 12 (1981) 52–74

DERS., The People of the Dead Sea Scrolls: Essenes or Sadducees?, in: H. SHANKS, Understanding the Dead Sea Scrolls. A Reader from the *Biblical Archaeology Review*, New York 1992, 50–62. 294–295

DERS., The Dead Sea Scrolls Today, Grand Rapids 1994

VAUX, R. DE, Fouilles au Khirbet Qumrân. Rapport préliminaire sur la deuxième campagne, RB 61 (1954) 206–236

DERS., Das Alte Testament und seine Lebensordnungen I/II, Freiburg 1960

DERS., Archaeology and the Dead Sea Scrolls (The Schweich Lectures of the British Academy 1959), Oxford 1973

VERMES, G., Jewish Literature Composed in Hebrew or Aramaic, in: E. SCHUERER, The history of the Jewish people in the age of Jesus Christ (175 B.C.–A.D. 135). A New English version revised and edited by G. VERMES–F. MILLAR–M. GOODMAN, Vol III/1, Edinburgh 1986, 177–469

VINCENT, L. H., Jérusalem, Recherches de topographie, d'archéologie et d'histoire I: Jérusalem antique, Paris 1912

DERS., Les vestiges monumenteaux de la Sainte-Sion, in: L. H. VINCENT–F. M. ABEL, Jérusalem. Recherches de topographie, d'archéologie et d'histoire II: Jérusalem Nouvelle II, Paris 1922, 421–440

DERS., Jérusalem de l'Ancien Testament. Recherches d'archéologie et d'histoire I: Archéologie de la Ville (mit M. A. STÈVE), Paris 1954

VÖÖBUS, A., History of Ascetism in the Syrian Orient. A Contribution to the History of Culture in the Near East I (CSCO 184, Subsidia 14), Louvain 1958

DERS., Liturgical Traditions in the Didache (PETSE 16), Stockholm 1968

WAARD, J. DE, A Comparative Study in the Old Testament Text in the Dead Sea Scrolls and in the New Testament (STDJ 4), Leiden 1966

WACHOLDER, B. Z., Ezekiel and Ezekielianism as Progenitors of Essenianism, in: D. DIMANT–U. RAPPAPORT, The Dead Sea Scrolls. Forty Years of Research (STDJ 10), Leiden 1992, 186–196

WAGNER, S., Die Essener in der wissenschaftlichen Diskussion. Vom Ausgang des 18. bis zum Beginn des 20. Jahrhunderts. Eine wissenschaftsgeschichtliche Studie (BZAW 79), Berlin 1960

WAINWRIGHT, P., The Authenticity of the Recently Discovered Letter Attributed to Cyril of Jerusalem, VigChr 40 (1986) 286–293

WALKER, P. W. L., Holy City, Holy Places?, Christian Attitudes to Jerusalem and the Holy Land in the Fourth Century, Oxford 1990

WATSON, C. M., The Traditional Sites on Sion, PEFQS 42 (1920) 196–220

WEDDERBURN, A. J. M., Tradition and Redaction in Acts 2.1–13, JSNT 55 (1994) 27–54

WEINERT, F. D., 4Q159: Legislation for an Essene Community Outside of Qumran?, JSJ 5 (1974) 179–207

WEINFELD, M., Pentecost as Festival of the Giving of the Law, Immanuel 8 (1978) 7–18

DERS., The Organizational Pattern and the Penal Code of the Qumran Sect (NTOA 2), Freiburg/Schw.–Göttingen 1986

WEINSTEIN, N. I., Beiträge zur Geschichte der Essäer, Wien 1892

WENTLING, J. L., Unravelling the Relationship between 11QT, the Eschatological Temple, and the Qumran Community, RQ 14 (1989) 61–73

WERBLOWSKY, R. J. Z., On the Baptismal Rite According to St. Hippolytus, Studia Patristica II (TU 64), Berlin/Ost 1957, 93–105

WERNER, E., Musical Aspects of the Dead Sea Scrolls, The Musical Quarterly 43 (1957) 21–37

WIEDER, N., The Judean Scrolls and Karaism, London 1962

WHITE, L. M., Building God's House in the Roman World. Architectural Adaptation among Pagans, Jews, and Christians, Baltimore–London 1990

WILKEN, R. L., Eusebius and the Christian Holy Land, in: H. W. ATTRIDGE−G. HATA, Eusebius, Christianity and Judaism, Leiden 1992, 736−760
DERS., The Land Called Holy. Palestine in Christian History and Thought, New Haven−London 1992
WILKINSON, J., Jerusalem as Jesus Knew It. Archaeology as Evidence, London 1978
DERS., Jerusalem IV: Alte Kirche, TRE XVI, Berlin−New York 1987, 617−624
WINDISCH, H., Die ältesten christlichen Palästinapilger, ZDPV 48 (1925) 145−158
WISE, M., The Dead Sea Scrolls, BA 49 (1986) 140−154. 228−246
WOLTERS, A., Notes on the Copper Scroll (3Q15), RQ 12 (1987) 589−596
DERS., The Last Treasure of the Copper Scroll, JBL 107 (1988) 419−429
DERS., The Fifth Cache of the Copper Scroll: "The Plastered Cistern of Manos", RQ 13 (1988) 167−176
DERS., Apocalyptic and the Copper Scroll, JNES 49 (1990) 145−154
DERS., The Copper Scroll and the Vocabulary of Mishnaic Hebrew, RQ 14 (1990) 483−495
DERS., Literary Analysis of the Copper Scroll, in: Z. J. KAPERA, Intertestamental Essays in honour of Józef Tadeusz Milik (Qumranica Mogilanensia 6), Krakau 1992, 239−252
DERS., The Cultic Terminology of the Copper Scroll, The Qumran Chronicle 3/1−3 (1993) 74−75
WOOD, B. G., To Dip or to Sprinkle? The Qumran Cisterns in Perspective, BASOR 256 (1984) 45−60

YADIN, Y., The Gate of the Essenes and the Temple Scroll, in: DERS., Jerusalem Revealed. Archaeology in the Holy City 1968−1974, Jerusalem 1976, 90 f. (vorher neuhebr. in: Qad 5 [1972], 129 f.)
DERS., Militante Herodianer aus Qumran. Die Essener zwingen Christen und Juden zum Umdenken, LM 18 (1979) 355−358
DERS., The Temple Scroll. The Hidden Law of the Dead Sea Sect, London 1985

ZAHN, T., Die Dormitio Sanctae Virginis und das Haus des Johannes Markus, NKZ 10 (1899) 377−429 (auch als Separatdruck: Leipzig 1899)
DERS., Brüder und Vettern Jesu, in: DERS., Forschungen zur Geschichte des neutestamentlichen Kanons und der altkirchlichen Literatur VI, Leipzig 1900, 225−364
DERS., Die Apostelgeschichte des Lucas. Erste Hälfte Kap. 1−12 (KNT 5), Leipzig 1919
DERS., Das Evangelium des Lucas (KNT 3), Leipzig 3/41920
ZIMMERMANN, A., Die urchristlichen Lehrer. Studien zum Tradentenkreis der διδάσκαλοι im frühen Urchristentum (WUNT II/12), Tübingen 21988

Literaturnachtrag

Neben den gebräuchlichen Abkürzungen wurden noch verwendet (s.o. S. 144):

ANYAS   Annals of the New York Academy of Sciences (New York)
DSD   Dead Sea Discoveries (Leiden)
HA   Hadašot Arkheologiyot (Jerusalem)
JSP   Journal for the Study of the Pseudepigrapha (Sheffield)
OEANE   The Oxford Encyclopedia of Archaeology in the Near East (New York–
           Oxford)
QC   Qumran Chronicle (Krakau)

ABEGG, M.G., Paul, „Works of the Law" and MMT, BARev 20/6 (1994) 52-55.82

DERS., The Messiah at Qumran: Are We Still Seeing Double?, DSD 2 (1995) 125-144

ÅDNA, J., Die Heilige Schrift als Zeuge der Heidenmission. Die Rezeption von Amos 9,11-12 in Apg 15,16-18, in: J. ÅDNA – S.J. HAFEMAN – O. HOFIUS, Evangelium – Schriftauslegung – Kirche. Festschrift für Peter Stuhlmacher, Tübingen 1997, 1-23

ALBANI, M., Zur Rekonstruktion eines verdrängten Konzepts: Der 364-Tage-Kalender in der gegenwärtigen Forschung, in: M. ALBANI – J. FREY – A. LANGE, Studies in the Book of Jubilees (TSAJ 65), Tübingen 1997, 79-126

ALBANI, M. – GLESSMER, U., Un instrument de mesures astronomiques à Qumrân, RB 104 (1997) 88-115

ALLIATA, E., Travaux au Cénacle, TSF 1/1995, 50f

ALVAREZ VALDES, A., Quand a eu lieu la dernière Cène de Jésus?, TSF 1/1998, 63-69

AMIT, D., Ritual Baths (Miqva´ot) From the Second Temple Period in the Hebron Mountains, in: Z.H. ERLICH – Y. ESHEL, Judaea and Samaria Research Studies. Proceedings of the 3d annual meeting 1993, Kedumim 1993, 157-189 [Neuhebräisch]

ARAV, R. – ROUSSEAU, J.J., Jesus and His World. An Archaeological and Cultural Dictionary, Minneapolis 1995

AUDET, J.P., Qumrân et la notice de Pline sur les Esséniens, RB 68 (1961) 346-387

BAGATTI, B. – MILIK, J.T., Gli Scavi del „Dominus Flevit" (Monte Oliveto – Gerusalemme) I: La Necropoli del Periodo Romano (SBF.CMa 13), Jerusalem 1958

BAUCKHAM, R., The Messianic Interpretation of Isa. 10:34 in the Dead Sea Scrolls, 2 Baruch and the Preaching of John the Baptist, DSD 2 (1995) 202-216

BAHAT, D., Jerusalem, in E.M. MEYERS, OEANE III, New York – Oxford 1997, 224-238

BAUMGARTEN, A.I., The Flourishing of Jewish Sects in the Maccabean Era: An Interpretation (SJSJ 55), Leiden 1997

BEA, A., De antiquis manuscriptis hebraicis prope Mare Mortuum inventis, VD 28 (1950), 354-361

DERS., Die Geschichtlichkeit der Evangelien, Paderborn ²1967

BEATRICE, P.F., Apollos of Alexandria and the Origins of the Jewish-Christian Baptist Encratism, in: W. HAASE, ANRW II 26.2, Berlin – New York 1995, 1232-1275

BERGMEIER, R., Beobachtungen zu 4 Q 521f 2, II, 1-13, ZDMG 145 (1995) 38-48

DERS., Die Leute von Essa, ZDPV 113 (1997) 75-87

BERTRAND, D., Pauvre et cher Cénacle, TSF 2/1997, 77-79

BETZ, O., Offenbarung und Schriftforschung in der Qumransekte (WUNT I/6), Tübingen 1960

DERS., Kontakte zwischen Essenern und Christen, in: B. MAYER, Christen und Christliches in Qumran? (ESt NF 32), Regensburg 1992, 157-175

DERS., The Messianic Idea in the 4Q Fragments. Its Relevance for the Christology of the New Testament, in: Z.J. KAPERA, Mogilany 1993. Papers on the Dead Sea Scrolls offered in memory of Hans Burgmann, Krakau 1996, 61-75

BETZ, O. – RIESNER, R., Jesus, Qumran und der Vatikan. Klarstellungen, Gießen – Freiburg ⁶1995

BEYER, K., Die aramäischen Texte vom Toten Meer II, Göttingen 1994

BIEBERSTEIN, K., Die Hagia Sion in Jerusalem. Zur Entwicklung ihrer Traditionen im Spiegel der Pilgerberichte, in: Akten des XII. Internationalen Kongresses für Christliche Archäologie (Bonn 22.-28. September 1991) I (JAC.E 20/1), Münster 1995, 543-551

BIEBERSTEIN, K. – BLOEDHORN, H., Jerusalem Grundzüge der Baugeschichte vom Chalkolithikum bis zur Frühzeit der osmanischen Herrschaft I (BTAVO 100/1), Wiesbaden 1994

BILLIG, Y., חרות המוצה, HA 103 (1995) 71f

DERS., Horvat Hamoza, ESI 15 (1996) 83f

BLANCHETIÈRE, F. – PRITZ, R., La migration des „nazaréens" à Pella, in: F. BLANCHETIÈRE – M.D. HERR, Aux origines Juives du christianisme, Jerusalem 1993, 93-110

BLOK, H. – STEINER, M., Jerusalem. Ausgrabungen in der Heiligen Stadt (SBAZ 4 [hrsg. R. RIESNER]), Gießen 1996

BOCCACCINI, G., E se l'essenismo fosse il movimento enochiano? Una nuova ipotesi circa il rapporto tra Qumran e gli esseni, in: R. PENNA, Qumran e le origini cristiane (RSB 9/2), Bologna 1997, 49-68

BÖHLEMANN, P., Jesus und der Täufer. Schlüssel zur Theologie und Ethik des Lukas (SNTSMS 99), Cambridge 1997

BOISMARD, M.É., À propos de 7Q5 et Mc 6,52-53, RB 102 (1995) 585-588

BREMER, J., König David und Rabbi Nachman in ein Grab? Die Brazlawer Chassidim wollten ihren Zaddik umbetten, Frankfurter Allgemeine Zeitung 283 (5.12.1997) 14

BROOKE, G.J., 4QTestament of Leviᵈ(?) and the Messianic Servant High Priest, in: M.C. DE BOER, From Jesus to John. Essays on Jesus and New Testament Christology in Honour of Marinus de Jonge (JSNTS 84), Sheffield 1993, 83-100

DERS., 4Q500 1 and the Use of Scripture in the Parable of the Vineyard, DSD 3 (1995) 268-294

DERS., Luke-Acts and the Qumran Scrolls: The Case of MMT, in: C.M. TUCKETT, Luke's Literary Achievement. Collected Essays (JSNTS 116), Sheffield 1995, 72-90

BROOKE, G. – COLLINS, J. – ELGVIN, T. – FLINT, P. – GREENFIELD, J. – LARSON, E. – NEWSOM, C. – PUECH, É. – SCHIFFMAN, L.H. – STONE, M. – TREBOLLE BARRERA, J., Qumran Cave 4/XVII. Parabiblical Texts 3 (DJD XXII) [mit J. VANDERKAM], Oxford 1996

BROSHI, M. – ESHEL, E., The Greek King is Antiochus IV (4QHistorical Text = 4Q248), JJS (1997) 120-129

BROSHI, M. – ESHEL, H., How and Where Did the Qumranites Live?, in: D.W. PARRY – E.C. ULRICH, The Provo International Conference on the Dead Sea Scrolls: New Texts, Re-formulated Issues, and Technological Innovations, Leiden 1998, [im Erscheinen]

BURCHARD, C., Pline et les Esséniens. A propos d'un article récent, RB 69 (1962) 533-569

BURINI, B., Pseudo Cipriano: I due monti Sinai e Sion (BPat 25), Florenz 1994

LITERATURNACHTRAG

CAMPBELL, R.A., The Elders. Seniority within earliest Christianity (Studies of the New Testament and its World), Edinburgh 1994

CANCIANI, M., Ultima Cena dagli Esseni. Una nuova e documentata ricostruzione, Rom 1995

CANSDALE, L., Qumran and the Essenes. A Re-Evaluation of the Evidence (TSAJ 60), Tübingen 1997

CAPPER, B.J., Community of Goods in the Early Jerusalem Church, in: W. HAASE, ANRW II 26.2, Berlin – New York 1995, 1730-1774

DERS., The Palestinian Cultural Context of Earliest Christian Community of Goods, in: R. BAUCKHAM, The Book of Acts in Its Palestinian Setting (AICS 4), Carlisle – Grand Rapids 1995, 323-356

CARMEL, A., Christen als Pioniere im Heiligen Land. Ein Beitrag zur Geschichte der Pilgermission und des Wiederaufbaus Palästinas im 19. Jahrhundert (ThZ.S 10), Basel 1981

CHARLESWORTH, J.H., Foreword, zu: J. MURPHY-O'CONNOR (Hrsg.), Paul and the Dead Sea Scrolls, New York 1990, IX-XVI

DERS., The Dead Sea Scrolls and the Historical Jesus, in: DERS., Jesus and the Dead Sea Scrolls, New York 1993, 1-74

CHYUTIN, M., The New Jerusalem Scroll from Qumran. A Comprehensive Reconstruction (JSPS 25), Sheffield 1997

COLLINS, J.J., The Scepter and the Star. The Messiah's of the Dead Sea Scrolls and Other Ancient Literature, New York 1995

DERS., Wisdom Reconsidered in Light of the Scrolls, DSD 4 (1997) 265-281

COOK, E.M., Qumran a Ritual Purification Center, BARev 22/6 (1996) 39.48-51.73-75

CROSS, F.M. – ESHEL, E., Ostraca from Khirbet Qumrân, IEJ 47 (1997) 17-30

DIES., The „Yahad" (Community) Ostracon, in: A. ROITMAN, A Day at Qumran. The Dead Sea Sect and Its Scrolls, Jerusalem 1997, 38-40

CROSSAN, J.D., Jesus. Ein revolutionäres Leben (Becksche Reihe 1144), München 1996

CULLMANN, O., Ebioniten, in: RGG³ II, Göttingen 1958, 297f

DALMAN, G., Arbeit und Sitte in Palästina VII: Das Haus, Hühnerzucht, Taubenzucht, Bienenzucht (BFChTh II/48), Gütersloh 1942

DEINES, R., Die Pharisäer. Ihr Verständnis im Spiegel der christlichen und jüdischen Forschung seit Wellhausen und Graetz (WUNT I/101), Tübingen 1997

DONCEEL, R., Qumran, in: E.M. MEYERS, OEANE IV, New York – Oxford 1997, 392-396

DONCEEL-VOÛTE, P., Les ruines de Qumrân reinterpretées, Archaeologia 298 (1994) 24-35

DONCEEL, R. – DONCEEL-VOÛTE, P., Archaeology of Qumran, in: M.O. WISE – N. GOLB – J.J. COLLINS – D.G. PARDIE, Methods of Investigation of the Dea Sea Scrolls and the Khirbet Qumran Site. Present Realities and Future Prospects (ANYAS 722), New York 1994, 1-38

DUNN, J.D.G., 4QMMT and Galatians, NTS 43 (1997) 147-153

EISENMAN, R.H., Jakobus der Bruder von Jesus, München 1998

ELGVIN, T. – PFANN, S. – KISTER, M. – SCHIFFMAN, L.H. – NITZAN, B. – LIM, T. – STEUDEL, A. – QIMRON, E., Qumran Cave 4/XV. Sapiental Texts I (DJD XX [mit J.A. FITZMYER]), Oxford 1997

ESHEL, H., A Note on Joshua 15:61-62 and the Identification of the City of Salt, IEJ 45 (1995) 37-40

EVANS, C.A., The Recently Published Dead Sea Scrolls and the Historical Jesus, in: B. CHILTON – C.A. EVANS, Studying the Historical Jesus (NTTS 19), Leiden 1994, 547-565

FINGER, J., Jesus – Essener, Guru, Esoteriker?, Mainz – Stuttgart 1993

FLETCHER-LOUIS, C.H.T., 4Q374: A Discourse on the Sinai Tradition. The Deification of Moses and Early Christology, DSD 3 (1996) 236-252

DERS., Luke-Acts: Angelology, Christology and Soteriology (WUNT I/94), Tübingen 1997

FLUSSER, D., Das essenische Abenteuer. Die jüdische Gemeinde vom Toten Meer, Winterthur 1994

DERS., Ostracon from Qumran Throws Light on First Church, Jerusalem Perspective 53 (1997) 12-15

FOCANT, C., 7Q5 = Mk 6,52-53: A Questionable and Questioning Identification?, in: B. MAYER, Christen und Christliches in Qumran (ESt NF 32), Regensburg 1992, 11-25

GARCÍA MARTÍNEZ, F., The Dead Sea Scrolls Translated. The Qumran Texts in English, Leiden 1994

GARCÍA MARTÍNEZ, F. – PARRY, D.W., A Bibliography of the Finds in the Desert of Judah 1970-95 (STDJ 19), Leiden 1996

GARCÍA MARTÍNEZ, F. – TIGCHELAAR, E.J.C., The Dead Sea Scrolls Study Edition I: 1Q1-4Q273, Leiden 1997

GARCÍA MARTÍNEZ, F. – TREBOLLE BARRERA, J., The People of the Dead Sea Scrolls. Their Writings, Beliefs and Practices, Leiden 1995

GEVA, H., Searching for Roman Jerusalem, BARev 23/6 (1997) 34-45. 72f; 24/2 (1998) 14

DERS., Twenty-Five Years of Excavations in Jerusalem, 1968-1993, in: Ancient Jerusalem Revealed, Jerusalem 1994, 1-28

GIANOTTO, C., Qumran e la Lettera agli Ebrei, in: R. PENNA, Qumran e le origini cristiane (RSB 9/2), Bologna 1997, 211-130

GINZBERG, L., Eine unbekannte jüdische Sekte, New York 1922

GORANSON, S., Posidonius, Strabo and Marcus Vipsanius Agrippa as Sources on Essenes, JJS 45 (1994) 295-298

DERS., Qumran: A Hub of Scribal Activity?, BARev 20/5 (1994) 36-39

DERS., Essenes, in: E.M. MEYERS, OEANE II, New York – Oxford 1997, 268f

HACHLILI, R., Burial Practices at Qumran, RQ 16 (1993) 247-264

HARRINGTON, D.J., Ten Reasons Why the Qumran Wisdom Texts are Important, DSD 4 (1997) 245-254

HENGEL, M., Der vorchristliche Paulus, in: M. HENGEL – U. HECKEL, Paulus und das antike Judentum. Tübingen-Durham-Symposium im Gedenken an den 50. Todestag Adolf Schlatters ... (WUNT I/58), Tübingen 1991, 177-291

HINSON, E.G., Essene Influence in Roman Christianity: A Look at the Second-Century Evidence, PerspRelSt 19 (1992) 399-407

HORBURY, W., Jewish Messianism and the Cult of Christ, London 1998

HUMBERT, J.B. – CHAMBON, A., Fouilles de Khirbet Qumrân et de Aïn Feshka I: Album des photographies, Répertoire du fonds photographique, Synthèses des notes de chantier du Père Roland de Vaux OP (NTOA SA 1), Göttingen – Freiburg/Schw. 1994

HUNGER, H., 7Q5: Markus 6,52-53 – oder? Die Meinung des Papyrologen, in B. MAYER, Christen und Christliches in Qumran? (ESt NF 32), Regensburg 1992, 33-56

IWRY, S., The Exegetical Method of the Damascus Document Reconsidered, in: M.O. WISE – N. GOLB – J.J. COLLINS – D.G. PARDIE, Methods of Investigation of the

Dead Sea Scrolls and the Khirbet Qumran Site. Present Realities and Future Prospects (ANYAS 722), New York 1994, 329-337

JAECKLE, R., Gottesdienste in Jerusalem in der zweiten Hälfte des vierten Jahrhunderts im Spiegel der *Peregrinatio Egeriae*, Jahrbuch des Deutschen Evangelischen Instituts für Altertumswissenschaft des Heiligen Landes 4 (1995) 80-115

JOHNSON, A.F., Are There New Testament Fragments Among the Dead Sea Scrolls?, Archaeology in the Biblical World 3 (1995) 16-25

JOHNSON, L.T., The Letter of James (AnB 37A), New York 1995

JULL, A.J.T. – DONAHUE, D.J. – BROSHI, M. – TOV, E., Radiocarbon Dating of Scrolls and Linen Fragments from the Judean Desert, Radiocarbon 37 (1995) 11-19 [auch in: Atiqot 28, 1996, 85-91]

KAPERA, Z.J., Some Remarks on the Qumran Cemetery, in: M.O. WISE – N. GOLB – J.J. COLLINS – D.G. PARDIE, Methods of Investigation in the Dead Sea Scrolls and the Khirbet Qumran Site. Present Realities and Future Perspectives (ANYAS 722), New York 1994, 97-110

KLIJN, A.F.J., Die syrische Baruch-Apokalypse, in: JSHRZ V/2, Gütersloh 1976, 103-190

KLONER, A., The Necropolis of Jerusalem in the Second Temple Period [Neuhebräisch], PhD Jerusalem 1980.

KLOPPENBURG, J.S., The Formation of Q: Trajectories in Ancient Wisdom Collections, Philadelphia 1987

KNIGHTS, C.H., The Rechabites of Jeremiah 35: Forerunners of the Essenes?, JSP 10 (1992) 81-87

KOHLER, O., „Sancta Sion". Zwischen christlicher Zionssehnsucht und kaiserlicher Orientpolitik. Vorgeschichte und Entstehung des Klosters der Dormitio BMV Jerusalem, Diss. Tübingen 1998

KUHN, H.W., Die Bedeutung der Qumrantexte für das Verständnis des Galaterbriefes. Aus dem Münchener Projekt: Qumran und das Neue Testament, in: G.J. BROOKE, New Qumran Texts and Studies. Proceedings of the First Meeting of the International Organization for Qumran Studies, Paris 1992 (STDJ 15 [mit F. GARCÍA MARTÍNEZ]), Leiden 1994, 169-221

KUHN, K.G., Essener, in: RGG³ II, Göttingen 1958, 701-703

KUHNEN, H.P., Palästina in griechisch-römischer Zeit (Handbuch der Archäologie, Vorderasien II/2), München 1990

LABROUSSE, M., Optat de Milève: Traité contre les Donatistes II (Livres III à VII) [SC 413], Paris 1996

LAPERROUSAZ, E.M., „Infra hos Engadda". Notes à propos d'un article récent, RB 69 (1962) 369-380

DERS., L'établissement de Qoumrân près de la Mer Morte: Forteresse ou couvent?, EI 20 (Yadin Volume) [1989] 118*-123*

LEDERMAN, Y., Les évêques Juifs de Jérusalem, RB 104 (1997) 211-222

LEVINE, B., The Temple Scroll: Aspects of its Historical Provenance and Literary Character, BASOR 232 (1978) 14f

LEVKOVITS, J.K., The Copper Scroll – 3Q15: A Reevaluation (STDJ 25), Leiden 1998

LICHTENBERGER, H., Die Texte von Qumran und das Urchristentum, Jud 50 (1994) 68-82

LOZUPONE, F., Le Cénacle, cœur de l'Église, TSF 4/1997, 199-202

LUPIERI, E., Apocalissi di Giovanni e tradizione enochica, in: R. PENNA, Apocalittica e origini cristiane (RSB 7/2), Bologna 1995, 137-150

McCARTER, P.K., The Mystery of the Copper Scroll, in: H. SHANKS, The Dead Sea Scrolls After Fourty Years, Washington 1991, 40-54

DERS., The Copper Scroll as an Accumulation of Religious Offerings, in: M.O. WISE – N. GOLB – J.J. COLLINS – D.G. PARDIE, Methods of Investigation of the Dead Sea Scrolls and the Khirbet Qumran Site, Present Realities and Future Prospects (ANYAS 722), New York 1994, 133-142

MACK, B.L., The Lost Gospel: The Book of Q and Christian Origins, San Francisco 1993

MAGNANI, G., Gesù costruttore e maestro. L'ambiente: nuove prospettive (Origini del cristianesimo 2) Assisi 1996

MAGNESS, J., A Villa at Khirbet Qumran?, RQ 16 (1994) 397-419

DIES., The Community at Qumran in the Light of Its Pottery, in: M.O. WISE – N. GOLB – J.J. COLLINS – D.G. PARDIE, Methods of Investigation of the Dead Sea Scrolls and the Khirbet Qumran Site. Present Realities and Future Prospects (ANYAS 722), New York 1994, 39-50

DIES., The Chronology of the Settlement at Qumran in the Herodian Period, DSD 2 (1995) 58-65

DIES., Qumran Not a Country Villa, BARev 22/6 (1996) 38-47. 72f

MAGRIS, A., Qumran e lo gnosticismo, in: R. PENNA, Qumran e le origini cristiane (RSB 9/2), Bologna 1997, 231-264

MAIER, J., Die Qumran-Essener: Die Texte vom Toten Meer I-III (UTB 1862/63 und 1916), München – Basel 1995 bzw. 1996

DERS., Die Tempelrolle vom Toten Meer und das „Neue Jerusalem" (UTB 829), München – Basel [3]1997

MANNS, F., L'Israël de Dieu. Essais sur le christianisme primitif (SBF.An 42), Jerusalem 1996

MARCHESELLI-CASALE, C., Tracce del *mebaqqêr* di Qumran nell' *episkopos* del NT? Per uno „status quaestionis", in: R. PENNA, Qumran e le origini cristiane (RSB 9/2), Bologna 1997, 177-210

MARTIN, R.A., Studies in the Life and Ministry of the Historical Jesus, Lanham 1995

MILGROM, J., Further Studies in the Temple Scroll, JQR 71 (1980/81) 89-106

DERS., The City of the Temple. A Response to Lawrence H. Schiffman, JQR 85 (1994) 125-128

MUCHOWSKI, P., Language of the Copper Scroll in the Light of the Phrases Denoting the Directions of the World, in: M.O. WISE – N. GOLB – J.J. COLLINS – D.G. PARDIE, Methods of Investigation of the Dead Sea Scrolls and the Khirbet Qumran Site. Present Realities and Future Prospects (ANYAS 722), New York 1994, 319-326

MURPHY-O'CONNOR, J. (Hrsg.), Paul and the Dead Sea Scrolls, New York 1990

DERS., The Holy Land. An Archaeological Guide from Earliest Times to 1700, Oxford [2]1992

NÄGELE, S., Laubhütte Davids und Wolkensohn. Eine auslegungsgeschichtliche Studie zu Amos 9,11 in der jüdischen und christlichen Exegese (AGAJU 24), Leiden 1995

NEBE, G.W., 7Q4 – Möglichkeit und Grenze einer Identifikation, RQ 13 (1988) 629-633

NIEBUHR, K.W., Bezüge auf die Schrift in einigen „neuen" Qumran-Texten, Mitteilungen und Beiträge (Forschungsstelle Judentum an der Theologischen Fakultät Leipzig) 8 (1994) 37-54

NODET, É., Rez.: S. Légasse, Naissance du baptême, Paris 1993, in: RB 102 (1995) 600-611

NORELLI, E., Risonanze qumraniche nella letteratura cristiana tra I e II secolo. Questioni di metodo e esempi, in: R. PENNA, Qumran e le origini cristiane (RSB 9/2), Bologna 1997, 265-295

NORTON, G.J., Qumran and Christian Origins, PIBA 16 (1993) 99-113

PACZKOWSKI, M.C., Gerusalemme negli scrittori cristiani del II-III secolo, SBFLA 45 (1995) 165-202

PAGE, C.R., Jesus and the Land, Nashville 1995

PATRICH, J., Judean Desert, Survey of Caves – 1985/1986, ESI 6 (1987/88) 66-70

DERS., Khirbet Qumran in Light of New Archaeological Explorations in the Qumran Caves, in: M.O. WISE – N. GOLB – J.J. COLLINS – D.G. PARDIE, Methods of Investigation of the Dea Sea Scrolls and the Khirbet Qumran Site. Present Realities and Future Perspectives (ANYAS 722), New York 1994, 73-95

PATRICH, J. – ARRUBAS, B., A Juglet Containing Balsam Oil (?) from a Cave Near Qumran, IEJ 39 (1989) 43-59

PENNA, R., Le „opere della Legge" in s. Paolo e 4QMMT, in: DERS., Qumran e le origini cristiane (RSB 9/2), Bologna 1997, 155-176

PENNER, T.C., The Epistle of James and Eschatology. Re-reading an Ancient Christian Letter (JSNTS 121), Sheffield 1996

PICKERING, S.R., Palaeographical Details of the Qumran Fragment 7Q5, in: B. MAYER, Christen und Christliches in Qumran? (ESt NF 32), Regensburg 1992, 27-31

PIERRE, M.J., Les Odes de Salomon (Apocryphes 4), Brüssel 1994

PIXNER, B., Epiphanius und das Abendmahl auf dem Zion, in: Wege des Messias und Stätten der Urkirche. Jesus und das Judenchristentum im Licht neuer archäologischer Erkenntnisse (SBAZ 2 [hrsg. R. RIESNER]), Gießen ³1996, 424f

DERS., Jerusalem´s Essene Gateway. Where the Community Lived in Jesus´ Time, BARev 23/3 (1997) 22-31. 64-66

PRICE, R., Secrets of the Dead Sea Scrolls, Eugene 1996

DERS., The Stones Cry Out. What Archaeology Reveals About the Truth of the Bible, Eugene 1997

PUECH, É., Des fragments Grecs de la Grotte 7 et le Nouveau Testament? 7Q4 et 7Q5, et le Papyrus Magdalen Grec 17 = P⁶⁴, RB 102 (1995) 570-584

DERS., Jonathan le prêtre impie et les débuts de la communauté de Qumrân. 4QJonathan (4Q253) et 4QPsAp (4Q448), RQ 17 (1996) 241-270

DERS., Notes sur les fragments grecs du manuscrit 7Q4 = 1 Hénoch 103 et 105, RB 103 (1996) 592-600

DERS., Les convictions d´un savant, MBib 107 (1997) 51-57

QIMRON, E. – STRUGNELL, J., Qumran Cave 4/V. Miqsat Ma´ase Ha-Torah (DJD X [mit Y. SUSSMANN]), Oxford 1994

RABINOVICH, A., Residential Quarter Found in Qumran Dig, Jerusalem Post (International Editition) 13.1.1996, 5

DERS., New Ostraka Found at Qumran, Jerusalem Post 23.2.1996

DERS., Qumran Yields Ancient Text, Jerusalem Post (International Edition) 2.3.1996, 32

DERS., Essene Settlement identified at Ein Gedi, Jerusalem Post (International Edition) 7.2.1998, 4

RAHMANI, L.Y., Ossuaries and Ossilegium (bone gathering) in the Late Second Temple Period, in: H. GEVA, Ancient Jerusalem Revealed, Jerusalem 1994, 191-205

RAINBOW, P.A., The Last Oniad and the Teacher of Righteousness, JJS 48 (1997) 30-52

REICH, R., The Ancient Burial Ground in the Mamilla Neighborhood, in: H. GEVA, Ancient Jerusalem Revealed, Jerusalem 1994, 111-117

DERS., A Note on the Function of Room 30 (the „Scriptorium") at Khirbet Qumran, JJS 46 (1995) 157-160

REINMUTH, W., Pseudo-Philo und Lukas. Studien zum Liber Antiquitatum Biblicarum und seiner Bedeutung für die Interpretation des lukanischen Doppelwerks (WUNT I/74), Tübingen 1994

RIESNER, R., Emmaus, in: H. BURKHARDT u.a., Das Große Bibellexikon I, Wuppertal – Gießen ²1991, 313f

DERS., Essener und Urkirche in Jerusalem, in: B. MAYER, Christen und Christliches in Qumran? (ESt NF 32), Regensburg 1992, 139-155

DERS., Prägung und Herkunft der lukanischen Sonderüberlieferung, ThBeitr 24 (1993) 228-248

DERS., Nachtrag: Ausgrabungen von 1989-1996, in: H. BLOK – M. STEINER, Jerusalem. Ausgrabungen in der Heiligen Stadt (SBAZ 4), Gießen 1996, 155-168

DERS., Archäologische Neuigkeiten aus Qumran, BiKi 51 (1996) 184f

DERS., Archäologen, Abenteurer und Autoren. Auf der Suche nach der verlorenen Bundeslade, Leben und Glauben 34/1997, 28-31

DERS., Christologie in der Jerusalemer Urgemeinde, ThBeitr 28 (1997) 229-243

DERS., Archäologie und Politik: Die Patriarchengräber in Hebron, BiKi 52 (1997) 91f

DERS., 50 Jahre Qumran: Wissenschaftliches und Populäres, BiKi 53 (1998) [im Erscheinen]

ROCHMAN, B., The Missing Link? Rare Tombs Could Provide Evidence of Jerusalem Essenes, BARev 23/4 (1997) 20f

RÖWEKAMP, G., Egeria: Itinerarium – Reisebericht (Fontes Christiani 20), Freiburg 1995

ROHRHIRSCH, F., Wissenschaftstheorie und Qumran. Die Geltungsbegründungen von Aussagen in der Biblischen Archäologie am Beispiel von Chirbet Qumran und En Feschcha (NTOA 32), Göttingen – Freiburg/Schw. 1996

ROUWHORST, G., Jewish Liturgical Traditions in Early Syriac Christianity, VigChr 51 (1997) 72-93

RUCKSTUHL, E., Jesus, Freund und Anwalt der Frauen. Frauenpräsenz und Frauenabwesenheit in der Geschichte Jesu, Stuttgart 1996

SACCHI, P., Qumran e Gesù, in: R. PENNA, Qumran e le origini cristiane (RSB 9/2), Bologna 1997, 99-115

SCHICK, A., Jesus und die Schriftrollen von Qumran. Wurde die Bibel verfälscht? (mit O. BETZ – F.M. CROSS), Berneck 1996. Dieser mit reichen, teilweise historischen Illustrationen versehene Band ist aus der in ihrer Art einmaligen „Bibelausstellung Sylt" hervorgewachsen, die von Gemeinden und Institutionen angefordert werden kann (Friedrichstr. 19, 25980 Westerland/Sylt). Eine stark verkürzte Ausgabe A. SCHICK, Faszination Qumran, Bielefeld 1998

SCHIFFMAN, L.H., Exclusion from the Sanctuary and the City of the Sanctuary in the Temple Scroll, HAR 9 (1985) 301-320

SCHLATTER, A., Die Tage Trajans und Hadrians (BFChTh I/3), Gütersloh 1897

DERS., Die korinthische Theologie (BFChTh 18/2), Gütersloh 1914

SEIFRID, M.A., Justification by Faith. The Origin and Development of a Central Pauline Theme (NovTSuppl 68), Leiden 1992

SHANKS, H., So Far No Cigar, BARev 22/2 (1996) 10-12

DERS., The Enigma of Qumran: Four Archaeologists Assess the Site, BARev 24/1 (1998) 24-37. 78-84

STANTON, G.N., Gospel Truth? New Light on Jesus and the Gospels, London 1995

STEGEMANN, H., Die Essener, Qumran, Johannes der Täufer und Jesus. Ein Sachbuch (Herder Spektrum 4128), Freiburg ⁴1994

STEUDEL, A., Der Midrasch zur Eschatologie aus der Qumrangemeinde (4QMidrEschat^{ab}) [STDJ 13], Leiden 1994

STUHLMACHER, P., Biblische Theologie des Neuen Testaments I: Grundlegung. Von Jesus zu Paulus, Göttingen ²1997

LITERATURNACHTRAG

TAYLOR, J., Rez.: J.J. Fernandez Sangrador, Los origenes de la communidad cristiana de Alejandría, Salamanca 1994, in: RB 102 (1995) 403-412

THIEDE, C.P., Bericht über die kriminaltechnische Untersuchung des Fragments 7Q5 in Jerusalem, in: B. MAYER, Christen und Christliches in Qumran? (ESt NF 32), Regensburg 1992, 239-245

THIEDE, C.P. – D'ANCONA, M., Der Jesus-Papyrus. Die Entdeckung einer Evangelien-Handschrift aus der Zeit der Augenzeugen, Reinbek ²1997

VAUX, R. DE, Die Ausgrabungen von Qumran und En Feschcha IA: Die Grabungstagebücher (NTOA SA 1A [hrsg. F. ROHRHIRSCH – B. HOFMEIR]), Göttingen – Freiburg/Schw. 1996

WIGHTMAN, G.J., The Walls of Jerusalem. From the Canaanites to the Mamluks (Mediterranean Archaeology Supplement 4), Sydney 1993

WISE, M.O., Dead Sea Scrolls, in: E.M. MEYERS, OEANE II, New York – Oxford 1997, 118-127

WISE, M. – ABEGG, M. – COOK, E., Die Schriftrollen von Qumran. Übersetzung und Kommentar mit bisher unveröffentlichten Texten (hrsg. A. LÄPPLE), Augsburg 1997

WITHERINGTON, B., The Acts of the Apostles. A Social-Rhetorical Commentary, Grand Rapids – Carlisle 1998

WOLTERS, A., History and the Copper Scroll, in: M.O. WISE – N. GOLB – J.J. COLLINS – D.G. PARDIE, Methods of Investigation of the Dead Sea Scrolls and the Khirbet Qumran Site. Present Realities and Future Prospects (ANYAS 722), New York 1994, 285-295

ZANGENBERG, J., Hartmut Stegemann's Synthesis of the Dead Sea Scrolls, QC 4/1-2 (1994) 93-110

ZIMMERMANN, J., Messianische Vorstellungen in den Schriften von Qumran, Diss. Tübingen 1996

ZISSU, B., Field Graves at Beit Zafafa: Archaeological Evidence for the Essene Community? [Neuhebräisch], in: A. FAUST, New Studies on Jerusalem. Proceedings of the Second Conference, Ramat Gan 1996, 32-40

DERS., „Qumran type" graves in Jerusalem: Archaeological Evidence of an Essene Community?, DSD 5 (1998) [im Erscheinen]

ZISSU, B. – MOYAL, H., [מערב] בית צפאפא. ירושלים, HA 106 (1996) 142f

ZWIEP, A.W., The Ascension of the Messiah in Lukan Christology (NovTSuppl 87), Leiden 1997

Tafel 1 Der Zionsberg in Jerusalem (Südwestabhang). Das große Gebäude links ist die Gobat-Schule, der Kirchturm gehört zur Dormitio-Abtei. Das Essenertor liegt innerhalb des Protestantischen Friedhofes am äußersten rechten Bildrand.

Tafel 2 Essenertor auf dem Zionsberg. Unter den großen Schwellensteinen des byzantinischen Tores sieht man die Pflasterplatten der herodianischen Straße, links innerhalb der Stadt den frühherodianischen Abwasserkanal.

Tafel 3 (oben)
Doppeltes Ritualbad
außerhalb der
Stadtmauer. In der
rechten Kammer
blieben ein
Trennhöker und die
teilweise Blockierung
eines Einstieges
erhalten.

Tafel 4 (links)
Sehr großes Ritualbad
innerhalb der Stadt-
mauer mit zwei
getrennten Zugängen.

Tafel 5 (links)
Das Essener-Tor
bald nach der
Wiederfreilegung
(1977). Blick nach
Norden, rechts
innerhalb der Stadt.

Tafel 6 (unten)
Die wiederaus-
gegrabene
byzantinische Schwelle
über dem Essenertor
(1982). Rechts einer
der unterirdischen
Gänge der Grabung
von Frederick Bliss
(1894/95).

Tafel 7 (oben) Das Essener-Tor von außerhalb der Stadt *(extra muros)*. Die oberste Schwelle ist byzantinisch, die beiden darunterliegenden aus der Zeit von Aelia Capitolina. Die beiden Pflasterplatten gehören ebenso wie der linke Flankenstein zum herodianischen Tor.

Tafel 8 Rechter Flankenstein des herodianischen Essenertores (1986). An der Flickarbeit rechts sieht man, daß dieses Tor sekundär in die hasmonäische Mauer eingefügt wurde.

Tafel 9   Das Essenertor (1982) von innerhalb der Stadt *(intra muros)*. Man sieht den ursprünglich abgedeckten herodianischen Abwasserkanal, darüber die spätere Blockierung des byzantinischen Tores sowie rechts oben eine exakt gearbeitete herodianische Pflasterplatte.

Tafel 10   Essenertor: Herodianische Pflasterplatten mit einer Vertiefung für den nördlichen Flügel des neutestamentlichen Tores.

Tafel 11
Architekturteile des
Essenertores,
insbesondere ein
dorisches Kapitäl.

Tafel 12
Essenertor:
Vorexilische
Außenmauer
unmittelbar nach der
Entdeckung (1985),
Blick nach Süden.

Tafel 13   Großes Ritualbad im „Griechischen Garten" mit der
Dormitio-Abtei im Hintergrund.

Tafel 14   Blick vom Turm der Dormitio-Abtei nach Westen zum
Hinnom-Tal über einen Großteil des anzunehmenden Geländes des
Essenerviertels. Im Vordergrund der griechisch-orthodoxe Friedhof, im
Hintergrund der „Griechische Garten".

Tafel 15 (oben)
Griechischer Garten:
Neutestamentliche
Stadtmauer mit
schmalem Durchlaß
zum Doppelbad
außerhalb der Mauer.
Blick von innerhalb der
Stadt nach Nordwesten.

Tafel 16 (links)
In den Fels gehauener
Zuleitungskanal zum
doppelten Ritualbad
außerhalb der Mauer.

Tafel 17   Dormitio-Abtei: Blick von Westen. Zwischen Kuppel und Turm das Minarett über dem traditionellen Abendmahlssaal.

Tafel 18   Ausgrabungen nordwestlich vor der Dormitio-Abtei (1984): Reste bescheidener Häuser aus neutestamentlicher Zeit.

Tafel 19 (links)
Blick nach Osten von der
Dormitio-Abtei auf das
Dach des traditionellen
Abendmahlssaales.

Tafel 20 (unten)
Abendmahlssaal. Die
unteren Steinlagen beste-
hen aus relativ großen
herodianischen Quadern,
rechts ein Bogen vom
gotischen Kreuzgang des
ehemaligen Franziskaner-
Klosters.

Tafel 21   Sogenanntes „Davidsgrab": Nach Norden gerichtete Nische der juden-christlichen Synagoge mit dem Kenotaph der Kreuzfahrer-Zeit und heutigen Torah-Rollen.

Tafel 22   Kapelle des Heiligen Geistes: Oberhalb des moslemischen Kenotaphs die südliche Außenmauer der byzantinischen Basilika Hagia Sion.

Tafel 23 Das für das Essenerviertel angenommene Gelände südwestlich der Dormitio-Abtei. Man sieht deutlich das Zementdach über dem größten Ritualbad im „Griechischen Garten" und den angrenzenden Protestantischen Friedhof.

Tafel 24   Die Jerusalem-Vignette der Madaba-Mosaikkarte.

Tafel 25   Das Apsismosaik der Kirche Sta. Pudentiana in Rom.

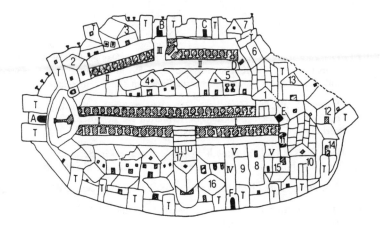

Planskizze zum Stadtbild Jerusalems auf der Madaba-Karte (nach G. KROLL).

A Neapolistor – Damaskustor –
  Bab el-'Amud
B Benjamintor – Stephanstor –
  Marientor
C Porta speciosa – Susator –
  Goldenes Tor
D Zisterne des Jeremia
E Sionstor
F Jaffator – Bab el-Chalil
T Türme
I Haupt- und Marktstraße –
  Cardo maximus
II Via triumphalis – Tarik el-Wad –
  Talstraße
III Tarik Bab Sitti Marjam –
  Beginn der »Via dolorosa«
IV Decumanus – Straße der
  Zehnten Legion
V Straße zur Sionskirche

1 Neue Kirche der Gottesmutter –
  »Nea Theotokos«
2 Palast der Kaiserin Eudokia
3 Betesdakirche
4 SS. Kosmas und Damian (?)
5 Sancta Sophia – Prätoriums-
  kirche
6 Stufen zum Siloah-Teich
7 Kreuzbasilika – Zinne des
  Tempels
8 »Davidsturm« – Phasaelturm
9 Mariamneturm
10 Sionsbasilika
11 Toreingänge
12 S. Petrus in Gallicantu –
  Kaiphaspalast
13 Siloahkirche
14 Abendmahlssaal
15 St. Kyros und Johannes
16 Baptisterium
17 Grabeskirche

RAINER RIESNER

Verzeichnis der Abbildungen

I. Tafeln

Tafel 1 Der Zionsberg in Jerusalem (Südwestabhang). Das große Gebäude links ist die Gobat-Schule, der Kirchturm gehört zur Dormitio-Abtei. Das Essenertor liegt innerhalb des Protestantischen Friedhofes am äußersten rechten Bildrand.

Tafel 2 Essenertor auf dem Zionsberg. Unter den großen Schwellensteinen des byzantinischen Tores sieht man die Pflasterplatten der herodianischen Straße, links innerhalb der Stadt den frühherodianischen Abwasserkanal.

Tafel 3 Doppeltes Ritualbad außerhalb der Stadtmauer. In der rechten Kammer blieb ein Trennhöker und die teilweise Blockierung eines Einstieges erhalten.

Tafel 4 Sehr großes Ritualbad innerhalb der Stadtmauer mit zwei getrennten Zugängen.

Tafel 5 Das Essenertor bald nach der Wiederfreilegung (1977). Blick nach Norden, rechts innerhalb der Stadt.

Tafel 6 Die wiederausgegrabene byzantinische Schwelle über dem Essenertor (1982). Rechts einer der unterirdischen Gänge der Grabung von Frederick Bliss (1894/95).

Tafel 7 Das Essenertor von außerhalb der Stadt *(extra muros)*. Die oberste Schwelle ist byzantinisch, die beiden darunterliegenden aus der Zeit von Aelia Capitolina. Die beiden Pflasterplatten gehören ebenso wie der linke Flankenstein zum herodianischen Tor.

Tafel 8 Rechter Flankenstein des herodianischen Essenertores (1986). An der Flickarbeit rechts sieht man, daß dieses Tor sekundär in die hasmonäische Mauer eingefügt wurde.

Tafel 9 Das Essenertor (1982) von innerhalb der Stadt *(intra muros)*. Man sieht den ursprünglich abgedeckten herodianischen Abwasserkanal, darüber die spätere Blockierung des byzantinischen Tores sowie rechts oben eine exakt gearbeitete herodianische Pflasterplatte.

Tafel 10 Essenertor: Herodianische Pflasterplatten mit einer Vertiefung für den nördlichen Flügel des neutestamentlichen Tores.

Tafel 11 Architekturteile des Essenertores, insbesondere ein dorisches Kapitäl.

Tafel 12 Essenertor: Vorexilische Außenmauer unmittelbar nach der Entdeckung (1985), Blick nach Süden.

Tafel 13 Großes Ritualbad im „Griechischen Garten" mit der Dormitio-Abtei im Hintergrund.

Tafel 14 Blick vom Turm der Dormitio-Abtei nach Westen zum Hinnom-Tal über einen Großteil des anzunehmenden Geländes des Essenerviertels. Im Vordergrund der griechisch-orthodoxe Friedhof, im Hintergrund der „Griechische Garten".

VERZEICHNIS DER ABBILDUNGEN

Tafel 15 Griechischer Garten: Neutestamentliche Stadtmauer mit schmalem Durchlaß zum Doppelbad außerhalb der Mauer. Blick von innerhalb der Stadt nach Nordwesten.

Tafel 16 In den Fels gehauener Zuleitungskanal zum doppelten Ritualbad außerhalb der Mauer.

Tafel 17 Dormitio-Abtei: Blick von Westen. Zwischen Kuppel und Turm das Minarett über dem traditionellen Abendmahlssaal.

Tafel 18 Ausgrabungen nordwestlich vor der Dormitio-Abtei (1984): Reste bescheidener Häuser aus neutestamentlicher Zeit.

Tafel 19 Blick nach Osten von der Dormitio-Abtei auf das Dach des traditionellen Abendmahlssaales.

Tafel 20 Abendmahlssaal. Die unteren Steinlagen bestehen aus relativ großen herodianischen Quadern, rechts ein Bogen vom gotischen Kreuzgang des ehemaligen Franziskaner-Klosters.

Tafel 21 Sogenanntes „Davidsgrab": Nach Norden gerichtete Nische der judenchristlichen Synagoge mit dem Kenotaph der Kreuzfahrer-Zeit und heutigen Torah-Rollen.

Tafel 22 Kapelle des Heiligen Geistes: Oberhalb des moslemischen Kenotaphs die südliche Außenmauer der byzantinischen Basilika Hagia Sion.

Tafel 23 Das für das Essenerviertel angenommene Gelände südwestlich der Dormitio-Abtei. Man sieht deutlich das Zementdach über dem größten Ritualbad im „Griechischen Garten" und den angrenzenden Protestantischen Friedhof.

Tafel 24 Die Jerusalem-Vignette der Madaba-Mosaikkarte.

Planskizze zum Stadtbild Jerusalems auf der Madaba-Karte (nach G. KROLL).

Tafel 25 Das Apsismosaik der Kirche Sta. Pudentiana in Rom.

Fotos von P. Bargil Pixner (Nr. 16), Dr. Cornelia Riesner (Nr. 13), Dr. Richard Cleaves, Pictorial Archive (Nr. 23), alle übrigen vom Autor.

II. Textabbildungen

1. (S. 16)   Jerusalem zur Zeit Jesu (B. PIXNER, ZDPV 95, 1979)

2. (S. 18)   Das Felskliff des südwestlichen Stadthügels von Jerusalem (C.R. CONDER, PEFQS 1875)

3. (S. 19)   Übersichtsplan des Jerusalemer Essenerviertels (R. RIESNER)

4. (S. 23)   Das Essenertor nach der Ausgrabung von F.J. BLISS (PEFQS 1895)

5. (S. 25)   Das herodianische Tor der Essener (D. CHEN, ZDPV 105, 1989)

6. (S. 26)   Ausgrabungen beim Essenertor (D. CHEN, ZDPV 105, 1989)

7. (S. 32)   Verschiedene Lokalisierungen des Essenertors durch Y. YADIN (1972 und 1985)

8.   (jetzt Abb. 22)

9. (S. 37)   Doppeltes Ritualbad außerhalb der Stadtmauer (R. REICH, 1980) und großes Ritualbad im Griechischen Garten (F.M. ABEL, RB 14, 1911)

10. (S. 43) Die 3. Höhle von Qumran (3Q [D. CHEN, RQ 11, 1983])

11. (S. 50) Ausgrabungen auf dem Südwesthügel

12. (S. 51) Bauten aus neutestamentlicher Zeit auf dem Zionsberg (D. CHEN – B. PIXNER, 1991)

13. (S. 57) Stadtplan von Aelia Capitolina (B. PIXNER, ZDPV 95, 1979)

14. (S. 59) Querschnitt und Grundriß des Abendmahlssaals

15. (S. 60) Ostmauer des Abendmahlssaals (nach L.H. VINCENT, 1922)

16. (S. 62) Graffiti aus dem „Davidsgrab" (nach E. TESTA, 1962)

17. (S. 76) Grundriß der byzantinischen Basilika Hagia Sion (nach M. GISLER, HlL 79, 1935)

18. (S. 77) Grundriß der Kreuzfahrerkirche St. Maria in Monte Sion (nach D. CHEN, 1990)

19. (S. 119) Die Siedlung Qumran (nach G. KROLL)

20. (S. 121) Umgebung von Qumran mit Schriftrollen-Höhlen (nach G. KROLL)

21. (S. 127) Ein Wohnhaus im Neuen Jerusalem von 11QJN (nach M. CHYUTIN, 1997)

22. (S. 141) Die Ausgrabungen beim Bau der Dormitio-Abtei (H. RENARD, HlL 44, 1900)

Register

I. Stellenregister

1. Altes Testament

Genesis (Gen)	2. Samuel (2Sam)	31,38-40 46	89,4 91
22 138	5,7 91f	31,40 46	110,1 62,76
	6-7 92		132,12 91
Exodus (Ex)	7,11-14 92	Ezechiel (Ez)	
24,8 91	7,12 97	4,12-15 128	Daniel (Dan)
	7,13ff 94	47,1 47	6,11 63
Leviticus (Lev)	23,5 91		11,39 117
12 11		Joel (Joe)	
	1. Könige (1Kön)	3,1-5 91	Esra (Esr)
Numeri (Num)	2,10 91	3,5 91	3,15f 91
11,25-30 91		4,18 47	
32,42 126	2. Könige (2Kön)		Nehemia (Neh)
35,4f 33	4,10f 63	Amos (Am)	2,13 17,20
	17,5f 22	9,11 92, 94,135	2,15 20
Deuteronomium	22 11	9,11f 94,136	3,6 129
(Dtn)			3,12f 17
2,14f 39	Jesaja (Jes)	Micha (Mi)	3,14 39
12 11	1,8 67,73	3,10 58	12,31 17
23,10-15 39	2,1-5 93	3,12 73	12,39 129
23,11f 39	2,3 93,95,143	4,1f 93	
23,13-15 40,128	10,34-11,5 134	4,2 93	1. Chronik (1Chr)
	11,1 48	7,2 87	28,11LXX 64
Josua (Jos)	11,2 134		28,20LXX 64
3,4 33	25,6ff 98	Sacharja (Sach)	
15,61 5	60,3 94	14,8 47	2. Chronik (2Chr)
15,61f 42,126	60,21f 48		9,31 91
15,62 5	61,1-4 48	Psalmen (Ps)	26,9 20
		14,7 92	26,10 117
Richter (Ri)	Jeremia (Jer)	50,2 92	
8,11 126	35,12-19 39,122	59,15 69	
	31,31-34 46	87,7 94	

2. Apokryphen und Pseudepigraphen

Baruch (Bar)	1. Makkabäer	2.Makkabäer	26,2 47f
6,43f 133	(1Makk)	(2Makk)	26,2f 47
	1,33-36 92	4,33f 117	27,1-4 47f
Tobit (Tob)	4,37f 92		38,2 87
3,10 64	10,21 117	1. Henoch (1Hen)	53,6 87
3,11 64	14,36 92	1,9 133	90,24-26 47
		26-27 92	103,3f 133
		26,1-4 46	105,1 133

Jubiläenbuch (Jub)	Prophetenleben	Geschichte der	21,2 139
1,1 90	6 97	Rechabiter	25,1 139
1,28 93	8 97	3-15 39	
4,25 93	10 97		Testament des Levi
4,26 93	13f 96f	Syrischer Baruch	(TestLevi)
6,17-19 90	14 97	(Syr Bar)	18,2ff 109
14,20 90	16f 97	10,5 139	
	21 97	13,1 139	

3. Qumran-Schriften

Damaskus-Schrift	19,34 44	1,25 93	1Q25
(CD)	20,12 44,46	2,17-22 109	9,1 92
1,12 91			11,1 92
3,20 131	Gemeinderegel	Priestersegen	
3,18-4,4 10	(1QS)	(1QSᵇ)	1Q32 13,92
4,20f 112	1,10 112	4,27f 109	
5,6f 9	1,13-15 110		2Q24 13,92
6,5 44	1,16-2,25 90	Kriegsrolle (1QM)	
6,11-7,6 40	1,28ff 104	3,5f 39	Kupferrolle (3Q15)
6,11-14 10	2,23 99	3,11 53	1,1-6 46
6,19 44,46	3,9-11 38	4,10 93	1,9-12 42
7,6 39	4 136	6,14ff 34	1,13-15 142
7,6f 3	4,6 115	7,6 33	2,7f 45
7,15 44	4,23 131	7,6f 40,128	2,10-12 45
7,16 94	5,3 102	7,7 33,35	2,13-15 45
7,18-20 5	5,7-11 106	7,9f 12	4,1f 45
7,19 44	5,13 40	7,12-14 13	4,13-5,14 42
8,21 44,46	5,23ff 104	12,12-15 13,92	4,13f 126
9,11 3	6,1 90	19,5 92	5,1f 126
10,6 135	6,1-22 99		5,5 126
10,21 3	6,1-6 109		5,12 126
11,5f 3	6,6-8 109	Loblieder (1QH)	5,13 126
11,13-17 112	6,13-23 101	4,5f 35	6,14-7,1 126
11,17-22 10	6,14-22 99	6,15 48	8,10 33
12,1f 40,128	6,14 102	6,25-28 93	8,14 33
12,19 3	6,24f 101	8,10 48	9,1f 126
12,23 3	7,9-10,14 10	12,4-7 108	9,14f 89
13,2 135	8,1 71	17,15 131	10,3f 44
13,7-12 100	8,5-9 93		12,10-13 42
13,20 3	8,11 115		
13,27 [B] 115	9,3-5 10	Habakuk-Pescher	4QFlorilegium
14,1 115	9,7 99	(1QpHab)	(4QFlor)
14,3 3	10,1-3 108	2,7 91	1,1ff 93
14,4 89		7,2 91	1,6f 137
14,6 89	Gemeinschaftsregel	8,8-13 9	1,10-13 92,94
14,9 3	(1QSᵃ)	11,2-8 5	1,12 92,94
19,2 3	1,7 135	12,7-9 9	
19,33 46	1,16-20 99	12,8f 126	

4QMiqsat Ma`ase ha-Torah	4Q159 3	4Q500/1 134	7Q19 133
(4QMMT)	4Q161/8-10 135	4Q502 40,104	Tempelrolle
B 60-62 11			(11QMiqd)
C 18ff 41	4Q213a/3-4 124	4Q503 108	6,6 127
C 27 137			13-28 110
	4Q225 138	4Q511 107	18,10-19,9 90
4QM^c			30-46 12
9-10 13	4Q248 117	4Q513 8	32-33 34
			45,3f 38
4QMidrEschat^ab	4Q265 11	4Q523 117	46,13-51,10 40
118			46,13-16
	4Q285/5 134	4Q554 127	30,34f,40,128
Nahum-Pescher			46,13f 31,33
(4QpNah)	4Q320-330 12	5Q15 91	46,14 35
1,2-8 118			46,16f 105
	4Q342 125	7Q2 133	47,9-11 128
4QPs^a			57,17-19 112
2,9-12 131	4Q344 125	7Q3 133	
2,26-3,2 131			Psalmenrolle
3,2-5 7	4Q374 136	7Q4 133f	(11QPs^a)
12,1-15 92			12,1-15 13,92
	4Q394-399 41	7Q5 113,133f	
4QS^d 10			Neues Jerusalem
	4Q417 135	7Q15 133	(11QNJ)
4QTob 63			10,1f 64,128

4. Neues Testament

Matthäus (Mt)	23,15 48	14,3 105,112	2,20 91
2,22 6,118	23,33 48	14,13 56,105	2,22 11
5,22 48	24,27 109	14,14 65	2,25 VII,86
5,29 48	24,30 109	14,15 78,127f	2,27-38 VII
5,30 48	26,6 105	14,16 56	2,29-32 86f,107,
5,43-48 112	26,26-28 112	14,25 98	114
10,28 48	26,28 56	14,54 1	2,34f 87
11,18 97	26,58 1	14,58-62 93	2,38 VII
12,13 8		15,43 VII	3,23-38 95
15,1-20 112	Markus (Mk)	16,5 132	6,27-36 112
18,9 48	3,6 8		7,33 97
19,4-6 112	6,52f 113,133	Lukas (Lk)	10,38 112
19,12 112	6,52 134	1 VII	11,33-36 114
19,24 28	7,1-23 112	1-2 97	12,5 48
21,5 92	9,43 48	1,15 97	14,5 112
21,12-17 93	10,6-9 112	1,32 94	16,8 112
21,17 105	11,1 105	1,46-50 107	17,35 102
22,6 112	11,11f 105	1,68-79 107	19,29 105
22,16 8	11,15-17 93	2,4 94	19,40ff 97
22,23-32 86	12,1-12 134	2,14 107	19,45f 93

21,24 97
22,10 56
22,12 78,127f
22,15 140
22,29 91
22,54 1
23,31 97
23,51 VII
24,13 68,131,143
24,18 68
24,50 105

Johannes (Joh)
1,28 45,136
1,35 134
2,14-16 93
10,23 64
11,1 105,112
11,18 105
12,1 105
12,15 92
18,15 1
19,25 68
19,39 132

Apostelgeschichte
(Apg)
1,6 63
1,12f 56,82
1,13f 63f,67
1,13 63-65,75f,
78,87,128
1,14 64,107
1,15-26 99
1,15 63,99,102
1,17 100
1,21f 99
1,23 99
1,25 99
1,26 99
2,1-13 88,91
2,1-4 63
2,1f 56,63,87
2,1 77,102
2,5-11 94
2,5f 90
2,5 86
2,9-11 87
2,11 89
2,13-17 91

2,14-36 113
2,14f 63
2,14 91
2,17-21 91
2,29 58,97
2,30 97
2,34f 76
2,36 91
2,38 105f
2,42-47 102
2,42 101f,108f
2,44-47 103
2,44f 69,101,
135,139
2,44 102
2,46f 107
2,46 108f
2,47 102
3,1 108
3,11 64
4,26 102
4,32-35 102
4,32 101f
4,34f 101
4,36f 103,135
5,1-11 101f,
104,135
5,4f 101
5,4 101
5,6 104
5,9 101
5,10 104
5,11-14 102
5,11 102
5,12 64
5,13f 101
5,14 102
5,30 97
6,1-6 103
6,1 65
6,7 86, 115
6,9 139
6,13f 87
7,1-53 136
7,52 87
8,1 87
8,2 87
9,10 87
9,36 104
9,37 63

9,39 63,104
10,2 102
10,9 108
12,5 109
12,12-14 64
12,12f 103
12,12 64f,80,109
12,13 64
12,17 64
13,1 38,88
13,4-12 88
13,5 65
13,13 65
13,43 102
15,5 84
15,13-21
87,114,135
15,16-18 136
15,16f 94
15,37 65
16,13 64
16,14 102
16,16 64
16,25 109
17,4 102
18,24f 137
19,13 88
20,7f 63
20,8 63
20,28 100
21,9 104
21,15-18 65
22,3 86
22,12 87
22,14 87
23,8 86
26,18 100
28,23-28 94

Römer (Röm)
3,20 137
3,28 137
9,33 92
11,25f 92
11,26 92
15,26 103

1. Korinther
(1Kor)
1,2 93

7,5 102
10,32 93
11,20 102
11,22 93
14,23 102
14,36 93
15,9 93

2. Korinther
(2Kor)
1,1 93
6,14-7,1 97
11,22f 137

Galater (Gal)
1,11-16 84
1,13 93
2,10 103
2,16 137
3,2 137
3,10 137
3,13 97
4,3 137
4,9f 137

Epheser (Eph)
1,3-14 107
5,8-11 106

Philipper (Phil)
3,4-16 84

Kolosser (Kol)
1,12-14 107
2,16-18 88
2,20 137

1. Timotheus
(1Tim)
3,16-4,13 133
5,3-16 104

Hebräer (Hebr)
12,22 92

Jakobus (Jk)
2,2f 65f
2,7 106
3 136
3,6 48

1. Petrus (1Pt)   5,1-4 100   Judas (Jd)   Apokalypse (Apk)
1,3-5 107   5,3 100   14f 133   7,4-8 136
2,6 92   14 95   14,1 92
2,24 97

5. Rabbinische Literatur

Mischna   *Jerusalemer Tal-*   Rosch ha-Schana   *Midraschim*
Schabbat (Schab)   *mud*   (RH)   Genesis Rabba
23,4 130   Ta´anit (Ta´an)   13b 53   (GenR)
     4,2 (68a) 39   98 39
Schekalim (Schek)   Baba Bathra (BB)
5,6 10   *Babylonischer*   25a-b 35   Exodus Rabba
8,2 38   *Talmud*   (ExR)
     Berachot (Ber)   Sanhedrin (Sanh)   22 74
Gittin (Git)   9b 53   17b 33
9,8 53   23a 53   Canticum Rabba
     Schabbat (Schab)   30a 53   (CantR)
Tamid (Tam)   25b 33   7,2 74
1,1 33   118a 39   Tamid (Tam)
                  47b 53   Midrasch Kohelet
Middot (Mid)   Joma (Jom)   (MidrKoh)
2,2 38   69a 53   *Abot de-Rabbi*   9,9 53
4,5f 127   *Nathan* (ARN)
     Beza (Bez)   A 5 12   *Pesiqta de-Rab*
Tosefta   14b 53   B 10 12   *Kahana*
Megilla (Meg)   49b 74
3,6 (224) 139

6. Jüdisch-hellenistische Schriftsteller

Pseudo-Aristeas   *Flavius Josephus*   130 10   V
106 29   Jüdischer Krieg   131 12   139 22
     (Bell)   133 10   140 47
Philo von Alexan-   I   136 132   142-148 14,129
drien   78-80 6,13   137 12   142f 22
Apologia pro   78 88   138 40   144 56
Iudaeis (Apol)   88-98 118   143 8,143   144f 35
14 40   269 6   148 35   145 VIII,1,21,
     300 6   149 38,128   26,30f,33,35,47,
De Vita   370-380 6   150 40   52f,129
Contemplativa   II   159 88   147 15
80 107   112f 38   160 4   185 64
     113 7,86,88   340 47   215ff 127
Quod Omnis   119 102   387 42   252 47
Probus Liber Sit   120 40   562 52   410 47
(Omn Prob Lib)   123 12   567 52   505 47
75 3,10,124   124 3,29,129   IV   VI
76 3,29   128 35,109   137 92   363 47
     129 132   401 47

VII	XII	371 8	XX
1-3 24	237 117	373-378 8	199-203 68
216f 139	387 117	373 13	216-223 34
219 67	XIII	390 12,34	222 24
377 138	372-383 118	420f 12	237 117
401 67	XIV	XVII	
407-409 67	364 6	346 52,86	Contra Apionem
	458 6	345-348 38	(CAp)
Jüdische	XV	XVIII	II 48 9
Altertümer (Ant)	121-147 6	19 9	
VII	300f 7	20 3,89	Vita
61-65 92	320 12		7 129

7. Griechisch-römische Schriftsteller

Plinius der Ältere	V 17,4 4,40,123	Plinius der Jüngere	Dio Chrysostomus
Naturalis Historia		Epistulae (Ep)	Synesius, Dio
(Nat Hist)		X 96 106	3,2 4

8. Altkirchliches Schrifttum

Alexander von	Didache (Did)	66,20 70	IV
Zypern	9-10 109	70,10 70	1-3 70
De inventione			4 68
Sanctae Crucis	Didascalia	Eucherius von	5,2 68
(PG 87)	Apostolorum	Lyon	5,3 70,72,97f
4041 68	V 12-18 111	Ad Faustum	6 68
4044 68		4,6 61	6,3 69
	Doctrina Addai		22 68
Armenisches Lek-	(CSCO 367)	Eusebius	22,5 42
tionar (Baldi)	200f 82	Demonstratio	26,13f 69
481 82		Evangelica	V
	Epiphanius von	(Dem Ev)	12 68
Bar Hebraeus	Salamis	I	VI
Chronica Ecclesia-	Ancoratus	4 58,81,96,143	11,2 69
stica (Chron Eccl)	40,3 79	III	
III 22f 72		5 68	Onomastikon
	De mensuris et	VI	(GCS 11/1)
Pseudo-Clemens	ponderibus	13,17 56	38 96
Homilien	14 66f,139f		74f 96
(PsClemH)	15 139	Kirchengeschichte	
I 1ff 89		(HE)	Praeparatio Evan-
III 25 89	Panarion	II	gelica (Praep Ev)
	19,1ff 107	23,17f 39	VIII
Pseudo-Cyprian	29,7,8 66,139	III	1 3
De montibus Sina	30,2,7 66,139	5,2-4 138	11 63
et Sion (De Mont)	30,18,2 73	5,3 66,139	12 63
3 139	46,5,5 79	11 68	
13 98	51,26-27,3 111	22 68	
	51,57 140	32 68	

Commentarius in
Psalmos 58LXX
(PG 23)
541 69
Theophania
IV 24 68

Eutychius von
Alexandrien
Annales (CSCO)
471 72
472 66

Baldi
492 81

Eutychius von
Konstantinopel
Sermo de Paschate
1f 80

Gregor von Nyssa
Epistulae
3,10 74
3,24 74

Hieronymus
Epistulae
53,8 82

108,9 75
108,12 105

Commentarius in
Sophoniam
I 15f 72

Hippolyt von Rom
Refutatio (Ref)
IX 18,2-28,2 100
IX 26 29

Traditio Aposto-
lica (Trad Apost)
3,4f 100
26-30 109
40 106

Johannes
Chrysostomus
Adversus Judaeos
V 11 72f

Justin der Märtyrer
Apologie I
61 106

Konon-Martyrium
(PO 21)
112f 72

Kyrill von
Alexandrien
Commentarius in
Michaeam prophe-
tam
36 58

Kyrill von Jerusa-
lem
Brief (VigChr
40,1986) 60

Catecheses (Cat)
16,4 80
16,16 58

Meliton von Sardes
Peri Pascha
7 96
92-94 96
98 69

Modestinus
Digesta
XLVIII 8,11,1 69

Nilus von Ankyra
Tractatus de mo-
nastica exercitatio-
ne
3 39

Origenes
Commentarius in
Matthaeum
86 (26,27) 81
Fragment 511
II/III 71

Contra Celsum
V 33,20-28 81,
96

Optatus von
Mileve
De schismate Do-
natistarum
3,2 58,139

Suda
E 3123 39

Tertullian
De Idolatria (De
Idol)
19,1f 106

9. Pilgerberichte

Egeria
Peregrinatio
35,1f 79
39,5 75,81
47,3f 75

Petrus Diaconus
(CSEL 39)
108 99

Pilger von Bor-
deaux
Itinerarium
16 73

Pilger von
Piacenza
Itinerarium
25 58

Theodosius
De situ terrae
Sanctae
7 64
10 80

10. Inschriften und Papyri

Corpus Inscriptio-
num Judaicarum
(CIJ)
I 694 63

Murabba'at-Papyri
(Mur)
45,6 4

Oxyrrhynchus-
Papyri (POxy)
840 38

II. Namen- und Sachregister

Abendmahlssaal
  Archäologie IX,140f
  byzantinisch 75f,78f,
  140
  Davidsgrab (s. dort)
  Kapelle des Hl. Geistes
  140
  Kreuzfahrer 58f76f
  neutestamentlich VIII,
  56,78
  Obergemach (s. dort)
  Syrischer 80
  Zion 78-83
Abu Tor 47
Adam
  Apokalypse 71
  Äthiopisches Adambuch
  71
  Grab 98
  Leben Adams und
  Evas 71
  Testament 71
Aelia Capitolina 20,
  56-58
  Juden 58f,69f,72f
Agape-Mahl 109
Agrippa I. 21,55,65,103
Agrippa II. 24
Älteste (chr.) 71,100
Ain Feschcha 34
Alexander Jannaeus
  6,118
Alexander von Kappadozi-
  en 69
Alexandrien 137
Ananias von Damaskus 87
Ananias (Jerusalemer
  Christ) 101
Antigonos 6,38
Antiochien (chr. Gemein
  de) 88
Antiochus IV. 117
Antipas 88f
Antoninus Pius 69
Apollos von Alexandrien
  137
Apostelkonzil 94,135f

Aqedat Jizchak 138
Archelaos 6,29,38,
  52,86,118
Aristobul I. 13
Aristobul II. 117
Armenisches Lektionar 82f
Ascensio Isaiae 44
Askese (urchr.) 104
Asidäer 2
Augustus 123

Baalschemtov 141
Babylonien 44
Bar-Kochba-Aufstand 68,
  98,138
Barnabas 64
Barsabbas (s. Justus B.)
Baruch (Syrischer) 139
Beit Safafa 130
Beliar 97
Benediktus 107
Bethanien 86,112,129f
  Ritualbad 105
Bethso 14f,17,30-35,125,
  129
  Lokalisierung 31-33
  Name 30
Bildung (jüd.) 138
Bischof
  mebaqqer 100,135
  monarchisch 100
Boethusäer 8,11f

Caesarea Maritima 104
Chasidim 39
Chiam el-Sagha 49
Christ Church IX
Christologie 137
Chorvat Ha-Moza 129f
Clemens von Rom VI-
  II,89
Cyprian (Pseudo-)
  De montibus Sina et Sion
  98,139

Damaskus 107
Christen 44,100

Essener 87
  Land 44f
  -Schrift 44
Davididen 92,95
Davidsgrab (s. Königsgrä-
  ber)
Davidsgrab (Zion)
  IX,58f,75f,140f
  Graffiti 61f
  Nische 59-61
  Synagoge 62
Davidsstadt IX,48
Didache
  Mahlgebete 109
Doctrina Addai 82
Dominus Flevit 139f
Dormitio-Abtei
  IX,36,49,55,142
Dura Europos 60

Ebioniten 44,103f
  Islam 104,116
Egeria 75,81
Ehelosigkeit
  Urchristentum 104
Eleazar Ben Zadok
  (Rabbi) 139
Elymas (Bar Jesus) 88
Emmaus 129f,143
En Gedi 5,122f
En el-Ghuweir 49
Epiphanius von Salamis
  Quellen 67,139
Eschtemoa 60
Essäer-Brief (falscher) 132
Essener
  antike Berichte 5
  Armut 103
  Askese 97,104
  Damaskus 117f
  Davidsverheißung 112
  Diaspora 88
  Ehe 4,40,53,131
  Exil 5
  Feindeshaß 112
  Frauen 40
  Gebetsrichtung 109

(Essener)
Gebetszeiten 108f
Gesang 106f
Gnosis 116
Gräber 49,52,130f
Gütergemeinschaft 53,
101f,124,126,135
Heiliger Geist VII
Herodes d. Gr. 13f,29f
Jericho 49f
Jerusalem 11,31,40,
46,52f,118,125-131
Kleinasien 88,137f
Latrinen 30f,40
Linnenkleider 12,132
Messias 137
Mose-Spekulation 136
Name 87,124
Neuer Bund 46
Neues Jerusalem 13,34,
126-128
Neues Testament? VII
Novizen 40
Opfer 8-11
Paradies 131
Pfingsten 90f
Pflanzung 48
Priester 86
Proselyten 89
Pseudepigraphen 97
Rabbinische Literatur 11
Rechabiter 39,122
Reinheitsgesetze 11,28f,
38-40
Rom? 88f
Sabbat 112
Samaritaner 67
Schweigen 10
Solarkalender 12
Tempel 9-13,126f
Transjordanien 5,45,
107f
Urchristentum VIII,
84-89,115
Vegetarier? 8
Verbreitung 3
Weisheit 134f
Zahl 3
Zionsweissagung 92
Zukunftserwartung 118

Essener-Tor VIII,1,14-21,
36,38,46,49,52f,129,142
Archäologie 22-25
Forschung 17,20f
Name 27-30
Josephus 14-17
Eudokia 58
Ezechiel 2

Frevelpriester 117
Friedensevangelium der
Essener (falsches) 132

Gamaliel I. 85f
Gamla
Synagoge 61
Gebetsrichtung 109
Gebetszeiten
Essener 108f
Urchristentum 108f
Gemeinderegel (1QS) VII
Gesang
Qumran 106f
Therapeuten 107
Urgemeinde 107
Gethsemane 79f,139
Gihon-Quelle 47
Gloria in excelsis 107
Gnosis 116,137
Essener 116
Gobat-Schule IX,17,
33-35,38,40
Golgatha 61,69,71f,98
Adamsgrab 71,79
Gottesdienst (urchr.) 63
Gottesfürchtige 102
Gräber
Familien- 130
Senk- 130f
Gregor von Nyssa
Jerusalem 75f
Gütergemeinschaft
Essener 126,135
Urgemeinde 90,
100-103,135

Habakuk-Kommentar
(1QpHab) 125
Hadrian 56,67,139
Jerusalem 67f

Juden 69
Hagia Sion 55,61,
75f,141
Halle Salomos 64
Hannas 1
Hausgemeinden 108
Hebräer (urchr.) 65,103
Hebräer-Brief
Qumran 114,137
Hegesipp 42
Quellen 66
Hellenisten (urchr.) 103
Henoch-Literatur 3,9,
48,87,117
Griechisch 133
Hermas (Pastor des) 89
Herodes der Große 6,8,
11,24,29,34,52,118,
126f
Herodes-Palast
Oberer 22,38
Herodianer 8,113
Herrenverwandte 64,68,
70,95,113,136
Hinnom-Tal 15,20,
24,29,45,47f,70
Hippikus-Turm 15
Hippolyt von Rom
100,106,109
Hiskia 22
Hoherpriester-Palast IX,
1,56
Hypokausten 49
Hyrkanus II. 117

Isana-Tor 129
Isawija 105
Islam
Ebioniten 104,116

Jakobus (Herrenbruder)
42,64f,68,94f,100,125,
135f
Brief 65,94f,136
Kathedra 99
Qumran 95
Jarmuk 44
Jeremia 39
Jericho 5,36,44,126
Gräber 49

Jerusalem
Akra 92
Anastasis-Kirche 61
Erste Mauer 14,22,56
Damaskus-Tor 130
Dritte Mauer 15
Erlöserkirche (armen.)
1,21
Eudokia-Mauer 58
Gennat-Tor 14
Heiligkeit 31,40,128
Jaffa-Tor IX
Königsgräber 91
Königshöhlen 17
Markus-Kirche (syrische)
80
Mauern 14f,17,21f
Maghrebiner-Tor 27f
Mist-Tor 17,20
Pisa-Tor 27
St. Peter in Gallicantu
IX,56
Salomo-Teich 17
Tal-Tor 20
University College X,
142f
Westhügel 48f,55f
Zitadelle 15,56
Zweite Mauer 14
Jesus
Allegorien 134
Apokalyptik 135
Armut 103
Ehelosigkeit 112
Essener 112f
Familie (s. Herren
verwandte)
Feindesliebe 112
Name 106
Reinheitsgesetze 112
Sabbat 112
Solarkalender 111,137
Tischgemeinschaft 112
Überlieferung VIII
Weisheit 135
Zionstraditionen 140
Jesus (Sohn des Thebutis)
42
Johannes 108
Qumran 114

Schüler 137
Johannes der Essener 52
Johannes Hyrkanus 5
Johannes von Jerusalem
98
Johannes II. von Jerusalem
74f
Johannes Markus
64f,103
Johannes der Täufer 134
Jünger 88,113,137
Taufe 105
Jonathan der Makkabäer
5,45,117
Joseph 67
Josephus
Essener 52f
Jerusalem 129
Jubiläen-Buch 3
Juda Kyriakos 68,70f
Judas
Brief 133
Qumran 95
Judas der Essener 13
Judenchristen 114
Bischöfe 68,70-72,138f
Essener VIII,13,85f
Jerusalem 69-74
Nordafrika 139
Pharisäer 84
Synagogen 65,73
Syrien 107
Julian Apostata 58f,72f
Justus Barsabbas 97
Justus von Jerusalem 70

Kaiphas 1
Kafarnaum 143
Petrus-Haus 63
Ketef Hinnom 130
Kidron 47
Kleophas 67f
Klemens (Pseudo-) VIII,89
Konon (Märtyrer) 72
Konstantin (Kaiser) 67,72
Juden 69
Korinth (chr. Gemeinde)
137
Kupferrolle (3Q15) 4-46,
125f

Kyrill von Jerusalem
Judenchristen 80

Lazarus 112
Legio X. Fretensis 56
Lehrer der Gerechtigkeit
3,5,11,44,117,125
Identität 117
Jesaja-Rolle 65
Los
Qumran 99
Urgemeinde 99f
Lügenmann 84,125
Lukas
Davidsverheißung 94
Hymnen 107
Jerusalem 65,94
Quellen 95,102f,114f
Sonderüberlieferung
95,97,114f,136
Täufergruppen 136
Wir-Berichte 63,65

Magnifikat 107
Mahlfeiern (urchr.) 109
Malkija ben Rechab 39
Mamilla 130
Manaen (essen. Prophet)
13,88f
Manaen (chr. Prophet)
38,88f
Marcus Vipsanius Agrippa
123
Maria von Bethanien 112
Maria (Mutter Jesu) 107
Grab 79
Maria (Mutter des
Johannes Markus) 64
Markus (s. Johannes M.)
Markus-Evangelium
Essener 114
Markus von Jerusalem 68
Martha von Bethanien
112
Masada 55,67
Masbothäer 42
Matthias von Jerusalem
89f,99

Maximonas von Jerusalem
67,73
Mea Schearim X
Meliton von Sardes 58,69
Mezudat Chasidim 4
Mikweh (s. Ritualbäder)
Miqsat Ma'ase ha-Torah
(4QMMT) 11,136
Mönchtum
Essener 104
Montanisten 111
Moza 129

Nachman von Brazlaw
(Rabbi) 141
Narcissus von Jerusalem
70
Naveh 60
Nazareth 105
Nunc dimittis 107

Obergemach 128
neutestamentlich 63-65
Pfingsten 63
Synagoge 63f
Oden Salomos VIII
Herrenverwandte 136
Qumran 107f
Ölberg 47,80
Onias III. 117
Origenes 69
Zion 81,93
Ossuarien 52,130

Passionschronologie 111
Paulus 84-86,136f
Pazifismus (urchr.) 106
Pella
Flucht der Urgemeinde
66,68,139
Petrus 65,105,108
Pfingsten (chr.) 89-91
Pharisäer 105,113,118,
130
Philippi
Synagoge 64
Philo von Alexandrien
Essener 52f
Pilatus 52
Pilger von Bordeaux 74

Propheten
Urchristentum 104
Prophetenleben 96f
Pudentiana-Mosaik 75

Qumran
Archäologie 4-8,117-120
Bewohner 3
Erdbeben 6
Essener (s. dort), radi-
kale 4,9
Festung? 4f
Gräber 49,130f
Höhlen 120,122
Höhle III 125,132
Höhle VII 122,133
Hungersnot 7
jachad 40,102f,124
Keramik 119f,122
Kriegslager 39
Lehmbänke 118f
Leviten 13,34
mebaqqer 100,135
Opferkult? 6f
Ostrakon 123f
Papyri (7Q) 133f
Plinius d.Ä. 4
Radiokarbontest 124f
Ritualbäder 13,36,
38-40,128f
Rollen 2f,124f
Sadduzäer? 3
Salböl? 132
Scriptorium? 119
Sechacha 42
Siedlungslücke 6-8
Sonnenuhr 120
Tintenfässer 118
Versammlungsraum 13
Villa? 5f
Wege 120
Zelte 120,122

Rabbinische Literatur
138
Ramot 130
Rechabiter 39
Ritualbäder 36,129f
Rom
Essener 138

Sadduzäer 8,86,113
Salzstadt 5
Samaritaner
Diaspora 88
Essener 67
Schatzhöhle (Syrische) 71
Schuafat
Synagoge? 61
Sechacha (Qumran) 5,
42,126
Sepphoris 101,105,144
Siloah IX,15,20,47
Simeon (jüd. Prophet) 86
Simeon Bar Kleopha 42,
66-68,70
Simon III. 117
Simon der Aussätzige 105
Simon der Essener 86
Simon Justus 101
Simon Sohn des Boethos
11f
Sion (s. Zion)
Solarkalender
4,98,110,137
Montanisten 111
Urchristentum 111,137
Stephanus 87
Rede 136
Verfolgung 86
Synagogen 60f
der Alexandriner 139
Torahnische 60f
Syrien
Judenchristen 107

Tabgha 143
Talpiot (Ost)
Gräber 49f,130
Taufbecken 105
Taufe
Hippolyt 106
Johannes-
Paränese 106
Urchristentum 105f
Täufergruppen 88,113,
137
Tempelquelle 47
Tempelrolle (11QMiqd)
12f

(Tempelrolle)
  Datierung 34
  Latrinen 30-34,128
  Templer-Gemeinschaft IX
  Tertullian 106
  Thebuti 42
  Theodosius I. 74
  Therapeuten 88
    Gesang 107
  Titus 56
  Transitus Mariae 79
  Troas (chr. Gemeinde) 63
  Tyropöon-Tal 15

Vigil 109

Wadi en-Nar 47
Werke des Gesetzes 137
Wilhelm II. IX,55

Zadokiden 8,115
Zion (Osthügel) 91

Zion (Tempelberg) 91f,139
Zion (Westhügel) 45,47,91f,98f,138f
  Abendmahlssaal 78-83
  Aelia Capitolina 78
  Archäologie 17,21
  Armenischer Friedhof 56
  Armenischer Garten 22
  Armenisches Viertel 56
  byzantinisch 56-58,61, 74,79,95f
  Epiphanius 79f
  Eusebius 81f,95f
  Gräber 130
  Griech. Garten 36,142
  Hagia Sion (s. dort)
  Hadrian 67,139
  Hieronymus 82
  Jesus 93
  Judenchristen 74,79f
  Kreuzfahrer 55

  Lukas 91,93
  Maria (Mutter Jesu) 107
  S. Maria in Monte Sion 55
  Meliton von Sardes 69, 96
  murum Sion 55,80f
  Neues Testament 92f
  Obere Apostelkirche 140
  Origenes 93
  Protestantischer Friedhof IXf,143
  Ritualbäder 36-38,49, 129
  Synagogen 73f
  Tor IX,28
  Zwölferkreis 70f
  Zwölf-Patriarchen-Testamente 97

III. Autorenregister

Abegg, M.G. 12,117, 125f,137
Abel, F.M. 1,27f,36, 62,82
Adam, A. 87,104
Adamson, J.B. 65,95
Adan, D. 17
Adler, N. 62
Ådna, J. 136
Aharoni, Y. 122
Aland, B. 78
Aland, K. 78
Albani, M. 120,137
Albright, W.F. VII
Allegro, J.M. 84
Alliata, E. X,21,140f
Alvaréz Valdés, A. 137
Amit, D. 129,131
Amusin, J. 11
Anderson, G. 104
Arav, R. 142
Arrubas, B. 132
Aubineau. M. 78
Audet, J.P. 123
Aune, D.E. 114
Avigad, N. 36,49,56
Avenary, H. 108
Avi-Yonah, M. 20,22, 27f,58f,72,74

Bagatti, B. 21,55, 59,61f,70-72,74f,79,81, 105,140
Bahat, D. 61,71,129
Baier, W. 59
Baigent, M. 125
Baillet, M. 104,133
Bammel, E. 8
Bar-Adon, P. 6,42
Bardtke, H. 11,41,104
Barkay, G. 24,70
Bartetzko, D. 143
Bauckham, R.J. 95,133f
Bauer, W. 78
Bauernfeind, O. 15,26,30
Baumgarten, A.I. 138

Baumgarten, J.M. 6,8, 10f, 40,89,104,110
Baur, F.C. 115
Bea, A. VIIf
Beall, T.S. 5,9f,54,110
Beardslee, W.A. 99
Beatrice, P.F. 137
Beckwith, R. 6,107,110
Beer, G. 47
Ben-Arieh, Y. 30
Ben-Dov, M. 70
Benoit, P. 4,105,111
Berger, K. 85
Bergmeier, R. 53,124.129
Bertrand, D. 140
Betz, O. X,2f,5,21,54, 85,88,90,105,113,123, 125,132,134f,138
Beyer, K. 64,126f,142
Bieberstein, K. 15,26,55, 129,138f
Billerbeck, P. 10
Billig, Y. 130
Bittner, W.J. X,54,87
Black, M. 21,67,104, 111,115
Blanchetière, F. 139
Blinzler, J. 111
Bliss, F.J. 17,20-24,27,36
Bloedhorn, H. 55,129,139
Bludau, A. 75
Boccacini, G. 117
Bockmuehl, M. 54
Böhlemann, P. 136f
Bösen, W. 54
Boismard, M.É. 105,133
Borgehammar, S. 70
Bowman, J. 67
Bradshaw, P.F. 108
Braun, F.M. 114
Braun, H. 85f,90, 101-103
Braun, W. 8
Bremer, J. 141
Brock, S.P. 59
Broek, R. van den 70f

Brooke, G.J. 13,34,38,94, 114,134,136f
Broshi, M. 3,5,7,11, 20-22,25,28,48f,56,88, 117,120,122,124
Brown, R.E. 114
Brownlee, W.H. VII,109
Bruce, F.F. 64f,89,93,114
Buchanan, G.W. 93,112, 114
Bühlmann, W. 54
Bultmann, R. XI
Burchard, C. 87,123
Burger, E. 69
Burgmann, H. 44,54
Burini, B. 139
Burkitt, F.C. 64
Burrows, M. VII,33
Buth, R. 107

Cadbury, H.J. 64
Callaway, P.R. 5,7,44
Campbell, R.A. 135
Canciani, M. 142
Cansdale, L. 5,44,120, 124
Caquot, A. 112
Capper, B.J. 54,101, 103,135,142
Carmel, A. IX
Carmignac, J. 10,108, 111
Caufield, J. 123
Chambon, A. 120
Charles, R.H. 47,86,115
Charlesworth, J.H. 6,8, 13,39,54,65,79,85,103, 107f,114,124,135,142f
Chen, D. X,12,23f, 46,129
Chiat, M.J.S. 59
Chyutin, M. X,89, 126f,128
Clementz, H. 34
Collins, J.J. 135,137
Conde, A.L. 108
Conder, C.R. 17,35

Contenson, H. de 125
Cook, E.M. 85,117, 125f,131,142
Coppens, J. 85
Corbo, V. 63
Cornfeld, G. 54
Cross, F.M. 5,41,85,123
Crossan, J.D. 135
Crown, A.D. 5,88
Crüsemann, F. 36
Cullmann, O. VI-II,XI,45,108,114
Dalman, G. 1,20,28f,35, 38,47,98,127
Daniel, C. 8,12,29,88
Daniélou, J. 45,84f,89, 97f,107,109,112,114,139
Daumas, F. 104
Davids, P.H. 136
Davies, W.D. 93
Davies, P.R. 110
Decoster, K. 92
Deichgräber, R. 107
Deines, R. X,36,135
Delcor, M. 12f,34,54, 85,91
Dequeker, L. 91
Desprez, V. 104
Deubler, A. 54
Dickie, A.C. 17
Diekamp, F. 99
Desreumaux, A. 55
Dimant, D. 41,44,54
Dölger, F.J. 109
Donahue, D.J. 124
Donceel, R. 118
Donceel-Voûte, P. 5,118
Donner, H. 74
Drijvers, H.J.W. 108
Drori, A. 7f
Dunn, J.D.G. 137
Dupont, J. 94
Dupont-Sommer, A. 84

Eisenberg, E. 36
Eisenman, R.H. 3,84,125
Eiss, W. 84
Eldar, Y. 53
Elder, L.B. 40,131

Elgvin, T. 90,135
Ellis, E.E. 54,85,111
Emerton, J.A. 31,33f,54
Esbroeck, M. van 72,74f, 97
Eshel, E. 117,123
Eshel, H. X,49,119f, 122f,126
Evans, C.A. 85,137

Fabry, H.J. 7
Farris, S.C. 107
Fee, G.D. 134
Feld, H. 114
Feldman, L.H. 10,52
Feuillet, A. 114
Figueras, P. 52
Finegan, J. 54,63
Finger, J. 132
Finkel, A. 66
Fitzmyer, J.A. 85,91,97,108,111f
Fleming, J. 54
Fletcher-Louis, C.H.T. 136
Flusser, D. VIII,7,44, 71,95,112,116,135,142
Focant, C. 113,133
Fossum, J. 67
Frank, K.S. 104
Frankel, Z. 11
Frend, W. 125
Friedman, D.M. 38
Fujita, N.S. 85

Gaechter, P. 111
Galling, K. 46
García Martínez, F. 5,45, 64,74,112,125,138
Garitte, G. 72
Gat, Y. 50
Gempf, C.J. 102
Géoltrain, P. 107
Gerhardsson, B. VIII,93
Gese, H. 92
Geva, H. 22,26,38, 56,129,134,138
Gianotto, C. 137
Gibbins, H.J. 109
Gibson, M.D. 64
Gibson, S. 22

Giet, S. 89
Ginzberg, L. 128
Gisler, M. 61
Glessmer, U. 120
Godet, F. VIII,27
Goering, W. 35
Golb, N. 3-5,44
Goodman, M. 10,89
Goppelt, L. 106
Goranson, S. 5,44f,53, 87,119,123,136,142
Goudoever, J. van 90
Grappe, C. 54,90,93
Gray, B.C. 66
Greenfield, J.C. 124
Greenhut, Z. 49
Grego, I. 74,78,98
Grelot, P. 47
Griffin, D. 132
Grotius, H. 135
Guillaumont, A. 104
Gunther, J.J. 66,114
Gustafsson, B. 66

Haag, H. 59,107
Haase, W. X
Hachlili, R. 131
Hahn, F. 95
Hamburger, J. 11,53
Har-El, M. 5,20
Harnack, A. von 68
Harrington, D.J. 135
Harvey, A.E. 69
Hengel, M. 3,13,41, 54,65,86-88,100,103, 107,114,124,142
Heid, S. 91f,109
Heyer, F. 54
Hilgenfeld, A. VIII,27, 39,42
Hinson, E.G. 138
Hirschberg, J.W. 61
Hirschfeld, Y. 122f,128
Hjerl-Hansen, B. 112
Hoade, E. 28,80
Hoehner, H.W. 8
Hofmeir, B. 120
Holl, K. 71
Horbury, W. 29,138
Horgan, M. 7

Hüttenmeister, F. 59,64
Humbert, J.B. 6-8,120
Hunger, H. 113,134
Hyldahl, N. 42

Isaac, B. 52
Isaac, E. 47
Iwry, S. 44,117

Jaeckle, R. 140
Jaubert, A. 71,89,99,110f
Jeremias, G. 3
Jeremias, J. 68,71,97f,
    100,108
Johnson, A.F. 133
Johnson, L.T. 136
Johnson, S.E. 2
Jones, A.H. 27
Jones, D. 107
Jones, V. 132f
Jonge, M. de 97
Jull, A.J.T. 124
Jungmann, J.A. 109

Kapera, Z.J. 131
Keel, O. 7,42
Kehl, N. 114
Kenyon, K.M. 21, 55f
Kippenberg, H.G. 95
Kirchschläger, W. 85,142
Kirkasios, T.G. 54
Kittel, G. 65
Klauck, H.J. 27,101
Klein, S. 30
Klijn, A.F.J. 139
Kloner, A. 17,50,130
Kloppenburg, J.S. 135
Knibb, M.A. 48
Knights, C.H. 122
Koch, G.A. 67
Koester, C. 66
Kohler, O. IX,55
Kooij, A. van der 65
Kopp, C. 1,56,62,80f
Kosmala, H. 1f,55,
    87f,103
Kraeling, C.H. 60
Kraft, H. 39
Krauss, S. 73
Kremer, J. 88

Kretschmar, G. 71,82f,
    89,109
Kroll, G. 63,75
Krüger, J. 143
Küchler, M. 7,42
Kuhn, H.W. 137
Kuhn, K.G. VIII,39,
    103,109
Kuhnen, H.P. 131
Kutscher, E.Y. 65

Labrousse, M. 139
Läpple, A. 133,142
Lagrange, M.J. VIII,10,
    27,64
Laperrousaz, E.M. 5,7,
    20, 24,92,123,125
Lake, K. 64
Lapide, P. 54
LaSor, W.S. 36
Laurentin, R. 104
Leclercq, H. 62
Lederman, Y. 139
Lefkovits, J.K. 126
Leigh, R. 125
Leivestad, R. 115
Levine, B. 128
Levine, L.I. 60
Licht, J. 89
Lichtenberger, H. 85,88,
    134
Lifshitz, B. 70
Lightfoot, J.B. VIII,27,88
Lincoln, A.T. 106
Lövestam, E. 100
Loffreda, S. 63
Lohfink, G. 105,113
Lohfink, N. 107
Lohse, E. 10,92
Longenecker, R.N. 85
Longstaff, T.W. 143
Lozupone, F. 140
Lüdemann, G. 66
Luria, B.Z. 45

Maass, H. 85
Mack, B.L. 135
Magnin, J. 114,116

McCarter, P.K. 44,126
McNamara, M. 27,38,100
Mackowski, R.A. 22,30,
    34,53,87
McRay, J. 26
Magen, Y. 7f
Magnani, G. 142
Magness, J. 118f,122
Magris, A. 137
Maier, J. 3,12,54,85f,
    127f,137
Maier, P.L. 54
Mann, S. 61
Manns, F. X,62,71f,
    79,97f,138,140
Maoz, Z.U. 26,61
Maraval, P. 69,74f
Marcheselli-Casale, C. 135
Marcus, R. 10
Mare, W.H. 1
Margalit, S. X,23f,26,
    36,38,46,49,54,129
Mariès, L. 100
Marshall, I.H. 87
Martin, R.A. 115,142
Maser, P. 66
Maudsley, H. 34
Mayer, R. 85
Mazar, B. 24,54,92
Mealand, D.L. 101f
Medala, S. 54
Mendels, D. 13
Meshorer, Y. 98
Meyer, B.F. 93f
Meyer, R. VII
Meyers, C.L. 105
Meyers, E.M. 105
Michel, O. XI,15,26,
    30,54,104
Milgrom, J. 35,40,128
Milik, J.T. 4,9,12,33,
    41f,45,47,133
Mimouni, S.C. 59,63,
    66,68,80
Mohrmann, C. 73
Molin, G. 27,85
Mommert, C. 62,73
Monson, J. 26,49
Moyal, H. 130
Muchowski, P. 44,127

Murphy-O'Connor, J. 4,7, 28,34,38,54,69,85, 88,130,139
Murray, R. 84
Mussner, F. 65,78, 95,114,137
Myers, J.M. 91

Nägele, S. 135,142
Nauck, W. 100,106
Nebe, G.W. 113,133
Negoïtsa, A. 88,108
Neher, A. 11
Netzer, E. 36,105
Neusner, J. 36
Nickelsburg, G.W.E. 71
Niebuhr, K.W.
Niese, B. 10
Noack, B. 90
Nodet, É. 137
Nolland, J. 9
Norelli, E. 136
Norton, G.J. 134

O'Callaghan, J. 113,133
Otto, E. 20,28,60,92

Pace, G.M. 91
Paczkowski, M.C. 139
Page, C.R. 142
Patrich, J. 71,120,122, 125,132
Parry, D.W. 125
Paulo, P.A. 94
Pelletier, A. 29
Penna, A. 104
Penna, R. 137
Penner, T.C. 136
Perrot, C. 113
Pesch, R. 53,63f,78,83
Pesch, W. 113
Peterson, E. 109
Petit, M. 52f
Philonenko, M. 27,39, 97,114
Picard, J.C. 39
Piccirillo, M. 79
Pickering, S.R. 133
Pierre, M.J. 136
Pinkerfeld, J. 58f,61

Pixner, B. VIII,X,2,6-8, 20,22-25,31,33,36,38, 40,42,44-47,49,54, 56.58f,61,63,66,74f, 80,87,95f,105,107,111, 113,125f,128f,140,142
Ploeg, J. van der 85
Plümacher, E. 102
Power, E. 56,75
Pratscher, W. 66
Prete, B. 63
Price, J.J. 15,54
Price, R. 118,120,122, 132,142
Pritz, R.A. 66,139
Puech, É. VIII,5,42,45, 62,100,117,126,133f,142

Qimron, E. 11,40f,136

Rabinovich, A. 7,9,24, 61,88,120,122-124
Rahmani, L.Y. 130
Rainbow, P.M. 117
Rau, E. 93
Rebell, W. 54
Reeg, G. 59
Reich, R. 38,49,10,119, 130
Reicke, B. 86
Reinhold, G.G.G. 54
Reinmuth, W. 136
Renan, E. 116
Renard, H. 36,141
Rengstorf, K.H. 4
Repo, E. 44
Reuss, J. VII,85
Richard, E. 94
Richardson P. 29
Rienecker, F. VII
Riesenfeld, H. VIII
Riessler, P. 47,71,97
Robinson, E. 17,20,30
Robinson, J.A.T. 54,114
Robinson, S.E. 71,79
Rochman, B. 130,142
Rocco, B. 89
Röwekamp, G. 140
Rogoff, M. 58

Rohrhirsch, F. 118,120, 122,131
Roloff, J. 93,99
Rordorf, W. 64,106
Rosenbaum, H.U. 113
Rost, L. 46,53,66
Rousseau, J.J. 142
Rouwhorst, G. 136
Ruckstuhl, E. X,9,12f,27, 54,89,111,113f,136f,142
Rudolph, W. 46

Sabugal, S. 45
Sacchi, P. 113,137
Safrai, S. 39,70
Sandel, T. IX,23
Sanders, J.T. 61
Sandmel, S. 8
Sappington, T.J. 114
Satran, D. 97
Schäfer, P. 68f
Schalit, A. 30
Schenke, L. 54
Schermann, T. 96
Schick, A. 119
Schick, C. IX
Schiffman, L.H. 3,128
Schilling, C. X
Schilling, F.A. 44
Schlatter, A. 68,70f,97f, 104,137,139
Schmitt, G. 15,17
Schmitt, J. 85,101
Schneider, G. 63,88,91
Schnackenburg, R. 106
Schoeps, H.J. 39,44,108
Schrage, W. 66
Schubert, K. 85f
Schürer, E. VIII,7,12, 27,88,124
Schwank, B. 28,49,55, 98,111,113
Schwartz, D.R. 88, 101-103
Schwarz, I. 30
Schwarz, J. 30
Schweizer, E. 87
Seidensticker, P. 27
Seifrid, M.A. 137
Sepp, J.N. 17

Shanks, H.   15,118,122
Siedl, S.H.   104
Simon, M.   66,69
Simons, J.   20
Skeat, T.C.   134
Smallwood, E.M.   67,69
Sowers, S.   66
Spicq, C.   86,114
Spiess, F.   30
Stanton, G.N.   134
Steckoll, S.H.   6
Stegemann, H.   3,5f,8,
   10-13,27,40,44,55,85,
   105,117,119,131
Stegemann, W.   102
Stemberger, G.   12,30,
   52,54,73f
Steudel, A.   118
Stève, M.A.   27,29f,46
Stone, M.E.   123
Storme, A.   63
Strack, H.L.   10
Strange, J.F.   X,105,122f,
   136,141-143
Straubinger, J.   70
Strickert, F.M.   44
Strobel, A.   X,21,36,39f,
   61,98,111
Strugnell, J.   10,41,136
Stuhlmacher, P.   65,93,
   99,137
Stulac, G.M.   65
Székely, E.B.   132

Tabor, J.D.   143
Talmon, S.   108

Tan, K.H.   140
Taylor, J.E.   49,60f,
   77,105
Telfer, W.   69,80
Testa, E.   55,62,80,
   105,137
Theissen, G.   54
Thiede, C.P.   54,113,133f
Thiering, B.E.   3,84,100
Thiersch, H.W.J.   115
Thorion, Y.   41,44
Thornton, C.J.   65
Thurston, B.B.   64
Tighhelaar, E.J.C.   125
Tosato, A.   112
Tov, E.   123
Trebolle Barrera, J.   134
Trever, J.C.   VII
Tsafrir, Y.   71,78
Tushingham, A.D.   21f

Uhlig, S.   47f

Vaux, R. de   4-7,9,13,38f,
   42,52,117f,120,133
Vanderkam, J.C.   3-5,85,
   110
Vermes, G.   4,10,12,
   27,41,138
Vincent, L.H.   1,20,
   27-30,46,61,92,82
Vööbus, A.   104,109

Waard, J. de   94
Wacholder, B.Z.   2,12
Wagner, S.   39,84,114

Wainwright, P.   58
Walker, P,W.L.   82
Wedderburn, A.J.M.   9
Weinert, F.D.   4
Weinfeld, M.   89,91,100
Weinstein, N.I.   39
Wentling, J.L.   11
Werblowsky, R.J.Z.   100
Werner, E.   107
White, L.M.   66
Wieder, N.   44
Wightman, G.J.   129
Wilcox, M.   115
Wilken, R.L.   69
Wilkinson, J.   60,69,
   75,82f
Wilson, C.W.   17
Windisch, H.   69
Wise, M.   42,44,117,
   119,125f
Witherington, B.   142
Wolters, A.   41f,44,45
Wood, B.G.   36,38
Woude, A.S. van der   5,45

Yadin, Y.   8,13,20,28,
   30-33,35,53,90,105,110,
   128

Zahn, T.   VIII,42,62,
   64,66-68,72f,78,80,82
Zangenberg, J.   142
Zimmermann, A.   88
Zimmermann, J.   138
Zissu, B.   X,130,140,142
Zwiep, A.W.   136

Bargil Pixner

Wege des Messias und Stätten der Urkirche

Jesus und das Judenchristentum im Licht
neuer archäologischer Erkenntnisse

Herausgegeben von Rainer Riesner

480 Seiten. Mit zahlreichen Abbildungen.
Biblische Archäologie und Zeitgeschichte. 3. Auflage
Bestell-Nr. 3-7655-9802-X

Dieses Buch konnte nur jemand schreiben, der selbst im Wechsel der Jahreszeiten die Wege Jesu gegangen ist. Der Benediktiner-Archäologe Bargil Pixner lebt seit über zwanzig Jahren auf dem Jerusalemer Zionsberg und in Tabgha nahe Kapernaum. Bekannt wurde seine Ausgrabung des Essenertors, das zur neutestamentlichen Stadtmauer von Jerusalem gehörte. Vielen Reisegruppen, aber auch durch vielbeachtete Fernsehsendungen konnte Bargil Pixner die geistliche Bedeutung der in den Evangelien genannten Orte und Wege erschließen.
Der evangelische Neutestamentler Rainer Riesner, mit dem ihn eine langjährige Arbeitsgemeinschaft verbindet, hat eine Auswahl seiner wichtigsten Artikel zusammengestellt. Sie bieten dem fachlich Interessierten ebenso Anregungen wie dem Bibelleser oder Israel-Freund. Von der Archäologie und den Qumran-Schriften fällt neues Licht auf so umstrittene Themen wie den Geburtsort Jesu und seine Herkunft aus dem Davidshaus.
Die Wanderungen Jesu durch Galiläa und die Stätten der Leidensgeschichte erstehen vor den Augen des Lesers. Andere Aufsätze gelten der oft zu wenig beachteten Geschichte der Judenchristen und ihrem Verhältnis zu Pharisäern und Essenern. Insgesamt stärken diese Beiträge das Vertrauen in die Zuverlässigkeit der Evangelien.

BRUNNEN VERLAG GIESSEN

Konradin Ferrari d'Occhieppo

Der Stern von Bethlehem in astronomischer Sicht

Legende oder Tatsache?

186 Seiten. Mit zahlreichen Abbildungen.
Biblische Archäologie und Zeitgeschichte. 2., erweiterte Auflage
Bestell-Nr. 3-7655-9803-8

Das Matthäusevangelium erzählt von einem geheimnisvollen Stern, der vor zweitausend Jahren den „Weisen aus dem Morgenland" den Weg nach Bethlehem – zur Geburtsstätte Jesu Christi – gewiesen haben soll. Seit langem wird darüber diskutiert, ob es sich dabei um eine Legende oder um eine tatsächliche Himmelserscheinung handelt. K. Ferrari d'Occhieppo hat sich als historisch interessierter Astronom seit vielen Jahren mit diesem Thema befaßt. Er ist überzeugt, daß der Stern von Bethlehem der Planet Jupiter war, der im Jahr 7 v.Chr. eine nahe und lang andauernde Begegnung mit dem Planeten Saturn hatte. Aufgrund der quellentreu rekonstruierten Planetentheorie der Babylonier weist der Autor nach, daß die dortigen Sternkundigen die außergewöhnlichen Umstände jener Planetenbegegnung in ihren Berechnungen im voraus erkennen konnten.

Dieses Buch stellt die faszinierenden Forschungsergebnisse dar. Abbildungen und Tabellen veranschaulichen das Geschriebene.

BRUNNEN VERLAG GIESSEN

Martin Biddle

Das Grab Christi

Neutestamentliche Quellen - Historische und archäologische Forschungen -
Überraschende Erkenntnisse

208 Seiten. Mit zahlreichen Abbildungen und Vierfarbtafeln.
Biblische Archäologie und Zeitgeschichte.
Bestell-Nr. 3-7655-9804-6

Wer auf den Spuren des historischen Jesus das Heilige Land erkundet, wird bald
auch in Jerusalem die Grabeskirche besuchen – speziell die Aedicula („Kleines
Haus"). Birgt sie das Grab Christi? Anhand vieler bisher unveröffentlichter Fotos
und Skizzen veranschaulicht dieses faszinierende Buch die biblischen Berichte über
die Grablegung Jesu und seine Auferstehung.
Es stellt wesentliche Aussagen von Jerusalem-Pilgern aller Jahrhunderte über die
Grabeskirche und ihre Beschaffenheit zusammen und liefert darüber hinaus neueste
archäologische Erkenntnisse, die aufgrund modernster fotogrammetrischer Messun-
gen gewonnen wurden. Das Buch setzt neue Maßstäbe für die historische und
baugeschichteliche Erforschung der Grabeskirche in Jerusalem.
Dr. Martin Biddle ist Professor für Baugeschichte in Oxford/England und gilt als
einer der führenden Experten für frühchristliche Archäologie.

BRUNNEN VERLAG GIESSEN

Hanna Blok/Margreet Steiner

Jerusalem

Ausgrabungen in der Heiligen Stadt

176 Seiten. Mit zahlreichen Abbildungen.
Biblische Archäologie und Zeitgeschichte.
Bestell-Nr. 3-7655-9805-4

Dreitausend Jahre sind vergangen, seit der israelitische König David Jerusalem
eroberte und zur Hauptstadt seines Reiches machte. Dieses Buch greift noch darüber
hinaus und beschreibt in anschaulicher Weise – mit vielen Abbildungen und Fotos
versehen – viertausend Jahre der Stadtgeschichte Jerusalems und seiner Umgebung.
Beginnend mit der Bronzezeit, in der Kanaanäer das Land bewohnten, über die
Landnahme der Israeliten, die babylonische und persische Periode, die hellenistische
Zeit und die der Makkabäer, über das Jerusalem Herodes des Großen und die
Zerstörung der Stadt durch die Römer, bis in die Zeit, in der Kreuzfahrer und
Byzantiner dort ihr Zepter hochhielten, reicht das Spektrum.
Zwei ortskundige Archäologinnen haben die wichtigsten Ausgrabungen und deren
Fundstücke ausgewählt, um die besondere Geschichte dieser bedeutenden Stadt
heute lebendig werden zu lassen. Der deutsche Herausgeber – Dr. Rainer Riesner –
kommt in einem Nachtrag auf die neuesten, Aufsehen erregenden Grabungen zu
sprechen, die für jeden Israel-Reisenden – besonders für jeden Besucher Jerusalems –
von großem Interesse sein werden.

BRUNNEN VERLAG GIESSEN

August Strobel

Deine Mauern stehen vor mir allezeit

Bauten und Denkmäler der deutschen Siedlungs-
und Forschungsgeschichte im Heiligen Land

ca. 160 Seiten. Mit zahlreichen Abbildungen.
Biblische Archäologie und Zeitgeschichte.
Bestell-Nr. 3-7655-9807-0

Wer heute das Heilige Land mit seiner religiösen Mitte Jerusalem besucht, stößt an
vielen Stellen auf die Spuren eines deutschen Kulturbeitrags, der ungewöhnlich,
wenn nicht gar einmalig zu nennen ist. Wir begegnen den süddeutschen Templern,
die durch ein exzellentes Erziehungs- und Schulsystem, aber auch durch landwirtschaftliche Musterbetriebe und Gewerbeeinrichtungen Hervorragendes geleistet
haben, dem evangelischen Zweig des Johanniter-Ordens mit seinem Hospiz, den
Kaiserswerther Schwestern mit ihrem Hospital und dem Kinderkrankenhaus
„Talitha Kumi", dem Aussätzigen-Asyl der Stiftung „Jesus-Hilfe" und der Arbeit des
sogenannten „Syrischen Waisenhauses", von Pastor Johannes Ludwig Schneller ins
Leben gerufen und mit einem Seminar für Lehrer und einer Blindenanstalt erweitert.

Darüber hinaus führt dieses Buch in die Geschichte des deutsch-englischen Bistums
von Jerusalem ein, dessen zweiter Bischof Dr. Samuel Gobat (der Vater von Dora
Rappard) war. Auf dem Protestantischen Friedhof in Jerusalem finden wir viele
berühmte Namen der deutschen Siedlungs- und Forschungsgeschichte im
Heiligen Land.
Zu den Vorzügen dieses Buches gehören die vielen Abbildungen, die von Prof. Dr.
August Strobel, dem langjährigen Direktor des Deutschen Evangelischen Instituts für
Altertumswissenschaft des Heiligen Landes, kenntnisreich kommentiert werden.

BRUNNEN VERLAG GIESSEN